AF537715

Jörg Rother

Bluesmans Blues

Mauer Verlag
Wilfried Kriese
72108 Rottenburg a/N
Buchgestaltung: Wilfried Kriese
Titelbild: Privat
2009 ISBN 978-3-86812-192-6

www.mauerverlag.de

Inhalt

1. Teil 9

2. Teil 195

3. Teil 265

1. Teil

Der Block hatte die Form eines lang gezogenen, kantigen Z´s, wobei der untere Schenkel eben dieses Z´s deutlich länger als sein oberes Gegenstück war. Fünf Stockwerke hoch ragte er in den Himmel, dann beendete ein flaches Betondach seine Herrlichkeit. Schaute man aus einem der vorderen Fenster des Blockes, erblickte man eine breite, schnurgerade Straße, das fantasielose Produkt eines sozialistischen Städteplaners. Auf der gegenüber liegenden Straßenseite stand ein leerstehendes, kastenförmiges ehemaliges Schulgebäude, und gleich daneben befand sich die dazugehörige, ebenso hässliche und gleichfalls überflüssig gewordene Turnhalle. Beide Gebäude hatten bei ihrer Errichtung eine eigentümliche blaue Farbe erhalten und hätten inmitten des einförmigen Graues der Plattenbausiedlung einen freundlichen Farbtupfer abgeben können, wären nicht längst alle Scheiben zerschlagen und die Umgebung in eine Müllhalde verwandelt worden. Die Bewohner des Blockes waren allerdings nicht gezwungen, sich über diesen Anblick zu ärgern, verfügten sie doch über den Luxus eines Balkons auf der Rückseite ihrer Wohnstatt. Dort fiel der Blick auf ein aus ungefähr hundert Kiefern bestehendes Wäldchen, den einzigen Bäumen, die in dem dürren Heideboden jener Gegend zu gedeihen in der Lage waren. Vor 25 Jahren hatte dort ein kubanischer Gastarbeiter ein 16jähriges Mädchen vergewaltigt, das allein spät abends von einem Rummelbesuch nach Hause gehen wollte. Durch das Wäldchen führte ein Trampelpfad zu einem der wichtigsten Gebäude der Umgebung, dem Landskroneck. Diese kleine Kneipe benannte sich nach dem äußerst populären Gerstensaft der Landskronbrauerei und für nicht wenige Bewohner des Blockes bildete sie den kulturellen Mittelpunkt ihres Lebens. An der Stelle, an welcher der obere und der untere Schenkel des Z's durch einen rechtwinklig auf die Straße zulaufenden Teil des Gebäudes verbunden wurden, fand sich ein groß angelegter Platz, der beinahe vollständig zubetoniert worden war. Lediglich auf einem zwei Meter breiten Streifen vor den Eingängen fand sich ein spärlicher, verdorrter Ansatz eines Rasens. In besseren Zeiten hatten die Bewohner diesen Streifen liebevoll gepflegt und ihm das Aussehen eines echten Vorgartens verliehen. Der Platz diente als Parkfläche und natürlich als Aufstellort für die zahlreichen Müllcontainer. Vereinzelt standen Sitzbänke an seinem Rande, auf denen gelegentlich Aussiedlerfrauen mit Kopftüchern und knöchellangen Röcken saßen. Ansonsten sah man sich dort niemanden aufhalten. Hinter dem Platz bog die bis dahin gerade Straße plötzlich scharf nach rechts ab, im Anschluss fand sich ein riesiges Trümmerfeld. Gewaltige Abrissbirnen hatten den einstigen Stolz des sozialen Wohnungsbaus der DDR in kürzester Zeit dem Erdboden gleich gemacht. Vielleicht war es nur ein Gerücht, aber es hieß, dass schon bald die gesamte, erst in den 70er und 80er Jahren erbaute, Neustadt dieses Schicksal teilen würde. Ganz zu unrecht bestand diese Vermutung wohl nicht, waren doch schon dutzende Blocks unauffindbar geworden. Wo sie einst standen war Gras angesät worden, aber auch zahlreiche, mittlerweile bereits zwei bis drei Meter hohe Birken erfüllen schon ihre Pionierfunktion im Prozess der Renaturierung. Unzählige Bürger hatten seit 1990 der Plattensiedlung den Rücken gekehrt und auch an unserem Block konnte man deutlich den Schwund der Bevölkerung erkennen. Mehr als die Hälfte der Fenster wies keine Gardinen mehr auf. Las man die wenigen vorhandenen Klingelschilder wunderte man sich über die geringe Zahl deutscher Namen. Das lag daran, dass in die leer stehenden, von den Deutschen verlassenen Wohnungen, die so genannten Spätaussiedler aus der ehemaligen Sowjetunion einquartiert wurden. Hauptsächlich kamen sie aus Sibirien und Kasachstan, aber genauso gut auch aus der Ukraine, aus Moldawien oder aus Kirgisien. Gehässig meinten die Einheimischen, dass es genüge, einen deutschen Schäferhund zu haben, um in Deutschland aufgenommen zu werden. Die vor dem Krieg geborenen Aussiedler ihrerseits waren stolz auf ihre deutsche Herkunft, sprachen einen eigenartigen, aber verständlichen Dialekt und waren meistenteils froh, in Deutschland angekommen zu sein, auch wenn sie hin und wieder das Heimweh plagte. Fast alle hatten die stalinistischen Deportationen miterlebt und einige Jahre ihres Lebens im Gulag oder der Verbannung verbracht. Als nach dem Ende der Sowjetunion ein Deutschenhass in den verschiedenen neu gegründeten Republiken ausbrach, und sie zunehmend ihrer Existenzgrundlagen beraubt wurden, suchten sie ihr Heil im gelobten Deutschen Land. Auch wenn der Block nicht ihren übertriebenen Erwartungen entsprach, oft drei Generationen in einer Vierraumwohnung zusammen leben mussten, und kaum einer Arbeit fand, schätzten sie doch die Ruhe und das angstfreie Leben. Unbedeutend erschien es ihnen, wenn sich ihre deutschen Mitbürger über ihre etwas anderen Lebensgewohnheiten erregten. Freilich begann ihr eigentliches Leben meist erst spät abends, und ihre Geselligkeit, verbunden mit einer gehörigen Portion Wodka, war nun einmal etwas laut. Pech für die spießigen Deutschen, wenn sie die Nacht zum Schlafen nutzen wollten. Wenn es ihnen nicht recht war, konnten sie ja schließlich von hier wegziehen. Und tatsächlich suchte so mancher der dadurch genervten Urbewohner resigniert das Weite. Sah man die Aussiedler am Tage, versuchten sie gepflegt zu erscheinen. Die Männer zogen sich Anzüge an, welche allerdings schon ihren Vorfahren gehört haben dürften, und die Frauen zeigten sich niemals ohne langen Rock. Viele von ihnen trugen bunte Kopftücher. Diejenigen, denen ihre starke Frömmigkeit noch nicht abhanden gekommen war, gingen sonntags zur Kirche. Wohl alle lobten sie die milden Winter in Deutschland. Für die jüngeren Aussiedler war die Lage schon schwieriger. Sie suchten, um nicht zu verblöden, verzweifelt nach Arbeit. Da ihnen aber die deutsche Sprache eher ungeläufig, die Vorurteile bei den Deutschen groß und Arbeit überhaupt selten war, standen ihre Chancen denkbar schlecht. Depression und Alkoholismus machten sich breit. Wer abends in den Block kam, konnte es hören: Geschrei, Schläge, der Klang zerschmetternden Holzes, heulende Weiber. Am schlimmsten stand es um die Jugendlichen. Keiner hatte sie gefragt, ob sie mit ins ferne Deutschland wollten. Ihren Freundeskreis hatten sie zu Hause zurücklassen müssen. Sie verstanden kein Deutsch, und wurden von der deutschen Jugend gemieden. Sie bildeten eigene Cliquen, soffen, nahmen und handelten mit Drogen und regelmäßig überfielen einige von ihnen Einheimische und raubten sie aus. Schon bald war die Plattensiedlung fest in ihrer Hand, kein Mensch verließ im Dunkeln freiwillig seine Wohnung und auch die Polizei vermied es, nachts auf Hilferufe aus dieser Gegend zu reagieren. Zu groß war ihre Angst, als Zweierstreife selbst ein Opfer der „ Russen" zu werden.

Im Eingang Nummer 5, direkt am großen Parkplatz gelegen, gab es eigentlich nichts Besonderes zu entdecken. Hier lebten nur noch in drei Wohnungen Menschen. Das Erdgeschoss war völlig leer. Allerdings waren dort die Wohnungstüren noch intakt, was man eine Etage höher nicht mehr behaupten konnte, wo die Türen offensichtlich mit roher Gewalt zertrümmert worden waren. Wagte man sich hinein, konnte man auch den Zweck dieses Gewaltaktes erkennen. Inmitten unzähliger leerer Bierflaschen, demolierter Möbelstücke, abgebrannter Kerzenreste, Zigarettenkippen und anderem unappetitlichem Unrat lagen zwei Matratzen auf dem Fußboden. Der Geruch von Alkohol und kaltem Zigarettenrauch war noch recht frisch und es konnte wohl kein Zweifel daran bestehen, dass diese Wohnungen neue Besitzer bekommen hatten, welche allerdings wohl kaum auf die Idee verfallen würden, für ihre Behausung Miete zu zahlen. Im zweiten Stock wohnte die Aussiedlerfamilie Jeremenkow mit ihren zwei Kindern. Die Alten konnten kaum ein Wort deutsch, und versteckten sich meist in ihrer Wohnung, welche kahl und trist wirkte. Im Gegensatz zu den meisten Aussiedlerfrauen hielt Frau Jeremenkow nicht sonderlich auf Ordnung, was vielleicht mit ihrem Hang zum Alkohol zu erklären wäre. Allerdings stand ihr ihr Gatte, ein hagerer, krank aussehender, fast glatzköpfiger Mann, in dieser Hinsicht nicht nach. Die Kinder waren wie so oft die Leidtragenden des Ganzen. Das Mädchen, an sich ein liebes Ding, wirkte oft schmutzig und verschlossen, hatte keinerlei Freunde und litt still unter ihrem Vater, der sie, wenn er besoffen war, gern schlug. Der Junge, bereits 18 Jahre alt, war wohl schon hoffnungslos verloren. Er war ein kräftiger Bursche, dem der Alkohol schon lange kein Unbekannter mehr war. Als er fünfzehn war, schlug ihn sein Vater ein letztes Mal. Dann wendete er das Blatt. Brutal drosch er auf seinen Alten ein, der ihm körperlich nichts entgegenzusetzen hatte. Seit diesem Tag war er der unangefochtene Chef der Familie. Das Sozialhilfegeld forderte er gnadenlos von seiner wimmernden Mutter ein, er bestimmte, wie viel er ihnen zum Leben ließ. Und er fühlte sich wohl in seiner neuen Rolle. Problematisch war sein Verhältnis zum anderen Geschlecht. Als Aussiedler und gewalttätiger Trinker galt er nicht gerade als Mädchenschwarm. Groß war seine Leidenschaft für Pornos und als er sich einmal besoffen stundenlang diese Filme auf seinem Zimmer angeschaut hatte, überkam es ihn. Er ging zu seiner Schwester, fesselte sie auf ihrem Kinderzimmerstuhl und vergewaltigte sie. Die Eltern hörten sicherlich den Krach und ahnten gewiss auch, was da passierte, gleichwohl getrauten sie sich nicht, einzuschreiten. Inzwischen weiß das arme Ding, was ihr blüht, wenn ihr Bruder das Zimmer betritt, er muss sie nicht mehr fesseln, still erduldet sie ihr Unglück. Abends geht er gern mit seinen Kumpels auf Tour. Wenn sie jemanden erwischen können, schlagen sie ihn zusammen, und nehmen ihm alles weg, was er besitzt. Die Wohnung gegenüber war das Domizil eines mittlerweile fast vierzigjährigen Junggesellens. Allerdings sah er immer noch jugendlich aus, hatte glatte Gesichtshaut und trug langes, lockiges Haar. An diesen Haaren, und seiner Kleidung konnte man ihn unschwer als Mitglied der Heavy Metal Szene erkennen. Seit fünfzehn Jahren arbeitslos, verdiente er sich sein Geld mit dem Handel von Marihuana. Es gelang ihm immer wieder, junge Menschen in seinen Bannkreis zu ziehen, und galt bei diesen als der gute Onkel, der trotz seines fortgeschrittenen Alters cool geblieben war. Er war immer nett zu ihnen, und nur zu demjenigen, welcher seine Schulden nicht begleichen konnte, zeigte er sich von seiner fiesen Seite. Zum einen konnte er selbst skrupellos zuschlagen, zum anderen hatte er sich mit dem jungen Jeremenkow zusammengetan, welcher ebenfalls zu seinen Kunden gehörte. Die leeren Wohnungen mit den zertrümmerten Türen dienten ihnen als Partyraum. Jedes Wochenende trafen sich dort bis zu fünfzehn Jugendliche, fast alle von ihnen waren ebenfalls Freunde harter Musik. Meist bis in den frühen Tag hinein kam es dort zu gewaltigen Feierlichkeiten. Die Luft füllte sich mit Alkohol-, Marihuana- und Nikotinschwaden und jedem Neuankömmling stiegen beim Betreten dieser Räume unweigerlich, durch die beißende Luft hervorgerufene, Tränen in die Augen. Laute Musik, diffuses Kerzenlicht und der Anblick der in ihrer Szenekleidung kommenden jungen Leute war ein Anblick, der jedem Normalbürger einen Schrecken eingejagt hätte. Allerdings ließ sich von diesen auch keiner mehr blicken, seit ein entnervter Bürger eines sonnabendnachts diesen eigenwilligen Ort aufgesucht hatte, mit der Absicht, sie um Ruhe zu bitten. Sie lachten und baten ihn, sich zu ihnen zu setzen und gemeinsam mit ihnen zu trinken, was er jedoch ablehnte. Und als er die Aussichtslosigkeit seines Unterfangens erkannte und mit der Polizei drohte, lachten sie umso mehr und warfen ihn vor die Tür. Dieses wollte er sich nun wiederum nicht so ohne weiteres gefallen lassen, und so drang er aufs Neue in den Partyraum ein. Er packte einen der Jugendlichen an seinem Kragen und verlangte, seinen Namen zu erfahren. Auf ein Wort von Hamster, so wurde nämlich der Anführer der Gruppe, unser junggebliebener, marihuanahandelner Blockbewohner genannt, trat nun der junge Jeremenkow in Aktion. Erst am nächsten Morgen fanden Anwohner den späten Besucher des Gelages mit schweren Unterkühlungen und zahlreichen Blessuren im Wäldchen hinter dem Block. In einer Hinsicht zeigten sich die jungen Leute jedoch kompromissbereit. Da die Partyräume über kein fließendes Wasser mehr verfügten, urinierten sie ungeniert auf den Parkplatz vor dem Block. Als der Verdruss der Anwohner, darunter einiger Väter der Jugendlichen, darüber doch zu groß wurde, entschloss man sich von nun an, die Kellerräume des Einganges zu nutzen. Wie man sich leicht vorstellen kann, waren diese Räumlichkeiten dazu allerdings denkbar ungeeignet. Stinkende Lachen klaren Urins überschwemmten am Wochenende die Kellerböden, noch verschlimmert durch das Erbrochene, welches nur im günstigsten Falle bis nach ganz unten geschafft wurde. Oft genug gelang es einem Würgenden nicht mehr, soweit vorzudringen und er verlor seine Ladung bereits im Hausflur. Die während der Partys bewusstlos Werdenden legte man auf einer der Matratzen mitten in den Keller und die Anderen machten sich einen Spaß daraus, auf sie drauf zu pissen. Am Montag zwang dann der junge Jeremenkow seine Mutter, all die Spuren ihrer Ausschweifungen zu beseitigen. Nur der Geruch von Urin war nicht mehr wegzukriegen.

Das einzige Namensschild, das in diesem Aufgang noch zu finden war, befand sich an einer Wohnungstür im dritten Stock, der Wohnung, die über der der Jeremenkows lag. Dieses Schild hatte sicherlich schon einige Jährchen auf dem Buckel, bestand es doch aus Suralin, jener Knetmasse, welche, nach dem man sie in den Backofen geschoben hatte, eine enorme Härte annahm. Ganz offensichtlich mussten Kinderhände dieses Schild geformt haben, denn neben dem ungelenken Schriftzug „ Sobowsky“ waren noch ein Haus und ein Tannenbaum in lustigen Farben zu sehen. Hinter dieser Tür lag, wie bei allen diesen Wohnungen, der Flur. In unserem Fall war er vollständig mit Bildern nackter Damen in allen Größen tapeziert. Der Bewohner schien diesen Wandschmuck schon länger zu mögen, denn neben neueren Hochglanzpostern hingen immer noch die alten Fotos aus DDR-Zeiten. Zu jeder dieser Damen pflegte ihr Besitzer einen nahezu persönlichen Kontakt, kannte jede mit ihrem Namen. In der Küche sah es einfach aus. Ein paar alte, graue Einbauschränke, noch aus der Zeit da der Block errichtet wurde, ein paar wenige Teller und Töpfe, die nicht abgewaschen mit eingetrocknetem Inhalt herumstanden und die Blechabzugshaube über dem alten Elektroherd bestimmten ihr Bild. Ungewöhnlich waren die Pappen, die auf den Ablageflächen der Schränke lagen. Auf ihnen hatte Jochen Sobowsky, der Wohnungsbesitzer, seinen künstlerischen Ambitionen freien Lauf gelassen. Er schmierte nämlich alte, eingetrocknete Farbe aus ihren Büchsen, welche er aus den Müllcontainern im ganzen Stadtgebiet fischte, auf diese Pappen, und an den daraus entstehenden willkürlichen Gebilden glaubte er, ganz großartige Dinge erkennen zu können. Die Küche war sozusagen seine Künstlerwerkstatt, er nahm seine Arbeit sehr ernst und war sich sicher, dass er eines Tages zu großen Ehren mit seiner Kunst gelangen würde. Seine bedeutsamsten Schöpfungen hingen in seiner Wohnstube an den Wänden. Diese Wohnstube wirkte durchaus aufgeräumt. Auf der rechten Seite stand, wie allgemein üblich, ein Esstisch mit vier Stühlen, links die Couch mit einem kleinen Tischchen davor und auf dem Tischchen ein aufgebautes Damespiel. Dame war eine Leidenschaft von Sobowsky und dieses Spiel stand immer so vorbereitet, dass man es jederzeit beginnen konnte. Sehnsüchtig wartete Sobowsky auf Besucher und nach dem üblichen Gruß bot er seinen Gästen in der Regel sofort ein Spielchen an. Rechts hinter der Eingangstür des Wohnzimmers befand sich Sobowskys Altar. Mitnichten war er in irgendeiner Form gläubig, aber irgendwie hatte er das Gefühl, dass irgendjemand ihn mitunter beobachtete und seinem Leben noch einmal die entscheidende Wendung hin zum Besseren geben könnte. Als sein Kumpel Günthi sein Leben aushauchte, nachdem er besoffen mit einem Trabant an einem Baum gelandet war, kam ihm die Idee zu diesem Altar. Er formte aus fünf einfachen Flaschenöffnern ein Kreuz und hängte es mittels Schrauben über eine kleine Kommode an die Wand. Darunter befestigte er die ausgeschnittene Todesannonce aus der Zeitung. Wenn er in sentimentaler Stimmung war, stellte er eine Kerze auf die Kommode , setzte sich davor und fing an mit seinem verstorbenen Kumpel und mit fortschreitender Zeit mehr und mehr mit sich selbst zu debattieren. Er selbst war Mitte vierzig und im Zentrum seines Kopfes hatte sich ein bedeutender haarloser Kreis gebildet. Allerdings wurde dieser Kreis von schulterlangen, glatten Haaren gesäumt, die er in dieser Form schon seit seinem fünfzehnten Lebensjahre trug. Damals war er der Bluesmusik verfallen und zahllose wunderbare Stunden hatte er im Kreise seiner ebenfalls bluesbegeisterten Freunde verlebt. Leider gab es diese Freunde jetzt nicht mehr. Ein Teil von ihnen war bereits verstorben, meist nicht ganz unschuldig, da ihr Tod in einem sehr nahen Zusammenhang mit ihrer vom Alkohol bestimmten Lebensweise stand. Wehmütig dachte er manchmal an Rudi, den man eines kalten Wintermorgens tot vor seiner Eingangstür fand, den Haustürschlüssel in der Hand. Er hatte es nicht mehr geschafft, die Tür zu öffnen, war sturzbesoffen im Freien eingeschlafen und in der Nacht erfroren. Oder an Willi, wegen dem er sich noch immer besondere Vorwürfe machte. Es sollte nur ein Spaß sein, als sie den bereits Volltrunkenen aufforderten, noch eine ganze Flasche Grubenfusel auf Ex zu leeren. Sie hatten seinen Ehrgeiz dazu geweckt, indem sie ihm sagten, ein echter Blueser müsse das können. Und Willi konnte, wachte allerdings aus der sich daraus ergebenen Ohnmacht nicht mehr auf. Die Alkoholvergiftung war zu stark, sie hatten die Gefahr nicht erkannt, und sich stattdessen köstlich amüsiert. Als sie ihn am frühen morgen in die Notaufnahme brachten, war es bereits zu spät. Und an Wurzel. Dieser Idiot hatte sich auf einer bis dahin wunderbaren Party aus Liebeskummer vom Balkon einer Wohnung im fünften Stock gestürzt. Anfangs konnten sie ihn noch an einem Hosenbein halten, aber als der Stoff der Hose riss, war es geschehen. Tja und Günthi hatte halt diesen Autounfall und seine Todesannonce unter dem Kreuz aus Flaschenöffnern war das einzige, was Sobowsky von ihm geblieben war. Einen weiteren wackeren Kumpan aus diesen guten Zeiten traf Sobowsky nur noch gelegentlich beim morgendlichen Einkauf im Supermarkt. Allerdings ließ sich mit ihm kaum noch vernünftig reden, da er bereits zu diesem Zeitpunkt stark alkoholisiert war. Der Supermarkt war nämlich nicht dessen erster morgendlicher Anlaufpunkt. Von starkem Durst gequält machte er sich in der Regel schon gegen fünf Uhr morgen auf die Strümpfe, um in der nahe gelegenen Tankstelle seinen ersten Flachmann zu holen und sein erstes Sternburger zu trinken. Wenn sie sich dann sahen, umarmten sie sich brüderlich, aber bei Sobowsky keimte jedes Mal Trauer auf, wenn er daran dachte, was für ein feiner Kerl Manni früher gewesen war. Und Angst. Angst, ihm könne es genauso ergehen, Angst, auch er könnte eines Tages seinen Alkoholkonsum nicht mehr kontrollieren. Unerhört fand Sobowsky das Verhalten von Pitti. Dieser Sausack tat, seit er eines Nachts in einer Disco von einer dummen, hässlichen Tussi aufgerissen wurde so, als ob er keinen seiner Kumpels mehr kennen würde. Dabei war er es gewesen, der immer dagegen war, dass Frauen zu sehr in ihre Gemeinschaft eindringen konnten. So manches Mal hatte er die Bemühungen der anderen zunichte gemacht, Damenbesuch für ihre Truppe zu interessieren, indem er durch besonders obzönes und primitives Verhalten auffiel. Und nun dies. Ein halbes Jahr später Hochzeit, und keiner von ihnen eingeladen. Hand in Hand mit diesem Weibsbild, das es in der Schule gerade mal bis zur sechsten Klasse geschafft hatte, wechselte er seitdem sogar die Straßenseite, wenn er Sobowsky sah. Pfui Teufel. Thilo, Frankie, Schmittl waren schon seit ewigen Zeiten im Westen, der Arbeit wegen. Jahrelang gab es schon keine Nachricht mehr von ihnen. Und Henry hatte es übertrieben. Eigentlich war er der Klügste von ihnen gewesen, aber als er die Arbeit verlor, hatte er sich mit der Russenmafia eingelassen. Irgendwie dachte er, er könne sie austricksen, handelte mit ihren Drogen, wollte dann aber nicht den ausgemachten Preis an sie bezahlen. Nach einem Gespräch mit den Russen und einem sich daran anschließenden längerem Krankenhausaufenthalt war Henry noch keinen Schritt weiter. Er hatte das von ihm geforderte Geld einfach schon verjubelt. Also versuchte er sich zu verpissen, und keiner weiß, wo er steckt, und ob er überhaupt noch lebt. Aber Sobowsky hielt die Fahne weiter hoch. Nie würde er sich von seinen langen Haaren trennen, egal, wie bescheuert er durch die kahle Stelle in der Mitte des Kopfes aussah, nie würde er sich von seiner Jeansweste, die er auch in seiner Wohnung über seinem nackten Oberkörper trug, verabschieden. Abgrundtief verabscheute er die Spießer, nie würde er sich anpassen, nur um Arbeit zu bekommen. Leben ließ es sich schließlich auch so, was brauchte er schon. Sobowsky mochte das Leben im Block. Die jungen Leute im ersten Stock waren ihm sympathisch, erinnerten sie ihn doch an seine eigenen wilden Jahre. Gern stattete er ihnen einen Besuch ab und trank mit ihnen Bier. Nur mit dem Haschischrauchen konnte er sich nicht so recht anfreunden. Die Jugendlichen ihrerseits mochten ihn, da er so anders war, als die übrigen seiner Altersgenossen. Fast war er ihnen ein Idol, der lebende Beweis, dass man mit vierzig noch nicht alt und senil sein müsse.

Es war ein räudiger Novembermorgen. Sobowsky erwachte und schielte aus seinen noch halbgeschlossenen Augen aus dem Fenster, um sich aufgrund des vorhandenen Tageslichts einen Eindruck zu verschaffen, wie spät es sein könnte. Er hatte sich längst abgewöhnt die Gardinen zuzuziehen, schließlich war es sowieso dunkel, wenn er ins Bett ging,

und es gab auch niemanden, der ihm ins Fenster hätte gucken mögen. Draußen war es noch fast finster, so, als wolle der neue Tag gerade erst anbrechen.
„Brr, viel zu zeitig.“ dachte Sobowsky und drehte sich auf die andere Seite, um seine Nachtruhe fortzusetzen. Minutenlang lag er da, doch der Schlaf mochte nicht zurückkehren.
„ Verdammte Scheiße, was soll denn das? Ich kann doch nicht in der halben Nacht aufstehen.“ Mit verkniffenen Augen lugte er auf seine Armbanduhr.
„ Häh? Schon um zehn, das kann ja wohl nicht sein. Na ja, ich muss eh mal pinkeln, guck ich einfach mal im Wohnzimmer auf die Uhr.“
Sobowsky schlenderte ins Bad, um seine prall gefüllte Blase zu leeren. Dazu setzte er sich auf die Kloschüssel. Aus Erfahrung wusste er, dass ihm sein Kreislauf das lange Stehen beim Pissen am frühen Morgen krumm nahm, und ihn mit heftiger Übelkeit bestrafen würde. Das grelle Licht der Neonröhre blendete ihn anfangs, aber dann ging es ihm zusehends besser. Nachdem er noch einer langen Reihe von Darmwinden gelauscht hatte, die ihn brausend verließen, erhob er sich zufrieden und gutgelaunt. Die Wohnzimmeruhr, ein alter, hölzerner Kasten, den er nach dem Tode seiner Oma aus ihrer Wohnung mitgenommen hatte, gab seiner Armbanduhr recht, ja, es war schon nach zehn. Ein Blick aus dem Fenster klärte ihn über die Ursache der Dunkelheit auf. Ein fürchterlich grauer, fast schwarzer Himmel hing über dem Block, aus dem es ununterbrochen heftig regnete. Auf den Pfützen bildeten sich Blasen. Die Wolken rasten vorbei, heftige Windböen bewegten die Kiefern hinter dem Block.
„So ein Scheißwetter.“ grollte Sobowsky. „Da kann man ja den ganzen Tag nicht vor die Tür gehen.“
Gemächlich, schließlich hatte er genügend Zeit, kehrte er ins Schlafzimmer zurück. Im Doppelbett, einer aufgeblasenen Gästeluftmatratze, lag sie - eine dickliche, weißhäutige Person mit kurzen, rotblonden Haaren – auf dem Bauch und schlief noch. Die Decke war neben ihren Körper gerutscht und Sobowsky konnte ihre fetten, behaarten Beine sehen, die aus einer weißen, ausgeboddelten Schlüpfer ragten. Sie schnarchte leise vor sich hin und Sobowsky betrachtete sie eine Weile. Und obwohl er sie potthässlich fand, regte sich eine gewisse Lust in ihm.

„In der Not frisst der Teufel Fliegen.“ sagte er zu sich und legte sich zu ihr. Vorsichtig versuchte er, ihr den Schlüpfer vom Hintern zu ziehen. Aber noch bevor dieser in seiner ganzen Unförmigkeit zum Vorschein kam, erwachte sie.
„Hast Du ´ne Macke? Lass mich in Ruhe, du Idiot!“ Sie war immer unausstehlich, wenn sie geweckt wurde.
„Ich will noch schlafen.“
„Hab Dich doch nicht so, ist schon zehn durch.“
„Na und? Ich bin eben noch müde.“
„Och, Du musst doch nichts machen, ich beeil mich auch.“
Sobowsky versuchte erneut, an ihren Schlüpfer zu gelangen. Unwillig warf sie sich hin und her.
„Hör auf, hab ich gesagt. Ich habe keine Lust.“
„Aber ich, und wenn du nicht so rumzappelst, geht es auch ganz schnell.“
„Du bist doch nicht ganz dicht. Jedes Mal diese Scheiße am frühen Morgen. Ich hab langsam die Schnauze voll.“
Jetzt saß sie im Bett. Ihre fettigen Haare rochen nach Zigarettenqualm und aus ihrem Mund roch es nach einer Mischung aus Schnaps und Zwiebeln.
„So hässlich und auch noch Ansprüche stellen.“ dachte Sobowsky und er merkte, dass er wütend wurde. Nichtsdestotrotz nahm er noch einen Anlauf.
„Du bist eben so hübsch, da krieg ich halt Lust. Sei doch froh!“
„Verarschen kann ich mich alleine, du bist doch bloß notgeil. Außerdem stinkst du aus dem Maul, das ist ja wohl nicht erotisch, oder?“
„Ah, und du stinkst wohl nicht? Jetzt reicht es mir aber. Ich fahre in den Puff, da gibt’s schönere Weiber als dich, und die quatschen auch nicht so eine Scheiße.“
„Du und Puff! Wovon willst du denn das bezahlen? So einen Penner wie dich lassen die dort gar nicht rein. Kommst ja doch wieder zu mir gekrochen.“
Sobowsky wusste, dass sie Recht hatte und es kotzte ihn maßlos an.
„Och, wenn ich bloß eine andere aufgabeln könnte, die würde ich vor die Tür schmeißen, die Drecksau.“
Dann brüllte er sie an: „Verpiss dich doch, ich brauch dich nicht. Du

brauchst nicht mehr herzukommen, ich kann es mir auch alleine besorgen.“ Er stürmte ins Bad. Von seiner Lust war allerdings nichts mehr übrig geblieben. Fluchend zog er sich an.
„So eine blöde Kuh, jetzt muss ich auch noch alleine Frühstück machen, sogar dazu ist sie zu dämlich.“
Er setzte sich vor den Altar und steckte sich eine Zigarette an.
„Hast du das mitgekriegt, Günthi? Die Weiber sind doch nicht normal. Man muss sich alles gefallen lassen und kann nicht mal was dagegen machen. Man wacht auf, hat gute Laune und dann versauen sie einem den ganzen Tag, ehe man sich’s versieht. So eine Scheiße! Eigentlich müsste man erst mal ein Bierchen trinken. Ist bloß ein bisschen früh, oder? Obwohl, ist ja gleich um elf, da kann man eigentlich schon. Warte mal kurz, ich bin gleich wieder da.“
Das Bier bewahrte Sobowsky auf dem Balkon auf. Dorthin eilte er jetzt, öffnete die Tür und griff zielsicher eine Flasche aus dem Kasten.
„Bloß gut, dass ich Bier da habe. Solange es Weiber gibt, könnte man das Leben ohne Bier gar nicht aushalten. Nur in einer Welt ohne Weiber könnte ich ohne Bier leben, aber nur, wenn es nicht so gut schmecken würde.“ philosophierte er und kehrte zum Altar zurück.
„So, da bin ich wieder. Scheiß Wetter heute, da kann ich nicht mal rausgehen. Hoffentlich haut die Dicke ab, ich brauch heut echt meine Ruhe.“
Die Zigarette war aufgeraucht, und schnell eine neue gezündet. Sobowsky fing an nach zu sinnieren, warum er mit den Frauen immer so ein Pech gehabt hatte. Das Geräusch der Toilettenspülung riss ihn aus seinen Gedanken.
„Verdammt, jetzt ist sie aufgestanden, da ist die Ruhe gleich vorbei.“
Schnell stürzte er den Rest Bier hinunter, drückte die Zigarette aus und flitzte in die Küche. Dort griff er in den Kühlschrank nach einer eingeschweißten Tüte mit billigen Brötchen, riss sie auf und warf die Brötchen in ein kleines Körbchen.
„Hast Du schon wieder gequalmt?“
Jetzt war sie da, immer noch in Unterwäsche und wie Sobowsky fand, immer noch genauso hässlich. Er mochte Frauen mit kurzen Haaren sowieso nicht, aber noch abscheulicher fand er es, wenn sie sich die Haare tagelang nicht wusch. Ihr Gesicht war, wie der Rest ihres Körpers aufgedunsen, die Backen rosig, die Nase knollenförmig. Über ihrem breiten

Mund mit den etwas schiefen und leicht gelblichen Zähnen, von denen sichtbar schon zwei fehlten, wuchs ein kleines Bärtchen. Die Farbe ihrer rundlichen Schweinsaugen, wie Sobowsky sie nannte, war nicht wirklich zu bestimmen. Der kräftige Hals voller Stielwarzen wirkte faltig. Unter dem gräulichen Hemd sah man ihre Brüste, die Warzen nach unten gerichtet, und es fehlte nicht viel, dass sie den nach vorn gewölbten Bauch berührten. Ihr kräftiges Schamhaar schaute ungeniert an allen Seiten ihres Schlüpfers hervor und ging von dort fast nahtlos in eine ebenfalls kräftige Beinbehaarung über. Ihr Alter ließ sich schlecht schätzen, aber Sobowsky wusste, das sie fünfunddreißig war.

„Mein Gott, ist die wirklich so hässlich, oder kommt mir das bloß so vor?“ fragte er sich, antwortete ihr aber:

„Ein Zigarettchen bloß, das wird ja wohl erlaubt sein.“

„Essen fertig?“

„Gleich, ich rackere ja schon wie ein Irrer. Du kannst ja mal die Butter auf den Tisch stellen. Und die Marmelade, dann kann es losgehen. Ich koche derweil schon Kaffee.“

Er füllte Wasser in einen Kochtopf und stellte ihn auf den Herd. Das Frühstück verlief eigentlich immer gleich. Jeder aß drei dieser Brötchen, da sich in der Tüte schließlich sechs davon befanden. Als Belag dienten Marmelade oder Honig, Sonntags auch mal Scheibenkäse und harte Wurst.

„Ich mach hier doch nicht den Diener. Andere Frauen bekommen ihr Frühstück an das Bett gebracht. Außerdem muss ich mich noch anziehen.“

„Das stimmt, tu mir den Gefallen, ich deck schon fertig. Und wasch Dir mal die Haare! Und überhaupt alles. Du siehst ja nicht mehr aus.“

„Ach ja? Ich sehe nicht mehr aus? Aber mich grad noch ficken wollen. Du spinnst doch.“

Sie verschwand erneut im Bad und plauzte die Tür geräuschvoll zu.

„Endlich ist sie weg. Wenn es doch für immer wäre.“ dachte Sobowsky und stellte zwei Teller und zwei Tassen auf den Esstisch im Wohnzimmer. Dazu legte er zwei Messer, holte das Körbchen mit den Brötchen und das Marmeladenglas. Er beschloss, nicht auf sie zu warten und aß seine Ration zügig auf.

„Jetzt Kaffee“ sprach er zu sich und kehrte mit seiner Tasse in die Küche

zurück. Aus einem Glas löffelte er Kaffeepulver in sie hinein und füllte sie dann mit dem inzwischen kochenden Wasser auf.
„Hoffentlich bleibt sie noch eine Weile im Bad, dann kann ich wenigstens in Ruhe austrinken und ein Zigarettchen rauchen."
Er kehrte ins Wohnzimmer zurück und begann, während er vorsichtig den heißen Kaffee schlürfte und genüsslich dazu rauchte, nachzudenken, was er mit diesem Tag noch anfangen könnte.
„Erst mal abwarten, was die heute vorhat. Bleibt sie hier, haue ich ab, und wenn sie sich verpisst, mach ich es mir hier gemütlich und gucke Fernsehen. Jetzt könnte sie aber langsam mal rauskommen, mir drückt es ja schon."
Der Kaffee war ausgetrunken, die Kippe aufgeraucht und beides zusammen hatte seine Wirkung nicht verfehlt. Sobowsky verspürte den dringenden Wunsch, seinen Darm zu entleeren.
„Wo bleibt die denn? Solange braucht die doch sonst nicht. Wird sich doch nicht gerade jetzt stundenlang waschen. Die weiß ganz genau, dass ich nach dem Frühstück immer muss. Das macht die mir zum Possen."
Er ging noch ein paar Mal auf und ab, dann klopfte er an die Tür des Badezimmers.
„Wie lange brauchst Du denn noch?"
„Lange. Wieso?"
„Weil ich mal muss."
„Hast Du halt Pech. Ich bin noch nicht soweit. Ich bade."
„Wieso denn gerade jetzt? Du weißt doch ganz genau, dass ich früh immer muss."
„Du hast gesagt, ich soll mich waschen."
„Aber doch nicht baden. Ich komme jetzt rein. Ich halte es nicht mehr aus."
„Du scheißt mich jetzt nicht zu. Reiß dich zusammen."
„Geht nicht, was muss, das muss."
„Lass mich gefälligst erst mal rauskommen, du Blödmann."
„Mach hin, drei Minuten, höchstens."
Fluchend erhob sie sich, hüllte sich in ein Handtuch und verließ das Bad.
„Nicht dass Du denkst, ich habe wegen Dir gebadet, nee ich geh' heut aus, ohne dich."

„Essen steht im Wohnzimmer. Guten Appetit."
Glücklich schloss er die Tür. Zigarette an, entleeren. Dazu eine, wenn auch alte, Zeitung lesen. Herrlich! Die Minuten verrannen.
„Hier bleib ich erst mal, da geht sie mir nicht auf den Geist, vielleicht ist sie ja dann auch schon weg, wenn ich rauskomme. Hoffentlich!"
Fast eine halbe Stunde war vergangen. Sobowsky lauschte vergeblich auf das Geräusch, welches das Schließen der Wohnungstür verursacht hätte.
„Scheiße, jetzt muss ich langsam aufstehen, sonst fällt es auf."
Er erhob sich und trat in den Flur, wo ihn die zahllosen Damen von den Postern lächelnd anschauten.
„Ihr Luder, mit euren netten Gesichtern! Ihr habt mich doch betrogen! Oder habt ihr mir gesagt, wie ihr Weiber wirklich seid? Wie unausstehlich, wie gemein, wie schlecht ihr früh riecht, wie ihr euch gehen lasst, dass ihr schrecklich behaart seid , wenn ihr euch nicht rasiert, dass ihr nie Lust habt, dass ihr faul seid, und dass man euch nicht los wird, wenn man es will. Aber vielleicht geht es bloß mir so, vielleicht gibt es feine Mädchen, die ganz anders sind, als diejenigen, die ich bisher hatte. Nur, wo sind die, und wie komme ich an die ran?"
„Hast du endlich fertig geschissen? Wie kann das nur so lange dauern? Das ist doch krank! Vielleicht solltest du mal zum Arzt gehen und dich untersuchen lassen. Na, ich hau jetzt jedenfalls ab, ich geh zu Heike, vor morgen Mittag bin ich auf keinen Fall zurück."
„Wie schade, Häschen, ich werde dich echt vermissen."
„Du musst noch abwaschen, mach's gut."
„Ich weiß ja. Viel Spaß! Bis morgen."
Endlich schloss sich die Tür. Sobowsky atmete erleichtert auf. Ruhe! Allein! Er ging erneut auf den Balkon, griff sich ein Bier und legte sich auf die Couch. Dieser Tag würde nur ihm allein gehören. Aber wie ein böser Geist verfolgte ihn Carola Großmann, seine eben durch die Tür entschwundene Mitbewohnerin, in seinen Gedanken.

Es war damals ein wirklich gemütlicher Abend im Landskroneck gewesen. Seit um acht hatte er mit Ronny am Tresen gesessen und sich angeregt mit ihm unterhalten.
„Hast Du gehört, die wollen das Bier schon wieder teurer machen?"

„Arschlöcher, immer auf die Kleinen. Die sollen sich mal um die Großen kümmern und sich nicht immer nur die Diäten erhöhen."

„Genau, die Reichen bezahlen schon überhaupt keine Steuern mehr, und wir sollen dafür bluten."

„Wo sind wir bloß hingeraten, das hätte es früher nicht gegeben. Weißt Du noch, das Kleine fünfzig Pfennig, das Große eine Mark?"

„Herrlich für zehn Mark am Abend besoffen. Was kriegst du denn jetzt dafür? Höchstens zwei Bier, dann hat es sich."

„Damals haben wir doch immer Trommeln bestellt. Wie viele waren da eigentlich drauf?"

„Ich glaube zwölf Kleine, aber auf jeden Fall war es immer schnell alle."

„Das stimmt, war aber auch dünner damals und mit weniger Alkohol. Ich weiß gar nicht mehr richtig, wie es eigentlich geschmeckt hat, es war glaube ich, eine ziemliche Brühe."

„Klar, manchmal ungenießbar. Im Laden mussten wir die Flaschen doch immer umdrehen, um zu gucken, ob es schon flockig war. Als ich das erste Mal in Westberlin war, haben die mich für geistig behindert gehalten, weil ich mir jede Flasche im Kasten einzeln angesehen habe."

„Na hör mir auf, das ging mir doch genauso. Hat mir auch am Anfang gar nicht geschmeckt, das Westbier, es war so herb."

„Na siehst ja, jetzt trinken wir ja auch wieder unser Ostbier. Die haben es schnell gelernt. Nur viel zu teuer, die zocken uns doch voll ab."

„Im Laden geht es ja, zehn Euro für einen Kasten, das war früher auch nicht billiger. Aber hier in der Kneipe - Wahnsinn. Ich glüh' schon immer zu Hause vor. Drei, vier Flaschen, da kann man nur sparen."

„Logisch, geht ja gar nicht anders, bei den paar Kröten, die die uns geben."

„Als Lehrlinge hatten wir ja auch nicht viel Geld, da haben wir die Brühe immer auf Ex gesoffen, da waren wir schneller voll. Aber kotzen musste ich dann fast immer."

„Die eine Sorte war so eklig, die haben wir als Mutprobe getrunken."

„Das ist schon besser jetzt, eben bloß zu teuer. Ich versteh' auch die Kneiper nicht, wenn die es billiger machen würden, könnten wir doch öfter herkommen."

„Weil Du gerade herkommen sagst, da kommen zwei Weiber durch die Tür, sehen aber Scheiße aus."
„Die habe ich hier noch nie gesehen, wahrscheinlich wollen sie bloß Kippen holen."
„Hoffentlich, die würden mich jetzt echt nerven."
Die beiden Besucherinnen traten an den Tresen.
„Hallo Jungs, was macht ihr denn hier?"
Ronny war empört.
„Blöde Frage, Bier trinken und rauchen, ohne Weiber, Herrenabend."
Sobowsky schlichtete:
„Nun sei doch nicht so grob. Sie hat doch nur eine Frage gestellt."
„Ach Schnickschnack, die sollen ihre Kippen nehmen und verduften."
„Wir wollen nicht verduften, wir wollen auch was trinken, du Armleuchter. Oder ist das eine reine Männerkneipe?"
„Nein, bestellt nur euer Zeug und setzt euch irgendwo hin."
„Quatsch, wir bleiben am Tresen, es sind ja schließlich noch zwei Hocker frei."
Jede bestellte sich einen doppelten Weißen, eine Cola dazu und dann fläzten sie sich auf die freien Barhocker. Diejenige von den beiden, die neben Sobowsky zu sitzen kam, flüsterte ihm ins Ohr:
„Was ist denn dein Kumpel für ein Stinker?"
„Ach der ist schon in Ordnung, nur manchmal ein bisschen rau."
„He, willst du jetzt den ganzen Abend mit den Weibern quatschen, oder was?"
Ronny war bereits etwas genervt. Seit seiner Scheidung konnte er kein gutes Haar mehr an Frauen finden.
„Pass bloß auf, die suchen nur einen Blöden, der sie die ganze Zeit aushält."
„Geht doch gar nicht, ich hab überhaupt nicht genug Geld mit."
„Hast du mal Feuer?" brachte sich Sobowskys Nachbarin wieder ins Spiel und während er ihr ein brennendes Streichholz hinhielt, bohrte sie weiter:
„Was rauchst du denn für eine Sorte?"
"Karo, die sind am billigsten."
„Aber die stinken doch so."

„Das ist der andere Vorteil. Da schlauchen die Weiber so ungern.“ ließ sich Ronny vernehmen.
„Wer redet denn mit dir?“
Und zu Sobowsky:
“Wie heißt du denn?“
„Jochen, und Du?“
„Carola, und das ist Heike.“
„Wenn du nicht aufhörst, dich mit den Weibern abzugeben, geh ich nach Hause. Komm wir setzen uns an irgendeinen Tisch und lassen die hier alleine.“
„Ja, ich komme gleich.“
Im Gegensatz zu Ronny hatte Sobowsky die Hoffnung noch nicht aufgegeben, die Frau fürs Leben noch einmal zu finden und Ronnys Vorschlag behagte ihm nicht wirklich.
„Mann, wann spricht mich schon mal eine Frau an?“ dachte er bei sich. “Klar, sieht die voll Scheiße aus, aber schließlich zählen doch die inneren Werte. Und wenn es nicht die Richtige ist, kann ich sie vielleicht wenigstens mal vögeln.“
„Wo wohnst du denn?“ fragte er Carola. „Du bist doch nicht aus unsrer Gegend, so ein schönes Mädchen wäre mir doch aufgefallen.“
„Ich muss gleich kotzen. Schönes Mädchen! Hast du `ne Macke Sobowsky? Das sind zwei übelste Scheuchen. So voll kannst du doch noch gar nicht sein. Letzte Chance, entweder wir setzen uns hier weg oder ich hau ab. Und glaub es mir - ich mein’ es wirklich gut mit dir. Ich kenne dieses Weiberpack zur Genüge.“
„Du kannst doch nicht alle über einen Kamm scheren. Irgendwo muss es doch ein vernünftiges Mädchen geben.“
„Bestimmt, aber nicht hier. Hier kommen überhaupt keine vernünftigen Mädchen her. Da musst du wahrscheinlich mal in die Kirche gehen. Ich geh jetzt, sag nicht, ich hätte dich nicht gewarnt. Oder kommst du doch mit? Wir könnten noch in die Quetsche gehen.“
„Nee, mach es mal gut, ich kann nicht, ich bleib noch ein bisschen.“
„Sobowsky, du hast nicht alle Latten am Zaun. Wir sehen uns. Mach‘s gut!“
„Mach’s gut.“

Ronny verließ zackig den Raum und Sobowsky schaute ihm verständnislos hinterher.
„Blödmann, sind doch zwei Weiber, hätten wir uns doch teilen können."
„Endlich ist er weg, der ist ja unausstehlich. Wieso lässt du dich denn mit so einem ein?" holte ihn Carola in die Realität zurück.
„Ist ein alter Kumpel, er hatte ein bisschen Pech mit den Frauen, Scheidung und so."
„Und du, ich meine, was ist mit dir und den Frauen? Hattest du mehr Glück?"
„Naja, auch nicht sonderlich. Ich hab die Richtige noch nicht getroffen."
„Ist ja auch nicht so einfach. Was machst du denn sonst so?"
„Äh, eigentlich nichts besonderes, ich bin Künstler."
„Wie, Künstler, verdienst du damit Geld?"
„Nee, noch nicht, kommt aber bald. Ich glaube, ich bin kurz vor dem Durchbruch."
„Was bist du denn für ein Künstler?"
„Kann ich nicht genau beschreiben, das müsste ich dir mal zeigen."
„Gern, wann denn?"
Die Unterhaltung nahm nun allerdings für Sobowsky eine plötzliche, unangenehme Wendung. Heike, die ihren Doppelten samt Cola ausgetrunken hatte, mischte sich in ihr Gespräch: „Trink aus und quatsch nicht so viel, wir müssen los." sagte sie zu Carola.
„Wo wollt ihr denn auf einmal so schnell hin?" fragte der enttäuschte Sobowsky.
„Zu einer Party, wir wollten hier bloß schnell vorher noch einen nehmen, damit wir dann ein bisschen lockerer sind."
„Was ist denn das für eine Party?"
„Och, hier ganz in der Nähe, bei einem Kumpel in der Garage."
„Da bleibe ich ja ganz alleine hier zurück. Ronny ist ja dooferweise abgehauen."
„Komm doch mit, wenn du nicht weißt, was du machen sollst."
„Mensch, hör auf, der Penner passt doch dort gar nicht hin." zischte Heike Carola ins Ohr.
„Der ist doch kein Penner, hast du es nicht gehört, er ist Künstler, die

sehen eben manchmal ein bisschen komisch aus. Sie werden ihn schon nicht fressen."

„Wie weit ist es denn?" fragte Sobowsky.

„Vielleicht zwanzig Minuten, höchstens."

„Okay, ich komme mit, wartet, ich muss noch mal pinkeln, dann kann es losgehen. Hoffentlich haben die dort ein bisschen vernünftige Musik."

Kurze Zeit später liefen sie los. Der Weg führte an etlichen Blocks vorbei, doch schnell verlor Sobowsky seine Lust an dem Ausflug. Für Carola schien er plötzlich Luft zu sein, sie unterhielt sich jetzt ausschließlich mit Heike über Menschen, die ihm völlig unbekannt waren. Dazu kam, dass er anfing zu frieren. Die Frühlingsnacht war empfindlich kalt, Mondsichel und Sterne waren deutlich zu erkennen. Als Sobowsky seine Wohnung verließ, war es draußen noch recht mild gewesen und da der Weg zum Landskroneck und zurück nicht weit war, hatte er es nicht für nötig gehalten, sich eine Jacke mitzunehmen. Nun aber spürte er deutlich, wie die Kälte nach seinem, nur mit einem T- Shirt bekleideten Körper griff. Ähnlich ging es seinen Füßen, welche in Sandalen steckten. Unwillig trottete er den beiden Frauen hinterher und fluchte vor sich hin. Als er erneut urinieren musste, blieb er stehen, und als dies keine von den beiden bemerkte, änderte er seinen Sinn.

„So, jetzt reicht es. Ich drehe wieder um. Die Weiber interessieren sich überhaupt nicht für mich. Und wer weiß, was das überhaupt für eine bescheuerte Party ist. Ich trink noch ein Bier, wärme mich ein bisschen auf, und gehe dann nach Hause."

Er schloss seine Hose und kehrte zügig um. Im Landskroneck setzte er sich wieder an den Tresen und bestellte sich ein schönes, großes Bier.

„Ah, herrlich, warme Luft und kaltes Bier. Ich möchte mal wissen, was mich geritten hat, mit diesen Schrauben mitzugehen. Ich hätte auf Ronny hören sollen, aber das ist ja nun zu spät."

Nur wenige Minuten später flog die Tür auf. Herein stürmte Carola und blaffte den verdutzten Sobowsky an:

„Sag mal, hast du einen Dachschaden? Ich mach mich ja voll zur Kelle wegen dir. Du kommst jetzt sofort mit, sonst brennt hier die Luft."

„Wieso denn? Ich habe es mir eben anders überlegt. Ich kenne doch dort niemanden und außerdem ist mir kalt."

„Natürlich kennst du jemanden- mich. Und was heißt kalt? Bist du ein Weichei oder ein Mann?“
„Ein Mann natürlich. Aber ich muss mein Bier noch austrinken.“
„Mach bloß hin. Dann nehme ich solange einen Doppelten.“
Sie prosteten sich zu und machten sich alsbald ein zweites Mal auf den Weg. Sie unterhielten sich angeregt und diesmal spürte Sobowsky die Kälte nicht mehr ganz so stark. Fast ohne es zu merken kamen sie bis an das Ende der Stadt. Dort standen dutzende, parallel zueinander angeordnete Garagenreihen im Wald. Früher hatte jede dieser Garagen einen Besitzer gehabt, heute standen viele von ihnen leer, einige waren aufgebrochen. Schnell verlor Sobowsky die Orientierung in diesem dunklen Labyrinth und er fragte sich, wie er sich von hier je wieder nach Hause finden sollte.
„Scheiße, ich sehe ja jetzt schon nicht mehr durch. Was soll denn das später werden, wenn ich richtig einen in der Krone habe? Wahrscheinlich werde ich mich hoffnungslos verirren und jämmerlich erfrieren, wenn ich nach Hause will. Am besten, ich gehe Carola nicht von der Pelle.“
Doch dann sah er, dass eine dieser Garagen geöffnet war. Licht drang aus ihr bis auf die breite Schneise zwischen den zwei gegenüber liegenden Garagenreihen, Musik und laute Stimmen durchdrangen die Stille der Nacht. Zwei Männer, in bunten Hemden und mit Mustern bestickten Jeans kamen ihnen von Vorn entgegen. Mit Entsetzen sah Sobowsky, dass sie ihre Haare gegelt hatten.
„He Carola, was bringst Du denn da für einen Penner mit? Ist ja noch schlimmer, als Heike gesagt hat.“
„Lasst ihn in Ruhe, klar! Ihr habt doch keine Ahnung. Komm rein, Jochen, die sind nicht alle so blöd hier.“
„Am liebsten würde ich gleich wieder abhauen, aber mir ist verdammt kalt und ich muss mich unbedingt ein bisschen aufwärmen. Scheiß Musik, hör ich schon. Sehen die hier alle so albern aus?“
Dann traten sie ein. In der Mitte der Garage stand eine Biertischgarnitur, an welcher einige Männer und vier Frauen saßen. Auf dem Tisch standen ein paar angefangene Schnaps- und Colaflaschen und ein paar Gläser .Ein süßlicher Geruch lag in der Luft, der Sobowsky nicht unbekannt war. Allerdings mochte er diesen Geruch, der vom Haschischrauchen herrührte, nicht sonderlich. Aus den Lautsprechern des Ghettoblasters,

der in der hinteren, rechten Ecke auf dem Fußboden stand, drangen unangenehme, monotone Technogeräusche an Sobowskys Ohr. Die Anwesenden unterbrachen kurz ihre Unterhaltung und schauten fragend auf Carola.

„Hallo, das ist Jochen, er ist Künstler. Ihr braucht nicht so zu glotzen."

„'n Abend" sagte Sobowsky. „Habt ihr mal ein Bier? Und könnt ihr mal ein bisschen vernünftige Musik einlegen?"

„Hier gibt es kein Bier." Damit war für sie der Fall erledigt und sie nahmen ihre Gespräche wieder auf.

„Was? Kein Bier! Sowas hab ich ja noch nie erlebt. Stimmt das Carola? Dann bleib ich nicht hier."

„Bleib doch mal locker, Jochen. Muss doch nicht immer Bier sein. Wollen wir mal einen Joint schmoren?"

„Hm, mag ich eigentlich nicht so, aber nüchtern halt ich das hier nicht aus. Hast Du was dabei?"

„Klar, ich hab einen Kumpel, der baut das Zeug im Gewächshaus an, davon schenkt er mir manchmal was. Ist echt gutes Kraut, ohne Chemie. Eine richtige Blüte, schön harzig. Die rolle ich jetzt in eine Kippe."

Carola zog eine kleine Blechdose aus ihrer Hosentasche, in der sich zwei Cannabisblüten befanden. Eine entnahm sie, zerkleinerte sie mit den Fingern, vermischte sie mit Tabak aus einer anderen Dose und drehte eine dicke Zigarette. Nachdem sie diese angezündet hatte, nahm sie vorsichtig zwei kleine Züge.

„Muss man bisschen aufpassen, ist ziemlich stark."

„Ach, gib mal her, ich brauch 'ne ordentliche Ladung."

Sobowsky nahm ihr den Joint aus der Hand und inhalierte mehrmals tief. Als sich ein Gefühl von Übelkeit bei ihm einstellte, gab er ihn ihr zurück.

„Jetzt Du wieder, ich setz mich erstmal hin."

Er hatte keinerlei Übung im Umgang mit solchen Mitteln und da seine letzte Mahlzeit schon lange her, und sein Magen entsprechend leer war, traf ihn die Wirkung des Stoffes plötzlich und mit ganzer Kraft. Er schob eine der, an der Biertischgarnitur sitzenden, Frauen beiseite und fläzte sich neben sie. Es fiel ihm schwer, sich aufrecht zu halten, weshalb er seinen Kopf in beide Hände stützte.

„Was fällt Dir ein, Du Idiot?" herrschte ihn die beiseite Geschobene an,

und einer der Männer verlangte, dass er sich verpissen solle. Er verstand sie ganz genau und hätte ihnen gern eine passende Antwort gegeben, allerdings war mit einem Mal sein Sprachzentrum blockiert und er brachte trotz aller Bemühungen kein einziges Wort hinaus.
„Lasst ihn doch in Ruhe, ihr seht doch, dass es ihm nicht gut geht.“ hörte er Carola sagen und irgendwie war er ihr dankbar dafür.
„Und was ist, wenn er uns auf den Tisch kotzt?“
Diese Vorstellung wirkte auf Sobowsky ungemein erheiternd. Er spürte, wie sich seine Mundwinkel nach oben zogen und wie er anfangen musste, zu lachen. Jedes weitere Wort, das im Raum gesprochen wurde, belustigte ihn mehr. Minutenlang schüttelte ihn ein Lachkrampf nach dem anderen. Er nahm wahr, wie sich die Stimmung gegen ihn kehrte, und dass er es allein Carola zu verdanken hatte, dass man ihn nicht kurzerhand hinauswarf. Dennoch war es ihm nicht möglich, mit seinem Gelächter aufzuhören. Eine unerhörte Kraft zwang ihn nach einiger Zeit, sich hinzulegen. Er rutschte langsam unter den Tisch, noch immer bei klarem Verstand, noch immer nicht in der Lage, auch nur ein einziges Wort zu sprechen. Gern hätte er Carola auf ihre besorgten Fragen etwas geantwortet, wenn es nur irgendwie gegangen wäre. Nach kurzer Besprechung zogen sie ihn unter dem Tisch hervor und legten ihn mit einer Decke an die Rückseite der Garage neben den Ghettoblaster. Dessen Musik schallte Sobowsky nun direkt ins Ohr und instinktiv versuchte er, das Ding auszuschalten. Dabei stellte er fest, dass nicht nur seine Sprache futsch, sondern auch der Rest seines Körpers gelähmt war. Resigniert beschloss er abzuwarten, bis die Wirkung der Droge nachlassen würde. Derweil entfaltete sich ein Reigen farbenfroher Bilder vor seinem geistigen Auge. Er versuchte, diese Bilder dahin zu lenken, dass sie ihm nackte Frauen vorgaukelten, was aber misslang. Stattdessen spürte er, wie sich von unten Kälte an seinem Körper heranschlich und er stark zu frieren begann. Zitternd versuchte er Carola zu rufen, aber kein Laut kam über seine Lippen. Wütend sah er, wie sie sich angeregt mit Heike unterhielt.
„Ich werde hier erfrieren und keiner wird es merken.“ dachte er und komischerweise überkam ihn dabei ein neuer Lachanfall, allerdings ohne dass ihn dabei jemand hätte hören können. So dämmerte er weiter frierend vor sich hin, rasche Bilderfolgen jagten einander, ohne, dass er darauf Einfluss hätte nehmen können. Eine knappe Stunde verging auf die-

se Weise. Dann spürte er, wie er langsam wieder Herr über seine Gedanken wurde. Und erfreut stellte er fest, dass er seine Gliedmaßen wieder bewegen konnte. Ob auch die Sprache wieder funktionieren würde?
„Carola!“ Tatsächlich, es ging wieder.
Carola hörte sein Rufen.
„Guten Morgen, geht's wieder?“
„Mir ist hundekalt, ich muss nach Hause, sonst sterbe ich.“
„Ich komme mit, so kann ich Dich ja nicht alleine loslassen. Trink noch ein Mineralwasser, das tut gut.“
Und sie goss ihm ein Glas Wasser ein.
„Wasser?“ dachte Sobowsky, „ich erfriere fast und die gibt mir ein Glas eiskaltes Wasser. Das kann's ja wohl nicht sein. Ich brauche etwas, was mich wärmt.“
Als sich Carola von ihm wegdrehte, um sich von den anderen zu verabschieden, griff er sich kurz entschlossen den Rest einer herumstehenden Schnapsflasche und leerte ihn in einem Zug. Allerdings war in der Flasche mehr enthalten, als er vermutet hatte, und er kämpfte schon ein bisschen, um tatsächlich alles in der Kürze der Zeit hinunter zu bekommen. Als es geschafft war, kehrte leider mit Urgewalt die Übelkeit zurück. Nichts konnte den Schwall aufhalten, der sich nun aus seinem Mund über den Tisch ergoss. Er spürte, wie seine Beine ihn nicht mehr halten konnten und wusste lediglich nicht zu beurteilen, ob es am Schnaps oder an der Faust lag, die in seinem Gesicht niederging. Vermutlich war es die Kälte, die ihn wieder zu Bewusstsein brachte. Von Ferne hörte er die für seine Ohren so unerträgliche Musik und als sich seine Augen langsam öffneten, konnte er außer Dunkelheit nur Carolas besorgtes Gesicht erkennen, welches dem seinen sehr nahe kam. Sie streichelte seinen Kopf und fragte ihn flüsternd, wie er sich fühle. Er spürte ihren Atem, welcher so schlecht war, dass er seinen Kopf ruckartig zur Seite warf.
„Ich muss nach Hause, sagte ich doch schon. Ist die Party schon zu Ende? Vielleicht sollte ich mich noch verabschieden?“
„Hör auf, Jochen, komm wir hauen ab. Die Decke nimmst Du mit, hast ja schon ganz blaue Lippen.“
Sobowsky rappelte sich hoch, er zitterte am ganzen Leibe, seine Zähne schlugen klappernd aufeinander.
„Verdammte Scheiße, ich werde mir den Tod holen oder irgendeine ande-

re schlimme Krankheit. Wieso liege ich überhaupt hier draußen rum?"
„Ach Jochen, die wollten dich irgendwie da drin nicht mehr haben. Ich konnte nichts dagegen machen. Aber Du hast nicht lange hier gelegen, höchstens zehn Minuten."
„Na, das tröstet mich ja. Los jetzt, wir haben keine Zeit."
Er warf sich die Decke über die Schultern und lief hastig los. Sein Kopf schmerzte ihn, aber er war wieder bei klarem Verstand. Trotzdem hielt ihn Carola zurück:
„Halt, das ist die falsche Richtung. Ich zeig Dir, wo es lang geht."
Gemeinsam hasteten sie durch die Nacht, fast wortlos. Nur sporadisch, wenn ihn der Schüttelfrost packte, fluchte Sobowsky lautstark. Das Landskroneck hatte bereits geschlossen. Unschlüssig standen sie davor. Sobowsky war bereit, sich zu verabschieden. Er sehnte sich nach Ruhe und nach seinem Bett.
„Soll ich Dich noch bis nach Hause begleiten?" flötete Carola. „Ich will ja eh mal wissen, wo du wohnst:"
„Von mir aus."
Und als sie dann vor der Eingangstür von Sobowskys Block standen, legte sie fest:
„Ich komm mit hoch, Du brauchst ein bisschen Hilfe."
„Ich bin einfach nur müde." protestierte Sobowsky.
„ Ach, Du brauchst ein heißes Bad und einen schönen Grog. Ist doch noch gar nicht so spät. Außerdem musst Du mir noch Deine Kunstwerke zeigen."
„Kann das nicht bis morgen warten?"
„Nein, auf keinen Fall. Los, schließ auf!"
Sobowsky hatte nicht mehr genug Kraft sich zu wehren und schon Sekunden später standen sie beide in seinem Flur.
„Was sollen denn die ganzen Weiber hier, die müssen ab." stellte Carola mit Blick auf die zahllosen Nacktfotografien fest.
„Auf keinen Fall, die bleiben dran. Wie kommst Du denn auf diese Idee? Das hat ja noch nicht mal meine Mutter verlangt."
Er spürte, wie ihm die Wärme seiner Wohnung behagte, und verspürte Lust, Carola einfach hinauszuwerfen. Schließlich hatte sie ihm heute schon einen riesigen Haufen Unannehmlichkeiten eingebrockt und er wusste überhaupt nicht, was er von ihr halten sollte.

„Ich lass schon mal Wasser ein." sprach sie mitten in seinen Gedankengang hinein und verschwand im Bad. Sobowsky, der Durst verspürte, holte sich eine Flasche Bier vom Balkon und ließ sich völlig kaputt auf die Couch fallen. Für kurze Zeit vergaß er die Strapazen des Abends und war glücklich, wieder in seinem kleinen Reich zu sein.
„Komm, zieh Dich aus, die Wanne ist voll."
Unwillig erhob er sich und latschte ins Bad.
„Ich leiste Dir Gesellschaft, dann bist Du nicht so allein. Das Bier stellst Du am Besten in die Küche, du kannst es ja nachher weitertrinken. Jetzt brauchst du erst mal was Warmes."
„Nein, ich habe jetzt Durst, das Bier kommt mit in die Wanne. Wenn Du auch eins willst, kannst Du Dir eins vom Balkon holen. Ich zieh mich derweil aus."
„Ich nehm' lieber ´nen Schnaps, hast Du welchen im Kühlschrank?"
„Ja und bring mal ´nen Aschenbecher und Kippen mit."
Das warme Wasser tat ihm wirklich gut. Er spürte, wie die Lebensgeister zurückkehrten, und die Kälte endgültig aus seinem Körper wich. Auf einmal sah er Carola wieder mit anderen Augen, sie rauchten und tranken gemeinsam, während er von Zeit zu Zeit warmes Wasser nachließ, wenn es ihm zu sehr auszukühlen drohte. Durch die gläserne Balkontür dämmerte bereits das erste Morgengrau, als Carola zu Sobowsky sagte:
„Du musst jetzt rauskommen, sonst weichst Du ja völlig auf. Außerdem müssen wir langsam ins Bett."
„Wir? Wieso wir? Soll ich Dich nicht nach Hause bringen? Ich zieh´ mir nur was Warmes an."
„Papperlapapp, das bringst Du fertig. Könntest mich ruhig einladen, hier zu bleiben."
„Wo willst du denn schlafen? Ich habe kein Bett für dich."
„Ist denn dein Bett so schmal? Ich könnte mir vorstellen, dass wir zur Not beide reinpassen." Sobowsky gefiel die Idee nicht wirklich. Zum einen schätzte er es, nächtens ungestört zu sein, was er sich angesichts ihrer Korpulenz nicht vorstellen konnte. Und zum anderen fürchtete er sich vor ihrem Geruch, den er dann aus nächster Nähe ertragen würde müssen.
„Willst du vielleicht auch noch mal ins Wasser?" fragte er, als er aus der

Wanne stieg und sich abtrocknete. „Kannst dir auch neues nehmen, wenn du willst.“
„Nee, lass mal, das ist nicht nötig, ich hab mich erst gestern gebadet.“
„Die lügt doch.“ dachte Sobowsky und sagte zu ihr: „Ich hab auch keine Zahnbürste für dich.“
„Putz ich eben morgen. Frauen haben sowieso einen besseren Atem als Männer.“
„Na, dann komm mit.“ resignierte er „Gehen wir schlafen.“
Das Schlafzimmer war recht kahl, ein paar wenige Regale standen darin, in denen Sobowskys wenige Klamotten lagen. Sein Bett, noch aus seinen Jugendtagen, stand am Fenster.
„So, dann wollen wir mal sehen, wie wir miteinander klarkommen. Du kannst dich ja an die Wand legen, da kannst du nicht rausfallen. Wenn´s gar nicht geht, schlaf ich halt auf dem Fußboden.“ schlug er vor.
„Einverstanden.“ antwortete sie und begann sich auszuziehen. Nur mit Schlüpfer und BH an ihrem Körper huschte sie unter die Bettdecke. Sobowsky, der sich artig abgewandt hatte, bis sie mit dem Entkleiden fertig war, folgte ihr Sekunden später. Der Enge des Bettes geschuldet, spürte er sogleich ihren warmen Körper an dem seinen und obwohl es ihm gefiel, spürte er gleichzeitig, wie ihn eine bleierne Müdigkeit überkam. Plötzlich tauchte ihr Gesicht über dem seinen auf.
„Du kannst mich haben, Jochen.“
„Wie bitte? Äh, danke gern, aber können wir das nicht auf morgen verschieben? Ich bin wirklich sehr müde.“
Das Angebot kam für ihn völlig überraschend und ihr schlechter Atem beflügelte auch nicht gerade seine Lust. Doch selbst, wenn er gewollt hätte, der aufregende Abend forderte gnadenlos seinen Tribut, er war einfach zu matt. Carola schmollte:
“Was hast du? Bin ich dir nicht schön genug?“
Schon im Halbschlaf antwortete er:
„Aber nicht doch. Ich finde dich toll.“
„Na also, ich helfe dir auch ein bisschen.“
Sie griff sich Sobowskys Glied und ließ ihre Hand zügig daran auf und ab gleiten. Da sich kein sichtbarer Erfolg einstellte, erhöhte sie Druck und Geschwindigkeit erheblich. Nicht ganz nüchtern wie sie war, ließ sie

es an jeder Rücksicht fehlen und es war der Schmerz, der Sobowsky aus seinem Dämmerzustand wieder ins Wachsein zurückkehren ließ.
„Sachte, Carola, es wird schon."
Und tatsächlich, der von ihr gewünschte Erfolg stellte sich in dem Moment ein, als seine Müdigkeit noch einmal kurz verflog.
„Warte, du musst nichts machen ich kümmere mich schon."
Sie entledigte sich ihres Schlüpfers und setzte sich, seinen Penis in ihre Scheide stopfend, auf ihn. Dann begann sie sich keuchend auf ihm auf und ab zu bewegen, beendete diesen Vorgang jedoch abrupt, als sie spürte, wie sein Pimmel plötzlich wieder erschlaffte und er friedlich zu schnarchen begann. Als Sobowsky fröstelnd erwachte, fand er sich auf dem Fußboden wieder. In seinem Bett lag, in seine Decke gerollt, Carola. Obwohl es schon Mittagszeit war, fühlte er sich noch müde. Schließlich hatte seine Nachtruhe, trotz der fortgeschrittenen Tageszeit, höchstens sechs Stunden betragen. Sein Glied schmerzte, und als er es sich besah, entdeckte er zahlreiche Abschürfungen daran. Er begab sich ins Bad und schmierte es dick mit Penatencreme ein.
„Na, die hat ja vielleicht Feuer, hoffentlich erwürgt sie mich nicht, wenn es mal richtig zur Sache geht. Ich kann es ja mal ausprobieren."
Er kehrte ins Schlafzimmer zurück und schaute sie sich einige Zeit an. Nichts deutete darauf hin, dass sie in absehbarer Zeit erwachen würde und so beschloss er, sie vorerst in Ruhe zu lassen. Stattdessen begab er sich ins Wohnzimmer, legte sich auf die Couch und schlief dort unverzüglich wieder ein.
„He, wann willst du mir endlich deine Kunst zeigen?"
Diesmal war es Carola, die eher erwacht war und Sobowsky mit diesen Worten weckte.
„Geht gleich los, lass mich nur noch mal kurz auf die Toilette."
Er musste sich dringend entleeren und wollte auch gern seine Zähne putzen, um Carola mit frischem Atem zu begegnen. Im Bad empfing ihn ein ungewohnter, hässlicher Mief und seine Sinne signalisierten ihm, dass es sich hier um eine Mischung aus Schweiß-, Schamhaar- und Kotgerüchen handelte. Schlagartig sank seine Stimmung auf den Nullpunkt. Auf seinem Klo hatte, außer ihm, niemand ungefragt etwas zu suchen und wenn schon, hatte er es nicht so zu verpesten. Ihm wurde wieder bewusst, dass es Carola mit der Reinlichkeit wohl nicht so hatte. Er entsann sich, dass ihm

gestern schon ihr schlechter Geruch aufgefallen war, und dass sie nicht hatte baden wollen, obwohl es schon höchst notwendig gewesen wäre. Seine gestrige Nachsicht, wohl den widrigen Umständen geschuldet, war dahin.
„Pfui, Teufel, was hat die denn hier gemacht? Dieses Weib ist doch kein Mensch. Was hat die überhaupt auf meinem Klo zu suchen? Ich muss sie rausschmeißen, bevor sie sich noch irgendetwas einbildet."
Das Unterhemd über die Nase gezogen, verrichtete er zügig sein Geschäft, aufs Zähneputzen verzichtete er lieber ganz. Zornig kehrte er ins Wohnzimmer zurück.
„Du kannst doch das Bad nicht so verpesten!"
„Was hast du denn? Denkst du, Frauen haben eine Parfümfabrik im Arsch? Und jetzt lenk mal nicht ab. Wo sind denn deine Kunstwerke und was sind das für affige Pappen hier an den Wänden? Wenn du willst, besorge ich dir ein paar richtige Bilder, ich hab genug davon zu Hause."
Sobowsky war zutiefst gekränkt. Die Pappen mit der dicken Farbe drauf waren schließlich seine bedeutendsten künstlerischen Schöpfungen. Da steckte Mühe und Leidenschaft drin. Er schnappte nach Luft. Wie konnte sie nur so eine Kunstbanausin sein und noch dazu so stinken, und auch noch so aussehen, wie sie aussah. Warum hatte er nicht auf Ronny gehört? Der hatte Recht, es kommen keine vernünftigen Mädchen ins Landskroneck. Und war er etwa in sie verliebt? Nein, keine Spur, nur Ärger hatte sie ihm eingebrockt und versucht, sich in sein Leben zu drängeln. Doch da fiel sein Blick auf das aufgebaute Damespiel auf dem Tischchen vor der Couch.
„Na gut." dachte er „bevor ich sie rausschmeiße, gebe ich ihr noch eine Chance."
Und zu ihr: „Das kann jemand wie du nicht verstehen, das ist echte Kunst. Da muss man eine Ader für haben, sonst sieht man das nicht. Deine Kumpels von gestern Abend könnten das sicher auch nicht erkennen, diese Idioten. Bald wird man mir das Zeug aus den Händen reißen und ich werde berühmt. Dann wirst du schon sehen. Affige Pappen, du spinnst wohl! Das ist Kunst! Aber mal was anderes, kannst du Dame spielen?"
Er zeigte auf das Tischchen, auf dem das vorbereitete Spielbrett stand.
„Was für ein Zeug? Hör mal, so ein Kinderkram ist echt nicht mein Ding. Wir sollten lieber was Essen, ist schon gleich um fünf."

Für Sobowsky war das Maß nun voll. Ihm war klar, dass diese Frau in seinem Leben nichts verloren hatte. Er empfand ihre Anwesenheit als störend und selbst die Aussicht, mit ihr kopulieren zu können, hatte nichts Reizvolles für ihn. Sie sollte einfach nur weg.
„Nein, wir essen jetzt nichts. Du musst jetzt gehen. Ich hab noch was zu erledigen. War nett, dich kennen gelernt zu haben. Vielleicht sehen wir uns ja mal wieder. Grüß Heike. Mach´s gut."
Er schob sie zur Tür. Sie griff nach ihren Schuhen und ihrer Jacke.
„Ja, Jochen, es war toll mit dir. Manches muss sich eben noch einspielen, auf jeden Fall brauchen wir ein breiteres Bett. Ich klingele morgen Abend wieder bei dir, ja? Wollen wir uns zum Abschied küssen?"
„Nein, natürlich nicht, wasch dich lieber mal."
Sobowsky schloss von innen die Tür und lauschte, ob er auch wirklich ihre sich entfernenden Schritte hören würde. Dann atmete er tief durch. Vorerst war er sie los, und er hoffte, für immer.
„Na, morgen Abend bin ich mit Sicherheit nicht da. Küssen? Brrr! Die doch nicht. Ich ruf erst mal Ronny an, ob wir morgen Abend was zusammen machen. Hoffentlich hat er Zeit und ist nicht sauer auf mich."

Ein stürmisches Klingeln an der Wohnungstür riss Sobowsky aus seinen Gedanken.
„Sie wird doch nicht was vergessen haben?" sorgte er sich und stand auf, um die Tür zu öffnen. Doch es war nicht Carola, wie er befürchtet hatte, sondern Hamster, der auf ihn einen völlig verstörten Eindruck machte. Bekleidet war Hamster wie immer, mit engen Jeans und ärmellosem T- Shirt, mit dem Schriftzug einer seiner Lieblingsbands und der dazugehörigen eigenwilligen bildlichen Darstellung obskurer Gewaltszenen darauf. Sobowsky erfreuten diese Bilder meist und so fiel sein Blick unwillkürlich voller Neugierde auf Hamsters Oberkörper, gespannt, was er denn heute anzubieten hätte. Er sah eine, an einem Holzkreuz angeschlagene, mumifizierte Frauenleiche und darunter finstere Gestalten, die versuchten, sich ihrem Geschlechtsteil mit der Zunge zu nähern. Dazu verschiedene Symbole, auf den Kopf gestellte Christuskreuze, eigenartige Siegel und verschnörkelte Buchstaben, die Sobowsky allesamt nicht zu deuten wusste. An Hamsters nackten Unterarmen befand sich Blut, und da er sie so gedreht hielt, dass seine geöffneten Hände nach vorn

zeigten, konnte Sobowsky gut erkennen, wo dieses Blut herkam. Etwas oberhalb der Handflächen befanden sich jeweils tiefe Einschnitte, aus denen regelmäßig ein ordentlicher Strahl der roten Brühe schoss. Jetzt sah Sobowsky, dass auch die Treppe bereits besudelt war, ebenso wie Hamsters Hose und die Socken, in denen er vor ihm stand.
„Jetzt übertreibt er aber mit seiner Gewaltmacke. Wer soll denn die ganze Sauerei wegmachen?" dachte er.
„Du musst mir helfen, Sobowsky, sonst krepiere ich. Schnell!" stieß Hamster matt hervor.
„Was soll denn die Scheiße? Bist du bescheuert? Ich hab heute frei, verstehst du? Außerdem, was soll ich denn machen?"
„Du musst den Rettungswagen rufen."
„So ein Scheiß. Weißt du die Nummer?"
„112. Beeil dich doch. Und lass mich rein!"
„Du spinnst wohl, versaust mir doch die ganze Bude."
Hamster, der mit jedem Pulsschlag Blut verlor, sank zu Boden und lehnte sich sitzend an die Wand des Treppenflures an.
„Du musst es irgendwie abschnüren, damit nichts mehr rauskommt." flüsterte er.
„Witzig, womit denn?"
Sobowsky schaute sich um, doch dann entfernte er kurz entschlossen Hamster die Socken von den Füßen, zog sie lang und knotete sie, so fest er konnte, um die blutspuckenden Wunden. Fürs erste half es sogar und er ging ins Wohnzimmer, um den Notruf zu wählen. Man sagte ihm baldiges Kommen zu und er kehrte zu Hamster zurück.
„Keine Panik, die sind gleich da. Kannst du mir mal erklären, was die ganze Show soll?"
Doch Hamster antwortete nicht, wahrscheinlich war er schon zu schwach. Und obwohl Sobowsky die ganze Sache bescheuert fand, setzte er sich zu dem Verletzten in den Treppenflur und wartete mit ihm gemeinsam auf den Krankenwagen. Der ließ nicht lange auf sich warten und schon nach wenigen Minuten holten zwei Sanitäter Hamster auf einer Trage ab.
„So, jetzt ist er weg, der Idiot, aber die Schweinerei auf der Treppe wird er wahrscheinlich so schnell nicht aufwischen. Da werde ich mich wohl drum kümmern müssen."

Vorsichtig, um nicht in das Blut zu treten, begab er sich eine Etage tiefer, um bei der Familie Jeremenkow zu klingeln. Es öffnete der Sohn.
„Eh, Jochen, was ist los?"
„Hamster ist durchgedreht, er hat sich die Pulsadern aufgeschnitten. Du siehst ja die Scheiße."
Tatsächlich kam die Blutspur schon aus Hamsters Wohnung, die denen der Jeremenkows gegenüber lag.
„Ja, ich sehe. Ist kein Problem, ich sage es meiner Mutter, die macht das weg. Willst du reinkommen? Hast du Durst?"
„Ich weiß nicht. Was habt ihr denn da? Ihr trinkt doch bloß Wodka."
„Komm ruhig, wir haben auch Bier. Du kannst auch gleich hier essen. Ist gleich fertig."
Obwohl der junge Jeremenkow an sich ein skrupelloser Gewalttäter war, hatte er auch seine guten Seiten. Für diejenigen, denen er sich zugehörig fühlte, war er ein zuverlässiger Kamerad. Und Sobowsky gehörte zu diesen, zugegebenermaßen wenigen, Menschen. Allein die Tatsache, dass beide im selben Eingang wohnten, genügte als Kriterium. Außerdem war Sobowsky, seit die Jeremenkows eingezogen waren, immer nett zu dem Jungen gewesen, was für den Umgang mit Aussiedlerkindern keinesfalls selbstverständlich war und von dem Russen dankbar registriert wurde. Jetzt, wo er sich stark und gefürchtet wusste, fühlte er sich seinerseits ein bisschen dafür zuständig, Sobowsky zu helfen, wenn es erforderlich sein sollte.
„Na ja, Hunger habe ich keinen, ich habe ja gerade erst gefrühstückt, aber ein Bier trink' ich mit."
Er trat ein und wurde ins Wohnzimmer geleitet, in dem Frau Jeremenkow gerade den Tisch deckte.
„Ah, guten Tag Herr Sobowsky. Herzlich willkommen. Bitte zu setzen. Essen reicht für alle. Wollen Tee?"
„Tee? Nein. Oleg hat gesagt, es gibt Bier. Das reicht. Ich will nichts essen. Nur ein schnelles Bier, dann geh ich wieder."
„Nein, nein, müssen essen. Reicht für alle. Hole Teller."
Sie ging zügig in die Küche, um ein weiteres Gedeck zu holen. In der Zwischenzeit brachte Oleg zwei Flaschen Bier.
„Nun setz dich schon, Jochen. Prost!"
Sie stießen die Flaschen gegeneinander und tranken.

„Tu Mutter nicht kränken, iss was mit. Kann sein, dass Vater schon nicht dabei ist."
„Ist er nicht da?"
„Doch, er schläft aber schon, bisschen viel Wodka nach dem Frühstück. Ich versuche dann mal, ihn zu wecken. Aber nun erzähl, was ist mit Hamster?"
Hamster lag ihm, ähnlich wie Sobowsky, sehr am Herzen, ja mehr noch als dieser, schließlich machten sie zusammen Geschäfte, von denen beide ganz gut lebten.
„Ich weiß auch nicht, er klingelt und steht da, die Arme aufgeschnitten und blökt um Hilfe. Keine Ahnung, was mit ihm los ist. Du kennst ihn doch besser als ich."
„Hm, er war schon manchmal ‚n bisschen komisch. Hat einen Haufen Scheiße gequatscht, von Außerirdischen und irgendwelchen Verschwörungen gegen Deutschland. Er hat, glaube ich, auch wenig geschlafen. War in der Nacht immer vorm Computer, ich weiß nicht warum. Hat auch nichts mehr getrunken, kein Bier, keinen Wodka, nichts. Ich glaube Drogen, irgendwas Chemisches."
Frau Jeremenkow kehrte aus der Küche zurück.
„So, Herr Sobowsky, können essen. Oleg, kannst du Vater holen?"
Oleg erhob sich, um im Schlafzimmer nach seinem Vater zu sehen. In der Zwischenzeit sprach Frau Jeremenkow weiter auf Sobowsky ein: „Ist Kebab, von uns zu Hause. Sehr gut, mit Kraut. Müssen unbedingt probieren."
Während Sobowsky einwilligte, um sie nicht zu kränken, schienen sich im Schlafzimmer unschöne Szenen abzuspielen. Zwar verstand Sobowsky nichts von dem, was da an sein Ohr drang, schließlich war er des Russischen nicht mächtig, aber der raue und aggressive Ton Olegs konnte ihm nicht entgehen. Im Kontrast dazu stand die müde klingende, wimmernde Stimme des Vaters, der offensichtlich Angst zu haben schien.
„Mein Gott, es wird doch nichts passieren." entsetzte sich Frau Jeremenkow und eilte ins Schlafzimmer, gefolgt von Sobowsky, der sich einbildete, vielleicht helfen zu können. Das Bild, welches sich dort darbot, war grotesk. Der Vater lag mit herausquellenden Augen im Bett, auf ihm hockte Oleg und würgte ihn.
„Oleg, hör auf!" schrie Frau Jeremenkow, „er stirbt!"

„Das Schwein bring ich um, der ist so voll, das merkt er gar nicht.“
„Eh, Oleg, ist doch nicht so schlimm, essen wir eben ohne ihn. Lass ihn doch pennen. Ging uns doch allen schon mal so.“ versuchte Sobowsky zu schlichten.
„Halt´s Maul, Jochen, das verstehst du nicht. Die Sau ist an allem Schuld, dass wir hier sind, und wie es uns geht. Ich hasse ihn, weißt du? Und irgendwann bring ich ihn um, ist nur eine Frage der Zeit. Mutter ist bescheuert, aber so was hat sie nicht verdient, Er hat uns alle kaputt gemacht, alle, verstehst du? Und dafür wird er bezahlen, versprech' ich dir.“
„Aber doch nicht, wenn ich hier bin. Lass uns doch erst mal was essen, du hast mich schließlich eingeladen.“
„Nu gut, essen wir eben.“
Oleg ließ von seinem Vater ab, der heulend wieder einschlief und zu zweit kehrten sie ins Wohnzimmer zurück, da Frau Jeremenkow noch an der Kinderzimmertür halt machte, um ihre Tochter ebenfalls an den Tisch zu befehlen. Da dies offenbar einiger Überzeugungskraft bedurfte, machten es sich Oleg und Sobowsky schon einmal am Tisch gemütlich und prosteten sich erneut zu.
„Versteh mich mal nicht falsch, Jochen, aber manchmal brennen mir die Sicherungen durch, wenn ich diesen Wichser sehe. Weißt du, der hat schon bei uns zu Hause nichts auf die Reihe gekriegt, immer hat er gesoffen, die Mutter und uns verprügelt. Und dann hat er uns hergebracht. Was sollen wir denn hier? Keiner will von uns was wissen, keiner braucht uns, hat uns ja auch keiner gerufen. Irgendwann sperren sie mich ein, weiß ich doch. Aber irgendwie muss ich doch hier leben. Und so lange ich draußen bin, nehme ich mir eben, was ich will. Was soll ich sonst machen? Hast du einen Vorschlag, Jochen, dann sag es mir.“
„Nee, ich hab ja selber keinen Plan. Aber solange das Geld für´s Bier reicht, komm ich schon klar. Die Miete krieg ich ja bezahlt.“
„Mutter sagt, ich soll eine Lehre machen. Hab aber keinen Bock drauf, früh aufstehen, nicht mehr saufen, sich voll labern lassen, für die paar Kröten. Hast du mal gearbeitet, Jochen?“
Sobowsky musste schmunzeln:
„Na klar, bis 92, ich war Heizer im Krankenhaus, in Schichten. Dann haben sie ´ne Ölheizung eingebaut, und brauchten uns nicht mehr. War ´ne

schöne Zeit damals, ich hätte alt werden können auf der Stelle. Ich hatte meine Ruhe, keiner hat was gesagt, wenn ich mal ein Bierchen getrunken habe. Und die Kollegen waren auch nicht schlecht, einer ist schon tot. Scheiß moderne Technik, die hat uns nichts gebracht."

Nun kamen auch Frau Jeremenkow und ihre Tochter an den Tisch. Das Mädchen war sehr dünn und sah ungesund aus. Ihre Haut war eher grau, die Haare viel zu kurz und schief geschnitten und obwohl sie fünfzehn Jahre alt war, konnte man keinerlei weibliche Rundungen an ihr entdecken. Sie vermied es, ihrem Bruder in die Augen zu schauen und setzte sich offensichtlich nur widerwillig hin.

„Guten Tag, Herr Sobowsky." grüßte sie dennoch artig.

„Hallo Inga, alles klar? Siehst ja gar nicht glücklich aus. Liebeskummer was? Mach dir keinen Kopf drüber, ich hab mich auch angeschissen. Aber noch hab ich die Hoffnung nicht aufgegeben. Und du bist ja noch jung, da wird das schon noch." scherzte Sobowsky.

„Schön, dass sie Gast sind, Herr Sobowsky. Bitte langen zu." sagte Frau Jeremenkow.

„Ja, vielen Dank. Dann wollen wir mal."

Alle, bis auf Inga fingen an zu essen. Sie stocherte nur lustlos auf ihrem Teller herum, und ohne einen Bissen zu sich genommen zu haben, verschwand sie nach kurzer Zeit wieder in ihrem Kinderzimmer.

„Ist sie krank?" sorgte sich Sobowsky. „Sie hat ja gar nichts gegessen und ist so dünn."

„Ach, die ist nur bescheuert, in ihrer Schulklasse sehen die alle so aus. Die finden sich nur schön, wenn sie rumlaufen wie Skelette." antwortete Oleg.

„Na Carola ist ja ein bisschen zu fett, aber das ist mir schon lieber als so eine Hungerrippe. Da muss man ja beim Ficken Angst haben, dass man sich einen Schiefer einfängt. Schmeckt übrigens sehr gut, Frau Jeremenkow."

„Nehmen nur mehr, bitte."

„Ach, danke, ich bin wirklich schon satt. Höchstens noch ein Bier."

„Natürlich, sehr gern. Wollen auch Wodka? Für Verdauung gut."

„Na, einen kann ich ja, wenn ich schon mal hier bin."

Sie sprang auf, um wenige Minuten später mit zwei Flaschen Bier, einer Flasche Wodka, drei Schnapsgläsern und einem Holzbrettchen voller

Weißbrotscheiben zurückzukehren. In der Zwischenzeit verspeiste Oleg alle verbliebenen Kebab, einschließlich demjenigen, der auf Ingas Teller verblieben war. Sobowsky störte ihn nicht und hing stattdessen sentimentalen Gedanken nach, die ihn in seine Zeit als Heizer entführten. Fünfzehn Jahre war das nun schon her, aber es kam ihm vor, als sei es erst gestern gewesen. Es schmerzte immer noch, wenn er an seinen letzten Arbeitstag dachte, bevor die Klempner anrückten und seine geliebte Schwerkraftheizung gefühllos zerlegten und entsorgten. Unmengen von Kohlen hatte er im Laufe der Jahre in ihr gefräßiges Maul geschaufelt, und bis zuletzt empfand er große Freude daran, wenn die dicken grauen Schwaden, die aus dem hohen Schornstein stiegen, vom Erfolg seiner Arbeit kündeten. Links vor dem Kessel, an die Wand gerückt stand ein kleiner Tisch mit jeweils einem Stuhl an den kurzen Seiten. An der Wand klebten ausgeschnittene Zeitungsbilder in schwarz-weiß mit nackten Frauen. Immer wenn der Kessel gefüllt und die Asche entleert war, setzte er sich dort nieder und rauchte. Dabei überwachte er die Anzeigen an den Kesselarmaturen, den Wasserstand und die Temperatur des Heizungswassers. Keinesfalls durfte die Temperatur zu stark abfallen, schließlich arbeitete er in einem Krankenhaus, wo es immer schön warm sein musste und es auch an heißem Wasser niemals mangeln durfte. Er war stolz, wenn der Chefarzt sagte, die Heizer seien seine wichtigsten Leute. Wie viele Kilogramm Asche er in den Jahren eingeatmet hatte, fragte er sich manchmal. Die Asche war schließlich überall. Auch wenn er regelmäßig saubermachte, legte sich ständig eine neue feine gelbe Schicht auf alles, was sich in seinem Heizraum befand. Niemals in all den Jahren ging der Kessel aus und wenn er Feierabend hatte, kam ein Kollege zur nächsten Schicht, der mit demselben Ehrgefühl wie er, seiner Arbeit nachging. Sie waren zu dritt und ihre Schichten wechselten im Wochentakt. Wenn die Ablösung kam, ging er keineswegs sofort nach Hause, sondern blieb noch auf eine Bierflaschenlänge da. Dann saßen sie zu zweit am Tisch, unterhielten sich, was der Kessel so gemacht hatte, ein bisschen über Politik und den Ärger, den sie mit ihren Frauen hatten. Doch das war nicht alles. Auch das Gelände um das Heizhaus herum musste ständig sauber gehalten, im Winter vom Schnee, im Herbst von Laub befreit werden. Es war Sobowskys Traumberuf gewesen, seit er denken konnte, denn schon immer hatte das Feuer eine geradezu magische Anziehungskraft auf ihn ausgeübt. Und wenn er jetzt auch mit seiner Wohnung recht zufrieden war, wünschte er sich doch manchmal, dass sich wenigstens ein Ofen in ihr befinden würde.

„He Jochen, schläfst du?“ riss ihn Oleg aus seinen Gedanken.

„Nein, ich habe nur ein wenig nachgedacht.“

„Worüber?“

„Ach, von früher. War irgendwie besser. Genug Geld, Arbeit, Kumpels, keine Sorgen. Hat Spaß gemacht, damals. Und von heut auf morgen alles futsch. Ich war auch gegen Honecker, aber wenn ich das mit heute vergleiche, war das gar kein so großer Verbrecher, wie wir damals gedacht haben. Scheiße, in der Schule haben sie uns doch erzählt, wie der Kapitalismus funktioniert und wir Idioten haben´s nicht geglaubt. Auf die Straße sind wir gerannt, neunundachtzig, sogar in der Kirche war ich damals. Die Wichser haben uns aufgestachelt und wir haben uns unser eigenes Grab geschaufelt. Na ja, ich hab ja damals nicht mal gewusst, was ´ne Ölheizung ist. Und du? Bist ja auch nicht gerade glücklich hier, oder? Wie ist es denn hier in Deutschland als Russe?“

„Wir sind doch gar keine Russen. Wir kommen aus Kasachstan, aber eigentlich sind wir auch Deutsche. Interessiert hier aber keinen. Muss früher gut gewesen sein in Kasachstan, die Alten waren beide auf der Kolchose beschäftigt. Die haben sie dann irgendwann aufgelöst, und sie haben alleine weitergemacht, hauptsächlich Hühner und Schweine gehalten. Am Wochenende haben sie das Zeug auf dem Markt verkauft. Ging auch. Aber irgendwie haben die Kasachen dann ´ne Macke gekriegt. So ein komischen Stolz, wir sind Kasachen, alle anderen sind Scheiße. Das kennt ihr ja in Deutschland. Zumindest wollten sie bei meinen Alten nichts mehr kaufen, als klar war, dass sie eigentlich Deutsche waren. Ging den Russen, die dort wohnten, aber auch nicht anders. Auf jeden Fall muss mein Vater damals mit der Sauferei angefangen haben. Ich war ja noch klein, aber ich hab´s so mitgekriegt. Na ja, und besoffen hat er uns immer vermöbelt. Seit dem hasse ich ihn, das Arschloch. Dann ging´s so los, einer nach dem anderen von unseren Bekannten war auf einmal weg. Und irgendwann saßen wir auch im Flugzeug nach Deutschland. Die Alten waren total happy, schwatzten von Arbeit, Geld, Urlaubsreisen, eigenem Haus, Garten, dass wir studieren würden, alles so ´ne Scheiße. Und hier? Kein Wort deutsch konnten wir, und natürlich gab´s auch keine Arbeit. Kein Mensch redete mit uns, alle guckten uns nur blöde an. Okay, eine Wohnung haben wir gekriegt und ein bisschen Geld zum Leben, aber zu Hause gab´s nur Frust. Vater hat immer weiter gesoffen und uns alle verprügelt. Vielleicht ist das ja so, wenn Träume platzen, aber mich hat´s total angekotzt, ich hatte ja ständig Angst vor dem Alten und die Mutter und Inga auch. Dann komme ich hier in die Schule und will sogar was lernen, aber wie denn, wenn ich kein deutsch kann. Ich bin sitzen geblieben, die anderen haben mich gehänselt und verkloppt. Keinen einzigen Freund hatte ich dort, niemand wollte mit mir reden. Ich hatte so die Schnauze voll, immer nur Wichse zu kriegen, dass ich mich eigentlich umbringen wollte. Aber dann war ich irgendwann so wütend, dass ich völlig durchgedreht bin und auf alle eingedroschen habe, die mir in die Quere gekommen sind, sogar manchmal auf die Lehrer. Na ja und da merkte ich, dass ich stärker als die anderen war. Das war geil. Auf einmal war ich der Chef. Die Wichser hatten Angst vor mir und wären mir auf einmal am liebsten in den Arsch gekrochen. Aber nicht mehr mit mir, die haben verschissen, für immer. Zu meinem Glück zogen mit der Zeit immer mehr Aussiedler her, und die haben fast alle dieselbe Scheiße durchgemacht. Mit ein paar von denen haben wir eine Gang aufgemacht, und aus Rache haben wir dann Deutsche verprügelt. Ist ein bisschen aus dem Ruder gelaufen, weiß ich, macht aber Spaß. Du müsstest sie mal sehen, die Großkotze, wenn sie sich vor Angst einpissen. Geil! Und ich sag dir was Jochen. Ich habe eine Liste, da stehen alle drauf, die ich noch erwischen will.“

„Mach bloß keine Scheiße, was hast du denn davon, wenn sie dich einlochen?“

„Das ist mir der Spaß wert. Ich hab ja sonst keine Freude im Leben. Oder denkst du, ich wohne gern hier? Bei meinen bescheuerten Alten, und der minderbemittelten Schwester? Am liebsten hätte ich ´ne eigene Wohnung, aber wo soll ich die denn hernehmen?“

Frau Jeremenkow hatte sich in der Zwischenzeit wieder zu ihnen gesellt und die Schnapsgläser ordentlich gefüllt.

„Nu trinken, Herr Sobowsky, sehr gute Sorte und essen Weißbrot dazu, ist besser für Magen.“

„Ja , vielen Dank. Prost.“

Alle tranken ihre Gläser in einem Zuge aus. Sobowsky schüttelte sich leicht angewidert und stopfte sich dankbar eine Scheibe Brot in den Mund.

„Bah, der ist aber wirklich gut."

„Sehr froh, wenn ihnen schmeckt. Und essen ruhig. Deutscher Magen nicht immer gewohnt unseren Wodka."

Mit diesen Worten schenkte Frau Jeremenkow die Gläser wieder voll.

„Halt! Einer reicht doch. Ich habe doch auch noch mein Bier."

„Ach, Jochen, nun hab dich nicht so. Wenn du schon mal hier bist, können wir das auch ein bisschen feiern. Wenn du´s nicht verträgst, iss mehr Brot. Du kannst doch nicht immer bloß Bier saufen. Oder willst du uns beleidigen?" ergriff Oleg wieder das Wort.

„Nein, natürlich nicht, aber ich vertrag zu viel Schnaps nicht so gut."

„Zu viel verträgt keiner, das siehst du ja an meinem Vater. Aber den schaffst du schon noch."

Sobowsky bereute es bereits ein wenig, die Einladung angenommen zu haben. Er nahm einen tiefen Zug aus seiner Bierflasche, in der Hoffnung, dass er sich, wenn alles geleert wäre, verdrücken würde können. Als er sah, dass Mutter und Sohn ihre Gläser schon wieder ausgetrunken und erneut gefüllt hatten, begann er sich zu sorgen, wie dieser Tag wohl ausgehen sollte. Hastig leerte Frau Jeremenkow auch dieses dritte Glas, um sich dann zu verabschieden.

„Habe, sehr gefreut, Herr Sobowsky, gehe nun Küche, viel Arbeit. Kommen wieder vorbei, bitte. Haben keine Freunde hier, wissen?"

„Ach, nun hau schon ab, lass uns in Ruhe. Gieß dir noch einen ein und verpiss dich." schickte sie Oleg barsch hinaus. Als sie sich daraufhin ihr Glas noch einmal vollschenkte, kam sie absichtlich Sobowskys rechtem Ohr sehr nahe.

„Für sie besser, jetzt gehen." hauchte sie ihm zu und verließ den Raum. Oleg, der das nicht mitbekommen hatte, seufzte:

„War früher mal ´ne gute Frau, aber mein Vater hat sie total kaputt gespielt. Jetzt ist sie total plemplem. Schade um sie, aber so ist es nun mal. Hast du immer noch nicht ausgetrunken? Brauchst dich gar nicht so zu zieren, bevor die Flasche nicht alle ist, lass ich dich sowieso nicht fort. "

Tatsächlich hatte Sobowsky nur vorsichtig an seinem Glas genippt, um keinen Anlass zum Nachschenken zu geben. So sehr er auch sein Bierchen bereits an Vormittag mochte, hielt er sich doch dem Schnaps möglichst fern, und verabscheute es, sich bereits am Tage vollständig zu besaufen. Nun blickte er vorsichtig auf die Flasche, um zu ergründen, wie viel er denn noch trinken müsse, um von hier zu entkommen. Mit einer gewissen Erleichterung erkannte er, dass ihr Inhalt schon über die Hälfte geschrumpft war und schätzte ab, dass er es mit Olegs Hilfe schaffen würde, ohne vollständig hinüber zu sein.

„Weißt du, Jochen“ schwadronierte der junge Jeremenkow weiter, „ ich weiß nicht, warum meine Alten mit dem Alkohol nicht klarkommen. Ich find Saufen geil. Besser als die ganze Drogenscheiße. Siehst du ja an Hamster. Ich weiß zwar nicht, was er genommen hat, aber vom Saufen will man sich nicht umbringen. Aber trotzdem, Hamster ist ein Freund, und auf den trinken wir jetzt. Prost, Hamster!“

„Prost, Hamster!“ antwortete pflichtschuldig Sobowsky und stürzte den Inhalt seines Glases in sich hinein, um sich sofort darauf eine ganze Scheibe des bereitstehenden Brotes einzuverleiben. Er hatte noch nicht fertig gekaut, da war das Glas schon wieder voll.

„Prost, Hamster!“

„Prost, Hamster!“ Wieder trank Sobowsky das Glas bloß halb leer, in der Hoffnung, Oleg würde es ihm durchgehen lassen. Tatsächlich störte sich dieser nicht daran, als er beiden wieder nachgoss.

„Prost, Hamster!“

„Prost, Hamster!“

Nach dem erneuten Auffüllen der Gläser war die Flasche leer. Sobowsky atmete auf, gleich war er erlöst.

„Prost, Hamster!“

„Prost, Hamster!“ Geschafft! Noch schnell eine Scheibe Brot und den Rest aus der Bierflasche getrunken.

„So, Oleg, war echt nett bei Euch, aber jetzt muss ich wirklich gehen.“ Sobowsky erhob sich.

„Willst du mich verarschen, Jochen?“ Jeremenkow guckte ihn mit äußerst eigenartigen Augen an.

„Liegt dir so wenig an Hamster, dass du jetzt schon gehen willst? Überleg dir gut, was du tust!“

Der Schnaps hatte bei Jeremenkow eine höchst unangenehme Verhaltensänderung bewirkt. Zum einen verspürte er einen starken Drang, weiterzutrinken, andererseits dachte er überhaupt nicht daran, dies allein zu tun. Sein natürlicher, ohnehin schon starker Jähzorn, entflammte umso ungestümer, wenn er soff, und wehe dem, der sich dann seinen Wünschen entgegenstellte. In diesem gefährlichen Zustand gab es für Jeremenkow keine Freunde mehr. Hier zählte nur noch sein Wille und eine sadistische Freude überkam ihn, wenn er sah, welche Macht er über diejenigen besaß, welche da ängstlich vor ihm saßen oder standen und sich nicht wagten, ihm zu widersprechen. Er war aufgesprungen, ballte die Fäuste und fuchtelte mit ihnen irritierend nahe vor Sobowskys Gesicht herum.

„Scheiße, der ist doch schon total im Eimer, wenn ich jetzt gehe, haut der mir vielleicht noch eine vor den Ballon." dachte Sobowsky und zu Oleg sprach er:

„Natürlich ist mir Hamster wichtig, ich dachte eben, ihr habt nichts mehr und wollte euch nicht länger zur Last fallen."

„Du Arsch!" brüllte Jeremenkow „ wie meinst du das, wir haben nichts mehr? Denkst du, wir können unsere Gäste nicht bewirten?"

Er griff an Sobowskys Weste und schüttelte ihn hin und her. „Das nimmst du sofort zurück, sonst hau ich dir so auf´s Maul, dass du dich nicht mehr wiederfindest."

Sobowsky überlegte fieberhaft, wie er aus dieser Situation ungeschoren herauskommen könnte.

„Eh, Oleg, bleib locker, so hab ich das doch gar nicht gemeint, natürlich müssen wir noch unbedingt einen auf Hamster trinken. Er ist doch unser beider bester Freund. Und schließlich hab ich ihm heute das Leben gerettet. Ich meinte nur, dass ich jetzt mit ausgeben dran bin, ich meine, ich wollte nur mal hoch zu mir gehen und eine Flasche Schnaps von mir holen. Für Hamster. Das kannst du mir doch nicht abschlagen? Das würde mich beleidigen, verstehst du?"

„Nein, erst trinken wir von uns noch ´ne Flasche, dann kannst du eine von dir holen. Klar?"

„Klar, Oleg, ich bin wirklich gerne dein Gast. Aber du kennst mich, vielleicht sollte ich erst mal noch ein Bier nehmen?"

„Ihr verweichlichten Deutschen könnt überhaupt nicht richtig saufen, Bier, was ist denn das für eine Pisse? Richtige Männer trinken Wodka, klar? Und ich hol jetzt noch ´ne Flasche und du rührst dich nicht vom Fleck, sonst werd´ ich echt sauer."

Er verschwand in der Küche, in der sich noch immer seine Mutter am Abwasch zu schaffen machte. Sobowsky saß wie gelähmt da, und fragte sich, wie er hier wohl wieder heil herauskommen würde:
„So eine Scheiße, der ist doch völlig wahnsinnig. Der bringt mich um, entweder muss ich mich tot saufen oder er erschlägt mich. Danke, Hamster, du Arschloch! Na, wenigstens weiß ich jetzt, was mir Frau Jeremenkow sagen wollte. Wahrscheinlich ist das hier normal. Fürchterlich, der blanke Horror."
Schon kam Oleg zurück, zu Sobowskys Freude mit einer Flasche Bier und einer Flasche Wodka in der Hand.
„Hier, für dich, du Pisser, aber wenn die alle ist, gibt es kein zurück mehr. Klar?" sprach er und reichte Sobowsky das Bier.
„Danke Oleg, du bist ein wahrer Freund. Prost Hamster!" und er schlug seine Bierflasche gegen Olegs gefülltes Wodkaglas.
„Prost Hamster!" antwortete dieser und stürzte den Inhalt seines Glases hinunter. Mit Interesse registrierte Sobowsky, dass Olegs Stimme etwas an Festigkeit verloren hatte und er begann zu hoffen, dass der Deutschrusse bald seinem hohen Trinktempo Tribut würde zollen müssen. Allerdings hatte er keine Vorstellung davon, wie viel Wodka denn tatsächlich in Jeremenkow hineinpassen würde, bis er gefahrlos den auf einmal so ungastlichen Ort verlassen könnte. Aber immerhin keimte ein Fünkchen Hoffnung auf, mit einer geschickten Hinhaltetaktik vielleicht doch noch ungeschoren davonzukommen.
„Ich muss mal pinkeln." sagte Sobowsky und stand auf.
„Jetzt nicht, setz dich wieder hin."
„Wie, jetzt nicht? Soll ich mich einpinkeln?"
„Erst trinken wir noch einen, dann kannst du von mir aus gehen."
Mit nicht mehr sonderlich zielsicherer Hand füllte Jeremenkow erneut beide Gläser. Jedoch schien ihm plötzlich selbst der Appetit vergangen zu sein, denn er vermied es, das Glas sofort zum Munde zu führen. Stattdessen stopfte er die verbliebenen Weißbrotscheiben in sich hinein, und während er kaute, drang immer wieder ein leichtes Stöhnen an Sobowskys aufmerksames Ohr. Auch die mittlerweile in ein fahles Weiß übergegangene Gesichtsfarbe entging Sobowsky nicht.
„Jochen, mehr Brot! Geh mal in die Küche, welches holen." bat Oleg und reichte Sobowsky das leere Holzbrettchen. Aber der beschloss, an-

gesichts des offensichtlichen Schwächeanfalls seines Gegenübers, zum Angriff überzugehen:
„Geht gleich los, Oleg, aber erst trinken wir noch einen auf Hamster. Prost!"
Die Gläser klirrten, aber beide nippten nur ein wenig daran und stellten die Gläser fast voll wieder auf den Tisch zurück.
„Na, dann geh ich jetzt mal nach dem Brot und pinkeln."
„Erst das Brot, beeil dich, ich hab so einen komischen Hunger."
„Komischer Hunger" amüsierte sich Sobowsky innerlich, „der muss gleich kotzen, der Idiot. Wie kann man auch so schnell hintereinander soviel Schnaps saufen, wenn man´s gar nicht verträgt. Und dann auch noch so aggressiv werden. So ein Arschloch. Na ja, ich kann mich jedenfalls gleich verpissen, der wird froh sein, wenn er seine Ruhe hat."
Er ging in die Küche zu Olegs Mutter, die ihren Abwasch geschafft hatte und im Stehen in einer Fernsehzeitschrift blätterte.
„Na, noch immer fleißig, Frau Jeremenkow?" fragte er laut in die Küche hinein. Und ganz leise:
„Vielen Dank für ihren Tipp. Der ist wohl immer so? Beruhigt er sich wieder?"
Nun wieder laut: „Wir hätten gern noch ein bisschen Brot, ist alle."
„Gern, Herr Sobowsky, ich mache."
Mit einem Mal brach sie in Tränen aus:
„Tut sehr leid mir alles. Was für Eindruck! Was für Unglück! Eigentlich Oleg guter Junge. Aber der Schnaps. Wie sein Vater. Kann nicht dafür. Keine Arbeit, kein Geld, nur Unglück. Erst in Kasachstan, nun hier. Zuviel für uns. Besser alle tot."
Sie schluchzte hemmungslos und Sobowsky, der es nicht ausstehen konnte, wenn Weiber heulten, da er nicht wusste, wie er sich dann verhalten sollte, wartete wortlos, dass sie sich beruhigen würde. Ganz anders Oleg, dem es offensichtlich mehr um was zu essen, als um die Gefühle seiner Mutter ging.
„Ich warte nicht mehr lange!" brüllte er „flennen kannst du immer noch, bring jetzt das Brot."
„Ja Oleg, ich bringe." wimmerte sie und schnitt zügig ein paar Scheiben mit einem großen Messer ab. „Gehen Sie nur auf Toilette, Herr Sobowsky."

„Nein, ich will dich nicht sehen, das Brot soll Jochen bringen. Aber schnell.“
„Vielen Dank, Frau Jeremenkow, geben sie nur her!“
Sobowsky nahm ihr das Brettchen mit den Schnitten aus der Hand und kehrte missmutig zu Oleg zurück.
„Der wird sich doch nicht noch mal fangen, wenn er das ganze Brot frisst. Dann kann ich mich frisch machen.“ sorgte er sich. Und tatsächlich, nachdem drei weitere Scheiben in des Aussiedlerjungen Mund verschwunden waren, wich die Blässe etwas aus seinem Gesicht. Er streckte sich und griff nach seinem Glas:
„So, jetzt können wir weitermachen. Prost Deutschland! Los Jochen, mach hin!“
Auch Sobowsky griff seufzend sein Glas und nahm vorsichtig einen Schluck, dabei verstohlen beobachtend, wie viel Oleg schaffen würde. Der schien zum Glück seinen Stolz darin zu finden, keine halben Sachen zu machen. Wenn auch durch seinen Körper ein Zittern ging, stellte er doch das Glas vollständig geleert auf den Tisch zurück.
„Ihr in Deutschland habt überhaupt keine Ahnung vom Saufen.“ begann er zu philosophieren.
„Ihr wisst nicht, dass man zum Wodka Brot essen muss. Das saugt den Alkohol auf. Und am nächsten Tag hat man keine Birne. Ihr könnt froh sein, dass wir von außerhalb euch ein bisschen was beibringen. Sonst tut ihr immer so schlau, aber da fehlt euch einfach das nötige Wissen.“
Er dachte kurz nach, um dann fortzufahren:
„Von Weibern versteht ihr auch nichts, lasst euch auf der Nase rumtanzen. Die machen mit euch was sie wollen. Ihr habt keinen Arsch in der Hose. Das war das einzige, was mein Vater richtig gemacht hat. Wenn Mutter aufgezuckt hat, hat sie eins in die Fresse gekriegt. In die Fresse - verstehst du? Und nur so geht’s. Und wenn er ficken wollte, hat er sie gefickt oder Inga, wer grad da war. Gib mir zwanzig Euro, dann kannst du dir eine von beiden aussuchen, die machen was ich sage. Ist ein Freundschaftspreis, du musst es annehmen, wenn du keinen Ärger mit mir willst.“
Sobowsky war wie vor den Kopf geschlagen. Er hatte ja geahnt, dass Jeremenkow sicherlich reichlich Dinge getan hatte, die besser niemand erfahren sollte. Aber was er heute hier erlebte, sprengte die Grenzen des-

sen, was er sich hätte vorstellen können. Den plötzlichen Ausbruch der Gewalt gegenüber dem besoffenen Vater, hatte er noch als Ausrutscher betrachte, den rüden Umgangston Olegs mit seiner Mutter lieber überhört, und die Bedrohung seiner eigenen Person versucht, zu übergehen, aber, dass Oleg ihm nun beide Frauen zum Kauf anbot, war einfach zu viel. Im Laufe der Jahre war ihm ja schon so manches widerfahren, auch unschöne Dinge, und bis zu diesen Moment hatte er geglaubt, dass ihn im Leben nichts mehr überraschen könnte. Klar hatte auch er gelegentlich vollkommen über die Stränge geschlagen, und alle gesellschaftlichen Normen absichtlich über Bord geworfen, aber niemals jemanden willentlich Schaden zugefügt. Und es lag auch nicht in seiner Absicht, dies jemals zu tun. Schließlich kam er aus einem liebevollen Elternhaus, und wäre er nicht mit fünfzehn hoffnungslos dem Blues verfallen, hätte er, der gute Schüler, sicherlich einen ganz anderen Weg im Leben gefunden. Umso mehr empörte es ihn nun, was er von diesem achtzehnjährigen Bengel zu hören bekam. Sobowsky war bestimmt kein Held, hatte Schlägereien stets gemieden, aber jetzt war er so ergriffen, wenn er an das Leid der beiden Frauen dachte, dass ihm seine eigene Gesundheit mit einem Male völlig egal wurde. Vielleicht unterstützte ihn auch ein wenig die Wirkung des genossenen Alkohols. Wie auch immer, er straffte seinen Körper, reckte kampfeslustig seinen Kopf nach vorn und antwortete Oleg:
„Du bist ein Schwein, Jeremenkow und du gehörst in den Knast. Mutter und Schwester zu verkaufen, das ist doch abartig! Ich gehe jetzt und komme hier nie wieder her. Dich wird der Teufel holen oder die Bullen und hoffentlich lassen sie dich nie wieder raus, wenn sie dich einmal eingelocht haben. Sauf doch deinen scheiß Wodka alleine und verreck dran. Mit mir nicht mehr, du Drecksack!“
Während Sobowsky wütend aufsprang, um die Wohnung zu verlassen, saß Jeremenkow betroffen und von der unverhofften Kritik völlig überwältigt, auf seinem Stuhl und nahm noch einen Schnaps zu sich. Sobowsky befand sich jedoch erst im Flur, als der Aussiedler, dem die Worte nun wohl klargeworden waren, ebenfalls hochschnellte, um Sobowsky nachzueilen. Dabei schrie er:
„Bleib stehen, ich bring dich um! Das hast du dir nicht überlegt.“
Zum Glück für Sobowsky versagten Jeremenkow beim abrupten Aufspringen die Beine kurzzeitig ihren Dienst. Er landete mit seinem Kinn

unsanft auf der Tischkante, was ihn allerdings nur noch rasender machte. Er brüllte vor Zorn und Schmerz und nahm die Verfolgung Sobowskys wieder auf. Für diesen reichte jedoch diese kurze Verzögerung, um eine Entscheidung zu treffen. Ihm war klar, dass er keine Chance hätte, würde ihn Jeremenkow im Treppenflur erwischen. Die Zeit würde nicht genügen, um seine Wohnungstür aufzuschließen und zu entkommen. Auch war er sich nicht sicher, ob den Verrückten eine solche einfache Tür aufhalten konnte. So sprang er kurzentschlossen in das Bad der Jeremenkows und schlug die Tür von innen zu. Zu seiner ungeheuren Erleichterung, steckte ein Schlüssel darin, den er geschwind herumdrehte. Keinen Augenblick zu früh, denn schon war Jeremenkow zur Stelle und riss von außen kraftvoll an der Klinke.

„Mach auf, du Hund! Du bist schon tot."

Sobowsky schaute sich um. Auf einem der uralten Hängeschränke erblickte er eine Glasflasche, die wohl Badezusatz enthielt. In großer Eile erklomm er die Wanne, um von dort aus nach der Flasche zu greifen. Die Hängeschränke lagen allesamt unter einer dicken Staubschicht, und als Sobowsky der Flasche habhaft werden konnte, wirbelte er dabei diesen Staub auf, der ihm sofort in die Nase stieg. Er begann zu niesen, wovon er allerdings nichts bemerkte. Schließlich kämpfte er um sein Überleben, und sein Adrenalinspiegel war hoch.

„Ich bin schon tot? Das wollen wir doch erst mal sehen. Falls der hier wirklich reinkommt, hau ich ihm die Flasche übern Schädel. So ein Drecksack. Bei so einem Schwein brauch ich keine Skrupel zu haben, das ist doch Notwehr. Und wenn er verreckt an meinem Schlag, hab ich auch noch eine gute Tat vollbracht. Die armen Weiber, die müssen doch erlöst werden."

Und ganz laut: „Komm doch rein, Jeremenkow, wenn du dich traust!"

Daraufhin ertönte ein lautes Krachen. Holzteile und Splitter flogen durch die Luft, und mit einem Male klaffte ein Loch in der Tür. Und für einen kurzen Augenblick erschien Jeremenkows Fuß in diesem Loch. Der Aussiedler hatte die Tür mit voller Wucht eingetreten, wobei diese aufgrund ihrer pappenen Beschaffenheit keinen großen Widerstand entgegen zu setzen imstande war. Sobowsky stand da, in der erhobenen Hand die Flasche, und wartete auf den zweiten Angriff. Er war sich sicher, Jeremenkows Kopf genau zu treffen, wenn dieser ins Bad gestürmt

kommen würde. Merkwürdigerweise aber blieb dieser zweite Angriff aus und Sobowsky ließ nach einiger Zeit seinen Arm wieder sinken. Warum kam Jeremenkow nicht? Eine List? Wartete er einfach draußen auf ihn, weil er sich sicher war, das Sobowsky ja ohnehin irgendwann herauskommen müsste? Aber das konnte er sich überhaupt nicht vorstellen, wenn er bedachte, wie emotional Jeremenkow zu reagieren gewohnt war. Und schon gar nicht traute er ihm zu, in seiner jetzigen Verfassung eine solch überlegte Entscheidung zu treffen. Er wartete noch ein paar Minuten und lugte dann vorsichtig durch das Loch hindurch. Viel konnte er nicht sehen, glaubte aber, einen Menschen auf dem Teppich zu erkennen. Noch bevor er weiter rätseln konnte, ob dies Oleg sein könnte, hörte er eine beruhigend klingende Frauenstimme:
„Können kommen raus, Herr Sobowsky. Oleg schlafen. Keine Gefahr."
Und tatsächlich, als Sobowsky vorsichtig die demolierte Tür öffnete, sah er seinen Gegner auf dem Rücken liegen, Arme und Beine weit ausgestreckt. Die Gesichtszüge des Ohnmächtigen wirkten entspannt und zufrieden und man hätte denken können, das dort einfach nur ein netter junger Mann auf dem Boden ruhte, der aus irgendwelchen Gründen genau an dieser Stelle von der Müdigkeit übermannt worden war. Der Tritt gegen die Tür war wohl Jeremenkows letzte große Kraftanstrengung gewesen, bevor er vom Alkohol besiegt wurde und das Bewusstsein verlor. Erleichtert atmete Sobowsky auf. Mit einem Mal spürte er, wie ihm die Beine zitterten, und sein Puls raste und er setzte sich an die Wand gelehnt gleich neben Jeremenkow auf den Fußboden. Unangenehm spürte er die kalte Wand an seinem durchgeschwitzten Rücken.
„Frau Jeremenkow, würden Sie so freundlich sein, und mir mein Bier aus dem Wohnzimmer holen? Ich würde es gern noch austrinken, bevor ich gehe."
„Gern, aber setzen sich doch zum Trinken auf Stuhl."
„Nein, nein, ich bleibe hier, mich kriegen da keine zehn Pferde mehr rein. Außerdem muss ich aufpassen, ob er sich noch mal bewegt. Dann hau ich ihm nämlich gleich die Flasche übern Schädel."
„Keine Sorge, wenn Oleg schläft, dann immer lange."
„Macht er wohl oft so? Trotzdem bleibe ich hier. Bringen sie mir nur das Bier!"
Daraufhin verschwand sie, um das Gewünschte zu holen. Als Sobowsky es in den Händen hielt, trank er es hastig aus und erhob sich.

„Wiederseh'n, Frau Jeremenkow, war sehr interessant bei Ihnen. Na ja, sie können ja nichts dafür. Sie tun mir sogar richtig leid, wenn ich ehrlich bin. Ich weiß gar nicht, wie sie das aushalten können, mit diesem Menschen. Auf jeden Fall bin ich froh, dass ich noch lebe. Ist er eigentlich nachtragend, ich meine, wenn er wieder nüchtern ist, muss ich dann Angst haben, das der ganze Spaß von vorne losgeht?"
„Nein, wenn nüchtern, dann Oleg lieber Junge. Auch nicht mehr wissen, was getan."
„Na, bloß gut, ich könnte mich ja sonst nicht mehr aus meiner Wohnung trauen. Aber trotzdem, passen sie auf, dass er nicht doch noch eines Tages jemanden umbringt. An ihrer Stelle würde ich mal zur Polizei gehen, wenn er sie immer so behandelt. Ach ja, warum ich eigentlich geklingelt habe. Hamster ist im Krankenhaus und jemand müsste mal das Blut von der Treppe wischen."
Frau Jeremenkow warf einen Blick vor die Wohnungstür.
„Ah, versteh, werde erledigen."
„Also dann, bis zum nächsten Mal."
„Wiedersehn, Herr Sobowsky, vielen Dank für Besuch. Tut leid, wenn nicht gefallen."
Sobowsky stieg die Stufen zu seiner Wohnung hinauf, schön aufpassend, dass er nicht aus Versehen in das langsam hart werdende Blut trat. Er schloss die Wohnungstür auf und ließ sich erschöpft auf die Couch fallen.
„So beschissen habe ich überhaupt noch nicht zu Mittag gegessen." grummelte er vor sich hin, „hoffentlich hab ich wenigstens jetzt meine Ruhe."
Er holte sich noch ein kühles Bier vom Balkon, wobei er bemerkte, dass es draußen immer noch wie aus Kannen goss, schaltete den Fernseher ein und hüllte sich in eine wollene, braune Decke ein, bereit den Rest des Tages liegend zu genießen.

Es sollte Sobowsky jedoch nicht beschieden sein, sein Ansinnen in die Tat umzusetzen. Die Zeiger seiner hölzernen Wohnzimmeruhr zeigten erst viertel vier, als ihn das Telefon hochfahren ließ. Es war noch ein alter Apparat mit Schnur, welcher im Flur stand und eine dunkelrote Farbe besaß. Dieses Telefon war eine der wenigen Anschaffungen, die sich So-

bowsky gleich nach der Wende geleistet hatte. Da er keine Lust verspürte, sich zu erheben, beschloss er, es einfach klingeln zu lassen. Sein Plan ging vorerst auf, denn nach einiger Zeit verstummte es wieder, allerdings nur, um sich kurze Zeit später umso heftiger zu melden. Missgestimmt erhob er sich, latschte zu ihm hin und nahm den Hörer ab.
„Wer stört?" brubbelte er in die Muschel.
„Jochen, Gott sei Dank, dass ich dich erreiche. Wo bleibst du denn? Alle anderen sind schon da. Du hast es doch nicht vergessen?"
„Nein, natürlich nicht, Mutter, ich bin schon unterwegs. Kam bloß was dazwischen, was mich ein bisschen aufgehalten hat."
„Kommt Carola mit?"
„Nein, die musste dringend irgendwo hin, vom Arbeitsamt aus."
„Heute, zum Sonnabend Nachmittag? Die machen aber auch Sachen mit den Leuten. Na, beeil dich auf jeden Fall."
„Ich bin gleich da. Tschüss."
Er legte den Hörer auf, kehrte ins Wohnzimmer zurück und ließ sich resigniert auf die Couch fallen. So eine Scheiße. Wieso hatte er bloß nicht mehr daran gedacht? Und hätte ihn nicht wenigstens Carola daran erinnern können, wenn sie sonst schon zu nichts zu gebrauchen war? So eine blöde Kuh! Den goldenen Hochzeitstag seiner Eltern zu verpennen, dass hatten sie sich nicht verdient. Er mochte die beiden und manchmal tat es ihm leid, dass er im Gegensatz zu seinem Bruder nichts zu bieten hatte, worüber sie sich freuen könnten. Dabei hatte auch bei ihm lange alles so ausgesehen, als ob er einen normalen bürgerlichen Weg einschlagen würde. Zumindest bis zu jenem Tag, als er eher zufällig sein erstes Blueskonzert miterlebte. Er kam mit seinem Fahrrad von einem FDJ- Nachmittag aus der Schule. Diese Veranstaltungen mochte er nicht, er empfand sie als sinnlosen Eingriff in sein Privatleben. Dagegen zu opponieren kam ihm jedoch nicht in den Sinn, er baute eher darauf, dass dieser Quatsch mit Ende der Schulzeit sowieso aufhören würde. An diesem Tag aber waren die Werber der Nationalen Volksarmee da gewesen, und hatten versucht, ihn und die anderen Jungs aus seiner Klasse, zu überzeugen, sich für wenigstens drei Jahre bewaffneten Dienst zu entscheiden, um das sozialistische Vaterland zu verteidigen. Es war keinesfalls das erste Mal, dass in dieser Hinsicht Druck auf sie ausgeübt wurde, doch sonst fanden diese Anwerbeversuche während des Unterrichts statt, womit er

durchaus leben konnte. Aber seine Freizeit wollte er nicht dafür opfern, schließlich hatte er ohnehin nicht vor, länger als die unbedingt erforderlichen eineinhalb Jahre einzurücken. Er hatte sich beschwert und musste sich von seiner Klassenlehrerin als Feigling und Verräter beschimpfen lassen. Entsprechend wutgeladen radelte er nun heimwärts, als auf einmal von einer großen Wiese raue Klänge an sein Ohr drangen. Er entsann sich, in der Zeitung von einem Konzert gelesen zu haben und so bog er kurz entschlossen ab, um mal zu hören, was sich dort ereignete. Und irgendwie passte die Musik so wunderbar zu seiner Stimmung, Trauer, Wut und Enttäuschung erfassend. Die Männer auf der Bühne schienen genauso zu empfinden, wie er und doch hatten sie ihm offensichtlich etwas voraus. Ihre ganze Haltung, ihr Auftreten, ihre langen, im Wind wehenden Haare, alles atmete Widerstand gegen die Verhältnisse, in denen sie lebten. Wie alle anderen rund einhundert Besucher des Konzerts trugen sie Jeansklamotten und, da es Sommer war, Römerlatschen an den Füßen. Beschämt hatte Sobowsky an sich herabgesehen, auf sein Hemd und auf die von seiner Mutter genähte Stoffhose mit Bügelfalte. Ganz vorn an der Bühne tanzte eine faszinierende Gestalt, kaum älter als er, mit unglaublich anmutigen Bewegungen. Im Gegensatz zu den anderen trug sie eine Schirmmütze aus Leder auf dem Kopf und in der Hand hielt sie einen Plastikbecher mit Bier, aus dem sie von Zeit zu Zeit einen Schluck nahm, ohne ihren Tanz deswegen zu unterbrechen. Wie gebannt blickte Sobowsky auf diese Person und wünschte sich nichts sehnlicher, als mit ihr ins Gespräch zu kommen. Aber in seiner Aufmachung befürchtete er eher, eine auf´s Maul zu kriegen, als eine gepflegte Unterhaltung führen zu können. So stand er wohl noch eine Stunde gedankenverloren und wie benommen da, bis das Konzert mit einem Male endete und sich die Leute langsam verliefen. Als er sah, dass sich der Tänzer noch einmal am Bierwagen anstellte, reihte er sich hinter ihm ein. Für Sobowsky war es das erste Mal in seinem Leben, dass er sich ein Bier kaufte. Bis dahin hatte er lediglich bei seiner Jugendweihe ein Glas des Gerstensaftes getrunken und, da er keinen Gefallen daran finden konnte, es bis zu diesem Tag wieder sein gelassen. Der Tänzer schien großen Durst zu haben, denn sein Becher war schon wieder ein gutes Stück geleert, als sich Sobowsky neben ihn stellte. Eine kleine Weile standen sie schweigend nebeneinander, dann versuchte es Sobowsky:

„War gut, oder?"
Sein Gegenüber schaute ihn freundlich an, Sobowskys spießige Kleidung schien ihn nicht zu irritieren.
„Klar, war klasse, ich war schon das dritte Mal bei denen. Und du?"
„Ich hab sie zum ersten Mal gesehen."
„Und sonst? Bist kein Blueser, oder?"
„Noch nicht, hab ich bis jetzt noch nie gehört."
„Wenn du Interesse hast, komm doch Mittwoch ins AWH, da spielt auch ´ne geile Truppe, die sind so ein bisschen gegen die DDR."
„Da komm ich auf jeden Fall, welche Zeit?"
Diese Worte waren der Auftakt eines langen Gesprächs und einer langen Freundschaft. Manni, denn niemand anderes war jener Tänzer, legte Sobowsky sein Wissen über die Musik und über die bekanntesten Bands der Szene dar und als der Bierwagen seine Läden schloss, kehrten sie in eine nahe gelegene Kneipe ein, um ihre Unterhaltung fortzusetzen. Sobowsky vergaß vollständig die Zeit, so sehr nahm ihn dieses neue Universum gefangen, von dem er da hörte. Manni trank während dieser Zeit unbeschwert noch vier große Bier, bei Sobowsky jedoch, der versuchte, es ihm gleichzutun, zeigten sich bereits nach dem dritten Glas erste Ausfallerscheinungen. Seine Konzentration nahm deutlich ab, und er verwunderte sich ob seiner Schwäche. Bis zu diesem Moment hatte er noch geglaubt, vier Flaschen Bier würden niemanden etwas ausmachen. Schließlich hatte er bei Familienfeiern oft genug beobachtet, dass auch weit über dieses Maß hinaus getrunken wurde. Er wusste nicht, dass auch das Alkoholtrinken einer gewissen Übung bedurfte. Es sollte aber nicht lange dauern, bis er es mit jedem in dieser Hinsicht aufnehmen konnte. An diesem Abend jedoch war es noch nicht soweit. Ihn erfasste eine Übelkeit, die ihn zwang, das Gespräch abzubrechen. Sie verabredeten sich für Mittwoch und verließen alsbald das Lokal. Die frische Luft draußen vor der Tür traf Sobowsky wie ein Hammer. Erst im dritten Versuch gelang es ihm sein Fahrrad zu besteigen und der Zustand, in dem er nach Hause fuhr, war ein äußerst unwirkliches Zwischending aus Unwohlsein und einer bis dahin ungekannten Begeisterung für Alkohol und Musik. Seine Gedanken rasten zwischen Schule, eben erlebtem Konzert und Manni hin und her. So recht bemerkte er gar nicht, wie es ihm gelang zu Hause anzukommen und er erstaunte, als er sich plötzlich vor der

Eingangstür seines Blockes wiederfand, des gleichen Typs Block, in dem er auch jetzt noch lebte. Beim Absteigen strauchelte er allerdings und schmerzhaft landete er mit seinen Eiern auf der Stange seines Fahrrads. Er schleifte es in den Keller und machte sich auf, die elterliche Wohnung im fünften Stock zu erreichen. Das Treppenhaus erwies sich als unerwartete Hürde. Die Richtungswechsel in jedem Geschoss brachten seinen Gleichgewichtssinn zunehmend durcheinander und als er endlich oben angekommen war, schwindelte ihn stark und ein heftiger Brechreiz überkam ihn. Er riss sich noch einmal zusammen, klingelte, und als ihm seine Mutter öffnete, stürmte er an ihr vorbei ins Badezimmer. Als er sich Halt suchend aufs Waschbecken stützte und sein Gesicht im Spiegel sah, ergoss sich ohne Vorankündigung ein Schwall des genossenen Bieres, vermengt mit ein paar spärlichen Essensresten, aus seinem Mund und versperrte ihm die weitere Sicht auf sein kalkweißes Antlitz. Die Brühe lief den Spiegel hinunter und tropfte auf´s Waschbecken. Sobowsky setzte sich erschöpft auf den Klodeckel. Ihm war immer noch übel. Seine Mutter war ihm indes ins Bad gefolgt und schlug angesichts der Schweinerei die Hände zusammen.
„Was hast du denn gemacht, Jochen? Warum kommst du denn so spät? Wir haben uns doch Sorgen gemacht. Geht´s dir nicht gut?"
Und aus dem Hintergrund konnte er seinen Vater hören:
„Nu, lass ihn doch in Ruhe, Mutter. Der Junge ist fünfzehn, hat eben ein bisschen zu viel getrunken. Endlich! Hab schon gedacht, aus dem wird nie ein richtiger Mann."
Die folgende Nacht war nicht einfach. Immer wieder erwachte Sobowsky und glaubte, sich erneut übergeben zu müssen. Dann eilte er ins Bad, kniete sich vor die Kloschüssel und wartete, dass es wieder aus ihm herausschießen würde. Doch immer war es blinder Alarm, es kam nichts mehr, nur die Übelkeit begleitete ihn noch bis in die frühen Morgenstunden.

Aber das war alles viele Jahre her, heute war goldene Hochzeit, und Sobowsky wollte seine Eltern, die an jenem Abend, ohne es zu wissen, ihren Jochen an eine andere Welt verloren hatten, nicht enttäuschen. Nach ein paar Sekunden des sich Sammelns sprang er entschlossen auf, um sich auf den Weg in das Restaurant zu machen, in dem die Feierlichkeit stattfinden sollte. Er warf sich seine mit Fell gefütterte, dunkelgrüne Kutte über und zog sich ein paar lederne Stiefel an. Dann jagte er die Treppe hinunter, wo er fast mit Frau Jeremenkow zusammenstieß, die dabei war, Hamsters Blut von der Treppe zu wischen.

„Oh, Herr Sobowsky, wollen bei dem Wetter vor Tür?“

„Ja, ich muss, ist sehr wichtig. Seien sie nicht zu fleißig und grüßen sie Inga von mir.“

Zügig schlängelte er sich an ihr vorbei und erreichte flugs den Keller, in dem sich, wie er sich genau erinnern konnte, sein Fahrrad befinden musste. Es war noch immer dasselbe Rad wie damals, als er sich so unverhofft das erste Mal besoffen hatte. In den folgenden Jahren begleitete es ihn noch unendlich oft zu Konzerten und Partys und musste dabei so manchen Sturz aushalten. Doch immer wurde er von ihm treu nach Hause gebracht. Es war ein Geschenk seiner Eltern zur Jugendweihe gewesen, und er erinnerte sich noch genau an seine riesige Freude darüber. Die ersten zwei Jahre pflegte er es noch penibel, doch je mehr er seinen Lebenssinn in seiner Musik und dem dazugehörigen Lebensstil fand, umso weniger machte er sich Gedanken über dessen Zustand. Nichtsdestotrotz schien es unverwüstlich zu sein und er entwickelte ein fast schon zärtliches Verhältnis zu ihm. Eifersüchtig verhinderte er, dass jemand anderes als er selbst das Rad benutzte, schloss es immer doppelt an und vergaß auch während keiner noch so aufregenden Veranstaltung, immer wieder mal nach ihm zu sehen. Dass man es ihm stehlen könnte, war sein größter Alptraum und obwohl er ansonsten recht besonnen war, glaubte er, denjenigen, den er beim Klauen seines Rades erwischen würde, massakrieren zu können. Da er sich beim Nachhauseradeln manchmal wie ein Ritter vorkam, der eine anstrengende Schlacht hinter sich hatte, nannte er es liebevoll Rosinante. Sich selbst sah er ebenso in die Tradition Don Quichottes gestellt, was ihm half, unverdrossen allen Spott über seine Kleidung und seinen Musikgeschmack zu ertragen und seine Ideale tapfer gegen die breite Masse der Mitläufer zu verteidigen. Diese Vorstellungen behielt er allerdings für sich, schließlich machten sich die anderen schon genug über seine, aus ihrer Sicht alberne, Fahrradmacke lustig. Seit ein paar Jahren jedoch, in denen seine Freunde immer weniger geworden und das Landskroneck, das er bequem zu Fuß erreichen konnte, aufgemacht hatte, war die Bedeutung Rosinantes völlig verloren gegangen.

Und so war es kein Wunder, dass sich das Rad nicht nur unter einer dicken Staubschicht befand, sondern auch zwei platte Reifen aufwies.
„Caramba mia, auch das noch.“ stöhnte Sobowsky.
Die erforderliche Luftpumpe befand sich hinter einer, mit Holzlatten, die vom Fußboden bis zur Decke reichten, abgeteilten, Nische. Ursprünglich hatte zu jeder Wohnung eine solche Nische gehört und diente als Abstellraum für die Dinge, die nicht ständig gebraucht wurden. In Anlehnung an normale Häuser wurden diese Holzverschläge von den Mietern als Keller bezeichnet. Eigentlich war Sobowskys Verschlag mit einem Vorhängeschloss gesichert, er fand es allerdings wie alle anderen aufgebrochen. Zum Glück hatte er nichts Wertvolles darin gelagert, lediglich die uralten Flaschen mit Bergmannschnaps, Grubenfusel genannt, waren verschwunden. Sofort verdächtigte Sobowsky den jungen Jeremenkow der Tat, als er jedoch seine Luftpumpe noch an Ort und Stelle liegen sah, verrauchte sein Zorn gleich wieder. Er erinnerte sich, dass es auch bei ihnen früher gang und gäbe gewesen war, Schnaps und Bier aus solchen Kellern zu erbeuten, wenn sie nicht genug Geld zu Verfügung hatten. Mit den Händen befreite er das Rad vom Staub, es dabei zärtlich streichelnd.
„Na Rosinante, wollen wir mal wieder zusammen ausreiten? Tut mir leid, wenn ich dich in letzter Zeit etwas vernachlässigt habe.“ sprach er und begann Luft aufzupumpen. Als die Reifen gefüllt waren, klemmte er die Luftpumpe auf den Gepäckträger, trug das Rad die Kellertreppe hoch, öffnete mit einer Hand die Haustür und schob das Rad ins Freie.
„So eine Scheiße, wie kann man nur im November heiraten?“ fluchte er angesichts des Wetters und radelte los.
Der Regen hatte noch immer nicht nach nachgelassen. Schon nach wenigen Minuten waren seine Hosenbeine und Haare klitschnass, Kutte und Lederstiefel widerstanden allerdings noch der von oben unaufhörlich strömenden Brühe. Nase und Hände begannen unangenehm zu zwicken. Er trat stärker in die Pedalen, um schneller an sein warmes und trockenes Ziel zu gelangen. Erstaunt stellte er fest, dass er in den Jahren, in denen er nicht mehr mit Rosinante unterwegs gewesen war, offensichtlich stark an Kondition eingebüßt hatte. Eine Steigung der Straße, die er früher überhaupt nicht wahrgenommen hatte, machte ihm erheblich zu schaffen. Er keuchte und aus seiner Lunge hörte er ein merkwürdiges Pfeifen.

Am liebsten wäre er stehen geblieben, um eine Pause einzulegen, doch das Wetter und sein Stolz verboten es ihm.
„Alter Schwede, was ist denn mit mir los? Das kann doch nicht vom Rauchen kommen. Ob ich langsam alt werde? Ich glaube, ich muss mal wieder öfter eine Runde drehen, um in Schwung zu kommen."
Er strampelte verbissen weiter, bis an einer Ampelkreuzung der Anstieg ein Ende hatte.
„Na also, geht doch noch." freute er sich und beschloss, die nun folgende Abfahrt durch weiteres zügiges Treten so schnell wie möglich werden zu lassen. Doch er wurde enttäuscht. Das Fahrrad nahm einfach nicht die gewünschte Geschwindigkeit auf, und trotz des Gefälles musste er sich mächtig reinknien, um überhaupt vorwärts zu kommen. Resigniert schwang er sich nun doch vom Sattel, denn es konnte keinen Zweifel geben, was geschehen war. Der Vorderreifen hatte seine ganze Luft verloren und vermutlich radelte er schon seit einiger Zeit nur noch auf der Felge herum. Er schnappte sich mit klammen Fingern die Luftpumpe, um den Reifen erneut zu füllen.
„Irgendwie habe ich kein Glück heute, aber die paar Meter, die ich noch vor mir hab, wird es schon noch gehen. Wenigstens friere ich durch die Schinderei nicht."
Und tatsächlich, obwohl der Regen nun auch durch Kutte und Stiefel zu dringen begann, war es ihm nicht unangenehm. Lediglich die Finger nahmen eine leicht bläuliche Farbe an, und ließen sich nicht mehr ganz so gut bewegen. Natürlich hätte er sich schon zu Hause etwas über sie ziehen können, doch Handschuhe hatte er schon immer als zu unmännlich abgelehnt. Aus irgendeinem Grund glaubte er, die Passanten würden sich über ihn lustig machen, wenn sie ihn bei Plusgraden nicht mit nackten Händen sehen würden. Stattdessen bevorzugte er es, wenn er sich unbeobachtet fühlte, die Ärmel seiner Jacke über die Hände zu spannen. Diese Möglichkeit nutzte er heute jedoch nicht. Es war schließlich erst Nachmittag und obwohl es so stark regnete, waren zahlreiche Menschen auf dem Gehweg unterwegs. Zudem war es trotz heraufziehender Dämmerung noch viel zu hell, um ihn nicht bemerken zu können. Also biss er die Zähne zusammen und erreichte tatsächlich mit der letzten Luft im Reifen das am Ende der Abfahrt liegende Lokal, welches von einem Italiener geführt wurde. Da er kein Fahrradschloss mehr besaß, beschloss er

Rosinante mit nach Innen zu nehmen und den Besitzer zu bitten, ihm ein sicheres Plätzchen für das Rad zu zeigen. Durch die großen Außenfenster konnte er sehen, welche Gäste sich eingefunden hatten. Er entdeckte keine Überraschungen. An einer nicht all zu langen, in U - Form gestellten Tafel saßen dieselben Gäste wie immer recht steif beisammen. Jeder hatte noch einen Kuchenteller und eine Tasse vor sich. An der Stirnseite des „U"s hatten erwartungsgemäß seine Eltern Platz genommen. Neben seiner Mutter erblickte er seinen Bruder Steffen, in Anzug und Schlips gewandet, neben seinem Vater war noch ein Stuhl frei gelassen worden. Vermutlich sollte Sobowsky an dieser Stelle seinen Platz finden. Sein Bruder war nicht allein gekommen. Die Plätze neben ihm besetzten seine Frau und seine zwei pubertierenden Söhne. Sobowsky war froh darüber, das sein Bruder weit weg in Berlin wohnte und er ihn nicht all zu oft sehen musste. Zu unterschiedlich waren sie ihrem Wesen nach, als das sie einander hätten verstehen können. Schon als Kinder gerieten sie häufig aneinander, in ihrem gemeinsamen Kinderzimmer spielten sich oft unschöne Szenen ab. Der Bruder, ein Jahr älter und damit etwas kräftiger als er, besaß zudem einen jähzornigen Charakter und mitunter genügten Kleinigkeiten, um ihn so aus der Haut fahren zu lassen, dass er wie von Sinnen auf Sobowsky einprügelte. Ihre Eltern schienen davon nichts mitzubekommen. Wie auch, in ihrer Gegenwart schien Steffen immer wie verwandelt, einfach ein lieber Junge. Vor seinen Kumpels machte er sich über Sobowsky lustig und schloss ihn kategorisch vom Mitspielen aus, wenn sie ihn besuchten. Überhaupt schien er es zu genießen, seinen kleineren Bruder spüren zu lassen, wer der Chef von ihnen beiden war. Beschwerte sich Sobowsky bei seinen Eltern darüber, wie ihn sein Bruder behandelte, wurde ihm aus Unglauben kein Gehör geschenkt. Aber auch er war kein Kind von Traurigkeit. Mit sicherem Gespür erkannte er, wie er es anstellen musste, um Steffen zur Weißglut zu treiben, und er verspürte eine große Genugtuung, wenn es ihm gelang. Und es gelang oft. Immer wieder tappte Steffen in die ihm von Sobowsky gestellten verbalen Fallen, und immer wieder verlor er seine Beherrschung, wenn er es bemerkte. Die Schläge, die Sobowsky dann einstecken musste, ertrug er gern. Seine Freude, Steffen wieder mal hereingelegt zu haben, überwog den auszuhaltenden Schmerz bei weitem. So gestaltete sich ihre gemeinsam verbrachte Zeit nicht sonderlich freudvoll. Besonders turbulent wurde es ab dem Zeitpunkt, da Sobowsky immer häufiger des Nachts besoffen nach Hause kam und seinen Bruder, der gerade das Abitur machte, beim Schlafen störte. Auch Sobowsky hätte seinen Zensuren nach auf die erweiterte Schule gehen können, doch er lehnte es ab, länger als nur irgend notwendig auf der Schulbank zu sitzen. Er wollte lieber so schnell wie möglich sein eigenes Geld verdienen, um von zu Hause ausziehen zu können und erlernte im Tagebau den Beruf eines Maschinisten. Steffen dagegen studierte, und war jetzt Angestellter in der Stadtverwaltung seines Wohnbezirks. Er lebte in einer barocken Villa zur Miete und hatte an irgendeinem See ein Gartengrundstück. Wo, interessierte Sobowsky nicht, er hatte nicht vor, mal auf Besuch dorthin zu fahren. Die Tussi, die Steffen geheiratet hatte, mochte er schon gleich gar nicht. Schließlich war sie Lehrerin, und das reichte, um sie in Sobowskys Augen vollständig zu diskreditieren. Er vermied es, soweit es in seiner Macht lag, in ihre Nähe zu geraten, denn ihre klugscheißerische Art verursachte in ihm ein schwer zu kontrollierendes Gefühl von Aggression, und er war sich nicht sicher, ob er sich immer so weit zusammenreißen konnte, um ihr nicht irgendwann mal eine zu scheuern. Wenn er ehrlich war, musste er zugeben, dass es gar nicht ausschließlich ihre Schuld war, dass er sich so leicht über sie erregen konnte. Es war vielmehr eine Reihe von Kränkungen gewesen, die er in seiner Schulzeit von ihren Kolleginnen erfahren hatte. Seine zwei Neffen waren ihm schon immer unsympathisch gewesen. Er hielt sie für frech und verzogen und wusste, dass sie sich gemeinsam mit ihren Eltern nur zu gern über ihn lustig machten. Mit Entsetzen sah er, wie albern sie gekleidet waren, bunt, wie aus einem Katalog für Teenagermoden. Diese Typen gab es schon in seiner Jugendzeit: Sie taten alles, um den Mädchen zu gefallen, sie dann flachzulegen, und gleich danach schon nach der Nächsten zu schielen. Sie schlossen Wetten ab, wer mehr Mädchen herumkriegen würde und einen hatte er gekannt, der schnitzte für jedes dieser dummen Weiber, die er erlegte, eine Kerbe mit einem Taschenmesser in sein Bett. Sobowsky hatte solches Handeln stets verabscheut, und wenn er auch aufgrund seiner langen Haare und seiner absolut unmodischen Anziehsachen von den meisten Mädchen nur müde belächelt wurde, wäre es ihm nie in den Sinn gekommen, sich der Weiber wegen optisch dermaßen zu prostituieren. Und nun hatte er diese Vögel auch noch in seiner eigenen Verwandtschaft. Na Prima. Neben den Jungs saßen zwei alte Damen, die Schwestern seines Vaters. Gegen die erste konnte er nichts sagen. Bis vor ein paar Jahren hatte er nicht einmal gewusst, dass es sie überhaupt gab. Als er noch ein ganz kleiner Junge war, musste es wohl einen Streit zwischen ihrem Mann und seinem Vater gegeben haben, und der Kontakt zwischen den Geschwistern war auf Wunsch ihres Gatten vollständig abgebrochen worden. Erst als er an Darmkrebs verstorben war, traute sie sich, ihren Bruder wieder mal anzurufen. Die andere kannte er dafür umso besser, was nicht hieß, das er sie mochte. Aus irgendeinem Grund war sie sehr katholisch und selbst in der DDR hatte man ihr das nicht austreiben können. Diese Prinzipientreue schätzte Sobowsky, und fühlte sich in dieser Hinsicht auf einer Linie mit ihr. Alles andere jedoch stieß ihn eher ab. Nie hatte sie sich mit einem Mann eingelassen, oder wie es Sobowsky einschätzte, nie hatte sich ein Mann für sie interessiert. Und das konnte er gut verstehen. Sie war völlig humorlos, streng und irgendwie roch sie auch immer etwas muffig. Natürlich hatte sie sich, auch wenn sie es nie zugab, stets eine eigene Familie gewünscht. Sie war ein häufiger Gast bei ihnen zu Hause gewesen, und oft versucht, mit ihnen, als sie Kinder waren, zu spielen. Aber in ihrer Abneigung gegen diese Tante, da waren sich Steffen und Jochen ausnahmsweise mal einig gewesen. Sie sabotierten all ihre Bemühungen und oft verließ sie mit Tränen in den Augen das Kinderzimmer. Von ihren Eltern brauchten sie keinen Ärger zu befürchten, denn auch diese liebten die Tante nicht, die ihnen mit ihren ständigen Hinweisen zur richtigen Kindererziehung mächtig auf die Nerven ging. Sobowsky glaubte, dass es das reine Mitleid war, dass sie sie nicht hinauswarfen. Als die Stadt vor zwei Jahren anlässlich einer Brunneneinweihung eine Jungfrau suchte, die medienwirksam in das frisch eingelassene Wasser tauchen sollte, hatte sich Sobowsky den Spaß gemacht, seine Tante als Bewerberin anzumelden. Ein Kamerateam des Stadtfernsehens war bei ihr angerückt, um die Kandidatin bei einem Überraschungsbesuch zu filmen. Die Filmleute waren enttäuscht, die Tante bloßgestellt und in Tränen aufgelöst. Sie ahnte wahrscheinlich gleich, wer dahinter steckte, denn seit diesem Tage war Sobowsky für sie Luft. Auf der anderen Seite der Tafel hatten die Verwandten seiner Mutter Platz genommen. Auf dem, neben dem, für ihn freigelassenen, Platz erblickte er mit Bekümmerung seine Tante Heide, die älteste Schwester seiner Mutter. Sie war schon über achtzig und ihre weißen Haare waren zu einem strengen Dutt gekämmt. Im Gesicht saß ihr eine Brille, deren Modell noch dasselbe zu sein schien, wie dasjenige, das man ihr vor mehr als dreißig Jahren verpasste, als ihre Sehkraft anfing nachzulassen. Vermutlich hatte man nur die Gläser von Zeit zu Zeit gewechselt, wenn sich mal wieder eine Verschlechterung der Augen ergab. Diese Verschlechterungen mussten sich in den letzten Jahren gehäuft haben, und die Stärke der Brillengläser ließ vermuten, dass das nächste Stadium der Erkrankung wohl die vollständige Erblindung sein würde. Sobowsky grauste sich vor den zahllosen Warzen und Flecken in ihrem Gesicht und an ihrem Hals und bei der Vorstellung, gleich neben ihr sitzen zu müssen, ließ ihn sein Unterbewusstsein schon ihren sehr eigenen Geruch in die Nase steigen. Er hielt diesen Geruch, der ihn immer so stark an vermoderndes Laub erinnerte, für den Beweis, dass sie eigentlich schon hätte tot sein sollen, und nur jemand vergessen hatte, sie rechtzeitig zu holen. Als junges Mädchen war auch sie eine Ehe eingegangen, doch schon in der Hochzeitsnacht empfand sie einen starken Ekel gegenüber dem, nach starken Alkoholgenuss des Bräutigams zugegebener Maßen nicht sehr gut riechenden, Glied ihres Mannes. Obwohl sie ihn liebte, kostete es sie stets fast übermenschliche Anstrengungen, sich seinem Drängen zu fügen und die Minuten, in denen sie wie gelähmt dalag, in der Hoffnung, das das unsagbar Widerwärtige bald enden möge, gehörten zu den schrecklichsten ihres Lebens. Als aus einem dieser leidenschaftslosen Begattungsakte eine Tochter entsprang, sah sie keinen Sinn mehr darin, sich ihrem Gatten weiterhin zur Verfügung zu stellen, denn die Aussicht, Mutter zu werden war das Einzige, was ihr die Kraft gegeben hatte, seinen Trieben, steif und verkrampft daliegend, überhaupt nachzugeben. Sie musste das Mädchen allein großziehen, ihr Mann verschwand noch während sie das Kind stillte und zog zu einer anderen, mit der im Laufe der Jahre noch drei weitere Kinder zeugte und bis zu seinem Tode zusammenlebte. Heide verzieh ihm diesen Verrat nie und entwickelte im Laufe der Jahre einen immer bizarreren Männerhass. Die auf so freudlose Weise entstandene Tochter Silke saß neben ihr. Auch wenn sie mit ihrem Ehemann gekommen war, empfand sie doch wie ihre Mutter. Während ihrer Studienzeit war ihr Siegfried über den Weg gelaufen, sie hatte sich in ihn verliebt, und als sie nach einer Party gemeinsam nach

Hause gingen, hatte sie Siegfried einfach gepackt und in einem Straßengraben gevögelt. Sie hatte nichts dabei empfunden, fand es eher lustig und da es ganz und gar nicht lange dauerte, maß sie der ganzen Sache auch keine besondere Bedeutung bei. Erst als ihre Regel ausblieb, fuhr ihr der Schreck in alle Glieder. Wenngleich sie alle, die Siegfried genauer kannten, warnten, bestand sie auf eine Hochzeit. Die darauf folgende Ehe wurde zum Desaster, das bis heute anhielt. Siegfried scherte sich kaum um seine Frau und seine bald darauf geborenen zwei Kinder. Er zog lieber mit seinen Kumpels durch die Kneipen und lediglich wenn er des Nachts nach Hause kam, entsann er sich, dass er eine Frau hatte und erwartete, dass sie sich auch so benehmen würde. Wenn er betrunken war, duldete er keinen Widerspruch. Widersetzte sie sich seinem Verlangen, schlug er sie solange, bis sie ihren Widerstand aufgab und als sie sich nicht mehr traute zu widerstreben, verprügelte er sie aus lauter Spaß einfach weiter. Ja, schlimmer noch, im Laufe der Zeit schien er sich ohne Gewalttätigkeiten überhaupt keinen Sex mehr vorstellen zu können. Unzählige Tage der Angst vor ihrem Mann hatte sie durchlitten, unzählige Tränen geheult, so oft daran gedacht, freiwillig aus dem Leben zu scheiden und doch war sie auch heute wieder mit diesem Menschen zusammen hergekommen. Erst hatte sie es der Kinder wegen ertragen, dann fürchtete sie sich vor dem, was die Leute denken könnten, wenn sie ihren Mann verließ. Dass sie ihr wahrscheinlich die Schuld geben würden, wenn ihr Mann so unzufrieden war, dass er sie aus Verzweiflung sogar schlagen musste und schließlich bemerkte sie, nachdem die Kinder aus dem Haus waren, dass sie im Laufe der Jahre sämtliche Kontakte außerhalb ihrer Wohnung dermaßen vernachlässigt hatte, dass sie niemanden mehr kannte, an den sie sich hätte wenden können. Sie befürchtete, völlig allein zurückzubleiben und vor der Einsamkeit fürchtete sie sich noch mehr, als vor ihrem Mann, der seit ein paar Jahren immer seltener wegging und sich stattdessen täglich zu Hause volllaufen ließ. Er hatte die Kontrolle über seinen Alkoholkonsum längst verloren, seine Kraft schwand zusehends und seine gelbliche Gesichtsfarbe ließ selbst für Laien erkennen, dass seine Leber nicht mehr richtig arbeitete. Er hatte stark an Gewicht verloren und Sobowsky musste zweimal hinschauen, ob es überhaupt Siegfried war, der da so zusammengesackt neben Silke saß.
„Mann oh Mann, ich glaub, den sehe ich heut zum letzten Mal. Der ist

doch total im Arsch, der Wichser. Gut für sein Mädel, die hat ja lange genug unter ihm gelitten." dachte Sobowsky, der nie verstehen konnte, dass zwar alle um das Leid seiner Cousine wussten, aber ihr nie jemand wirklich geholfen hatte. Neben diesen beiden saß sein Onkel Bernd. Bis zur Wende galt er als die schillerndste Figur in der gesamten Familie. Schon in frühester Jugend war er zur Staatssicherheit gegangen, um dort zu studieren und eine grandiose Karriere hin zu legen. 1985 hatte er den Generalrang verliehen bekommen und ging im Ministerium ein und aus. Er strotzte vor Selbstbewusstsein und versuchte immer wieder, Sobowsky zu überzeugen, dass er Informationen aus der Bluesszene, die bei der Stasi als gefährlich galt, an seinen Führungsoffizier weitergeben sollte. Sobowsky blieb, auch wenn er inoffiziell ebenfalls zur „Firma" gehörte, davon völlig unberührt, nie geriet er auch nur in die geringste Versuchung, Bernd diesen Gefallen zu tun und das ihm angebotene Geld war ihm völlig schnuppe. Er und seine Kumpels waren ja auch keine Feinde der DDR, sie wollten lediglich ihr Leben so leben, wie es ihnen gefiel. Und das sagte er Bernd auch, den er trotzdem mochte und akzeptierte, auch wenn der eine so ganz andere Sicht auf die Dinge hatte, als er selbst. Für Bernd war Sobowsky schon problematischer, denn einen potentiellen Staatsfeind in der Familie zu haben, löste mitunter hämische Heiterkeit bei seinen Kollegen aus. Der Umbruch brach Bernd vollständig das Genick. Von heut auf morgen wurde aus dem mächtigen General ein Geächteter. Auf einmal erachtete es niemand mehr für notwendig, ihn zu grüßen. Man schlug ihn sogar zusammen, und seine Dienstwohnung wurde ihm genommen. Er verzog in eine Gegend, wo ihn niemand kannte, und bekam Arbeitslosengeld von einem Staat, den er einst bekämpfte. Völlig desillusioniert begann er zu saufen, und seine Frau, mit der er fast dreißig Jahre verheiratet gewesen war, verließ ihn. Das stürzte ihn noch tiefer in die Krise und zehn Jahre später war er ein vollständig heruntergekommener, alkoholkranker Sozialhilfeempfänger. Seine Wohnung war verwahrlost, er, der einst ein Reinlichkeitsfanatiker gewesen war, lebte im Unrat. Selbst seine Notdurft schaffte er nicht immer bis ins Klo. Sein Lebensinhalt bestand aus Bierbüchsen und Fernsehen, und auch seine Kinder, die er aus Scham ignorierte, besuchten ihn irgendwann nicht mehr, da sie den Anblick dieses Elends nicht mehr ertragen konnten. In dieser entsetzlichen Phase seines Lebens lernte er die ebenfalls alkoholabhängige Gabi kennen. Ihre Liebe richtete ihn wieder etwas auf, und gab ihm ein Stück Selbstwertgefühl zurück. Seit sie bei ihm eingezogen war, sorgte sie für die notwendigste Ordnung und auch im Bett war sie scheinbar immer voller Lust. Bernd seinerseits konnte sie mitunter stundenlang beglücken, denn besoffen stellte sich bei ihm einfach kein Abgang ein. Sein erfülltes Geschlechtsleben war es, das ihm ein Stück seines alten Selbstvertrauens wiedergab und wer ihn von früher her kannte, der konnte meinen, Bernd sei fast wieder der Alte. Nun saß Gabi neben ihm, eine verlebte Frau, mit eingefallenem, aber spitzbübisch dreinschauendem Gesicht. Sie war geradezu hager, und ihr knochiges Dekolletee unterstrich diesen Eindruck nur. Die Haare, die ihr lang über die Schultern hingen, hatte sie grellblond gefärbt. Für Bernd war sie die schönste Frau der Welt und er war stolz, sie heute seinen Verwandten das erste Mal zeigen zu können. Diese teilten seine Begeisterung jedoch nicht. Auch wenn niemand von ihnen etwas Böses zu ihr sagte, zeigte sich in ihrer Kühle ihr gegenüber doch deutlich, welch tiefe Zweifel sie empfanden, ob sie für Bernd tatsächlich die Richtige sei. Wahrscheinlich war Sobowsky der Einzige, der sie bereits beim Blick durch die Fenster auf Anhieb sympathisch fand. Der Stuhl neben ihr war leer. Sobowsky überlegte, wer denn noch fehlen könnte, bis ihm klar wurde, dass es Carolas Platz war, der frei geblieben war. Natürlich hätte sie neben ihm sitzen sollen, aber da seine Mutter, den übrigen Gästen wohl schon erklärt hatte, dass sie nicht kommen würde, waren sie alle um eine Stelle vor gerückt und hatten nur den einen Platz neben seinem Vater für ihn freigelassen. Sofort beschloss Sobowsky, sich keinesfalls neben Tante Heide zu setzen, sondern sich den freien Platz neben Gabi zu sichern. An einer der Wände entdeckte Sobowsky irritiert einen Tisch, welcher unter Blumensträußen und Geschenken kaum noch zu sehen war.

„Auweia." Schlagartig wurde ihm klar, dass er etwas Wichtiges vergessen hatte. Geschenke! Er schlug sich an die Stirn. Wieso hatte er kein Geschenk? Ach so, er hatte ja die ganze Feier vergessen. Und als seine Mutter angerufen hatte, war er gleich losgejagt. Wo sollte er da auf die Schnelle noch ein Geschenk hernehmen? Sollte er noch mal losfahren, deswegen? Nein, wozu auch, erstens hatte er kein Geld dabei und zweitens würde seine Mutter glücklicher sein, wenn er endlich käme. Also los! Sobowsky stieß die Tür auf und unvermittelt stand er samt Rosinante in jenem Gastraum, in dem sich seine Verwandten versammelt hatten. Diese pflegten bis zu diesem Augenblick eine mehr oder weniger anspruchsvolle Konversation, welche aber in diesem Moment abrupt erstarb. Eine erstaunte, oder besser gesagt, eine eher entsetzte Stille, trat ein, und alle Gesichter, auch die von denen, die eigentlich nicht in seiner Richtung saßen, reckten sich ihm entgegen. Er neigte den Kopf leicht auf die Seite und schaute sie ebenfalls an, nicht verstehend, was ihre Reaktion zu bedeuten habe.

„´N Abend. Was ist denn los?“ sagte er. Doch da kam auch schon eilfertig Silvio, der Chef des Restaurants, herbei geeilt und schob Sobowky wieder in Richtung Ausgang.

„Heute geschlossene Gesellschaft. Sie müssen andere Tag wiederkommen.“

„Na, hören Sie mal, ich bin auch geladen.“

„Gehen Sie, sonst ich rufen Polizei.“

Jetzt wurde Sobowsky ärgerlich. Er legte Rosinante auf dem Fußboden ab, schob Silvio kraftvoll beiseite und ging auf seine Eltern zu. Da stürmten ihm aus der Küche zwei weitere Italiener entgegen. Der eine schlug ihm herzhaft in den Bauch, während der andere versuchte, ihm die Luft am Hals mittels Würgegriff abzuschnüren. Währenddessen eilte Silvio ans Telefon, um, wie versprochen die Polizei zu verständigen. Er bemerkte nicht sogleich, wie sich Sobowskys Mutter weinend auf die Italiener warf, und mit ihren Fäusten auf sie eintrommelte, um ihrem Jochen zu helfen.

„Lassen sie ihn sofort in Ruhe, er ist mein Sohn, ich habe ihn eingeladen, hören sie auf!“

Ungläubig schauten die beiden Italiener sie an, nicht sogleich begreifend, was sie da sagte.

Aber als ihnen ihre Worte klar wurden, ließen sie von Sobowsky ab, und entschuldigten sich beschämt bei ihr. Während sich Sobowsky, schwer atmend und hustend, versuchte zu sammeln, konnte man endlich wieder etwas von seinen Verwandten hören.

„Brave Italiener, so ein Engagement wünschte ich mir auch in deutschen Gaststätten.“

ließ sich zuerst Tante Heide vernehmen.

„Richtig, so ein Mensch ist eine Schande, den muss man einfach raus-

schmeißen." pflichtete ihr die Lehrerin bei, während sich ihre Söhne fast vor Lachen bogen.
„Es wird immer schlimmer mit ihm." äußerte sich die alte Jungfer „ich hab das schon immer kommen gesehen, das der mal so enden wird."
„Nun lasst den Jungen doch erst mal reinkommen. Er wird schon seine Gründe haben, warum er so aussieht. Vielleicht hatte er einen Unfall." sagte betrübt Sobowskys Vater, der es nicht mochte, wenn alle auf seinen kleinen Sohn einhackten.
„Klar, wieder mal ein Getränkeunfall, was denn sonst?" erwiderte Steffen.
Tatsächlich wirkte Sobowskys Äußeres wenig vorteilhaft. Seit er am späten Vormittag mit Hamster zusammengetroffen war, hatte er sich weder gewaschen noch umgezogen. Und so hatte noch Blut an seinen Hosenbeinen geklebt, als er losfuhr, welches nun durch den Regen verdünnt worden war und seiner Hose einen insgesamt rötlichen Anschein verlieh. Seine Haare hingen ihm lang, wirr und nass ins Gesicht, welches durch Regen und Kälte ebenfalls stark gerötet war. Er sah erschöpft aus, was nach seinen heutigen Abenteuern und der anstrengenden Anfahrt keineswegs verwunderlich war. Doch von seinen Erlebnissen konnten die Verwandten schließlich nichts wissen, für sie war sein Anblick einfach nur erschreckend, die rote Nase der Beweis, dass er besoffen war, das Blut an seiner Hose eindeutig die Folge eines alkoholbedingten Fahrradsturzes.
„Toller Empfang, na trotzdem alles Gute, Mutter und schönen Dank für deine Hilfe." Er drückte sie sanft an sich, wobei sich sogleich nasse Flecken an ihrer Bluse abzeichneten. Und leise flüsterte er ihr ins Ohr:
„ Geschenk hab ich zu Hause gelassen, damit es nicht nass wird, kriegt ihr aber noch."
„Ach Junge, das ist doch gar nicht wichtig. Wie geht es dir, haben sie dir weh getan? Und warum blutest du so an den Beinen, bist du gestürzt?"
„Ich blute an den Beinen? Quatsch, das ist doch nicht mein Blut, sondern das von Hamster, der hat sich heute so stark verletzt, dass sie ihn holen mussten."
„Was für ein Hamster und wer hat ihn geholt? Aber lass mal, das kannst du mir ja auch später noch erzählen, bloß hättest du dich nicht wenigstens umziehen können?"

„Tja, schon, aber ich sehe es ja auch gerade erst. Ich geh jetzt mal zu deinem Mann."
Er ließ seine Mutter stehen und begrüßte seinen Vater, der sich erhoben hatte.
„Tach Vater, meinen Glückwunsch. Fünfzig Jahre Ehe werde ich wohl nicht mehr schaffen."
„Sei froh, mein Junge, ist nämlich gar nicht so einfach. Schuld an allem ist die Politik, was sollen denn die Leute noch essen? Aber die kriegen alle noch ihre Strafe, das kannst du mir glauben."
Etwas irritiert schaute Sobowsky zu seiner Mutter. Stimmte vielleicht etwas nicht mit seinem Vater? Doch dann ging er erst einmal zur Garderobe, um seine klitschnasse Kutte an dieselbe zu hängen. Als er zurückkehrte, um auch noch Rosinante aufzurichten und sie vernünftig an die Gaststättenwand zu lehnen, hörte man ein Raunen aus dem Mund der Gäste kommen, welche nun auch an seinem Pullover zahlreiche Blutspritzer entdecken konnten. Sobowsky störte sich nicht daran, trat an das Ende der Tafel und ließ zur Begrüßung der Anwesenden seine Faust auf den Tisch krachen. Dann setzte er sich flugs auf den leeren Stuhl neben Gabi, die ihn freundlich anlächelte.
„Hallo,wirkennenunsnochnicht,ichbinJochen,BerndisteinOnkelvonmir."
Er streckte ihr seine Hand entgegen, und fast hätte auch Gabi ihm die ihre gereicht, als sie sah, wie schmutzig er war.
„Hi, Jochen, freut mich, aber sag mal, kannst du mir einen Gefallen tun und dich erst mal waschen gehen? Ich glaube, das würde deiner Mutter auch gefallen."
Sobowsky schaute auf seine Hände, dann auf seinen Pullover.
„Na ja, kann ich ja mal machen, ich muss eh auf´s Klo."
„Du, Jochen, es schadet auch nicht, wenn du dich mal kämmst." mischte sich Bernd ein und zog sich einen langstieligen Kamm aus der rechten, hinteren Hosentasche, den er Sobowsky reichte.
„Danke, Bernd, gib her, ich guck mal, was sich noch aus mir machen lässt."
Er stand wieder auf, und ging in Richtung Toilette.
„Spießergesindel." dachte er bei sich, „Dass die beiden sich auch so doof haben, hätte ich nicht erwartet."
„Ich komm gleich mal mit." ließ sich da hinter ihm seine Mutter vernehmen „Vielleicht kann ich dir helfen."

„Beim pinkeln?“
„Nein, aber wir müssen dich doch wenigstens ein bisschen zurechtmachen. Alle anderen haben sich richtig schön angezogen und du rennst so liederlich rum, da muss man sich ja schämen. Was hast du dir denn dabei gedacht, willst du mich ärgern, oder bist du besoffen? Ich könnte heulen, wenn ich dich so sehe und das an so einem Tag.“
Tatsächlich kullerten ihr ein paar Tränen über ihre noch erstaunlich glatten Wangen.
„Ach, hör auf zu flennen Mutter, ist doch alles nicht so schlimm. Hamster hatte einen Unfall, ich hab ihm geholfen, buntes Auto und so. Kannst eigentlich stolz sein, dass ich so gut in erste Hilfe bin, sonst wäre der Hamster jetzt schon tot.“
„Und wieso hast du so eine starke Fahne? Du säufst doch schon seit früh!“
„Wenn du wüsstest. Kaum hatte ich Hamster das Leben gerettet, haben mich ein paar Russen gekidnappt, die haben mich gezwungen, mit ihnen um die Wette zu saufen. Die wollten mich umbringen, verstehst du? Und mich dann ausrauben!“
„Erzähl mir doch nicht so einen Mist! Wie willst du denen denn entkommen sein?“
„Das ist kein Mist. Ich hatte Todesangst, aber dann begriff ich, dass ich mit ihnen kämpfen musste, wenn ich nicht an eurem Hochzeitstag sterben wollte. Wäre doch Scheiße für euch gewesen, oder?“
„Natürlich, und dann hast du sie alle der Reihe nach zusammengeschlagen, wie vorhin die beiden Italiener.“
„Nein, die waren einfach besoffener als ich, waren noch junge Burschen, noch nicht so gut trainiert wie dein Jochen. Steffen, die Flachzange wäre dran verreckt, aber ich vertrag zum Glück ´ne Menge und so konnte ich sie einfach irgendwann umhauen und mich verpissen. Aber ziemlich spät war es dadurch geworden und ich musste mich beeilen, ich wollte ja pünktlich bei euch sein. Da hatte ich halt keine Zeit mehr zum Baden und kämmen.“
Während des Gesprächs hatte er sich Hände und Gesicht gewaschen und als er sich dabei im Spiegel sah, musste er zugeben, dass er tatsächlich nicht mehr ganz frisch wirkte. Nun kämmte er sich die Haare, während

seine Mutter versuchte, ihm die Blutflecken mit einem Handtuch aus Pullover und Hose zu reiben.
„Was hat denn der Vater da eigentlich vorhin für ´ne Scheiße gequatscht?“ wollte er wissen.
Waren während Sobowskys Ausführungen über seinen Tagesverlauf die Tränen seiner Mutter wieder versiegt, stiegen sie ihr nun erneut in die Augen.
„Ich weiß auch nicht genau, das geht nun schon ein paar Monate so. Das kannst du ja nicht wissen, du meldest dich ja kaum bei uns. Aber ich halte es bald nicht mehr aus. Er redet so viel unsinniges Zeug und vergisst fast alles, was man ihm sagt. Alleine lassen kann ich ihn überhaupt nicht mehr, dann macht er nur Blödsinn, weil er sich nicht mehr zurechtfindet. Und wenn ich mich mal aufrege, wird er gleich verrückt, so kenn ich ihn überhaupt nicht. Manchmal hab ich schon gedacht, er klatscht mir eine.“
Zu ihren Tränen gesellte sich nun noch ein heftiges Schluchzen. Das war der Moment, den Sobowsky hasste.
„Bist du fertig mit der Rubbelei? Dann geh ich jetzt mal pinkeln.“
„Ja, geh nur, es geht sowieso nicht raus, das Blut. Aber wenn du wiederkommst, setzt du dich neben deinen Vater, tu mir den Gefallen. Was willst du denn neben der Neuen von Bernd, die kennst du doch gar nicht.“
Als Sobowsky die Toilette wieder verließ, hatte sich seine Mutter bereits wieder neben ihren Mann gesetzt, und auch er fläzte sich nun neben ihn, um sie nicht noch mehr zu enttäuschen. Er tröstete sich mit dem Gedanken, dass nach dem Abendbrot noch genügend Zeit sein würde, seinen Platz ganz offiziell zu verlassen, um sein Gespräch mit Gabi wieder aufnehmen zu können. Zwar war sie seit ihren ersten zu ihm gesprochenen Worten in seiner Achtung um Einiges gesunken, aber in Anbetracht der anderen Gäste, erschien sie ihm, gemeinsam mit Bernd, noch der einzig akzeptable Gesprächspartner zu sein, wenn er nicht den Rest des Tages ausschließlich mit seinen Eltern reden wollte. Denn, dass seine Verwandten, sein Bruder eingeschlossen, mit ihm nicht sprechen würden, stand für ihn außer Zweifel.
„Willst du noch einen Kaffee, Jochen? Und ein Stück Kuchen?“ fragte ihn seine Mutter.

„Na, hör mal Uschi," mischte sich Tante Heide ein „ wer zu spät kommt, hat Pech gehabt. Soll er doch bis zum Abendbrot warten, bis dahin kann er ja etwas ausnüchtern."

„Er hat doch bei einem Unfall geholfen, deshalb ist er zu spät gekommen, da kann er ja wohl noch was essen, oder?"

„Unfall, papperlapapp, der war höchstens so voll, dass er von seiner alten Mühle gefallen ist, als er auf dem Weg hierher war. Hab ich Recht, Jochen? Gib es ruhig zu! Dass du dich nicht schämst, dich am Hochzeitstag deiner Eltern so zu besaufen und dann noch deine arme Mutter so anzuschwindeln. Wenn du mein Sohn wärst, würde ich dich rausschmeißen und zwar für immer."

Sobowsky ignorierte ihr Gekeife und ließ sich von seiner Mutter aus einer, der auf dem Tisch stehenden, Thermoskannen Kaffee einschenken.

„Richtig, Junge, lass dich nicht aus der Ruhe bringen." ließ sich sein Vater vernehmen, „du musst wissen, dass sich Tante Heide auch immer einen Sohn gewünscht hat, dummerweise hat ihr Mann seine anderen Kinder aber nicht mit ihr gezeugt. Frag sie doch mal, warum!"

Er kicherte wie ein Schuljunge, der gerade einen lustigen Streich ausgeheckt hatte, während ihn seine Frau entsetzt ansah. Als Sobowsky nach einem Stück Kuchen langte, versuchte er, seiner Tante möglichst unbefangen in die Augen zu schauen.

„Ja, Tante Heide, erzähl doch mal, wieso hatte eine so nette Frau wie du, so ein Pech mit dem einzigen Mann, der sich je für dich interessiert hat?"

Nun war es Heide, die, wenn auch offensichtlich um Fassung ringend, so tat, als hätte sie nichts gehört. Sobowsky wollte es damit bewenden lassen, sein Vater allerdings schien anderer Auffassung zu sein.

„He, Heide, mein Sohn hat dir eine Frage gestellt. Ich dachte, du siehst nur schlecht, aber du scheinst auch nicht mehr gut zu hören. Da sag ich es eben für dich noch mal ein bisschen lauter." Er stand auf und brüllte so laut er konnte:

„Warum hast du keinen Sohn?"

Verstört zog ihn Uschi auf seinen Stuhl zurück, während sämtliche Gespräche an der Tafel abrupt verstummten und sich alle Gesichter fragend Sobowskys Vater zuwandten. Diesem schien das nichts auszumachen.

„Was guckt ihr so? Ich habe Heide bloß eine Frage gestellt. Vielleicht kann sie sie uns ja allen mal beantworten."

Darauf schien Heide jedoch keine Lust zu verspüren. Heulend sprang sie auf und lief, von Uschi gefolgt, zum Tresen. Dort diskutierte Heide mit einem der Italiener, Uschi völlig ignorierend, die offensichtlich versuchte, beschwichtigend auf sie einzuwirken. Ihre Tochter Silke hatte sich dazugesellt, und versuchte, herauszufinden, was ihre Mutter vor hatte. Das wurde schnell klar, der Italiener griff zum Telefon und Silke versuchte ihrem Mann klarzumachen, dass die Veranstaltung zu Ende sei, da man Heide nach Hause begleiten müsse.

So sehr schien Siegfried seine Schwiegermutter jedoch nicht zu lieben, dass er wegen ihr den Abend vorzeitig abzubrechen gewillt sein könnte. Zwischen Silke und Siegfried entspann sich ein Disput, den Sobowsky, genüsslich an einem Stück Kuchen kauend, nicht ohne Interesse verfolgte. Die ersten Sätze, von Silke stehend und leise gesprochen, konnte er nicht verstehen. Aber an Siegfrieds Gesicht war abzulesen, dass er keinesfalls einverstanden mit dem war, was ihm seine Frau da nahe bringen wollte. Sein zusammengesunkener Körper straffte sich, seine Gesichtszüge wurden hart und seine gelblichen Augen traten empört aus ihren Höhlen.

„Ich bleibe hier und du auch, deine Mutter ist alt genug, wenn es ihr hier nicht gefällt, ist es ihr Pech. Die braucht doch kein Kindermädchen mehr."

„Ja, sie ist alt, das ist ja das Problem. Wir können sie doch nicht alleine lassen in ihrem Zustand."

„Was denn für ein Zustand? Dass sie heult, ist doch völlig normal für Weiber. Denk mal dran, wie oft du schon geflennt hast in deinem Leben. Und du lebst schließlich auch noch. Was soll denn passieren?"

„Ich hab's ihr aber versprochen, dass ich mitkomme."

„Ohne mich zu fragen? Was bildest du dir ein? Bist du mit deiner Mutter verheiratet oder mit mir? Kellner, zwei Doppelte für mich und meine Frau!"

Mit einem kräftigen Griff an ihrem Arm zwang er sie, sich wieder zu ihm zu setzen.

„Ich hab genug von der alten Schraube, ist das klar? Von der lass ich mir nicht den Abend kaputtmachen. Und wenn du mitgehst, kannst du dich frisch machen. Mit mir ist zwar nicht mehr viel los, aber um dir zu zeigen, wer hier das Sagen hat, reicht es noch. Hast du mich verstanden? Ich werde nicht mehr so lange machen wie deine Mutter, und wenn ich verreckt bin, kannst du mit der zusammenkriechen, so oft du willst. Aber solange ich noch da bin, hast du bei mir zu bleiben. Und jetzt geh hin zu ihr und sag ihr, dass du dich getäuscht hast und doch nicht mit willst."

„Versteh mich doch, es ist meine Mutter."

Siegfried schnellte hoch.

„Verdammte Scheiße!" brüllte er, „hast du mich nicht verstanden? Was ich sage wird gemacht. Die Alte fährt alleine nach Hause. Und du bleibst hier sitzen, klar?"

Er stakste zum Tresen, um auf seine Schwiegermutter ein zu schnauzen.

„Hör mir mal gut zu, Heide, wenn es dir hier nicht gefällt, ist das dein Problem, aber lass Silke damit in Ruhe. Die ist heute mit mir hier und nicht mit dir. Und wenn du deine Tochter gern hast, dann lässt du sie jetzt schön in Ruhe, ich bin nämlich manchmal ein bisschen jähzornig, weißt du?"

„Ja, das weiß ich, du Drecksack, du hast sie oft genug misshandelt, mein armes Mädchen. Du weißt ja gar nicht, wie ich mich freue, dass du bald tot bist."

„Ach ja? Das ist noch lange nicht gesagt, ich krieg nämlich ´ne Spenderleber."

„Taxi ist da." mischte sich der Wirt in ihre erregte Unterhaltung ein.

„Komm Silke, lass dir von diesem Halbtoten nichts mehr gefallen."

Heide winkte ihrer Tochter energisch zu. Und tatsächlich erhob sie sich zaghaft, machte einen großen Bogen um ihren Mann zur Garderobe, holte für sich und ihre Mutter die Sachen und verließ gemeinsam mit ihr das Restaurant. Siegfried stand fassungslos am Tresen und schrie ihnen nach:

„Ihr macht da einen Fehler. Ich habe den Schlüssel, und wenn ich komme möchte ich nicht in eurer Haut stecken. Ich nehme euch beide, hast du gehört, Alte, dich auch."

Als er einsehen musste, dass all sein Geschrei nutzlos war, ließ er sich auf einem der Barhocker nieder und schlürfte, wieder zusehends in sich zusammenfallend, die bestellten zwei Schnäpse aus. Vom Rest der Gäste wurde er kopfschüttelnd ignoriert. Für Sobowsky hatte die Begebenheit den Vorteil, dass er etwas aus dem Fokus seiner Verwandten entschwand, da sie in Siegfried einen neuen Buhmann erblicken konnten. Uschi, die ebenfalls keine Lust verspürte bei Siegfried am Tresen zu verweilen, kehrte weinend auf ihren Platz zurück.

„Musste das denn sein?" fragte sie ihren Mann.

„Was meinst du?"

Er blickte sie verständnislos an.

„Das eben mit Heide, warum warst du so gemein zu ihr?"

„Ich weiß nicht was du meinst, wo ist sie überhaupt?"

„Hast du das wirklich schon wieder vergessen? Ich verzweifele noch mit dir."

„Du hast doch immer was zu nörgeln. Weißt du was sie meint, Jochen?"

„Nein, keine Ahnung." antwortete Sobowsky, der sich einerseits fragte, ob es sein Vater wirklich schon nicht mehr wusste, was sich eben abgespielt hatte, andererseits aber recht froh war, Tante Heide so schnell losgeworden zu sein. Das steigerte seinen Appetit und er griff nach einem zweiten Stück Kuchen.

„Iss nicht soviel, es gibt bald Abendbrot." sorgte sich seine Mutter.

„Eh Onkel Jochen, erzähl mal, was war denn das für ein Unfall?" hörte Sobowsky einen seiner Neffen fragen. Der Bengel machte ein scheinheiliges Gesicht, aber an seiner Stimme konnte man erkennen, dass er mehr an die Version von Heide glaubte, die Jochens Aussehen auf einen simplen Sturz vom Fahrrad zurückführte. Sobowsky, der erkannte, dass er bloßgestellt werden sollte, beschloss, den Spieß umzudrehen und die Familie seines Bruders so richtig auf die Palme zu bringen.

„Tja, weißt du Junge, das ist eine nicht so einfache Geschichte, ne ernste Sache, und ich weiß nicht, ob ich sie dir erzählen kann, du bist ja noch ziemlich klein. Frag lieber erst mal deine Eltern, ob sie was dagegen haben."

Der Bursche plusterte sich mächtig auf:

„Na, hör mal, ich werd bald sechzehn."

„Okay, hast du schon mal ´ne Freundin gehabt?"

„Klar!"

„Und sie schon mal richtig durchgepimpert?"

Sich vorsichtig nach seiner Mutter, umdrehend, die bereits aufmerksam und streng dreinblickend lauschte, antwortete er verhalten:

„Mmh."

Umso ungenierter sprach Sobowsky weiter:

„Dann weißt du ja, wovon ich rede. Pass auf! Also heute morgen, nach dem Aufwachen ging es los. Wir stehen nicht so zeitig auf, weißt, du? Haben wir nicht nötig, das sollen die Idioten machen, die nicht genug Geld scheffeln können. Die können von mir aus mitten in der Nacht aus den Betten springen und im Dunkeln nach Hause kommen. Ist mir wurscht. Ich war früher auch so dämlich, aber jetzt lass ich die mein Geld mitverdienen. Ist besser so, kannst du mir glauben. Viel bequemer. Du wirst doch hoffentlich nicht auch so ein Dummer werden wollen, der von früh bis spät arbeiten rennt?"

„Jochen, hör auf dem Jungen solchen Quatsch zu erzählen." mischte sich Steffen ein.

„Ach Steffen, du weißt doch, dass ich Recht habe, aber das werden deine beiden schon noch alleine rausfinden. Lange hören die sowieso nicht mehr auf dich. "

Dann wandte er sich wieder dem Jungen zu:

„Aber ich wollte dir ja vom Unfall erzählen. Also, da wir lange schlafen, sind wir früh immer schön ausgeruht und da wir noch dazu viel Zeit haben, ficken wir jeden Tag, außer, wenn Carola ihre Regel hat, natürlich. Da gehen schon mal zwei Stunden drauf. Ihr Grünschnäbel könnt das natürlich noch nicht, euch geht ja schon einer ab, wenn das Mädel noch nicht mal den Schlüpfer aus hat."

„Steffen, sag deinem unsäglichen Bruder sofort, dass er aufhören soll!" fauchte die Lehrerin, doch bevor sein Bruder etwas sagen konnte, ergriff Sobowsky wieder das Wort:

„Am liebsten mag es Carola von hinten."

Und zu seiner Schwägerin:

„Du doch bestimmt auch? Falls ihr mal Zeit habt."

„Jochen, hör sofort auf, bist du nicht bei Trost?"

Steffens Stimme bebte vor Zorn.

„Ist ja schon gut, ich bin bloß ein bisschen vom Thema abgekommen. Aber ich hab schließlich vorher gefragt, ob der Junge alt genug für meine Geschichte ist. Soll ich nun weitererzählen, ja oder nein?"

„Nein, du hörst sofort auf damit, sonst gehen wir auch." befahl seine Schwägerin. Sobowsky, dem es schon immer Spaß gemacht hatte, Lehrer zu ärgern, fühlte sich durch diese Ansage aufs Neue herausgefordert.
„Das wäre aber echt schade, wo ihr doch so weit weg wohnt. Aber, ich habe ja nicht dich gefragt, sondern deinen Sohn. Was meinst du, Junge, soll ich noch ein bisschen weiterreden?"
Der Bursche, hin und her gerissen zwischen den Ausführungen seines Onkels, die seine pubertären sexuellen Phantasien beflügelten, und der ablehnenden Haltung seiner Eltern, gegen die er nicht aufbegehren wollte, brauchte nicht lange, um eine Entscheidung zu treffen.
„Klar, Onkel Jochen, du hast ja noch gar nichts von dem Unfall gesagt."
Worauf sich wieder seine Mutter hören ließ:
„Das ist auch nicht nötig, diesen Unfall hat es mit Sicherheit nur auf dem Weg hierher gegeben und der Einzige, dem dein Onkel geholfen hat, war er selbst, als er versucht hat, wieder auf sein Fahrrad zu steigen."
„Oho, ich glaub, da muss ich doch noch etwas richtig stellen, auch wenn es sich um Dinge handelt, die das Gehirn einer Lehrerin wahrscheinlich ein bisschen überfordern werden." entgegnete Sobowsky und fuhr unbeirrt fort:
„Also, ich bin gerade fertig mit Carola, sie quiekt dann immer so laut, da kracht es mächtig an meiner Wohnungstür. Normalerweise öffne ich bei so etwas nicht, aber da ich Angst hatte, dass sie meine Tür zerschlagen, habe ich aufgemacht. Und hereingestürzt kommt mein alter Kumpel Hamster, völlig blutüberströmt, die Fresse total zerschlagen. Er hatte Stress mit der Russenmafia, irgendwelche Zahlungsschwierigkeiten. Er handelt ziemlich starkes Zeug, musst du wissen, da geht's um echt viel Geld. Na ja, natürlich hab ich ihn rein gelassen, Tür wieder zu, die Russen haben gar nicht mitgekriegt, wo er hin ist. Aber die Sauerei, das ganze Blut, der Teppich, alles voll und meine Sachen auch, ich hab ihn ja schließlich verbunden, die arme Sau. Er ist immer noch in meiner Wohnung, kann sich ja nicht mehr raus trauen. Ist aber ein ganz netter, der Hamster, hat mir als kleine Gegenleistung ein paar Gramm schönen Stoff mitgegeben. Wenn du willst, können wir den nachher mal auf dem Klo probieren, dein Bruder von mir aus auch. Aber erst nach dem Abendbrot, auf leeren Magen ist das nichts."

Die Lehrerin schnellte hoch.

„Jetzt ist Schluss. Steffen, dein Bruder handelt mit Drogen! Das habe ich schon lange geahnt, sonst wäre der nicht so runtergekommen. Ich rufe jetzt die Polizei, und du sorgst dafür, dass er nicht entkommen kann, bis sie ihn verhaften!“

Sie eilte, wie vor noch gar nicht allzu langer Zeit Tante Heide, zum Tresen, um per Telefon die Polizei zu verständigen, dass sie einen Drogendealer gestellt hätten. Während abermals erstaunte Ruhe unter den Gästen einzog, bemerkte Sobowsky trocken:

„Ich geh mal raus, eine rauchen.“

„Du bleibst hier, verdrücken geht nicht. Dass du so weit unten gelandet bist, hätte ich mir nicht vorstellen können, aber die können dir auch helfen, Jochen, glaub es mir.“ versuchte ihn Steffen aufzuhalten.

„Ich hau doch nicht vor dem Abendbrot ab, bist du bescheuert, ich geh echt nur eine durchziehen.“

Er stand auf und ging zur Garderobe, um seine Kutte vom Haken zu nehmen, doch schon war Steffen hinter ihm und hielt seinen Arm fest.

„Halt hab ich gesagt, du bleibst da, bis die Polizei hier ist.“

„Und ich hab gesagt, dass ich eine rauchen gehe, wo liegt das Problem?“

„Dass du abhauen willst, dabei brauchst du eine Therapie. Verstehst du nicht, wir wollen dir bloß helfen.“

„Nee, versteh ich nicht, ich bin ein freier Bürger und kann rauchen gehen, wann immer ich das will und wenn mich jemand daran hindert, werde ich ärgerlich. Aber ich schlage dir einen Kompromiss vor. Ich setze mich an den Tresen und nehme dort ´ne Lunte, okay?“

„Einverstanden. Wir meinen es wirklich alle gut mit dir.“

Sobowsky setzte sich neben Siegfried, während seine Schwägerin bei seinem Kommen angewidert den Ort ihres Telefonats verließ. Innerlich sehr erheitert, steckte er sich genüsslich ein Zigarettchen an und beobachtete, wie der Rest der Gäste angeregt miteinander tuschelte. Lediglich seine Mutter tat ihm leid, der schon wieder Tränen über ihre Wangen rannen, während sein Vater ein fröhliches Lied vor sich hin summte. Am liebsten wäre er zu ihr gegangen, um ihr zu sagen, dass das alles nur ein Scherz sei, aber noch größer war seine Lust, die Sache auf ihren Höhepunkt zu treiben. Noch hatte er nicht aufgeraucht, als zwei Polizisten

das Lokal betraten. Sie grüßten höflich und erkundigten sich nach der Anruferin. Sie eilte ihnen entgegen, aus ihrem Mund sprudelten erregte Worte und sie gestikulierte heftig in Richtung Tresen, wo immer noch Sobowsky saß und fröhlich auf den Ausgang seiner kleinen Racheaktion wartete. Schnell waren die Herren in Grün bei ihm und stellten sich, ihre Dienstausweise zückend, vor:
„Guten Abend, Polizeiobermeister Opitz mein Name und an meiner Seite Polizeimeister Grunau. Sind sie Herr Sobowsky?“
„Ja.“
„Haben Sie einen Ausweis dabei?“
„Klar.“
Tatsächlich befand sich dieser in seinem Portemonnaie, das er immer in seiner rechten, hinteren Hosentasche bei sich trug.
„Dürfen wir ihn mal sehen?“
„Gern.“ sagte Sobowsky liebenswürdig und kramte ihn für sie hervor. Die Beamten musterten ihn, konnten nichts Unrechtes entdecken, und gaben ihn an ihn zurück.
„Nehmen oder handeln Sie mit Drogen?“
„Nein, wieso, das ist doch verboten?“
„Es liegt eine Anzeige gegen Sie vor.“
„Ach was, von wem denn?“
„Das tut nichts zur Sache. Kommen Sie bitte mit in unseren Streifenwagen, zur Klärung des Sachverhaltes.“
„Okay, wenn ich ihnen eine Freude damit machen kann.“
Er sprang vom Barhocker und zu dritt verließen sie den Gastraum. Zurück blieben die entsetzten und sprachlosen Gäste.
„Feiert ruhig weiter!“ rief Sobowsky ihnen zu, „Ich bin gleich zurück.“
Und zum Kellner:
„Lassen sie mir schon mal ein Bier ein!“
Im Streifenwagen ging das Verhör weiter.
„Führen Sie zur Zeit Drogen bei sich?“
„Ich führe niemals Drogen bei mir. Zeit meines Lebens habe ich nur Bier getrunken, sonst nichts. Ich wette, dass sie meine Schwägerin angerufen hat, die macht immer solche komischen Scherze mit der Polizei, seit sie keinen Führerschein mehr hat, weil sie zu schnell gefahren ist.“
„Wir möchten ihre Sachen kontrollieren.“

„Von mir aus. Wird ihnen aber nicht gefallen, der Geruch meine ich. Die sind nämlich nicht mehr ganz frisch."
„Das lassen sie mal unsere Sorge sein. Stellen sie sich bitte hin, Arme und Beine auseinander."
Sie tasteten ihn ausführlich ab, außer Schlüsselbund und Zigarettenschachtel kam jedoch nichts zum Vorschein.
„Sehen sie, hab ich ihnen doch gesagt."
„Wir nehmen jetzt einen Drogenschnelltest vor. Ziehen Sie bitte ihren Pullover aus und heben Sie den Arm!"
Der Polizeimeister rieb einen Papierstreifen an Sobowskys schweißigem Achselhaar und minutenlang warteten alle drei auf das Ergebnis des Tests. Zur Enttäuschung der beiden Polizisten verfärbte sich das Papier nicht im Geringsten.
„Sie können sich wieder anziehen."
„Danke, kann ich auch gehen, ich meine, ein bisschen Durst hab ich schon und mein Bier wird schon fertig an meinem Platz stehen."
„Ja, gehen sie. Auf Wiedersehen."
„Oder kann ich gleich ´ne Anzeige wegen Verleumdung aufgeben? Das war doch meine Schwägerin oder?"
„Ich kenne ihre verwandtschaftlichen Verhältnisse nicht."
„Werden Sie oft so verarscht?"
„Ich sagte, Sie können gehen."
„Kommen Sie doch noch auf ´ne Limo mit rein!"
„Raus jetzt!" Der Polizeimeister schob Sobowsky aus dem Fahrzeug, schlug die Tür geräuschvoll zu. Das Auto startete und schon bald waren sie aus Sobowskys Sichtfeld entschwunden. Gutgelaunt kehrte er in die Gaststube zurück, um sich sogleich wieder am Tresen niederzulassen. Er genoss die fragenden Blicke seiner Verwandten, am meisten jedoch erfreute ihn das sofort aufs Neue einsetzende Gekeife der Lehrerin.
„Steffen, warum ist er zurück? Und wo ist die Polizei?"
„Ich weiß es doch auch nicht, Schatz."
„Dann krieg es raus. Ich bleib nicht länger hier mit einem solchen Menschen in einem Raum."
Lässig, mit einem Glas Bier in der Hand, schlenderte Sobowsky auf sie zu.
„Vielleicht kann ich euch helfen. Wenn ihr wissen wollt, wo die Bullen

sind, sag ich's euch. Die sind weg. In so einer kleinen Stadt, wie unserer kennt doch jeder jeden. Und für ein paar Scheine drücken die wirklich alle Augen zu. Die wollen ja schließlich auch keinen Ärger"
„Steffen, wir fahren sofort zurück nach Berlin. Mit diesem Drogensumpf will ich nichts zu tun haben. Wo sind wir in diesem Land bloß hingeraten! Überall Kriminalität und Korruption!"
„Bleib doch mal ruhig, können wir nicht wenigstens das Abendbrot abwarten?"
„Nein, auf keinen Fall. Wir fahren augenblicklich los."
„Das können wir doch meinen Eltern nicht antun."
„Doch, das können wir, und das war auch das letzte Mal, dass wir hier gewesen sind."
Es entspann sich eine Szene zwischen Steffen und seiner Mutter, die weinend versuchte, sie zum Bleiben zu bewegen, aber Steffens Frau boykottierte alle Annäherungsversuche der beiden und auch das Bitten ihrer Söhne, doch noch ein bisschen zu bleiben, verhallte ungehört. Sobowsky, der inzwischen auf seinen Barhocker zurückgekehrt war, beobachtete amüsiert das Geschehen. Er empfand eine wohltuende Genugtuung, wie leicht er die vermeintlich so schlauen Leute verarscht und vertrieben hatte, wenngleich er gestehen musste, dass mit einem solch durchschlagenden Erfolg nicht zu rechnen gewesen war. Und dass es bei Tante Heide ohne Mitwirkung seines Vaters wohl auch nicht so einfach geworden wäre. Auch wenn er bei seiner Ankunft noch keinen Gedanken daran verschwendet hatte, jemanden weg ekeln zu wollen, so machte ihm der unverhoffte Erfolg doch Appetit auf mehr und er begann nachzusinnen, wie er sich seiner anderen ungeliebten Tante entledigen könnte. Doch vorerst verfolgte er das Ende des unerfreulichen Abschiedsdramas der völlig verstörten Familie seines Bruders. Nach minutenlangem Wortwechsel hatte sich seine Schwägerin durchgesetzt, alle Betroffenen zogen sich ihre Jacken an, und Steffen drückte seine Eltern. Ansonsten verließen sie grußlos den Ort des Geschehens. Sobowsky wandte sich Siegfried zu:
„Sind Weiber nicht restlos bescheuert?"
„Wem sagst du das. Ich hab noch keine getroffen, die normal war."
„Ich auch nicht. Aber was denkst du, ob es nicht doch irgendwo so eine

gibt, vielleicht in Amerika, oder bei den Moslems, irgendwo, wo die Weiber noch nicht soviel zu sagen haben, wie bei uns?“

„Hm, meine hat eigentlich auch nichts zu sagen, bloß durchsehen tut sie trotzdem nicht. Aber du hast schon Recht, natürlich ist es vernünftiger, wie die mit ihren Weibern umgehen. Diese Emanzipation in Deutschland ist eine einzige Katastrophe. Guck dir doch mal die angeblich so modernen Frauen an. Hast du mal deren Fingernägel gesehen, wie ekelhaft lang und bemalt die sind? Wie wollen sie denn damit ihrer Hausarbeit nachkommen? Das geht doch gar nicht! Die denken heutzutage, es reicht, wenn sie einmal in der Woche die Beine breit machen, um vom Mann ausgehalten zu werden. Und um den Rest soll sich der Mann gefälligst alleine kümmern. Eigentlich ist es ja auch besser so, weil sie ja auch wirklich überhaupt nichts mehr können. Woher auch, die Mütter von denen waren ja auch schon so behämmert, was sollen sie ihren Kindern denn beigebracht haben? Das geht schon beim Kochen los, oder hast du schon mal eine gefunden, die das noch richtig kann?“

Sobowsky dachte an Carola und pflichtete Siegfried bei:

„Nee, da hast du völlig recht. Die können nicht nur nicht kochen, die machen auch sonst nichts, nicht mal die Bude sauber. Nur nach Geld schreien sie ständig, und wenn du keins hast, bist du ein Idiot. Aber selber zu faul, mal den Arsch zu heben. Ich dachte immer, wenigstens bei euch klappt das doch, Silke ist doch noch vom alten Schlag, oder?“

„Ja, das geht schon, ist alles eine Erziehungsfrage. Man darf nur von Anfang an nichts einreißen lassen, verstehst du, keine Nachsicht, die müssen wissen, wer der Herr im Hause ist.“

„Du hast gut reden, wie willst du das denn anstellen? Wenn man bloß mal streng guckt, flippen sie ja schon aus und drohen damit, ausziehen oder mit Sexentzug.“

Siegfried schaute Sobowsky verständnislos und ein bisschen abweisend an.

„Da haben wir schon das deutsche Kardinalproblem. Es gibt viel zu viele solche Typen wie dich. Solche Schwanzeinzieher, die vor den Weibern kuschen, statt ihnen einfach ein paar in die Fresse zu hauen, wenn sie aufmucken wollen. Da lob ich mir diese ganzen Araber, die wissen noch wie man es macht. Manchmal denk ich, ich bin der einzig übrig gebliebene normale Mann in Deutschland. Weißt du, ich werde bald sterben, davor habe ich an sich keine Angst, aber was mich grämt ist, dass mit mir möglicherweise einer der letzten von denen ausstirbt, die den Jungen noch erzählen können, wie die Welt eigentlich mal gedacht war. Von dir ist in dieser Hinsicht ja auch nichts zu erwarten."

„Was soll ich denn machen. Klar hab ich manchmal Lust, meiner ein paar zu donnern, aber was dann? Wenn sie zur Polizei rennt, kann ich mich frisch machen."

„Wenn sie noch bis zur Polizei kommt, hast du etwas falsch gemacht. Meine hat bestimmt nicht wenig abgekriegt, aber bei den Bullen war sie nie. Hat genau gewusst, dass sie das nicht überleben würde."

„Weißt du Siegfried, du bist eben auch ein ganz besonders skrupelloses Arschloch, so wie du möchte ich gar nicht sein. Ich meinte eigentlich, ob es Weiber gibt, die lieb und freundlich sind und nebenbei ganz freiwillig den Haushalt schmeißen und sich immer ohne zu murren breitbeinig hinlegen, wenn ich Lust habe."

„Du bist vielleicht ein Träumer, Jochen. In deinem Alter müsste man sich eigentlich längst von solchen Illusionen verabschiedet haben. Bist doch keine fünfzehn mehr. Weiber sind von Natur aus störrisch, die brauchen einfach eine strenge Hand, damit sie in der richtigen Spur laufen. Du siehst ja, was passiert, wenn man sie sich selbst überlässt, oder was denkst du, warum es mit Deutschland so bergab geht? Das liegt doch nur an den Emanzen! Erst wollen sie unbedingt arbeiten rennen wie ein Mann, dann drehen sie durch, weil ihnen alles zu viel wird, und vergessen Kinder zu kriegen, weil sie von denen in ihrer Selbstverwirklichung gestört werden. Oder der ganze Stress macht sie frigide. Der Haushalt bleibt auf der Strecke, und die paar Kinder, die noch zur Welt kommen, lernen die elementarsten Dinge nicht mehr, weil keiner Zeit hat, sie ihnen zu zeigen. Das ist der Untergang des Abendlandes! Wir werden aussterben und die Moslems lachen sich tot über uns. Na ja, ich brauch mir nichts vorzuwerfen, ich hab meinen Teil geleistet, um diesen Verfall aufzuhalten."

Siegfried, der seit er am Tresen Platz genommen hatte, schon mehrere Schnäpse getrunken hatte, krümmte sich von einem krampfartigen Schmerz in der Lebergegend gepeinigt, zusammen. Seine Augen schlossen sich und sein Gesicht sank auf seine Brust. Doch dann riss er sich wieder zusammen.

„Weißt du Jochen, meine Leber ist im Arsch, und meine Lunge auch.

Die Ärzte, diese Idioten sagen, ich soll aufhören zu saufen und zu rauchen. Als ob das jetzt noch was nützen würde! Die wollen mir nur meine letzten Tage versauen, das können sie aber vergessen. Ich bleib mir treu, bis zum Schluss, das wird auch Silke heute noch merken. Mich vor allen Leuten so lächerlich zu machen, wegen ihrer bescheuerten Mutter. Man könnte denken, sie hat in all den Jahren bei mir nichts gelernt. Aber das ist der Beweis, dass sie ständiger Züchtigung bedürfen, weil sie alleine einfach nichts begreifen."

Er machte erneut eine Pause, wieder sank sein Kopf nach unten. Nichtsdestotrotz zündete er sich nach dem Ende dieser Attacke einen Zigarillo an und bestellte den nächsten Schnaps.

Langsam und mit Mühe, aber entschlossen redete er weiter auf Sobowsky ein, der allerdings das Interesse an der Fortsetzung des Gesprächs zusehends verlor. Im Innern seines Herzens verabscheute er Siegfried für seine Frauenfeindlichkeit und statt Carola hätte er jetzt viel lieber ihm eine gescheuert. Er bedauerte, dass er sich auf ein Gespräch mit diesem Menschen eingelassen hatte. Schließlich kannte er Siegfried lange genug, um zu wissen, worauf diese Unterhaltungen immer wieder hinausliefen, besonders wenn der Alkoholpegel bei diesem Manne stieg.

„Wenn ich tot bin, wird es keinen mehr geben, der dir sagen kann, wie man mit Weibern umgehen muss, deshalb hör mir gut zu."

„Ach hör auf mit deiner Scheiße, das hilft mir wirklich nicht weiter. Ich geh jetzt mal zu meinen Eltern, wegen denen bin ich schließlich hier."

Sobowsky stand auf, aber Siegfried hielt ihn am Arm fest.

„Jochen, mach jetzt keinen Fehler. Das ist deine letzte Chance, etwas zu lernen."

„Ach lass mich doch in Ruhe!"

Er stieß Siegfrieds Hand weg und ging los, um den Platz neben seinem Vater einzunehmen. Siegfried erhob sich ebenfalls, auf dem Fußsteg seines Barhockers stehend, schrie er Sobowsky nach:

„Eines musst du noch wissen, Jochen, es genügt nicht, sie zu schlagen. Du musst sie hinterher noch vögeln. Das hassen sie am meisten, aber wenn du sie erziehen willst, ist es unerlässlich, verstehst du?"

Wieder packte ihn ein krampfartiger Schmerz, heftiger noch als alles, was er bisher erlebt hatte und ließ ihm die Sinne schwinden. Ohnmächtig stürzte er in seiner ganzen Länge vornüber. Da er sich mit seinen Füßen im Barhocker verhakt hatte, riss er diesen mit um, und so lagen sie nun beide zum Entsetzen der Verwandten auf dem Boden. Sein Gesicht, mit dem er ungebremst aufgeschlagen war, hatte sich unvorteilhaft verformt. Offensichtlich hatten nicht alle Knochen standgehalten und das Blut, das aus seiner Nase und aus seinem Mund lief, verbesserte den Eindruck, den er auf die Anwesenden machte, nicht im Geringsten. Der Italiener griff wieder mal zum Telefon, um kopfschüttelnd ein Krankenfahrzeug zu bestellen. Niemand verspürte Lust, Siegfried erste Hilfe zu leisten und so blieb er unangerührt wie ein Aussätziger liegen, bis der Notdienst eintraf, und die Gesellschaft erleichtert aufatmen ließ. Solange sie sich nicht sicher waren, was nun aus dem Verletzten werden würde, saßen sie, wie gelähmt, schweigend da, den Kopf in ihre Hände gestützt. Erst als die Ambulanz mit Siegfried verschwunden war, und die Italiener das Blut vom Boden gewischt hatten, wurde es wieder etwas lebhafter. Sobowskys Mutter befand, dass es an der Zeit sei, Abendbrot zu essen, und so begannen die Gastwirte, die Tafel, die zu diesem Zeitpunkt schon um sieben Personen geschrumpft war, einzudecken. Sobowsky versuchte, seine Mutter zu trösten:

„Nimm es nicht so schwer, manchmal geht eben alles schief. Aber mal ehrlich, um Siegfried ist es ja nun wirklich nicht schade, soll er ruhig verrecken, wäre doch nur gut für Silke.“

„Aber nicht an unserem Hochzeitstag, verstehst du? Das könnte ich nicht verwinden, schlimm genug, was sonst heute noch passiert ist. Warum musstest du mir das antun? Kannst du dich nicht einmal zusammenreißen, wenigstens mir zuliebe? Dass du deinen Bruder und seine Frau nicht leiden kannst, ist schlimm genug, aber warum lässt du sie nicht einfach in Ruhe?“

„Ich hab doch nicht angefangen zu stänkern. Das waren die doch. Und dass die keinen Spaß verstehen und gleich die Bullen rufen, konnte ich doch auch nicht ahnen. Ich finde es zumindest nicht schlimm, dass sie weg sind.“

„Steffen ist aber genauso mein Kind wie du, und ich hätte ihn gern noch hier gehabt.“

„Er hätte doch bleiben können, aber er musste ja auf seine bescheuerte Frau hören. Die ist vielleicht beschränkt, Lehrerin eben.“

„Und was ist mit Heide?“

„Weiß ich doch nicht, warum Vater sie so angeschrien hat, wird sie wohl verdient haben."

„Ach Vater, der weiß schon längst nichts mehr davon, guck ihn dir doch mal an!"

Sobowskys Vater saß schon längere Zeit nicht mehr an seinem Platz, sondern führte ein angeregtes Gespräch mit seiner Schwester, die genervt und Hilfe suchend in die Runde der verbliebenen Gäste schaute. Allerdings schien sie niemand bemerken zu wollen, nicht einmal gelang es ihr, in Blickkontakt mit jemand anderen aus der Runde zu treten. Offensichtlich waren alle heilfroh, dass sie nicht selbst als Gesprächspartner des senilen alten Mannes herhalten mussten und vermieden alles, was seine Aufmerksamkeit auf sie hätte lenken können. In der Zwischenzeit hatten die Italiener jedem der verbliebenen Gäste einen gefüllten Suppenteller auf den Tisch gestellt und Sobowskys Mutter bat sie, doch alle zusammenzurücken, um die entstandenen Lücken am Tisch zu füllen. Auf diese Weise saß Sobowsky auf einmal doch noch neben Onkel Bernd und seiner neuen Liebe, während es seiner Mutter schwer gefallen war, ihrem Mann klarzumachen, dass auch er sich wieder neben seinen noch an der Feier teilnehmenden Sohn hinzusetzen hatte. Der Vater wollte es irgendwie überhaupt nicht einsehen, wieso er das Gespräch mit seiner Schwester beenden sollte. Wahrscheinlich ging es ihm, wie allen anderen Anwesenden, denen noch die Torte vom gemeinsamen Kaffeetrinken schwer im Magen lag, und bei denen sich bis zum jetzigen Zeitpunkt keinesfalls so etwas Ähnliches, wie Hunger eingestellt haben konnte. Möglicherweise hatte ihnen auch die unschöne Szene mit Siegfried den Appetit verdorben. Nichtsdestotrotz wurde Frau Sobowskys Wunsch erfüllt, und alle taten so, als würden sie es kaum erwarten können, endlich wieder etwas zwischen die Zähne zu bekommen. Die Mutter stand auf, sie glaubte es sei notwendig, zu einem solchen Anlass eine Ansprache zu halten, und da sie diese Aufgabe ihrem Mann nicht mehr zutraute, hatte sie sich selbst die Mühe gemacht und sich eine kleine Rede ausgedacht.

„Liebe Gäste," sprach sie, „wie schön, dass ihr alle gekommen seid. Fünfzig Jahre Ehe sind schon eine lange Zeit und durchaus ein Grund zum Feiern. Es ist mir noch wie gestern, als ich meinen Mann zum ersten Mal sah und mich sofort in ihn verliebte."

„Ich kann mich auch noch erinnern." lachte der Vater, „Ich dachte, die sieht ja furchtbar aus, die kriegt bestimmt nie einen Mann."
Irritiert schaute ihn die Mutter an, sprach dann aber tapfer weiter:
„Die ersten Jahre waren nicht einfach, wir hatten ja nichts, aber langsam ging es immer besser, na ja und unsere beiden Jungs, die kennt ihr ja, die waren damals unser größtes Glück."
„Ja, damals, das stimmt." mischte sich erneut der Vater ein, „aber dann hat der eine uns einfach wegen einer Frau verlassen, und ist weggezogen, ohne sich darum zu kümmern wie wir uns dabei fühlen. Ich sag´s ja immer: eine Fotze zieht mehr als tausend Pferde. Und wenn ich mich so umsehe, ist er auch heute nicht da, der hat seine Eltern wahrscheinlich inzwischen ganz vergessen. Nur unser Jochen, der weiß, was sich gehört."
„Nun lass mich doch mal reden und quatsch nicht immer dazwischen!" unterbrach sie ihn und zu den anderen: „Entschuldigt bitte, es geht ihm in letzter Zeit manchmal nicht so gut."
„Was redest du da? Mir geht's prima, nur deine ständige Bevormundung geht mir auf die Nerven." brauste er auf.
„Ist schon in Ordnung, ich mach einfach mal weiter. Fünfzig Jahre sind natürlich nicht ohne Höhen und Tiefen, aber wir haben es geschafft und darauf sind wir stolz. Und bei euch wollen wir uns bedanken, dass ihr uns immer eine so große Unterstützung gewesen seid."
„Was denn für ´ne Unterstützung?" wunderte sich laut der Vater, „Was redest du da für einen Scheiß? Wenn ich mal so in die Runde schaue, sehe ich zwei alte Weiber, die beide behaupten, meine Schwestern zu sein, die eine kenn ich eigentlich überhaupt nicht, und die andere hat uns immer genervt. Bernd war ein blöder Stasiwichser, und die neben ihm habe ich noch nie gesehen."
Diesmal ignorierte seine Gattin ihn.
„Darum nehmt die heutige Einladung als Möglichkeit, uns gemeinsam der vergangenen Jahre zu erinnern! Lasst uns alle fröhlich miteinander feiern! Und jetzt lasst euch den ersten Gang schmecken! Guten Appetit!"
Erschöpft ließ sie sich auf ihren Stuhl sinken. Ihr war gewiss nicht nach einer fröhlichen Sause zumute und irgendwie fand sie ihre Rede selbst etwas unpassend, wenn sie so in die kleine, traurige Runde vor sich blickte. Aber als sie sich ihre Ansprache erdacht hatte, konnte sie ja nicht

erahnen, welch unangenehmen Verlauf der Abend nehmen würde. Und leider war sie nun einmal nicht kreativ genug, um auf die neue Situation schnell genug reagieren zu können. Obwohl sie wusste, dass ihr Mann nur noch begrenzt zurechnungsfähig war, empfand sie doch eine einen gehörigen Groll gegen ihn, dass er ihr ihren Auftritt noch zusätzlich so erschwert hatte. Aber jetzt löffelten erst einmal alle schweigend ihre Suppe, so recht wusste wohl keiner, wie er sich am besten verhalten sollte. Sobowskys Vater war offensichtlich der einzige, dem diese Stille nicht behagte, und er versuchte ein Gespräch mit seinem dagebliebenen Sohn zu beginnen.

„Sag mal Jochen, was machen diese trübsinnigen Leute eigentlich hier?"

„Hm, das sind eure Gäste, die werden schon wieder auftauen."

„Ich möchte mal wissen, warum die so eine schlechte Laune haben, schließlich ist doch ein Geburtstag ein Grund zum Feiern. Sogar meine Mutter hat uns heut Vormittag besucht, und die war besser drauf, als die hier alle zusammen, das kannst du mir glauben."

„Ach was?" staunte Sobowsky, denn schließlich wusste er, dass seine Großmutter seit über zehn Jahren tot war. Langsam begann er sich ernsthafte Sorgen um den geistigen Zustand seines Vaters zu machen.

„Ja, eigentlich kommt sie ja jede Woche, aber diesmal hat sie uns eben mal so zwischendurch überrascht. Leckeres Eis hat sie mitgebracht, und Süßigkeiten."

Sobowsky beschloss, ihn auf andere Gedanken zu bringen.

„Die Suppe schmeckt, oder?"

Diese Einschätzung schien sein Vater allerdings nicht zu teilen. Bis zu diesem Zeitpunkt hatte er eher lustlos auf seinem Teller herumgestochert, die Worte seines Sohnes schienen nun für ihn wie ein Signal zu wirken, diesen sinnlosen Vorgang abzubrechen.

„Nein." antwortete er entschieden, „schmeckt nicht, kann meine Mutter viel besser, die macht richtige Hausmannskost, weißt du ja. Ich freu mich schon, wenn wir morgen bei ihr zum Mittagessen sind."

Während er diese Worte sprach, zog er ein ordentlich gebügeltes und zusammengefaltetes Herrentaschentuch aus seiner Hose, wischte sich den Mund damit ab und warf es achtlos auf seinen kaum angerührten Teller.

„Das ist doch keine Serviette!" fauchte ihn seine Gattin an, und versuchte, das Taschentuch möglichst unbeschadet wieder aus der Suppe zu angeln.

Erneut herrschte allseits betroffenes Schweigen, bis ein neuer Akteur den Raum betrat, ihn aber sogleich mit den Worten „Oh, Verzeihung, hier bin ich wohl falsch." wieder verließ.

„Nein, bleiben Sie, es hat alles seine Richtigkeit!" rief Sobowskys Mutter und eilte hinter ihm her. Minuten später tauchten beide wieder auf und sie stellte den Neuankömmling vor:

„Das ist Herr Ackermann, er ist Alleinunterhalter und wird uns bestimmt noch ein bisschen in Stimmung bringen."

„Ja." sagte Ackermann und schaute auf die armselige Runde, „bei ihnen bekommt der Begriff Alleinunterhalter eine ganz neue Dimension. Aber ich will mein Bestes versuchen. Essen sie nur erst mal in Ruhe auf, ich muss eh noch die Technik aufbauen."

Für die Italiener war dies das Stichwort. Flink räumten sie die Suppenteller ab und stellten jedem einen großen Teller mit Kartoffeln und Wiener Schnitzel vor die Nase. Bei der Bestellung war Sobowskys Mutter davon ausgegangen, dass ein Schnitzel wohl jedem schmecken würde, während eine italienische Spezialität möglicherweise den ein oder anderen verprellt hätte. Und tatsächlich erntete sie für diese Entscheidung allgemeine Anerkennung, es kam wieder ein Gespräch zustande, welches die Vorzüge der deutschen Küche zum Inhalt hatte, ja die vier Damen begannen zu fachsimpeln und sogar Rezepte auszutauschen, während die drei Männer schweigend dasaßen und es sich schmecken ließen.

Ein plötzlich über alle hereinbrechender Krach ließ sie zusammenfahren. Das Gespräch, welches der Veranstaltung gerade noch den Anschein von Normalität gegeben hatte, erstarb wieder, die Aufmerksamkeit richtete sich auf den Musiker, der sich wohl selbst etwas über seine übersteuerten und lauten Geräusche beim versuchten Soundcheck wunderte. Sobowkys Vater, der eben noch still und in sich gekehrt, sein Schnitzel gekaut hatte, sprang erschrocken auf, dabei die Hände auf seinen Teller stützend, welcher sofort umkippte und seinen restlichen Inhalt auf den Tisch und seine Hose entleerte. Als er das Malheur bemerkte, schien er völlig durchzudrehen.

„Du Arsch, ich hau dir paar aufs Maul!" brüllte er und wollte auf Ackermann losgehen.

„Nun beruhige dich doch, ist doch gar nichts weiter passiert.“ versuchte ihn seine Frau aufzuhalten und hielt ihn am Ärmel seines Hemdes fest. Doch darauf hin verlor er vollends die Beherrschung. Unverhofft ging er auf seine Frau los.

„Ah, du willst ihn schützen, vielleicht hast du sogar etwas mit ihm? Deshalb bevormundest du mich ständig. Du Aas, du wirst mich noch kennen lernen!“

Er riss sich los und verpasste ihr einen wohlgezielten Faustschlag mitten ins Gesicht. Und obwohl sie zu Boden ging, schien es ihm noch nicht genug zu sein. Er beugte sich über sie, um sie erneut zu schlagen. Doch Sobowsky hatte ihn bereits von hinten fest umklammert, so dass der Vater seine Arme nicht mehr bewegen konnte. Er musste seine gesamte Kraft aufwenden, um den tobenden alten Mann zu halten und er wusste nicht, wie lange er das durchhalten würde. Doch da kam auch schon Bernd von vorn, der sich alter Tugenden bewusst werdend, nicht scheute, dem Wüterich einen kraftvollen Leberhaken zu versetzen. Der genügte, um den Jubilar völlig kraftlos werden zu lassen. Schlaff hing er in Sobowskys Armen, dem das Mitleid mit seinen Eltern das Herz zusammenkrampfte. Während er und Bernd den nun Ohnmächtigen etwas abseits über vier zusammengestellte Stühle legten, rappelte sich die Mutter wieder auf. Schwerfällig ließ sie sich auf ihren Stuhl fallen. Ihr Gesicht, das zu schwellen begann, strahlte nun erst recht keine Feierlaune mehr aus.

„Den Nachtisch, bitte!“ hauchte sie dem nahe stehenden Silvio zu, und zu Herrn Ackermann:

„Musizieren Sie!“

Dann brach sie hemmungslos schluchzend zusammen. Ihr Gesicht fiel in ihre auf den Tisch gelegten Arme und niemandem gelang es, sie zu trösten. Unterdessen rappelte sich der Vater wieder auf, der sich offenbar keinen Reim darauf machen konnte, warum seine Frau dermaßen neben sich war. Er setzte sich unbefangen neben sie und wartete ab, was weiter passieren würde. Tatsächlich kredenzten die Italiener, die sich von dem Abend sicherlich etwas mehr Umsatz erhofft hatten, noch den bestellten Nachtisch, einen Eisbecher mit Waffel und Früchten, während Herr Ackermann, entgegen dem Wunsch der Gastgeberin, begann, sein Instrumentarium wieder einzupacken. Sobowsky, der sich jetzt für das Ganze verantwortlich fühlte, ging auf ihn zu.

„Guter Plan, Mann, wird wahrscheinlich heute nichts mehr mit Party. Geld werden sie schon kriegen. Müssen sie morgen mit meiner Mutter klären."

„Geht schon klar, ich bin froh, wenn ich hier weg bin."

Unterdessen hatten sich die beiden Schwestern von Sobowskys Vater, die mit geradezu unerhörter Geschwindigkeit ihren Eisbecher geleert hatten, erhoben und erklärten übereinstimmend, dass es für sie aufgrund ihres Alters höchste Zeit wäre, nach Hause zu fahren. Die Schwester, welche so lange den Kontakt zu ihrem Bruder verloren hatte, bot, da sie mit ihrem eigenen Auto angereist war, an, die andere nach Hause zu geleiten, was diese freudig annahm. Der Abschied war kurz und emotionslos und Sobowsky glaubte sicher, die beiden heute zum letzten Mal gesehen zu haben. Er konnte sich nicht vorstellen, dass es, solange sein Vater lebte, noch einmal eine gemeinsame Familienfeier geben würde. Aber das, so fand Sobowsky, war immerhin ein positives Ergebnis, des ansonsten völlig verkorksten Abends.

„Na, dann feiern wir eben alleine weiter." wandte sich Sobowsky seiner Mutter zu, um sie wieder ein wenig zu erheitern. Jedoch misslang dieser Versuch.

„Ich will nicht mehr feiern, ich will bloß noch nach Hause. Das war der schrecklichste Tag meines Lebens. Ihr drei könnt ja noch bleiben, die Rechnung übernehme ich schon für euch. Schließlich habe ich euch eingeladen. Aber Vater und ich, wir fahren jetzt."

„Hast du keine Angst, dass er dich noch mal verkloppt?"

„Natürlich, aber was soll ich denn machen? Wahrscheinlich muss er bald ins Heim, ich schaff das einfach nicht mehr mit ihm. Kannst du nicht morgen mal vorbeikommen und mir ein bisschen helfen?"

„Klar, mach ich."

Nach diesem Versprechen wurde erneut ein Taxi geordert, der erhoffte schnelle Abgang wurde allerdings noch einmal verzögert, da sich der Hut des Vaters nicht wie erwartet am Kleiderhaken der Garderobe befand. Nach einigem Suchen wurde er von Sobowsky an einem sich an der Wand befindlichen Kerzenhalter entdeckt. Der Vater hatte diesen offensichtlich mit dem Garderobenhaken verwechselt und denu Hut kurzerhand an demselben aufgehängt. Als dies nun auch erledigt war, verab-

schiedeten sich Bernd und Gabi von den beiden Alten. Zum Schluss war Sobowsky an der Reihe. Er drückte seine Mutter.
„Halt durch. Bis morgen!"
Auch seinen Vater umarmte er. Innerlich bewegt nahm er Abschied von einem Menschen, den er so nicht kannte. Kurz stiegen ihm einige Erinnerungen an seine Kindheit in den Kopf, an gemeinsame Erlebnisse mit diesem Mann, den er als Junge so bewundert hatte. Ihm war klar, dass der Vater eine Reise in den Wahnsinn angetreten hatte, von der es kein Zurück mehr gab. Sobowsky erfasste eine Trauer, als wäre der Vater bereits gestorben - und tatsächlich, den Mann, von dem er geglaubt hatte, ihn heute hier zu treffen, den gab es nicht mehr. Als das Taxi verschwunden war, blickten sich die drei Verbliebenen ratlos an. Sie wirkten ein wenig verloren an der leeren Tafel.
„Schöne Scheiße. Was machen wir jetzt?" fragte Bernd.
„Na, eins können wir doch wenigstens noch trinken." antwortete Sobowsky .
„Ich weiß nicht," mischte sich Gabi ein, „irgendwie ist das kein guter Tag heute. Am Ende gibt es gleich das nächste Unglück, wenn wir noch hier bleiben."
„Ach Schnickschnack, die Verrückten sind weg, und wir können uns die Birne zulöten, so lange wir wollen, und brauchen nicht mal was zu bezahlen. Was willst du mehr?" beruhigte sie Bernd und bestellte eine Runde Bier.
„Ich will lieber Sekt." sagte Gabi und winkte nach Silvio. Bald prosteten sich alle zu und vertieften sich in eine sehr lange Diskussion. Stoff, den es zu besprechen lohnte, gab es reichlich. Nach eingehender Auswertung des heutigen Abends, ging man zu den guten alten Zeiten über und danach in logischer Konsequenz zu den Tücken des aktuellen Lebens. Niemand kam jetzt mehr auf die Idee, nach einem Glas den Abend zu beenden. Zu angenehm wirkte der Alkohol auf ihre Stimmung, die sich zusehends hob. Sobowsky blieb sich treu, und trank sein geliebtes Bier, Gabi leerte unverzagt ein Glas Sekt nach dem anderen, und Bernd, nun ja, der genehmigte sich neben zahlreichen Gläsern Gerstensaft mindestens ebenso viele Schnäpschen. Gegen zehn führte dies bei ihm zu ernsthaften Ermüdungserscheinungen. Seine Wortbeiträge wurden seltener und für die beiden anderen immer unverständlicher, und schließlich stieg

er ganz aus ihrer Runde aus. Sein Kopf sank schwer auf den Tisch und ein tiefer Schlaf bemächtigte sich seiner. Sobowsky, der ja auch schon seit seinem Erwachen getrunken hatte, war ebenfalls nicht mehr ganz Herr seiner Sinne. Hatte ihm Gabi schon vom ersten Anblick an gefallen, so fand er ihre Attraktivität umso mehr gesteigert, je mehr Bier er in sich hinein füllte. Als er Bernd so friedlich schlummernd daliegen sah, frohlockte er innerlich. Er begann zärtlich Gabis Rücken zu streicheln, redete dabei jedoch völlig unbefangen weiter, als ob es das Normalste auf der Welt war, was er da tat. Als sie es duldete, wurde er mutiger. Seine Hand schob sich unter ihre Bluse und tastete sich bis zu dem Verschluss ihres Büstenhalters vor. Minutenlang kreisten seine Finger in dieser Region, dann schoben sie sich unter die Träger und versuchten forsch im Vorwärtsgang an ihre nackte Brust zu gelangen. Doch da stieß er bei Gabi auf Widerstand, sie packte seine Hand und schob sie zurück. Grummelnd ließ er es sich gefallen, als er aber bei ihr keinerlei weitere Anzeichen von Ablehnung bemerkte, versuchte er es ein zweites Mal. Und siehe da, diesmal ließ sie es kichernd geschehen.

„Du Schlingel, ich gefall dir wohl?"

„Na sicher, du siehst echt super aus."

Während sie noch etwas tranken, knetete Sobowsky unverdrossen Gabis kleine, eingefallene Brüste und hielt sich für einen unwiderstehlichen Eroberer. Es schien ihm nicht aufzufallen, das Gabis Sprache an Deutlichkeit stark nachgelassen hatte und sie Mühe zu haben schien, aufrecht zu sitzen.

„Ich glaub, ich muss mal." sagte sie irgendwann und erhob sich schwerfällig.

„Ich auch, ich komme mit."

Sie gingen aufs Klo, sie für Damen, er für Herren. Natürlich war er schneller fertig als sie, und er beschloss vor ihrer Toilettentür auf sie zu warten. Von drinnen hörte er erst ein leises Stöhnen, dann vernahm er, wie ihre Pisse ins Becken spritzte. Danach tat sich minutenlang gar nichts. Ungeduldig hoffte er, dass sie ihre Box bald verlassen würde. Sein Warten wurde belohnt. Sie taumelte ihm leicht entgegen, der Reißverschluss ihrer Hose war nicht ganz geschlossen. Er nahm es als Zeichen ihrer Paarungsbereitschaft und zog sie an sich. Er öffnete den Reißverschluss wieder ganz, zog ihr alles was sie trug, Hose, Strumpfhose und

Schlüpfer in ihre Kniekehlen und zog sie zum Heizkörper. Dort hieß er sie, ihre Hände aufzustützen und ihm ihren Hintern zuzuwenden. Sie widerstrebte nicht und er versuchte, von hinten in sie einzudringen. Er hörte sie erneut aufstöhnen, glaubte aber, dass dies ein Zeichen ihrer Erregung sei. Als es ihm endlich gelungen war, ihre Öffnung mit seinem Glied in Besitz zu nehmen, er sich am Ziel seiner Wünsche wähnte, er gerade begonnen hatte, sie rhythmisch zu stoßen, wurde aus ihrem Stöhnen ein orkanartiges Brüllen und ein ordentlicher Schwall Kotze ergoss sich aus ihrem Mund an Wand und Heizkörper. Sobowsky hielt inne. Sollte er deswegen abbrechen? Nein! Erneut begann er sie zu bearbeiten, er spürte ihren knochigen Hintern an seinem Bauch, aber der Anblick der sich bei jedem von ihm geführten Stoß aus ihrem Mund schwallartig ergießenden, übel riechenden Flüssigkeit, verdarb ihm dann doch den Appetit.

„So eine Scheiße, jetzt hab ich aber auch die Schnauze voll von diesem Tag.“ fluchte er, zog seine Hose hoch und überließ Gabi sich allein. Er stürmte in den Gastraum zurück, wo er auch Bernd keines Blickes würdigte, schnappte seine Kutte und Rosinante und verließ enttäuscht das Restaurant. Vor der Tür atmete er tief durch. Der Regen hatte aufgehört, und es war kalt geworden. Eiskristalle glänzten auf der Straße. Er füllte noch einmal Luft in seinen defekten Fahrradreifen und radelte los, bloß weg von hier, so schnell wie möglich nach Hause. Da er sich in der herrschenden Dunkelheit unbeobachtet wusste, versteckte er seine Finger unter seinem Pullover, und als sich das Rad anfing, schwer zu treten, wusste er sogleich, woran es lag. Er legte eine Pause ein, um noch einmal den Reifen zu füllen. Erstaunt stellte er fest, dass ganz dicht bei ihm, nur wenige Meter vom Straßenrand entfernt, ein riesengroßes Zelt stand, das er auf der Hinfahrt noch gar nicht bemerkt hatte.

„Ist ja komisch,“ dachte er, „dass ich das vorhin nicht gesehen habe. Aber was soll´s?“

Er verlor keinen weiteren Gedanken darüber, er fühlte sich müde, und sehnte sich nach seinem Bett. Eine halbe Stunde später hatte er es geschafft. Glücklich grunzend wickelte er sich in seine Bettdecke. Er schüttelte mit dem Kopf, als er den heutigen Tag noch einmal kurz bedachte und schlief Sekunden später ein.

Nach seinem Erwachen begannen seine Gedanken sofort um das Ende des gestrigen Abends zu kreisen. Er erinnerte sich lebhaft an Gabis nackten Hintern und ihre mickerigen Brüste und fragte sich, ob er falsch gehandelt habe, als er sie einfach so allein gelassen hatte, oder ob er nicht über ihr Unwohlsein hinwegsehen, die seltene Chance beim Schopfe hätte packen sollen, die willige Frau allen widrigen Umständen zum Trotz zu Ende zu pimpern. Im gleichen Moment überkam ihn das schlechte Gewissen Bernd gegenüber, zumal er sich plötzlich erinnerte, wie kraftvoll sein Onkel noch zuschlagen konnte. Während er sich bei dem Gedanken beruhigte, wie fest Bernd geschlafen hatte, und dass es nicht in Gabis Interesse liegen konnte, ihn zu verpfeifen, durchzuckte ihn der nächste Schreck, als er sich vor Augen hielt, dass Gabi wohl auch nicht mehr viel von ihrem sechzigsten Geburtstag trennte.

„Mensch, Jochen," sprach er zu sich, „du entwickelst dich ja zum Mumienschänder. Aber irgendwie sah sie doch noch gut aus. Vielleicht sollte ich auch bloß nicht mehr soviel trinken. Andererseits, wenn ich sie mit Carola vergleiche, ist sie gar nicht so übel, wenigstens nicht so fett und außerdem viel netter. Na ja, wahrscheinlich müsste ich sie mal nüchtern sehen, um das richtig beurteilen zu können."

Da er sich nicht länger unnötig seinen lästigen Gedankengängen aussetzen wollte, stand er auf. Nach dem Gang auf die Toilette setzte er sich an seinen Altar und begann zu rauchen.

„Morgen, Günthi, endlich sind wir beide mal wieder alleine. Das war vielleicht ein Scheißtag gestern, das kann ich dir sagen. Den Anfang hast du ja noch mitbekommen, aber der Jeremenkow, der war dann echt der Hammer! Der wollte mich umbringen, weil ich seine Mutter nicht vögeln wollte, das musst du dir mal vorstellen. Andersherum hätte ich's ja noch verstanden, aber so? Dann schon eher seine Schwester, aber die ist noch zu jung, ist ja verboten, außerdem, mach ich so was doch nicht, wenn sie gar nicht will. Ich glaube, der Oleg ist ein echtes Schwein, den müsste man anzeigen, aber was wollen sie ihm denn beweisen? Ich glaube nicht, dass die Weiber den Bullen was sagen, die sind doch nicht lebensmüde. Stattdessen heulen sie den ganzen Tag rum, und machen was er sagt. Ich bin ja mal gespannt, wie lange der Alte noch lebt, ich denke, den bringt er bald um. Für die Weiber ist das die einzige Chance, Oleg loszuwerden, wenn er dann ein paar Jahre einsitzt. Wozu sind solche Menschen denn

überhaupt auf der Welt, es wäre doch viel einfacher ohne sie? Wenn ich mir die Jeremenkows so angucke, kann ich ja mit meiner Verwandtschaft noch ganz zufrieden sein. Obwohl- Siegfried ist genau so ein Wichser. Was mich wundert, ist, dass alle wissen, dass er die Silke ständig vermöbelt, aber keiner was sagt. Fünfunddreißig Jahre lang, das ist doch nicht normal. Na ja, ich bin ja auch nicht besser, aber mich geht's ja auch nichts an. Genau wie bei den Russen, die müssen schließlich alle alleine mit ihrem Leben klarkommen. Ich ja auch. Hat mir vielleicht jemand geholfen, als mich die blöden Nazis mitten am Tage zusammengeschlagen haben, weil sie mich für einen Penner hielten? Nein! Na also, da haben wir es, die Welt ist Scheiße, aber wir können es nicht ändern. Jeder ist mal damit dran, auf die Fresse zu kriegen, und manche eben öfter. Ist halt so. Was geht mich fremdes Elend an? Nichts! Ich hab selber genug Sorgen, wenn ich bloß dran denke, dass Carola bald wiederkommt, wird mir schon ganz schlecht. Aber eins versprech ich dir Günthi, irgendwann schmeiß ich sie endgültig raus. Ich find noch eine vernünftige, das wirst du schon sehen. Ich war schon mal dicht dran, weißt du noch?"
Sobowsky seufzte, sich die nächste Kippe anbrennend, auf und versank in seinen Erinnerungen.

Es war nur kurze Zeit nach seiner ersten Begegnung mit dem Blues gewesen, und seine Eltern hatten ihn gegen seinen ausdrücklich erklärten Willen gezwungen, an den in der neunten Klasse eine Zeit lang wöchentlich stattfindenden Tanzstunden teilzunehmen. Bei der ersten Veranstaltung war er noch dabei gewesen, doch verfestigte sich dabei lediglich seine Auffassung über die Sinnlosigkeit und Dekadenz des Ganzen. Allein die Tatsache, dass es allen Anderen zu gefallen schien, bewies ihm, dass es für ihn unmöglich das Richtige sein konnte. Er verstand nicht, wozu es gut sein sollte, nach alten, uncoolen und noch dazu in seinen Ohren völlig unmelodiösen Rhythmen irgendwelche albernen Schrittfolgen und Drehungen einzustudieren. Da er aber noch nicht soweit war, gegen seine Eltern offen zu rebellieren, ging er jedes Mal hin, ließ seine Anwesenheit dokumentieren und verließ anschließend heimlich den Saal. Bei der Vielzahl der Teilnehmer wurde sein Trick tatsächlich bis zum Schluss nicht bemerkt. Doch unaufhaltsam rückte die Stunde der Wahrheit näher. Der Abschlussball musste seine Schandtat unwiderruflich an den

Tag bringen. Die Tanzpartnerin, die ihm zugeteilt wurde, war ein Mädchen, das auf freiwilligem Wege von keinem männlichem Teilnehmer für würdig erachtet worden wäre, mit ihm in der Öffentlichkeit, geschweige denn bei solch einer Veranstaltung gesehen zu werden. Und so blieben am Ende der Partnerwahl nur sie zwei übrig, Jochen, den eigentlich keiner so richtig kannte, und Karina, die etwas unförmig , bebrillt und noch dazu offensichtlich mit sehr schiefen und leider nicht wirklich weißen Zähnen ausgestattet war. Nichtsdestotrotz war Sobowsky froh, dass der Schwindel noch nicht aufflog, brav holte er sie von ihrem Zuhause mit einem Blumenstrauß in den Händen ab und geleitete sie galant, in einen Anzug seines Vaters gekleidet, in das Kulturhaus der Stadt, wo der große Abend stattfinden sollte. Er stellte Karina seinen Eltern vor, und wunderte sich nicht, dass sie etwas misstrauisch dreinblickten. Vermutlich hätte sich vor allem sein Vater gewünscht, dass er ein etwas schickeres Mädchen abbekommen hätte. Als sie dann wie die anderen Teilnehmer auch an einem der festlichen gedeckten Tische Platz genommen hatten, rückte Sobowsky mit der Sprache raus:
„Du, Karina, ich bin aber kein besonders guter Tänzer."
„Ist nicht so schlimm, führe mich nur so, wie du kannst, ich richte mich schon nach dir. So perfekt bin ich auch nicht."
„Äh, weißt du, ich meine, kannst du mich nicht vielleicht führen? Ist vielleicht besser so."
„Spinnst du? Du bist doch der Mann. Ich kann das doch gar nicht."
„Weißt du, ich war ´ne Weile krank, und hab ein bisschen was verpasst. Ich hab die Schritte nicht alle so gut drauf, deshalb brauche ich deine Hilfe."
„Ach so, deshalb habe ich dich so selten gesehen, na gut, wo du nicht weiterweißt, sagst du Bescheid. Wir kriegen das schon zusammen hin."
Schon wurde die Eröffnungsrede gehalten, allerlei schwülstiger Unsinn, wie Sobowsky fand, dessen innere Unruhe angesichts des nicht mehr zu verhindernden Fiaskos sekündlich zunahm. Auf den Tischen standen Gläser mit Sekt, und am Ende der Rede wurde gemeinsam angestoßen, und damit der Startschuss zu einem Tanzfest gegeben, das ganz großartig zu werden versprach. Während alle nur vorsichtig nippten, goss Sobowsky den Inhalt seines Glases sogleich mit einem Mal hinunter, und als er sah, dass Karina das ihre, kaum berührt, bereits wieder abgestellt

hatte und es nicht mehr beachtete, nahm er sich auch dieses Glases an, und leerte es geschwind, noch bevor sie zum ersten Tanz nach vorn gebeten wurden. Dieser war zur großen Freude Sobowskys erst einmal eine Polonaise, eine Aufgabe, der er sich durchaus noch gewachsen fühlte. Doch plötzlich gebot der Tanzlehrer Halt und forderte sie auf, sich paarweise aufzustellen, um einen Wiener Walzer aufs Parkett zu legen. Fragend sah Sobowsky Karina an, die ihn sich kurz entschlossen griff und beherzt zu tanzen begann. Sobowsky stolperte hilflos hinter ihr her, in völliger Unkenntnis der Dinge, die Karina von ihm erwartete. Es tat ihm leid, dass er ihr fortwährend auf die Füße trat, und dass ihre weißen Söckchen sich schon nach kurzer Zeit der Farbe seiner Schuhsohlen anpassten. Er versuchte auf ihre leisen, aber spürbar wütenden Kommandos zu reagieren, was aber nicht funktionierte, da sie ihm immer, wenn er ihren Wünschen nachzukommen versuchte, bereits einen Schritt voraus war. Doch irgendwann endete die Musik, donnernder Applaus von den Tischen der Eltern war zu hören. Jochen sah sich vorsichtig nach seinen Eltern um, und sah, dass ihre Hände keinesfalls mit der gleichen Begeisterung, wie die der anderen, aufeinanderschlugen, und ihre Gesichter eher einem großen Fragezeichen ähnelten. Er vermied jeden Blickkontakt mit ihnen, was auch nicht schwer war, denn schon musste er Karina Rede und Antwort stehen.
„Bist du nicht bei Trost? Du kannst ja nicht einen einzigen Schritt!“ herrschte sie ihn an.
„Das stimmt doch gar nicht. Nur der Tanz gerade war eben nicht meine Stärke. Warte doch mal ab.“
„Wehe, das geht den ganzen Abend so, dann kannst du mich kennen lernen.“
Schon wurde der nächste Tanz angekündigt, ein Swing.
„Was mag das nur wieder sein?“ fragte sich Sobowsky. „Walzer habe ich ja schon mal im Fernsehen gesehen, aber Swing?“
Darüber verpasste er den Einsatz und erneut war es Karina, die die Initiative ergriff, und versuchte, das Beste aus der verkorksten Situation zu machen.
„Was soll denn die Scheiße? Ich denke, du kannst nur den Walzer nicht?“

„Na ja, dachte ich ja auch, aber von dem Tanz hier habe ich ja überhaupt noch nichts gehört. Was soll ich denn da machen?"
„Und vom nächsten wahrscheinlich auch nicht, oder?"
„Weiß ich nicht, was kommt denn dann?"
„Ein langsamer Walzer:"
„Aha, ist das was anderes als am Anfang?"
„Natürlich, du Idiot, ich werde mich über dich beschweren."
„Mach doch, aber jetzt geht's erst mal wieder los."
Sobowsky war jetzt schon etwas lockerer, die zwei Gläser Sekt halfen ihm über seine anfängliche Unsicherheit hinweg, und er bildete sich ein, dass es schon weiter keinem auffallen werde, dass er überhaupt keinen Schimmer von dem hatte, was er hier tat. Willig trottete er Karina bei all ihren Bemühungen hinterher, bis auch dieser Tanz zu Ende war. Nur noch eine letzte Nummer war in dieser Runde zu absolvieren, ein Cha-Cha-Cha und Karina, die eingesehen hatte, dass es mit ihrem Tanzpartner nichts mehr werden würde, sparte sich ihre Spucke und würdigte Sobowsky keines Blickes mehr.
„Eingebildete Gans," dachte sich Sobowsky, „es kann nun mal nicht jeder der Beste sein."
Unglücklicherweise entschied sich Karina, den Cha-Cha-Cha ohne ihn zu tanzen, gekonnt spulte sie ihre Schrittfolgen ab, ohne sich noch im Geringsten um ihn zu kümmern. Dadurch kam es, dass er wie ein Fremdkörper auf der Tanzfläche umherirrte, die anderen Tänzer behinderte und sich auch noch deren Unmut zuzog. Nach diesen ersten vier Nummern entließ sie der Tanzlehrer in eine kleine Pause, erneut hörte man den Beifall der zufriedenen Eltern, und Karina nutzte die Gelegenheit, um Sobowsky ordentlich eine zu scheuern. Dann sah man sie forschen Schrittes auf den Tanzlehrer zugehen und mit ihm sprechen. Sobowsky ließ sich erschöpft an seinem Platz nieder, und schenkte sich aus einer auf dem Tisch stehenden Flasche ein neues Glas Sekt ein, um es gleich darauf gierig zu leeren. Der weitere Verlauf des Abends war frustrierend. Karina weigerte sich, mit ihm weiter zu machen, und der Tanzlehrer, welchem die Sache selbst höchst peinlich war, organisierte für jeden weiteren Tanz eine andere Tanzpartnerin für Sobowsky. Die Mädchen, die dies nur widerwillig taten, und auch ihre eigentlichen Partner, welche nun ihrerseits jeweils einen Tanz mit Karina absolvieren mussten, waren

deswegen übel gelaunt. Sobowsky, der sich in den Pausen auch noch die Vorhaltungen seiner Eltern anhören konnte, den einzigen Menschen, die an diesem Abend überhaupt noch mit ihm sprachen, griff bei jeder sich bietenden Gelegenheit ein noch nicht ausgetrunkenes Glas von einem der Tische, und kippte es in sich hinein. So wurde ihm von Tanz zu Tanz immer schummeriger zumute und als er endlich all seine katastrophalen Auftritte bei Tango, Jive, Polka und Co hinter sich gebracht hatte, ließ er sich ausgelaugt auf seinen Stuhl fallen.

Geschafft! Doch nein - der Höhepunkt des Festes nahte erst noch. Ein Gruppentanz aus Amerika, der Bus-Stop sollte das würdige Finale des Festes werden. Sobowsky war begeistert. Endlich nicht so ein alberner Paartanz! Jetzt würde er noch mal zeigen können, wozu er fähig war. Hochmotiviert stellte er sich mit den anderen in der Formation auf. Es war ja schließlich ganz einfach, er musste nur schauen, was diejenigen links und rechts von ihm machten und es ihnen gleichtun. Die paar Schritte vor und zurück, kein Problem, in die Hände klatschen - na und? Wen störte es schon, dass er diese Dinge erst mit einer Sekunde Rückstand zu den anderen ausführte? Schließlich musste er ja erst mal hinsehen um dann zu reagieren. „Dabei sein ist alles, die werden meinen guten Willen schon anerkennen." dachte er sich und klatschte sicherheitshalber gleich noch mal. Nun eine schnelle Drehung. Hoppala! Sind die denn verrückt geworden? Das ist doch gefährlich. Nur mit Mühe konnte er verhindern, dass er stürzte. Was nun - die ganze Drehung noch mal zurück? Das war zu viel. Er taumelte und fiel trotz guter Gegenwehr auf seine Knie. Schnell wieder hoch, wahrscheinlich hat es noch gar keiner gemerkt. Warum können die denn nicht mal kurz stehen bleiben? Wie soll man sich denn zwischen all den Beinen zurechtfinden? Dieses ständige Hin und Her und links und rechts, reine Schikane. Er schrie sie an, dass sie mal anhalten sollten, aber alle taten so, als ob sie ihn nicht hörten. Ein echter Mann gibt nicht auf. Es gelang ihm, ein Hosenbein zu erwischen und sich an ihm hochzuziehen. Nun aber los! Wieder rein in die Formation und weiter mitgemacht! Scheiße, schon wieder diese doppelte Drehung. Aber diesmal nicht mit ihm. Er marschierte einfach weiter nach vorn. Doch was war das? Irgendwelche Verrückten, die nicht wie er aufgepasst hatten, und die gefährliche Drehung trotz allem ausführten, kamen von der Seite auf ihn zu und rammten ihn dermaßen, dass er erneut zu Boden ging. Jetzt griff er nach dem vorbeihüpfenden Bein einer Tänzerin, um sich nach oben zu ziehen. Störend waren lediglich der Stoff des Ballkleides, den er mit einem Male zwischen den Fingern hielt, und der schnelle Schritt der Besitzerin desselben, der es ihm unmöglich machte, sich erneut aufzurichten. Stattdessen wurde er leicht mitgeschleift und blieb enttäuscht liegen, als ihn die Kräfte verließen. Ja, können die denn nicht wenigstens aufpassen, wenn sie schon nicht richtig tanzen können? Was kommen die denn hier so angerannt, dass sie auch noch über ihn hinweg stolpern müssen? Und was gucken sie ihn so blöde an, die dummen Weiber, die sind doch selber schuld, dass sie jetzt mit ihm zusammen auf dem Boden liegen! Aber schön schnell hoch kommen sie wieder, das muss man ihnen lassen. Na endlich lichtet sich das Getümmel! Sie verlassen die Tanzfläche. Erst mal alle weglassen, bevor noch ein Unfall passiert. Und so kam es, dass Sobowsky mutterseelenallein auf dem Fußboden des Kulturhauses saß, als der Tanzlehrer Anstalten machte, seine Abschlussworte an das Publikum zu richten. Sein Vater eilte mit hochrotem Kopf herbei, um Jochen zum Verlassen seines Platzes zu bewegen.

„Jochen, wir gehen sofort nach Hause, so eine Blamage, man müsste dir den Arsch versohlen."

„Sei doch nicht sauer, Vati, ich hab mein Bestes gegeben, aber ich glaube, tanzen ist nichts für mich."

„Ja, wahrscheinlich, komm jetzt - sofort!"

„Geht klar, ich muss bloß noch mal pinkeln."

Sobowsky erhob sich mühevoll, irgendwie wollten ihm seine Beine nicht mehr recht gehorchen, als ob sie völlig ohne Kraft wären, sackten sie immer wieder zusammen.

Nichtsdestotrotz schaffte er es bis in die Herrentoilette, wo er mit einem gewissen Staunen sein Gesicht im Spiegel erkennen konnte.

„Holla Jochen, irgendwie siehst du anders aus als sonst." sprach er zu sich selbst, „irgendwie müde, ist ja auch kein Wunder, nach der Scheiße, die heute passiert ist."

Im Spiegel tauchten mit einem Male die Gesichter anderer junger Leute auf.

„Alles klar Männer, ich mach schon Platz." sagte Sobowsky. Dann sah er, wie sein Kopf mit großer Geschwindigkeit Richtung Spiegel flog. Die

Risse im Spiegel taten ihm leid, bevor er das Bewusstsein verlor. Sein Vater, der sich über sein langes Fernbleiben beunruhigte, fand ihn noch rechtzeitig, um einen Krankenwagen zu bestellen.

Sobowsky seufzte tief, als er an diese Geschichte zurückdachte. Sie hatten ihn damals kräftig zusammengeschlagen und sein Unterkiefer war zu Bruch gegangen. Lange Zeit schmerzten ihm alle nur erdenklichen Körperteile und drei Tage lang durfte er das Krankenhaus nicht verlassen. Lediglich seine Mutter besuchte ihn einmal, sein Vater schmollte noch wochenlang und betonte bei jeder Gelegenheit, wie richtig es gewesen sei, dass sie ihm dermaßen die Fresse poliert hatten. Aber eine gute Seite gab es dann doch an der ganzen Sache. Er lernte nämlich Sie kennen – Beate -, seine erste große Liebe. Sie war genauso alt wie er, trug Jeans und lange, blonde Haare, die bis zu ihrem kleinem, kugelrunden Po herunter reichten. Überhaupt war sie eher klein und wie er fand, sah sie wirklich süß aus. Sie war wegen dem Bruch ihres rechten Unterarmes eingeliefert, was sie aber nicht hinderte, heimlich im Gelände des Krankenhauses zu rauchen. Sobowsky hatte sie dabei von seinem Fenster aus beobachtet, und beim gemeinsamen Abendbrot traute er sich einfach, wenn auch durch seinen Kieferbruch etwas undeutlich, sie zu fragen, ob sie auch für ihn mal eine Kippe hätte.
„Klar." sagte sie, „willst du gleich eine?"
„Nein, wollen wir uns nicht lieber Abend draußen treffen?"
„Du darfst doch dein Zimmer gar nicht verlassen."
„Weiß ich doch, aber ich komm schon raus, ohne dass jemand was merkt."
„Okay, dann komm doch um acht zu den Bäumen dahinten, da kann uns keiner sehen."
„Geht in Ordnung, bis dann."
Alles lief nach Plan, Sobowky schlich sich unter nicht unbedeutenden Schmerzen an allen Schwestern, die ihn hätten aufhalten können, vorbei und gelangte pünktlich zum vereinbarten Treffpunkt. Kurze Zeit später kam auch Beate angeschlendert und zückte ohne große Worte ihre Zigarettenschachtel. Sobowsky, der zu diesem Zeitpunkt noch Nichtraucher war, zog etwas unsicher eine der Zigaretten heraus. Beim Versuch, sie sich in den Mund zu stecken scheiterte er allerdings. Mit seinem gebrochenen

Kiefer war es ihm nicht möglich, die Kippe im Mund zu halten und sie fiel, so wie er sie sich hineinsteckte auch gleich wieder heraus und landete auf dem Erdboden. Schnell bückte sich Sobowsky und unternahm einen neuen Anlauf, der jedoch nicht minder in die Hosen ging. Beate lachte und dieses Lachen schien Sobowsky das schönste Lachen zu sein, das er je gehört hatte. Also rauchte nur Beate, sie kamen ins Gespräch, und Sobowskys Herz hüpfte vor Freude, als sie von sich aus zu ihrer Liebe zum Blues zu sprechen begann. Auch wenn ihre Unterhaltung an diesem Abend abrupt endete, da sie eine zornbebende Schwester wieder ins Klinikgebäude zurücktrieb, so war es doch der Auftakt einer wunderbaren gemeinsamen Zeit, die ihren Aufenthalt im Krankenhaus noch einige Monate überdauerte. Sie trafen sich nun häufig, Sobowsky war bis über beide Ohren verliebt, nur Beate wollte das anscheinend nicht bemerken. Für sie schien er nur ein prima Kumpel zu sein. Sie unterhielten sich stundenlang über Musik, bescheuerte Lehrer und über ihre Zukunft nach der Schule. Sobowsky hatte gelernt zu rauchen und sie hatte ihm gezeigt, wie man am besten Zigaretten klaut, ohne erwischt zu werden. Oft saßen sie am Abend in einem Bushäuschen und tranken Bier. Aber immer, wenn Jochen anfing vorsichtig über seine Gefühle zu ihr zu sprechen, wich sie geschickt aus und wechselte gekonnt das Thema. Dann kamen auch schon die Sommerferien und sie hatte nun deutlich weniger Zeit für ihn. Stattdessen ging sie lieber mit ihren Freundinnen baden, während er sich zu Hause den Kopf zermarterte, wie er sie wohl am besten erobern könnte, bevor sie genauso schnell aus seinem Leben verschwand, wie sie gekommen war. Ein Plan musste her und als er in der Zeitung las, dass nur fünfzig Kilometer von ihnen entfernt, in einer etwas größeren Stadt ein Blueskonzert stattfinden sollte, war seine Entscheidung gefallen. Aufgeregt stieg er auf sein Fahrrad, um zu ihr zu radeln. Das hatte er bis zu diesem Zeitpunkt noch nie getan, da sie sich immer an anderen Orten getroffen hatten. Er klingelte, doch aus dem Fenster schaute nur Beates Mutter mürrisch auf ihn herab.

„Was ist?“

„Ist Beate da?“

„Warum willst du das wissen?“

„Ich will sie was fragen.“

Statt einer Antwort schloss sich das Fenster wieder und minutenlang tat

sich gar nichts mehr. Unschlüssig wartete er, steckte sich eine Kippe an, und als sie aufgeraucht war, fasste er neuen Mut. Erneut betätigte er den Klingelknopf, und als sich nichts rührte, wurde er energischer.
„Ich klingele jetzt so lange, bis sie wieder aufmachen.“ dachte er bei sich und tatsächlich - es funktionierte. Allerdings ließ sich jetzt Beates Vater sehen.
„Bist du nicht bei Trost?“ brüllte er Sobowsky an.
„Entschuldigen Sie, aber ihre Frau wollte nicht mit mir sprechen, obwohl ich sie ganz höflich was gefragt habe.“
„Wenn sie nicht mit dir sprechen will, heißt das, dass du dich verziehen sollst.“
„Wieso denn? Ist doch nicht verboten hier zu stehen. Vielleicht wissen sie ja, ob Beate da ist?“
„Hör mal, kann ja sein, dass sie da ist, aber nicht für solche wie dich.“
„Hat sie das gesagt?“
„Du verpfeifst dich jetzt, ich guck in fünf Minuten noch mal raus, und wenn du dann noch da bist, komm ich runter.“
„Und dann?“
„Dann kannst du was erleben.“
Das Fenster schloss sich wieder geräuschvoll. Zurück blieb ein ratloser Sobowsky. Er setzte sich auf den Fahrradständer neben dem Hauseingang und rauchte noch eine. Beates Vater hatte nur geblufft, die Minuten vergingen, ohne dass er sich wieder blicken ließ. Stattdessen sah er von weitem ein Mädchen heran schlendern. Sein Herz hüpfte vor Freude. Schnell sprang er auf sein Rad und jagte ihr entgegen.
„Hallo Beate, ich war grad bei dir.“
„Bei mir? Bist du verrückt geworden. Meine Alten wären durchgedreht, wenn sie dich gesehen hätten. Die haben überhaupt keinen Humor und sind total spießig.“
„Hab ich schon gemerkt. Ich will dir unbedingt was erzählen. Vielleicht sollten wir uns noch ein Stück verdrücken, damit sie uns vom Fenster aus nicht zusammen sehen können.“
“Auf jeden Fall, fahr schon mal vor, ich komme unauffällig nach.“
Als sie sich an einem Spielplatz niederließen, konnte Sobowky kaum noch an sich halten.
„In Forst spielt Sonnabend eine Bluesband, wollen wir zusammen hin-

fahren?“

„Das erlauben meine Alten nie. Ich darf schon zu Hause unsere Musik nicht mehr hören, die denken, ich komme davon total unter die Räder. Und Abend alleine wegfahren, zu einem Bluesknozert, nee, das kann ich voll vergessen.“

„Kannst du dir nicht was ausdenken?“

„Hm, heut ist ja erst Montag, vielleicht fällt uns ja noch was ein.“

Und tatsächlich, es gelang Beate, ihre Eltern zu überzeugen, dass sie bei einer Freundin übernachten dürfe, deren Eltern Lehrer und somit unverdächtig waren, auf Beate negativen Einfluss auszuüben. Die Freundin wurde in den Plan eingeweiht, und zu der Zeit, als sie mit Beate eigentlich bei ihren Eltern eintreffen sollte, tauchte sie allein auf, eröffnete ihnen, dass sie sich mit Beate gestritten hätte, und sich die Sache mit der Übernachtung daher erledigt habe. Die Lehrer nahmen dies ohne Misstrauen zur Kenntnis und stellten keine weiteren Fragen. Stattdessen trafen sich Jochen und Beate auf dem Bahnhof der Stadt, wo sich bereits zahlreiche andere Langhaarige eingefunden hatten. Sobowsky war glücklich, heute würde er ihr Herz gewinnen. Dass sie mit ihm wegfuhr war schließlich der Beweis, dass er eine Chance hatte. Kurz nach ihnen traf auch Manni ein. In der einen Hand hielt er einen Kassettenrecorder, aus dessen kleinen Boxen Musik erklang, in der anderen eine Flasche mit weißem Schnaps.

„Eh, Jochen, du hier? Hättest doch Bescheid sagen können, dass du auch fährst. Na auf jeden Fall freue ich mich, dass ich nicht allein bin. Wer ist sie denn?“

„Das ist Beate, die steht auch voll auf Blues.“

„Klasse, da sind wir ja schon drei. Wollt ihr nicht erst mal einen Schluck trinken?“

Er hielt ihnen seine Flasche hin, und sie zierten sich beide nicht, einen ordentlichen Hieb zu nehmen. Bald waren sie in ein angeregtes Gespräch verwickelt, so dass sie kaum merkten, wie lange sie eigentlich auf dem Bahnsteig sitzend noch auf den Zug warteten. Mit Freude sahen sie, wie viele Gleichgesinnte es in ihrer Stadt gab, denn nach und nach fanden sich noch etliche weitere junge Leute ein, die eindeutig das selbe Ziel haben mussten, wie man an ihrem Aussehen unschwer erkennen konnte. Alle schienen gut gelaunt und trinkfreudig. Als der Zug den Bahnhof erreichte, waren es ihrer sicher fünfundzwanzig und Sobowsky fühlte sich als ein glücklicher Teil dieser Gemeinschaft. Wie ein Indianerstamm kamen sie ihm vor, alle mit demselben Ehrencodex und mit derselben Tracht ausgestattet, auch wenn diese nicht aus dem Leder wilder Tiere und Mokassinschuhen bestand, sondern aus Jeans und Römerlatschen. Die Zugfahrt wurde zu einem fröhlichen Fest. An jedem Bahnhof stiegen weitere Bluesenthusiasten zu und vergrößerten ihre Familie. Manni war mit seinem Recorder der Mittelpunkt und viele von ihnen tanzten, beschwingt durch bereits reichlich genossenen Alkohol, fröhlich durchs Abteil. Die Luft nahm durch das Rauchen unzähliger Karozigaretten innerhalb kürzester Zeit einen äußerst ungesunden Zustand an. Zusammen mit den Ausdünstungen des reichlich kursierenden Fusels bildete er die Geruchsmischung, die Sobowsky in den nächsten Jahren immer wieder begleiten sollte, und die er an diesen Nachmittag im Bummelzug nach Forst lieben lernte. Die Insassen des Abteils, die ihren Geschmack nicht teilten, flüchteten einer nach dem Anderen in einen anderen Wagon des Zuges, und jeder Vertriebene wurde von ihnen frenetisch gefeiert. Lediglich ein Herr in einem Anzug versuchte sich zu wehren, wurde laut und bat sich Ruhe aus. Als er verlacht wurde, versuchte er Manni den Recorder zu entreißen. Dabei wurde er von ein paar Tanzenden umgerissen und verließ daraufhin ebenfalls das Abteil, allerdings nur, um Minuten später mit dem Schaffner wiederzukommen. Der sah sich jedoch außerstande, der Lage Herr zu werden, und vertröstete den Wutentbrannten, auf den baldigen Ausstieg der fröhlichen Truppe. Und tatsächlich, nach ungefähr einer Stunde hatten sie ihren Zielort erreicht. Sie verließen den Zug und strömten in die Stadt. Da zwischen ihrer Ankunft und dem Beginn des Konzerts noch fast drei Stunden lagen, löste sich ihre Party erst einmal auf. Ein Teil von ihnen blieb gleich in der Mitropa-Gaststätte hängen, ein paar andere kamen eine Kneipe weiter. Sobowsky und Beate, die vom reichlichen ungewohntem Schnapskonsum und dem eben Erlebten völlig durcheinander waren, ließen sich auf einer Bank an einem Springbrunnen nieder, während Manni mit einer anderen Truppe weiterzog.

„Eh, bis später, wir sehen uns beim Konzert! Macht nicht schlapp!“ rief er ihnen noch zu, dann war er weg. Sobowsky war hundeübel, am liebsten hätte er gleich in den Springbrunnen gekotzt, aber Beates Anwesenheit ließ ihn sich zusammenreißen und alles, was ihm in den Rachen stieg, tapfer wieder hinunterschlucken. Er saß einfach da, den Kopf in den Nacken gelegt und stöhnte von Zeit zu Zeit, wenn es ihm besonders unwohl wurde.

„Du, Jochen, geht's dir nicht gut? Wollen wir lieber wieder nach Hause fahren?"

Sobowsky fuhr hoch. Nach Hause? Wo es doch gerade so schön gewesen war? Und das war doch erst die Anreise! Was würde erst beim Konzert passieren! Wollte Beate etwa Verrat üben?

„Nein! Auf keinen Fall! Lass mich einfach noch ein paar Minuten ausruhen, dann geht's schon wieder."

„Okay, ich dachte ja nur, dass ich dir einen Gefallen tue."

Geraume Zeit verging, dann spürte er auf einmal eine Verbesserung seines Zustandes. Er stand auf.

„Komm, wir sollten jetzt langsam das Kulturhaus suchen."

Sie brachen auf, hefteten sich an die Fersen von ein paar Langhaarigen und gelangten so problemlos an den Veranstaltungsort. Allerdings hatte dieser noch geschlossen, und so kehrten sie in eine Gaststätte in dessen unmittelbarer Umgebung ein. Dort war die Hölle los. Über fünfzig Blueser hatten sich eingefunden und feierten das bevorstehende Konzert. Am Stammtisch saßen irritiert ein paar alte Männer, die das Ganze nicht verstanden. Wie im Zug war die Luft so beschaffen, dass die Augen nichts anderes tun konnten, als zu tränen. Der Krach war enorm, man konnte kein einzelnes Wort verstehen. Oder doch?

„Eh, Jochen, gut dass du kommst, wir brauchen noch jemanden zum Doppelkopf."

Manni winkte ihm aufgeregt zu. Doch da regte sich Widerspruch von Beates Seite:

„Nein Jochen, das ist mir hier zu laut und zu stinkig. Komm, wir warten draußen."

„Aber das ist doch total schön hier. Lass mich doch ein bisschen mitspielen, da vergeht die Zeit schneller. Guck mal, da ist noch ein Platz am Tisch frei, du setzt dich einfach daneben und guckst ein bisschen zu."

„Aber ich will nicht, ich wäre lieber noch ein bisschen an der frischen Luft."

„Okay, dann treffen wir uns nachher am Einlass. Dauert ja nicht mehr lange.“

Er gesellte sich zu Manni und den zwei anderen und begann, mit ihnen Karten zu spielen. Beate, die erst einmal ihre Worte wahr gemacht und nach draußen gegangen war, kehrte nach ein paar Minuten zu ihnen zurück und setzte sich gelangweilt neben sie, um verständnislos ihrem Spiel zu folgen. Irgendwann kam es zum allgemeinen Aufbruch, es wurde bezahlt und die Kneipe leerte sich, während sich im gleichen Maße die Schlange am Einlass des Kulturhauses verlängerte. Auch Manni, Sobowsky und Beate reihten sich ein und landeten schließlich in einem gedielten Saal, mit einer großen Fläche zum Tanzen. Rings um diese Fläche standen Tische, an denen die Blueser Platz nahmen. Man sah die Kellnerinnen geschäftig mit Biertrommeln durch den Saal flitzen, um allen durstigen Kehlen rechtzeitig Linderung zu verschaffen. Währenddessen spielten sich die einzelnen Musiker der Band warm. Als der Schlagzeuger sein Instrument prüfte, und ein paar Solis zelebrierte, tanzte der siebzigjährige Hausmeister ganz allein auf der riesigen Tanzfläche, was die anwesenden Gäste zu wahrer Begeisterung und frenetischem Applaus hinriss.

„So will ich auch mal werden. In dem Alter noch wissen, worauf es ankommt.“ rief Sobowsky Beate zu.

„Hoffentlich geht's bald los, ich bin schon etwas müde.“ antwortete sie.

Tja und dann war es irgendwann soweit. Die Band betrat die Bühne und schon nach dem zweiten Lied war die Tanzfläche gut gefüllt. Mittendrin Sobowsky, Beate und Manni. Schnell hatte Jochen alles um sich herum vergessen, seine Gliedmaßen zuckten rhythmisch, völlig losgelöst von seinem Willen.

„Dafür braucht man keine bescheuerte Tanzschule.“ dachte er bei sich und ergab sich vollständig der Musik. Nachdem die Band ungefähr zehn Lieder dargeboten hatte, war erst einmal unverhofft Schluss.

„Bierpause!“ verkündete der Sänger und sie verschwanden wieder.

Die meisten Gäste setzten sich und die Kellnerinnen brachten wieder die Biere an die Tische.

„Du Jochen, ich muss mal.“ sagte Beate.

„Ich auch, ich komme gleich mal mit.“

Gemeinsam gingen sie zum WC. Schlecht für Beate, dass sich vor dem

Damenklo eine recht lange Schlange gebildet hatte. Als Sobowsky, bereits fertig uriniert und gewaschen, wieder aus der Toilette trat, hatte sich Beates Situation kaum verbessert.
„Ich warte drinnen auf dich." rief er ihr zu und ging wieder zu Manni, der bereits für jeden einen halben Liter Bier bezahlt hatte. Schon war die Band wieder zu sehen, die an ihren Instrumenten zupfte.
„Trink schnell aus, es geht weiter!" forderte Manni Sobowsky auf und beide stürzten ihr Bier hinunter, als gelte es, einen Weltrekord aufzustellen. Wieder tanzten sie, bis sich die Band eine weitere Pause einforderte. Wieder vergaß Sobowsky die Welt um sich herum vollständig. Glückshormone durchströmten seinen ganzen Körper. Er wusste, dass er seinen Lebenssinn gefunden hatte. Als sie zu ihren Plätzen zurückkehrten, holte ihn allerdings die Wirklichkeit ein. Denn dort, auf ihrem Platz, saß Beate und schaute recht verdrossen drein.
„Jochen, das kotzt mich an hier. Seit dein Kumpel dabei ist, scheine ich dich ja nicht mehr zu interessieren. Du säufst mit ihm, du spielst mit ihm Karten und jetzt tanzt du auch noch mit ihm. Und mich vergisst du dabei völlig! Du hast gesagt, dass wir beide zum Konzert fahren wollen. Außerdem ist es viel zu laut und es stinkt. Von den Toiletten will ich gar nicht reden. Erst steh ich ewig an, und dann ist alles vollgepisst und stinkt nach Kotze. So habe ich mir das nicht vorgestellt!"
Sobowsky musste ihr Recht geben. Irgendwie hatte er in seiner Euphorie ganz vergessen, dass er sie heute Abend erobern wollte.
„Entschuldige bitte," sagte er, „die nächste Runde bin ich nur für dich da."
Er legte seinen Arm um ihre Schulter und sie ließ ihn nicht nur gewähren, sondern rückte so nah sie konnte, an ihn heran. Ihre Körper berührten sich und überglücklich wähnte sich Sobowsky am Ziel all seiner Wünsche. Nicht nur dieses fantastische Konzert war ihm heute vergönnt, nein auch seine Traumfrau schien gewonnen. Die nächste Tanzrunde ließen sie aus und schickten Manni alleine nach vorn. Stattdessen lauschten sie wortlos, einander umschlungen haltend, der Musik. Das Gefühl, dieses Mädchen zu spüren, war Sobowsky noch wichtiger, als der Rausch auf der Tanzfläche und sie saßen gewiss eine Stunde so beieinander, bis sich Jochen, vom Harndrang getrieben, erhob und zum Pinkeln verschwand.

Als er wiederkam, war Beate verschwunden, aber Manni stand am Tisch und beruhigte ihn:
„Mach dir keine Sorgen, Jochen, die musste auch mal. Komm, trink erst mal einen Schnaps mit mir. Dauert sowieso noch ´ne Weile, bis sie wiederkommt. Bloß gut, dass wir keine Weiber sind, das würde mich total ankotzen, ständig anzustehen, nur weil ich mal muss.“
Sie tranken den Schnaps und noch einen Schluck Bier. Jochen spürte, dass er die Welt um sich herum wie durch einen Schleier wahrnahm.
„Komm, lass uns tanzen, solange sie noch nicht wieder hier ist.“ sagte Manni und Sobowsky folgte ihm. Der Alkohol und die Musik machten ihm ordentlich zu schaffen. Mühsam hielt er sich auf den Beinen, ein merkwürdiger Zustand hatte ihn erfasst. Es kam ihm vor, als ob er sich selbst von außerhalb betrachtete, während sein Körper ein Eigenleben zu führen schien und ohne Erlaubnis wie besessen tanzte. Als er zu glauben begann, dass er jeden Moment vor Erschöpfung und zu viel Sauferei umfallen würde und doch nicht aufhören konnte, legte die Band ihre nächste Pause ein. Völlig kaputt, von Übelkeit und drehenden Bildern geplagt, setzte er sich nieder. Noch bevor er bemerken konnte, dass Beate noch immer nicht zurück war, schlief er völlig erledigt, den Kopf auf den Tisch gelegt, ein. Er erwachte, als ihn Manni rüttelte.
„Eh Jochen, Feierabend, du hast lange genug geschlafen. Die gehen alle, und wir müssen mit, wenn wir den Zug schaffen wollen.“
„Wie, ist das Konzert schon zu Ende? Wo ist Beate?“
Obwohl sich Jochen wie zerschlagen fühlte, und es ihm schwer fiel, die Augen offen zu halten, war sie doch sein erster Gedanke.
„Beate? Weiß ich nicht. Die ist hier nicht wieder aufgetaucht, seit sie pinkeln gegangen ist.“
„Was?“ Sobowsky sprang auf. „Der ist was passiert!“
„Quatsch, was soll denn hier passieren? Wir suchen sie, okay?“
„Okay.“

Wieder seufzte Sobowsky. Es tat ihm bis heute leid, was passiert war. Beate, die es vermeiden wollte, wieder an der Damentoilette anzustehen, hatte, vom ungewohnt reichlichen Biergenuss beflügelt, beschlossen, ihr kleines Geschäft außerhalb des Kulturhauses zu verrichten. Sie verließ das Gebäude, um eine geeignete Stelle dafür zu finden. Dabei stürzte sie jedoch in eine schlecht gesicherte und unbeleuchtete Baugrube. Als sie die Grube wieder verlassen wollte, spürte sie einen heftigen Schmerz in ihrem rechten Bein. Es war gebrochen, und machte es ihr unmöglich, die Grube wieder zu verlassen. Sie wartete, dass ihr Jochen zu Hilfe kommen würde, doch nichts geschah. Sie wusste ja nicht, dass er friedlich an seinem Tisch eingeschlafen war. Die Zeit verging und mit jeder Minute verfluchte sie Jochen mehr. Sie war sich sicher, dass er tanzen würde und sie einfach vergessen hatte. Dann verfluchte sie sich, dass sie sich auf diesen Ausflug eingelassen hatte. Als nach mehr als drei Stunden Sobowsky zusammen mit Manni und dem Wirt, der eine Taschenlampen in den Händen hielt, auftauchte, konnte sie ihre Wut nicht mehr verbergen und sie plärrte ihm wahllos hysterische Schimpfwörterkanonaden entgegen. Ihr Ausflug endete im Krankenhaus, und ihre Eltern drehten durch, als sie von dem Betrug erfuhren. Manni und Sobowsky übernachteten, da sie ihren Zug verpassten, auf dem Bahnhof. Auch ihre Eltern tobten vor Aufregung, da sie nicht wussten, wo ihre Jungs abgeblieben waren. Das Schlimmste aber war, dass Beate danach nichts mehr von ihm wissen wollte. Nichts konnte sie zu einer Versöhnung bringen, nie konnte ihr Sobowsky erklären, dass er sie nicht vergessen hatte, dass es ihm einfach unmöglich gewesen war, ihr Verschwinden eher zu bemerken. Wenn sie sich zufällig einmal sahen, tat Beate, als sei er Luft für sie. Die Zeit verging, und nach ihrer Lehre zog sie fort. Sobowsky begann sich damit abzufinden, dass er sie für immer verloren hatte. Zehn Jahre später trafen sie sich zufällig an einer Bushaltestelle wieder. Offensichtlich war ihr Zorn verraucht, denn sie grüßte ihn, und bis sein Bus kam unterhielten sie sich miteinander. Er war entsetzt über die Veränderungen, die er an ihr bemerkte. Nicht nur, dass ihr Körper eine unförmige Gestalt angenommen hatte, nein auch ihre damals so wunderbaren, langen Haare trug sie jetzt kurz. Sie schwatzte einen Haufen spießiges Zeug, von ihrer Familie und ihrem Beruf und noch lange fragte er sich, welches Mysterium es sein mochte, das einen Menschen so zu verwandeln in der Lage war. Dieses Treffen war dennoch wichtig für ihn. Endlich hörte er auf, um sie zu trauern, denn die Beate, die er sich zurückgewünscht hätte, schien sich in Luft aufgelöst zu haben. Er fragte sich lediglich, ob er sie vor einem solchen Leben hätte bewahren können, wenn es mit ihnen etwas geworden wäre.

„Ja, Ghünti, so war das damals, aber jetzt muss ich los, zu meinen Eltern. Der Vater ist nicht mehr bei Trost, weißt du? Der muss bestimmt bald ins Heim, schade um ihn, er war doch eigentlich kein schlechter Kerl. Es würde zwar reichen, wenn ich später fahre, aber ich hau lieber jetzt schon ab, bevor Carola kommt, ich hab keinen Bock auf die. Vielleicht geh ich ja vorher noch mal ins Landskroneck. Machs gut, wir sehen uns."
Sobowsky erhob sich und verließ die Wohnung. Draußen herrschte noch immer leichter Frost und die Sonne schien. Da er Hunger und Durst verspürte nahm er tatsächlich erst mal den Weg durch das kleine Wäldchen und kehrte in die Kneipe ein, wo er ein Bier und eine Bockwurst bestellte. Er mochte diese Kombination und zusammen mit einer Zigarette machte sie sein Glück für den Moment perfekt. Die Minuten vergingen, und nach und nach setzten sich noch weitere Bekannte an seinen Tisch, für die es ebenfalls an der Zeit war, ihr erstes Glas zu leeren. Gesprochen wurde wie immer wenig, was sollten sie sich auch erzählen, verliefen doch ihre Tage meistenteils in einem einförmigen Gleichmaß und es gab selten etwas Neues zu berichten. Als die Kneipenuhr Nachmittag um vier anzeigte, machte sich Sobowsky auf den Weg. Er kehrte zu seinem Block zurück und holte Rosinante aus dem Keller. Als er den platten Reifen sah, erinnerte er sich, dass dies auch gestern schon so gewesen war. Doch diesmal suchte er, da er keine Eile hatte, in seinem Verschlag nach Flickzeug und reparierte den kaputten Schlauch. Die Arbeit ging ihm flott von der Hand, schließlich hatte er im Laufe der Jahre dieses Problem schon oft genug meistern müssen. Auf dem Weg zu seinen Eltern kam er abermals an jenem großen Zelt vorbei, das ihm schon in der letzten Nacht aufgefallen war. Heute sah er es schon von weitem, was wohl daran lag, das er sein Gesicht nicht nach unten beugen musste, um dem unangenehmen Regen zu entgehen.
„So ein großes Bierzelt habe ich hier ja noch nie gesehen." wunderte er sich, „Vor allem bei dem Wetter, wer soll denn da reingehen? Bei der Kälte bildet sich ja ´ne Eisschicht auf dem Glas. So ein Unfug!"
Doch als er näher kam, erkannte er ein Schild: „Das Zelt ist beheizt."
„Aha, die denken mit," freute er sich, „da werde ich auf dem Rückweg mal einen Abstecher machen."
Er fuhr weiter und erreichte bald den Block, in dem seine Eltern wohnten.

Er klingelte und durch die Wechselsprechanlage hörte er die Stimme seines Vaters:
„Wer ist da?“
„Ich bin´s, Jochen.“
„Wer?“
„Jochen!“
Der Apparat knackte, dann hörte er nichts mehr. Auch die Haustür ruckte nicht, alles blieb, wie es war.
„Ist der doof?“ fragte sich laut Sobowsky, um sich dann zu erinnern, dass er ja aus genau diesem Grund hier war. Er drückte erneut auf den Klingelknopf, worauf der Kopf seiner Mutter aus einem der Fenster herauslugte.
„Jochen! Warte, ich mach dir auf!“
Nachdem Sobowsky sein Fahrrad in den Keller geschleift hatte, um es vor Diebstahl zu sichern, eilte er die Treppenstufen hinauf, bis zu dieser Wohnungstür im zweiten Stock, hinter der seine Eltern lebten, seit dieser Block errichtet worden war. Die Tür stand offen und vor ihr wartete seine Mutter bereits auf ihn.
„Jochen, schön dass du da bist. Komm rein!“
„Na, der Vater will mich wohl nicht sehen, oder warum hat der nicht aufgemacht?“
„Ach, Jochen, der hat dich nicht verstanden. Weißt du, der fühlt sich auch oft verfolgt seit einiger Zeit. Da lässt er niemanden mehr rein.“
„Wie hältst du das denn noch aus?“
Im gleichen Moment bereute er es schon, diese Frage gestellt zu haben, denn seine Mutter brach daraufhin in Tränen aus.
„Ich halte es ja nicht mehr aus.“
Sie schob ihn in die Küche, von wo aus Sobowsky seinen Vater, im Sessel der Wohnstube sitzend, beim Fernsehgucken beobachten konnte.
„Soll ich ihm mal Hallo sagen?“ fragte er.
„Jetzt noch nicht, er hat heute keinen guten Tag. Im Moment weiß er überhaupt nicht richtig, wo er ist. Willst du was essen?“
„Nein danke, ich hab schon.“
„Quatsch, Carola hat dir doch nichts Vernünftiges gekocht, oder?“
„Nein, aber ich hab mir ne schöne Bockwurst gekauft.“
„Ne Bockwurst! Gütiger Himmel, das ist doch kein Essen. Ich hab noch

genug von Mittag übrig, das mach ich dir dann warm. Aber jetzt setz dich erst mal hin."
Sie schwatzte noch ein paar Minuten über die Bedeutung von richtiger Ernährung, um dann mit einer neuen Nachricht herauszurücken.
„Siegfried ist tot."
„Ach was? Der Arsch, da wird ja keiner böse sein, oder?"
„Wie redest du denn? Natürlich ist das tragisch, so plötzlich."
„Wieso plötzlich? Ich denk, der war totkrank?"
„Ja, schon, aber gestern ging´s ihm doch noch gut."
„Ja, ich erinnere mich. Dem ging es so gut, dass jetzt wahrscheinlich Silke nicht mehr leben würde, wenn er nicht verreckt wäre."
„Soll ich dir Bescheid sagen, wenn ich den Termin für die Beerdigung weiß?"
„Brauchst du nicht, ich komme sowieso nicht."
„Aber es gehört sich doch so, schließlich ist es unsere Verwandtschaft."
„Meine nicht. Wenn ihr wollt, könnt ihr ja heulen gehen. Ich zumindest freue mich, dass er tot ist."
Kopfschüttelnd versuchte sie ihn umzustimmen, um dann nahtlos den Bogen zu den gestrigen Ereignissen zu schlagen. Immer wieder beklagte sie sich unter heftigem Schluchzen über den völlig verkorksten Abend, nicht ohne Sobowsky einen erheblichen Teil der Schuld an dem Desaster zuzumessen. Während sie ihm das zugesagte Essen warm machte erging sie sich in zahlreichen Vorwürfen gegen ihn. Sie redete von Heide und Silke, von ihrem schweren Leben, und dass er sie gefälligst achten solle, dass sie völlig recht gehabt hätten, ihn wegen seiner Kleidung zu kritisieren, und dass er seinen guten Willen zur Versöhnung ruhig dadurch beweisen könnte, dass er zu Siegfrieds Beerdigung kommen würde.
„Und zieh dir vernünftige Sachen an, wenn du kommst. Ich kann dir gerne von Vater einen schwarzen Anzug leihen."
„Einen Anzug? Ich? Na hör mal Mutter! Außerdem sind die wegen Vater abgehauen."
„Ich weiß, wir haben auch schon telefoniert, und ich habe ihnen gesagt, wie es um ihn steht. Trotzdem wäre das nicht passiert, wenn du nicht so dreckig aufgetaucht wärst."
„Hm."

„Und ich erwarte, dass du deinen Bruder und seine Frau anrufst und dich entschuldigst."

„Hä? Wozu denn das? Die wollen doch sowieso nichts mit mir zu tun haben. Aber ich mach einen Kompromissvorschlag. Sag ihnen, dass ich es noch mal mit ihnen versuchen will, wenn sie sich bei m i r entschuldigen. Vor allem dieser blöden, arroganten Gans musst du klarmachen, dass sie aufhören soll, von oben auf mich herabzublicken."

In diesem Punkt blieb Sobowsky hart, die verzweifelten Appelle seiner Mutter ließen ihn kalt.

„Ich denk', du wolltest wegen Vater mit mir reden." versuchte Sobowsky das Gespräch wieder in andere Bahnen zu lenken.

„Ja, da hast du Recht. Ich schaff das einfach nicht mehr mit ihm. Du hast ja gestern gesehen, wie schlimm es mit ihm ist. Als er mich geschlagen hat, habe ich mich entschieden. Ich gebe ihn weg. Ihn zu pflegen geht über meine Kräfte und ist auch zu gefährlich. Deinen Bruder habe ich heute früh schon gefragt, ob sie ihn nehmen würden, aber sie wollen nicht. Das kann ich ja auch verstehen. Sie haben ja ihr eigenes Leben. Er hat gesagt, ich soll ihn ruhig ins Heim geben, und wenn du auch nichts dagegen hast, tue ich es."

„Ist es wirklich schon so schlimm, dass es nicht mehr anders geht? Ich geh jetzt erstmal rein und spreche mal mit ihm."

Sobowsky stand auf und betrat das Wohnzimmer, in dem sein Vater immer noch mit abwesender Mine auf den Bildschirm starrte, als ob er von dem, was sich da abspielte, nicht das Geringste verstehen würde.

„Grüß dich, Vater."

Der alte Mann sprang auf. Angst spiegelte sich in seinen Augen. Hinter dem Couchtischchen ging er in Deckung.

„Was wollen Sie?"

„Eh, ich bin es doch, Jochen, dein Sohn. Wie geht's dir, Vater?"

„Hauen Sie ab, sonst rufe ich die Polizei."

„Erkennst du mich wirklich nicht mehr?"

Sobowsky machte einen Schritt auf ihn zu. Der Vater versuchte jetzt vollständig unter dem Tischchen zu verschwinden und begann zu wimmern. Irritiert kehrte Jochen zu seiner Mutter in die Küche zurück.

„Alte Scheiße," sagte er „das geht ja überhaupt nicht mehr. Wieso hat er mich denn gestern gleich erkannt?"

„Es ist ja nicht immer so schlimm, aber ich hab dir doch gesagt, dass er heute keinen guten Tag hat. Die Feier gestern hat ihn noch mehr zurückgeworfen und ich glaub' jetzt geht es nur noch bergab."
„Na schön, von mir aus gib ihn weg, scheint ja wirklich keinen Sinn zu haben."
Das Essen war in der Zwischenzeit aufgewärmt. Sobowsky aß mit Appetit und gab zu, das es ihm doch besser als die Bockwurst schmeckte.
„Wenn Vater im Heim ist, und ich wieder etwas mehr Zeit habe, kannst du ruhig öfter mal zum Essen herkommen."
„Hm."
„Ich glaub', ich muss mich sowieso etwas mehr um dich kümmern. Nimm es mir mal nicht übel Junge, aber die Carola, die ist, glaube ich, nicht die beste Frau für dich."
„Hast du mal 'n Bier zum Essen?"
„Ich hol dir gleich eins aus dem Keller. Ich hab aber auch Mineralwasser, oder willst du vielleicht einen Tee?"
„Nee, komm dann einfach mit runter, wenn ich losfahre, dann trink ich es schnell aus, und lass die Flasche gleich da."
„Trinkst du nicht zu viel, Jochen?"
„Wieso?"
„Heide sagt, du bist Alkoholiker."
„Aha."
„Ich mach mir Sorgen, vielleicht hat sie ja Recht. Du warst schon so oft besoffen, seit du sechzehn warst. Trinkst du überhaupt etwas anderes als Bier?"
„Ja, Kaffee."
„Und sonst nichts?"
„Nein, Ich muss jetzt langsam wieder los."
Die Fragen waren Sobowsky unangenehm. Er musste dabei sofort an Manni denken, den er nur noch beim Schnapskaufen traf. Wieder kam bei ihm die Angst hoch, auch mal so zu enden. Und er spürte, dass seine Kraft nicht reichen würde, sich dem fordernden Arm des Alkohols, der ihn ganz für sich haben wollte, zu entwinden. Er drängte zum Aufbruch, und um weiteren störenden Fragen zu entgehen, trank er nicht wie geplant die Bierflasche vor den Augen seiner Mutter aus, sondern nahm sie mit, um dann wenige Blöcke weiter stehen zu bleiben, wo er

sie ungestört leeren konnte. Leicht wütend über seine Schwachheit warf er sie, als sie alle war, gegen die Wand einer graffitibeschmierten Durchfahrt. Sich nicht um die Scherben kümmernd, die er hinterließ, radelte er gedankenverloren wieder los, erst stutzend, als das große Zelt abermals in sein Sichtfeld geriet. Ein daneben liegender Parkplatz füllte sich vor seinen Augen zusehends mit Autos und eilfertige Männer und Frauen mit gelben Warnwesten bemühten sich, Ordnung in das Durcheinander zu bringen. Aber auch zahlreiche Fußgänger strömten in das Zeltinnere, an dessen Eingang Leute irgendwelche Zettel verteilten. Sobowsky hielt an und betrachtete das Treiben einige Zeit lang interessiert, ohne sich jedoch einen Reim darauf machen zu können. Ein Ordner, der ihn bemerkte, sprach ihn an:

„Gehen Sie ruhig rein, es ist für jeden gedacht."

„Na logisch, Geld wollen doch alle verdienen."

„Sie brauchen nichts zu bezahlen, das ist bei anderen vielleicht so, aber nicht bei uns."

„Freibier? Nicht schlecht. Aber wo kann ich mein Fahrrad lassen? Ich kann es nämlich nicht anschließen."

„Wir passen auf es auf, machen Sie sich nur keine Sorgen. Wenn die Veranstaltung zu Ende ist, können Sie es hier bei mir wieder abholen."

„Danke, das ist ja wie im Schlaraffenland. Gibt es auch was zu Essen?"

„Nein, sie bekommen drinnen etwas, was mehr wert ist, als Essen und Trinken."

„Ah?!"

Sobowsky gab Rosinante in die Obhut des Ordners und trat ins Zelt. Er blickte auf eine Bühne, auf der einige Stühle und ein Rednerpult angeordnet waren und über der ein riesiges Spruchband prangte.

„Jesus liebt dich." las Sobowsky und wunderte sich:

„Komisch, der kennt mich doch gar nicht, ich hab ja bisher auch kaum was von ihm gehört."

Vor der Bühne standen hintereinander einige Stuhlreihen über die gesamte Länge des Zeltes verteilt, welche zum Großteil bereits mit Menschen besetzt waren. An der Außenwand stand Beschallungstechnik, wie sie Sobowsky von Konzerten kannte. Diese Technik, zusammen mit der Bühne, verblüffte ihn noch mehr. Was fand hier statt?

„Setzen Sie sich doch bitte!" sprach ihn ein dicklicher junger Mann an.

„Nein, danke, ich stehe lieber, wenn ich mich in Bierzelten aufhalte."
Der junge Mann blickte streng.
„Das ist kein Bierzelt."
„Ach nein? Was denn dann? Ich kann mir das irgendwie nicht erklären."
„Lassen Sie sich überraschen. Dieser Abend könnte ihr Leben verändern, wenn sie wollen. Aber jetzt setzen sie sich erst einmal hin, bitte."
„Okay, da bin ich aber wirklich gespannt. Kann ich denn hier wirklich nichts zu trinken bestellen?"
„Am Ende schenken wir Tee aus. Da können sie sich stärken und Fragen stellen."
Sobowsky war sich sicher, dass er dieses Angebot nicht annehmen würde. Er überlegte, ob er diesen eigenartigen Ort lieber gleich verlassen sollte, aber seine Neugier bewog ihn dann doch, zu bleiben.
„Mal sehen, was passiert." sprach er zu sich, „Gehen kann ich immer noch."
Er fläzte sich auf einen Sitz und wartete. Schnell wurden die noch freien Plätze belegt, dann riss der Strom der Besucher ab und das Zelt wurde geschlossen. Junge Menschen mit klassischen Instrumenten betraten die Bühne und ließen sich auf den sich dort befindlichen Stühlen nieder. Sogleich begannen sie, munter drauflos zu spielen, worauf schlagartig eine vollkommene Stille im gesamten Zelt eintrat. Zumindest fast vollkommen. Denn Sobowsky, der ein solch höfliches Verhalten der Zuschauer von seinen Konzerten nicht kannte, ließ just in diesem Moment die durch das etwas zu schnell getrunkene Bier reichlich in seinen Magen enthaltene Luft aus seinem Mund entweichen, wobei ein gut zu hörender, langgezogener, dumpfer Ton erklang. Er hatte es sich vor vielen Jahren angewöhnt, bei jeder günstigen Gelegenheit herzhaft aufzustoßen, um Magenprobleme zu vermeiden, und größere Menschenansammlungen waren durch ihre Geräuschkulisse normalerweise ein idealer Ort dafür, dies zu tun, ohne jemanden zu belästigen. Heute jedoch funktionierte das bewährte System nicht. Die plötzliche Stille im Publikum stellte Sobowsky bloß. Sein deftiger, dem Brüllen eines Schafbocks nicht unähnlicher, Rülpser konnte gar nicht überhört werden. Selbst ein wenig erschreckt, musste er die missbilligenden Blicke der um- und vor ihm sitzenden Zuhörer ertragen, die sich angewidert nach ihm umdrehten. Doch dieser

Augenblick verging und als sie sich wieder der Musik zuwandten, fühlte sich Sobowsky ungestört und begann seinen Gedanken nachzuhängen. Obwohl das, was auf der Bühne passierte, nicht seinen Geschmack traf, musste er doch zugeben, dass die Musizierenden durchaus Talent hatten und ihren Job gut machten. Und so war er auch nicht böse, als sie noch ein weiteres Stück anstimmten. Danach war aber erstmal Schluss und ein kleiner, fröhlicher Mann mit Brille betrat die Bühne. Er begrüßte die Anwesenden überschwänglich, beglückwünschte alle, dass sie gekommen waren und versprach einen großartigen Abend.

„Liebe Gäste!" rief er, „Unser Herr Jesus ist für jeden von uns gestorben, ohne Ansehen der Person, ja genau genommen kam er besonders zu denen, die wie wir heute sagen würden, sozial schwach waren. Die Gesunden brauchen keinen Arzt sagte unser Herr einmal. Und so ist es nur verständlich, dass er zu den Zöllnern, den Kranken, den Huren und den Säufern ging, um ihnen die frohe Botschaft zu bringen, dass es Rettung auch für sie gibt. Und deshalb lautet das Thema heute: Keine Sünde ist so groß, dass sie Jesus nicht für uns tragen könnte. Nach ein bisschen Musik kommt ein Mann zu ihnen auf die Bühne, der davon selbst berichten kann."

Während die Musikanten erneut begannen, ihre Instrumente zu bearbeiten, überlegte Sobowsky, was er von dieser Einleitung halten sollte. Es gefiel ihm, dass es einmal um die einfachen Leute gehen sollte, und nicht, wie im Fernsehen, immer nur um irgendwelche reichen Schönlinge, die man nie arbeiten, sondern stattdessen stets in Cafés sitzen und sich über schwachsinnige Nichtigkeiten unterhalten sah. Und Sympathie für Huren hatte er schon immer gehabt. Und Säufer? Vielleicht konnte ja dieser Jesus Manni helfen? Nur mit dem Wort Sünde konnte er nichts Rechtes anfangen. Aber das würde sich sicherlich noch aufklären. Die Musik verstummte und ein nicht mehr ganz junger Mann betrat die Bühne. Seine Haare waren bereits grau gefärbt, er ging ein bisschen gebeugt, und eine Brille, wohl noch aus Tagen der DDR, saß in seinem glatt rasierten Gesicht, das vor Aufregung rot leuchtete. Mindestens genauso alt wie die Brille war der Anzug, in dem er steckte, und es war offensichtlich, dass dieser Anzug einst für einen etwas größeren Menschen gefertigt wurde. Sobowsky kam der Mann gleich bekannt vor, nur konnte er sich nicht erinnern, woher. Das ging ihm allerdings oftmals so, zahlreiche Erinnerungen, besonders die aus Zeiten besonders häufiger Partys, mit entsprechend exzessivem Trinken, waren verloren gegangen. Es war ihm peinlich, wenn ihn Menschen auf frühere Zeiten ansprachen, und er sich beim besten Willen nicht mehr erinnern konnte, diese Menschen jemals gesehen zu haben. Nachdem man ihm ein Mikrofon in die Hand gedrückt hatte, begann der Mann auf der Bühne zu sprechen. Erst leise und etwas stockend, dann immer sicherer und lauter.

„Guten Abend. Ich bin heute hier, um ihnen zu erzählen, wie Jesus mein Leben verändert hat. In meiner Kindheit hatte ich es nicht leicht. Meine Eltern ließen sich scheiden, als ich noch ganz klein war, und meine Mutter zog mich und meinen Bruder alleine auf. Genau genommen wuchsen wir auch ohne Mutter auf. Sie kümmerte sich nämlich nicht um uns, trieb sich ständig mit anderen Männern rum und trank sehr viel. Ich glaube, wir waren ihr im Weg, das zeigte sie uns auch sehr gern, und schlug uns oft windelweich. Wir hassten sie, und mit sechzehn zog ich mit noch zwei Kumpels in die Wohnung von einem homosexuellen Mann, der sich gern mit jungen Männern umgab. Das war auch nicht einfach, schließlich wollte er bestimmte Gegenleistungen für seine Gastfreundschaft, aber es war besser als zu Hause. Er zeigte uns auch, wie man Alkohol trinkt, und tatsächlich, mit einem Male ging vieles besser. Selbst das mit ihm zusammen sein war erträglich, wenn man genügend Schnaps getrunken hatte. Bald trank ich schon nach dem Aufstehen, ich war ja erst sechzehn, als ich bei ihm einzog, und mein Körper gewöhnte sich sehr schnell an das Zeug. Mit zwanzig war ich schon totaler Alkoholiker. Da trank ich schon eine Flasche Weißen jeden Tag und fast einen Kasten Bier. Nach der Lehre, die ich gerade so schaffte, hatte ich einfach keine Lust und keine Kraft mehr, arbeiten zu gehen. Ich wurde, wie man schon damals sagte, Assi. Ich bekam ein paar Mark am Tag vom Staat, aber das reichte nur zur Not. Um meine Finanzen ein bisschen aufzubessern, verkaufte ich heimlich auf Konzerten Anstecknadeln, Aufnäher und Kassetten von beliebten Bands, die ich mir in Polen besorgte.“

Jetzt fiel es Sobowsky wie Schuppen von den Augen. Natürlich - das war Homo- Raik, der bis 1989, als die Grenze zu Polen geschlossen wurde, von keinem Konzert der näheren Umgebung wegzudenken gewesen war. Immer saß er in der Nähe des Eingangs, mit einem Sortiment Fanartikel miesester Qualität ausgestattet, und auch Sobowsky hatte ihm mangels einer Alternative so manche Mark überlassen, um sich stattdessen bunte Sticker seiner Lieblingsbands an die Jeansweste zu heften. Mit plötzlich aufwallendem Grimm dachte er an die miserable Qualität so mancher teuer erworbenen Musikkassette, auf der sich mitunter nicht einmal die versprochene Musik befand, sondern irgendwelche Volksmusikschnulzen. Reklamationen hatte Raik stets kategorisch abgelehnt, mit dem Hinweis, dass er für den Inhalt seiner Kassetten nichts könne. Empört, als sei es erst gestern gewesen, sprang Sobowsky auf.

„Eh, Raik, du alte Fotze, kennst du mich noch?" schrie er dem Mann auf der Bühne entgegen.

Dieser blickte ihn konzentriert an und erwiderte:

„Ja, Jochen, ich kenne dich noch, und ich freue mich, dass du heute hier bist. Auch dir kann geholfen werden. Aber ich würde gern weitererzählen, wir können ja im Anschluss miteinander reden. Einverstanden?"

„Mhm." murrte Sobowsky, aber als ihn auch noch ein Ordner um Ruhe bat, schickte er sich, und lauschte weiter Raiks Geschichte.

„Nach der Wende brauchte meinen Krempel natürlich niemand mehr. Mein letzter Halt brach weg und 1992 versuchte ich, mein Leben zu beenden. In der Klinik traf ich auf eine junge Schwester, die mir vom Herrn Jesus erzählte, Ich machte eine Therapie, und kam vom Alkohol los. Ich besuchte diese Schwester nach der Therapie, um mehr von Jesus zu erfahren. Heute ist sie meine Frau, wir haben zwei Kinder zusammen, Mein Leben ist geordnet, ich gehe arbeiten, und der Herr Jesus ist unser Halt. Hätte ich ihn nicht kennengelernt, wäre ich heute mit Sicherheit tot, so bin ich ein glücklicher, geretteter Mensch. Ich möchte sie bitten, nutzen auch sie ihre Chance, ihr Leben völlig neu zu leben, egal, was sie getan haben, sie können mit seiner Hilfe neu anfangen, es wird ihnen nichts nachgetragen. Danke, dass sie mir zugehört haben."

Homo-Raik verließ unter Beifall die Bühne und der kleine, bebrillte Mann tauchte wieder auf.

„Danke, Raik, für diese traurige und doch so hoffnungsfroh stimmende Geschichte."

Und an das Publikum gewandt:

„Sie sehen, es ist für niemanden zu spät. Gott vergibt alle Sünden und schenkt einen Neuanfang für jeden, der sein altes Leben hinter sich lässt, seine Sünden bekennt und dankbar das Erlösungsgeschenk annimmt, das der Herr Jesus am Kreuz von Golgatha für uns gegeben hat. Niemand ist von diesem Geschenk ausgenommen, wie wir am Beispiel von Raik sehr gut sehen können. Wir Menschen hätten ihm wohl kaum noch eine Chance eingeräumt, der Herr Jesus schon. Von dieser Chance werden wir heute noch viel hören, wenn uns unser Prediger, der liebe Bruder Grünberger, die Geschichte des Matthäus vorstellen wird. Eines Mannes, der zum Abschaum der Gesellschaft gehörend, von Jesus gerufen wurde, und in seiner Nachfolge ein großer Diener unseres Herrn wurde. Doch bis dahin hören wir von unserem Chor, den sie nun schon von den vorangegangenen Abenden kennen, zwei Lieder. Viel Spaß!"

Chormusik! So etwas hasste Sobowsky, für ihn war das der Gipfel deutscher Unkultur. Seine Laune, die durch das unverhoffte Auftauchen von Homo-Raik und seiner langsam trocken werdenden Kehle ohnehin schon nicht mehr die beste war, verschlechterte sich noch einmal ein ganzes Stück.

„Ich glaub, ich muss hier langsam raus," murmelte er, „irgendetwas stimmt da nämlich nicht. Ich frage mich, was die mit dem blöden Raik gemacht haben. Das sieht mir irgendwie nach Gehirnwäsche aus. Andererseits geht es ihm offensichtlich deutlich besser als damals, zumindest vom Aussehen her. Und verheiratet ist er auch, da kann er ja eigentlich nicht schwul sein. Auf jeden Fall hat er sich besser entwickelt als Manni. Vielleicht ist das Ganze ja doch gar nicht so schlecht? Ach, dann warte ich eben noch ein bisschen und kneife meine Ohren zu, solange der Chor hier rumplärrt."

Tatsächlich hatte dieser inzwischen auf der Bühne Aufstellung bezogen, vorne ein paar Frauen in langen Röcken und bis zum Hals zugeknöpften Blusen, dahinter die Männer in schwarzen Anzügen und Krawatten.

„Müssen Sie auch gleich kotzen, wenn Sie solche Menschen auf der Bühne sehen?" wandte sich Sobowsky an den neben ihm Sitzenden. Dieser ignorierte allerdings diese Anfrage, und hielt es nicht einmal für nötig, Sobowsky sein Gesicht zuzuwenden.

„Eingebildeter Fatzke," dachte Sobowsky, während der Chor nun begann, seinen ersten Beitrag darzubieten. Er ließ seinen Blick über die Bühne schweifen, in der Erwartung unter den Singenden eventuell noch einen weiteren alten Bekannten wieder zu erkennen. Seine Vermutung erfüllte sich jedoch nicht. Stattdessen blieben seine Augen auf einer der singenden Damen haften. Sie war noch ein junges Mädchen, vielleicht achtzehn Jahre alt. Ein Teil ihrer langen, dunklen Haare erreichte beinahe ihren Po, der andere Teil wellte sich anmutig über ihre, wie kleine Hügel aus der Bluse herausragenden, Brüste. Ihre Augen lagen groß in ihrem Gesicht, und sahen, wie Sobowsky fand, aus wie Mandelplätzchen. Der Mund war eher klein, die Lippen schmal, das Näschen ein wenig spitz. Sobowsky war wie vom Donner gerührt. Es war ihm unmöglich, seinen Blick von diesem Mädchen zu wenden, und je mehr er sie anstarrte, um so mehr wurde ihm klar, dass sie seiner Beate wie aus dem Gesicht geschnitten war. Der einzige Unterschied, den er erkennen konnte, war ihre von einander verschiedene Haarfarbe.

„Das gibt es doch gar nicht." dachte er, „Ersteht sie hier wieder auf?"

Er beobachtete, wie sie während des Singens ihre Augen unruhig durchs Publikum schweifen ließ, so als suche sie jemanden. Immer wieder gingen ihre Blicke hin und her, bis sie offenbar in der vorletzten Reihe, in der auch Sobowsky saß, fündig wurde. Und plötzlich sahen sie einander direkt an. Beschämt schaute Sobowsky auf den Boden, doch als er seinen Kopf wieder hob, war ihr Blick immer noch da. Jetzt lächelte sie ihn an, und nickte ihm unmerklich zu. Er fühlte, wie jede Menge Blut in seinen Kopf schoss, und sein Herz zu rasen begann. Wieder senkte er den Kopf, und wieder schien sie ihn unverwandt im Blick zu behalten, als er wieder aufsah. Und ihr Lächeln dazu! Wieder einmal glaubte er, noch nie ein schöneres Lächeln gesehen zu haben. Ihre ganze Erscheinung erschien ihm mit einem Male wunderbar. Selbst die noch vor wenigen Minuten als so furchtbar empfundene Kleidung, wirkte nun auf ihn unglaublich anmutig, und er konnte sich für sie kein treffenderes Kleidungsstück vorstellen. Unsicher lächelte er zurück, ein wenig ängstlich, dass ihr das nicht gefallen könnte. Doch seine Sorge war unbegründet. Ihr freundliches Gesicht blieb ihm zugewandt. Sobowsky war glücklich. Es war ganz offensichtlich, dass dieses Mädchen sich für ihn interessierte. Eigenartige Dinge taten sich in seinem Bauch. Ein Kribbeln, wie er es von früher kannte, das er jedoch für immer verschwunden glaubte, und das ihm auch auf gar keinen Fall bei Carola untergekommen war. Wie eine verzauberte Fee stand sie dort oben auf der Bühne, so jung und schön und rein und sie lächelte ihm zu! Sollte jetzt sein Traum doch noch war werden, endlich die richtige Frau für den Rest seines Lebens zu finden? Sie könnte sofort bei ihm einziehen, Carola würde er gleich morgen rausschmeißen. Er würde ihr seine Kunstwerke zeigen, und sie würde sie zu schätzen wissen, da war er sicher. Und bestimmt war sie eine prima Damespielerin. Vielleicht würde er sogar noch Vater werden, mit einer solch wunderbaren Frau könnte er sich das auch noch vorstellen. Wenn Homo-Raik sein Glück hier gefunden hat, warum nicht auch er? Naja, Raik trank nichts mehr, aber ein bisschen könnte er sich ihr zu liebe auch noch einschränken. Und kochen konnte sie bestimmt auch, und gut riechen und reinlich sein. Das sah man ihr ja regelrecht an. Seine Mutter würde stolz sein, und sein Bruder und seine doofe Frau sich ärgern. Doch was war das? Warum verließ sie auf einmal die Bühne? Ach so, die zwei Lieder waren schon vorbei. Er sah noch, wie sie leicht die Hand zum Abschiedsgruß hob, dann verschwand sie mit den anderen aus seinem Gesichtsfeld. Vollständig verdattert blieb er zurück. War das eben ein Traum? Oder hatte ihm der Herr Jesus jetzt schon geholfen, seinen innigsten Wunsch zu erfüllen? Wie konnte er sie wiedersehen? Als der Bruder Grünberger hinter das Rednerpult trat, das ebenfalls auf der Bühne Platz gefunden hatte, war Sobowsky bereits klar, dass er morgen schon um ihrer Willen wieder hier sein würde. Grünberger, mit leicht angegrautem Seitenscheitel, unmodernem, braunen Anzug und strenger Krawatte hatte ganz das Auftreten eines Lehrers. Mit harter, fester Stimme begrüßte er die Anwesenden.

„Liebe interessierte Bürger, die Sie den Herrn Jesus kennen lernen wollen, liebe Geschwister, die Ihr bereits gerettet seid, ich heiße Euch herzlich willkommen zu unserer heutigen Betrachtung, die Euch den Ernst Eurer Entscheidung für den Herrn oder gegen den Herrn deutlich machen soll. Entscheiden wir uns für den Herrn Jesus werden wir nach unserem Tode in nicht enden wollender Herrlichkeit mit Ihm leben, entscheiden wir uns gegen ihn, ist die ewige Verdammnis mit entsetzlichen Qualen unsere Zukunft. Das muss uns klar sein, entweder für oder gegen ihn, es gibt kein Dazwischen und kein Ansehen der Person. Niemand wird das Himmelreich ererben, nur weil er hier auf Erden eine hohe Stellung einnimmt, und keinem wird es verwehrt werden, nur weil er hier als Verachteter und Außenseiter unserer Gesellschaft lebt. Jeder bekommt seine Chance, entweder er nutzt sie oder nicht."

Bei diesen Worten ließ er seinen Blick forschend durch das Zelt kreisen, bis er Sobowsky entdeckte. Dann ließ er seine Augen auf ihm ruhen und sprach weiter:

„Auch heute sind Menschen unter uns, die am Rande der Gesellschaft stehen, Menschen, die wir gern ausgrenzen würden, die uns fremd und unheimlich sind. Aber wir sollten uns freuen, dass sie heute ihren ersten Schritt in ein neues Leben gehen. Raik, den wir vorhin hier oben gesehen haben, war auch einer von denen, und heute sind Leute hier, die ihn sogar von früher kennen und sicher staunen, wie positiv er sich verändert hat. Und die sich fragen, was ist das für eine Kraft, die so etwas möglich macht. Die Antwort ist leicht - es ist der heilige Geist, der, wenn wir ihn erst empfangen haben, unser Leben rigoros verändern will. Und diesen heiligen Geist empfangen wir als Geschenk, wenn wir unser Leben dem Herrn Jesus übergeben. Zu allen Zeiten gab es das Unverständnis der Reichen und Gebildeten darüber, dass auch solchen Menschen der Himmel offensteht, und unser Herr musste sich schon zu seinen Lebzeiten harsche Kritik deswegen gefallen lassen."

Seine Augen verließen Sobowsky jetzt wieder und blickten stattdessen wieder ganz allgemein in die Runde. Normalerweise hätte sich Sobowsky daran gestört, vor allen Menschen so angestarrt zu werden, doch diesmal berührte es ihn nicht. Zu konfus waren seine Gedanken, die um das wunderbare Wesen kreisten, das ihm soeben noch zugelächelt hatte. War sie etwa die Frau von Homo-Raik? Wütend lehnte sich alles in ihm dagegen auf, allein die Vorstellung verursachte ihm Magenschmerzen. Oder war sie ein Engel, der ihm den richtigen Weg zeigen sollte? War er tatsächlich hier, um gerettet zu werden? Doch wozu? Er war ja schließlich ganz zufrieden mit seinem Leben. Ach ja, wenn er tot war, dann wäre es schon ganz schön, sich nicht gar so sehr rumquälen zu müssen. Andererseits ist man ja tot, wenn man tot ist. Oder etwa doch nicht? Seine Eltern und Lehrer hatten es zumindest immer so gesagt. Die werden sich doch nicht geirrt haben! Scheiß trockener Hals, ein Bier wäre jetzt schön. Aber wenn er jetzt gehen würde, um etwas zu trinken, könnte er eventuell einen weiteren Auftritt von ihr verpassen. Schöne Zwickmühle. Naja, vielleicht würde der da vorn ja nicht zu lange quatschen.

„Komm, mach hin und laber' nicht soviel, ich hab noch was vor!" rief er Grünberger zu, mitten in dessen theatralische Kunstpause hinein. Der blickte ihn streng an und antwortete:

„Ein wenig Geduld bitte, der heutige Abend kann ihr Leben entscheidend verändern, das sollten Sie nicht vergessen. Die Zeit die sie heute hier verbringen, ist gut investierte Zeit. Als Jesus zu den Zöllnern kam, haben die möglicherweise genauso gedacht wie sie. Und die Zöllner gehörten genau wie sie zum Abschaum der Gesellschaft. Aber Jesus ist gekommen, um sie zur Buße zu rufen und heut' kommt er in meiner Gestalt zu Ihnen, um ihnen das Evangelium zu verkünden und auch Ihnen zu sagen: Kehren Sie um, ändern Sie ihr Leben, waschen Sie sich, schneiden sie sich die Haare, ziehen Sie sich etwas Vernünftiges an, hören sie auf zu trinken, verlassen Sie ihren Bekanntenkreis und folgen sie stattdessen Jesus nach! Er gibt ihnen die Kraft dazu, wenn sie nur wollen! Treffen Sie sich anschließend mit Raik, Sie haben ja sein Angebot gehört. Er hat es geschafft, genau wie der Apostel Matthäus, um den es ja heute gehen soll."

„Aha, na dann erzählen sie mal!"

Eigentlich wollte Sobowsky gekränkt sein, denn dieser strenge Ton erinnerte ihn doch sehr an seine Mutter. Wie oft schon hatte sie ihm ähnliche Vorhaltungen gemacht! Noch bis vor ein paar Minuten war er stolz darauf gewesen, sein Aussehen stets unverändert gelassen zu haben, aber nun begannen Zweifel an ihm zu nagen. Da hatte schließlich vorhin dieses feenhafte Wesen auf der Bühne gestanden, das ihm zugelächelt und zugewinkt hatte, und das aus einer völlig anderen Welt, als der seinen kam. Er erkannte, dass sein Erscheinungsbild nicht zu dem ihren passte, und zum ersten Mal in seinem Leben war er bereit, sich für eine Frau zu verändern. Nicht das Geschwafel des Mannes auf der Bühne interessierte ihn, ihm würde er schon längst nicht mehr zuhören, aber dieses Mädchen nahm alle seine Sinne gefangen, ihr würde er nachfolgen, und wenn er dabei diesem Jesus begegnen würde, wäre es auch nicht so schlimm. Alles würde er in Kauf nehmen, wenn er nur morgens neben ihr aufwachen könnte, dieser lieblichen Kreatur, die sich so sehr von Carola unterschied.

Währenddessen malte Bruder Grünberger ein stimmungsvolles Bild von den Zuständen in der damaligen römischen Provinz Juda, von den gerissenen Zöllnern, die den armen Israeliten weit mehr Geld abverlangten, als ihnen zustand, wie sie in alkoholischen und sexuellen Ausschweifungen lebten und sich weder um den Kaiser noch um Gott scherten,

bis Jesus zu ihnen trat, und ihnen ihr schändliches Tun vor Augen führte. Nicht, dass daraufhin alle ihren Lebenswandel geändert hätten, nein, das natürlich nicht. Aber bei einigen von ihnen stieß er doch auf offene Ohren. Dieser Matthäus war einer dieser wenigen Herren, bei dem die göttlichen Worte einschlugen wie eine Bombe und der daraufhin spontan sein Zollhäuschen abschloss und sein Leben fortan mit Jesus teilte.
„Und dazu möchte ich auch Sie aufrufen, meine lieben Zuhörer!" rief Bruder Grünberger in die Runde, „Lassen auch sie ihr bisheriges sündiges Leben hinter sich und folgen Sie Jesus nach! Machen Sie ein großes Schloss an das Zollhaus Ihres bisherigen Lebens und werfen Sie den Schlüssel so weit weg, dass sie ihn niemals wiederfinden können. Denn eine Entscheidung für den Herrn Jesus ist unumkehrbar - mit allen Konsequenzen."
Der erstaunte Sobowsky erfuhr nun, worauf sich dieser Matthäus da eingelassen hatte. Statt mit seinen Kollegen wie bisher lustig in den Tag hinein zu leben, mit den Dirnen zu schäkern, den Reisenden möglichst viel Geld abzuknöpfen und abends ausgelassene Feste zu feiern, zog er mit noch elf anderen Auserwählten und ihrem Anführer Jesus durch die staubigen Lande, alles zu Fuß, um den Leuten klarzumachen, dass es auch für sie an der Zeit sei, sich zu bessern, und nicht länger auf einen ominösen Messias zu warten, der schon alles für sie regeln würde. Schließlich sollten sich ja in Jesus all ihre Hoffnungen erfüllen. Unglücklicherweise fanden die Leute ihre Botschaft nur am Anfang toll, aber schon nach kurzer Zeit hatten sie Jesus mitsamt seinen Wundertaten wieder vergessen und stimmten sogar begeistert seiner Hinrichtung zu. Für Matthäus und die anderen musste das ziemlich frustrierend gewesen sein. Zwei Jahre ihres Lebens geopfert, sich die Füße wund gelaufen, gehungert, gedürstet, gefroren, ausgelacht und bedroht - und nun hing Jesus als Verbrecher an einem Kreuz aus Holz.
„Schöner Anschiss." dachte Sobowsky, „aber wie kann man auch nur so blöde sein. Wenn man so einen schönen Job hat, schmeißt man den doch nicht einfach so hin, nur weil einer vorbeikommt und irgendetwas Schönes erzählt. Es steht doch auch laufend in der Zeitung, erst genau prüfen und dann entscheiden. Und wer gleich ´ne Unterschrift will, ist doch nicht seriös. Naja, wenigstens ist die Story jetzt zu Ende, ich weiß bloß nicht, wozu die jetzt gut war."

Tatsächlich hatte Grünberger nach der Schilderung des Todes am Kreuz eine düstere Pause eingelegt, aber zum Erstaunen von Sobowsky nahm die Geschichte dann noch einmal richtig Fahrt auf. Drei Tage lang wussten die frustrierten Jünger nichts mit sich anzufangen, hockten trübsinnig beisammen und verstanden die Welt nicht mehr. Doch dann der Überraschungscoup: Jesus hatte sein Grab verlassen und war wieder lebendig geworden. Vierzig weitere wunderbare Tage verbrachte er nun mit ihnen, bevor er endgültig zu seinem Vater in den Himmel entschwand und die weinenden Männer erneut allein zurückließ. Doch diesmal wussten sie genau, was zu tun war, Jesus hatte es ihnen erklärt.

„Darum geht nun zu allen Völkern der Welt und macht die Menschen zu meinen Jüngern! Tauft sie und lehrt sie, alles zu befolgen, was ich Euch aufgetragen habe!"

Das war der Befehl des auferstandenen Herrn an sie, und sie befolgten ihn. Sie trennten sich und gingen mutig los, um ihren Auftrag zu erfüllen. Die meisten kamen wohl kaum über die Landesgrenze, da wurden sie auch schon erschlagen, ersäuft, oder in kochendes Wasser getaucht. Auch Matthäus teilte ihr Schicksal, wenngleich er es immerhin bis Äthiopien schaffte, bevor er auf einem Scheiterhaufen endete. Erst einem Mann namens Paulus gelang es, die frohe Kunde auch außerhalb Israels so richtig publik zu machen. Allerdings verlor dieser dabei ebenfalls sein Leben.

„Alle Apostel sind längst tot, und unzählige Männer und Frauen sind in seinem Namen gestorben, aber die frohe Botschaft von der Rettung für alle Menschen ist tatsächlich mittlerweile in die entlegensten Winkel unserer Erde gedrungen. Heute Abend kommt diese Botschaft nun zu ihnen. Nehmen Sie diese Botschaft an, folgen Sie Jesus, werfen Sie ihr altes Leben über Bord. Ihre Belohnung wird übergroß sein. Jesus verspricht ihnen unendliches Leben in unvorstellbar großer Freude und Herrlichkeit. Aber das gibt es nicht zum Nulltarif. Sie müssen Jesus im Glauben als ihren persönlichen Herren annehmen. Dann sind alle ihre Sünden, die ein Zusammenleben mit einem heiligen Gott unmöglich machen, vergeben. Nutzen Sie dieses Angebot! Beten Sie zu Jesus! Bitten Sie ihn um Vergebung ihrer Schuld! Wenn Sie sein Angebot annehmen wollen, dann können Sie jetzt zu mir auf die Bühne kommen. Dann können Sie hier vor all den Anwesenden ihr Leben dem Herrn Jesus übergeben.

Kommen Sie! Haben Sie keine Scheu! Ich warte auf Sie."
Die Lampen im Zelt verdunkelten sich, eilig erschienen wieder die Musikanten mit ihren Instrumenten auf der Bühne und begannen eine leise, endlos scheinende Melodie zu spielen. Im Zelt herrschte angespannte Stille. Würde jemand diesen Schritt wagen, vor all den vielen Leuten? Sobowsky war sich sicher, dass Bruder Grünberger eine totale Blamage erleben musste. Wer sollte auch eine solche Geschichte ernst nehmen, die viel zu offensichtlich nach einem Märchen klang? Er stellte sich vor, wie es wäre, wenn er gemütlich an einem Abend im Landskroneck säße, und ein fremder Mann käme herein, der ihm sagen würde, dass eben dies falsch sei, er stattdessen seine Rechnung bezahlen und mit ihm kommen solle, um zukünftig ohne Bier und Frauen und ohne seine gemütliche Wohnung mit ihm wie ein Penner auf der Straße zu leben. Er sah es in Gedanken genau vor sich, wie sie sich alle vor Lachen biegen, und den Fremden dann, wenn er keine Ruhe gäbe, vor die Tür setzen würden. Leute wie Matthäus waren es doch, denen heutzutage jede Drückerkolonne irgendeinen Vertrag aufschwatzen könnte. Und was erzählte der da von einer Auferstehung nach drei Tagen? Entweder war er nun tot oder nicht! Wenn er sich auch nicht gern an seine Schulzeit erinnerte, so hatte er dort doch gelernt, das nach dem Tode alles vorbei ist, ein für alle mal. Das sollte der Grünberger, der mindestens genauso alt aussah wie er selbst, wenigstens auch wissen. Wieso erzählte er den Leuten dann solch einen Käse? Doch was war das? Mit einem Male erhob sich eine alte Dame und schritt würdig, aber mit gesenktem Haupt nach vorn. Sie stellte sich zu dem Prediger und gemeinsam warteten sie auf Nachahmer. Ihr Beispiel schien Schule zu machen, denn ein Mann mittleren Alters strebte nun nach vorn. Man sah ihm an, dass es das Leben nicht immer gut mit ihm gemeint hatte. Dann folgten zwei schick gekleidete Jugendliche, denen man eine spontane Bekehrung wohl kaum abnehmen konnte. Eher sahen sie aus, als ob sie von ihren Eltern den Auftrag dazu bekommen hätten. Nach einer etwas längeren Pause, in der die Musikanten schon aufzugeben schienen wollen, erhoben sich noch zwei Frauen, und gingen, ebenfalls gemeinsam, zur Bühne vor. Alle zusammen bildeten einen Kreis, und als klar war, dass niemand sonst mehr zu ihnen stoßen würde, gab Grünberger den Musikanten ein Zeichen, dass sie aufhören sollten. Er bat die im Zelt Sitzenden sich zu erheben, um mit

ihnen allen gemeinsam ein Dankgebet für die erretteten Neubekehrten an den Erlösergott zu richten. Widerwillig stand auch Sobowsky auf, er wollte ja nicht schon wieder unangenehm auffallen. Mittlerweile drückte ihm jedoch mächtig die Blase, und er hielt es für höchste Zeit, dass die Show hier ein Ende nahm. Unruhig wippte er leicht nach vorn und wieder zurück, um sich ein wenig von seinem Bedürfnis abzulenken. Währenddessen sprach Grünberger ungerührt ein langes Gebet. Er dankte Gott für den Abend, das Zelt, für die vielen Leute, für die Neubekehrten, dafür, dass es in Deutschland möglich sei, solche Veranstaltungen ohne Angst vor staatlicher Verfolgung abzuhalten, dann für die Gnadengabe am Kreuz von Golgatha, und für die Bibel, in der man alles Wichtige über Gott nachlesen könne. Als er danach eine kurze Pause einlegte, atmete Sobowsky auf, jedoch zu früh. Der Prediger hatte noch mehr auf dem Herzen. Nun begann er Gott um einige Dinge zu bitten. Er möge die Neubekehrten segnen, dass sie nun bis zum Tode im Glauben standhaft blieben, dass sie gute Gemeinden finden würden, in denen sie im Glauben wachsen könnten, dass das Zelt morgen Abend wieder genauso voll sein möge, und weitere Menschen den Schritt zu ihm auf die Bühne wagten und dass alle Anwesenden gut den Weg nach Hause fänden. Wieder holte er Luft, da platzte dem genervten Sobowsky der Kragen.

„Aufhören, jetzt!“ schrie er dem verdutzten Mann auf der Bühne entgegen. „Einmal muss doch Schluss sein!“

„Amen!“ sagte Grünberger, einen missbilligenden Blick auf Sobowsky richtend.

„Amen!“ sagte auch alle anderen Zeltbesucher und setzten sich wieder hin. Keiner von ihnen drehte seinen Kopf auch nur einen Zentimeter weit in Sobowskys Richtung. Es war, als hätte er nicht das Geringste von sich gegeben.

„Arschlöcher,“ brubbelte Sobowsky, „tun so, als ob man Luft wäre, die sollten sich mal ein Beispiel an ihrem Jesus nehmen, der hätte garantiert mit mir gesprochen.“

Er folgte dem Beispiel der Anderen nicht, sich hinzusetzen, keine Sekunde länger wollte er hier verweilen. Langsam und lässig bewegte er sich stattdessen Richtung Zeltausgang, Sein Blick zeigte den Ordnern und Tontechnikern deutlich, wie sehr er diesen hier versammelten Haufen verachtete. Unterdessen hatte Grünberger die Bühne verlassen und der kleine bebrillte Mann vom Anfang erschien erneut auf ihr. Er bedankte sich überschwänglich für die Worte des Lebens, die sie heute aus Grünbergers Mund vernommen hatten, lud sie alle für den morgigen Abend aufs Neue ein und kündigte ein Abschiedslied des Chores an. Des Chores? Hatte Sobowsky das eben richtig vernommen, eben als er den Zelteingang erreichte? Würde er die Chance haben, noch einmal dieses wunderbare, dunkelhaarige, liebliche Mädchen zu sehen, das ihm offensichtlich so sehr zugetan war? Der Harndrang war mit einem Male wie weggeblasen, auf der Stelle machte Sobowsky kehrt, und eilte zu seinem Stuhl zurück. Ob sie ihn wieder anlächeln würde, oder ob sie vielleicht sauer auf ihn sein würde, weil er sich Grünberger gegenüber nicht richtig verhalten hatte? Er war äußerst gespannt. Der Chor erschien, doch außer ihr nahm er niemand anderen wahr. Wie gebannt blickte er auf ihr Gesicht, voller Hoffnung, dass sie ihm ihr Lächeln wieder zeigen würde. Aber ihre Augen blickten nach unten. Keine Regung konnte er in ihrem süßen Gesicht erkennen. Doch dann, nach ungefähr einer Minute hob sie langsam ihren Kopf, ihr Blick ging in seine Richtung, und da war es wieder, ein scheues, aber deutlich erkennbares, freundliches Lächeln. Und ihre Augen, riesengroß und braun lachten freundlich mit. Sobowsky bekam eine Gänsehaut. Was war das nur für ein wunderbares Mädchen! Ganz genau konnte er spüren, dass sich in diesem Moment sein Leben veränderte. Von Nun an würde er ihr zu Füßen liegen, alles machen, was sie von ihm verlangte, wenn er sie nur besitzen könnte. Lebhaft stellte er sich vor, wie er des Morgens aufwachen, und sie neben sich liegen sehen würde. Sie wäre schon wach, sehnsüchtig seine Liebkosungen erwartend. Leidenschaftlich würden sie sich lieben und anschließend gemeinsam baden. Dann würde er auf dem Balkon eine rauchen gehen, und sie in der Zwischenzeit ein leckeres Frühstück bereiten. Carola würde er nicht einmal mehr grüßen. Scheiße, warum durfte der Chor jetzt nur dieses eine Lied singen? Abrupt verschwanden sie von der Bühne, die Menschen im Zelt erhoben sich, und mit einem Male schienen es alle sehr eilig zu haben, nach Hause zu kommen. Nicht so Sobowsky. Gedankenverloren saß er auf seinem Stuhl, und nahm von den Vorgängen um sich herum keine Notiz. Minuten vergingen. Ein Ordner trat an ihn heran und bat ihn freundlich nun ebenfalls zu gehen. Aus seinen Gedanken gerissen, spürte er plötzlich deutlich, wie sehr er eigentlich pissen musste.

„Wo kann ich denn hier mal pinkeln?“ wollte er von dem Ordner wissen. Der verwies ihn auf die Dixi - Häuschen hinter dem Zelt.
„Aha, danke.“
Er stürzte eilig nach draußen und leerte in einem dieser stillen Örtchen unter lautem „Aaaahhh“ seine Blase.
„Schöner als ein Abgang.“ sagte er zu sich und schloss seinen Hosenstall. Dann suchte er Rosinante und fand sie wie versprochen in der Obhut des sie bewachenden Ordners wieder. Er stieg auf und radelte heimwärts. Dabei fror er jämmerlich, der Frost machte ihm nach dem Aufenthalt im warmen Zelt ziemlich zu schaffen. Trotzdem hielt er zwischendurch noch einmal an, um erneut zu pinkeln. Zu stark wirkte die Kälte auf seine Blase, als dass er den Weg bis nach Hause ohne diesen Zwischenstopp geschafft hätte.

Vor dem Eingang seines Blockes standen Menschen, die ihm vertraut waren. Zuerst erkannte er Jeremenkow, die beiden anderen, ebenfalls Aussiedler, hatte er bisher nur selten gesehen und kannte ihre Namen nicht. Sie standen in der Kälte und rauchten. Jeremenkow hielt eine beinahe vollständig geleerte Wodkaflasche in der Hand. Es sah aus, als würden sie auf jemanden warten. Sobowsky erschrak. Er spürte, wie eine schreckliche Angst von ihm Besitz ergriff. Diese Schlägertypen konnten es nur auf ihn abgesehen haben! Offensichtlich hatte Jeremenkow seinen gestrigen Besuch doch noch nicht vergessen, und lauerte ihm nun auf, um Rache zu nehmen. Was tun? Sofort umdrehen, und später wiederkommen? Doch wohin und wozu? Früher oder später würden sie ihn ja doch erwischen. Schließlich wohnte Jeremenkow im selben Eingang wie er, und er selbst konnte ja nicht für immer fortbleiben.
„Scheiße, wie oft wollte ich mir schon Pfefferspray besorgen, dann würde ich’s den Wichsern schon zeigen. Ich muss jetzt stark sein. Hoffentlich werde ich schnell besinnungslos, damit es nicht so lange weh tut. Aber was ist, wenn ich bei der Kälte erfriere, die Schweine lassen mich doch garantiert hier draußen liegen. Es wäre besser, die würden mich erst im Frühling erwischen. Aber so lange kann ich es nicht mehr raus zögern. Ich muss es heute hinter mich bringen, was soll’s. Ob ich mal zu diesem Jesus bete, da kann er ja gleich mal zeigen, was er drauf hat.

Vielleicht hat der Grünberger ja doch Recht? Also - hilf mir bitte Jesus, ich komme auch morgen wieder ins Zelt, wenn ich noch lebe. Hab ich ja sowieso vor, schon wegen der süßen Puppe, ich kann doch jetzt nicht sterben, wo ich mit ihr ein neues Leben anfangen will. Okay, na dann - alles oder nichts!"

Entschlossen trat er in die Pedalen, bereit, nicht zu jammern, wenn es passieren würde.

„Eh, Jochen, wo kommst du denn her? Willst du `nen Schluck Wodka?" fragte ihn Jeremenkow, als er sie erreichte. Ungläubig schaute ihn Sobowsky an. War das ein Bluff, oder meinte es der Russe ernst?

„Weiß nicht, mir ist ziemlich kalt, ich würde lieber hoch gehen, mich aufwärmen."

„Ihr Deutsche versteht es einfach nicht, zu leben. Zum Aufwärmen ist doch gerade der Wodka das Richtige. Steig ab, wir trinken die Flasche zusammen aus, es ist ja nicht mehr viel drin, und dann gehen wir hoch, wir machen Party heute."

Sobowsky war noch immer misstrauisch. „Wartet ihr auf jemanden?"

„Nein, wir schnappen bloß gerade mal frische Luft, irgend ein Idiot hat vorhin auf die Matratzen gekotzt, dass hat vielleicht gestunken, da sind wir mal kurz abgehauen, bis sie es weggemacht haben."

Erleichtert stieg Sobowsky vom Rad und stellte es in den zerbeulten Ständer neben der Eingangstür.

„Gib her!" sagte er, nahm Jeremenkow die Flasche aus der Hand und nahm einen ordentlichen Hieb. Und weil er so froh war, und ohnehin längere Zeit nichts mehr getrunken hatte, setzte er gleich noch einmal an, um auch noch den letzten Rest zu vertilgen. Dann warf er die Flasche übermütig auf den Parkplatz zwischen die Autos, wo sie unversehrt liegen blieb.

„Ach Party ist heute, na klar, ist ja auch Wochenende, das krieg ich manchmal gar nicht mehr so mit, es sind ja alle Tage ziemlich gleich. Wer ist denn so da?"

Er verspürte mit einem Male Lust, sein so plötzlich zurückerhaltenes Leben ein bisschen zu feiern.

„Niemand besonderes, zehn Mann sind wir, kennst du alle. Sind allerdings nicht so gut drauf heute, weil Hamster nicht da ist, und sie nichts zu schmoren haben. Und das Saufen sind sie nicht so gewohnt, da sauen sie gleich alles voll. Du kommst doch mit hoch, oder?“

„Klar, ein Bierchen trinke ich schon noch mit euch. Geht schon mal vor, ich muss nur noch mein Fahrrad in den Keller schaffen.“

„Ach lass doch die alte Karre hier stehen, die klaut schon keiner.“

„Nein, nein, sicher ist sicher.“

Während die Russen nach oben gingen, stand Sobowsky glücklich im Keller neben seiner Rosinante.

„Ist denn so was möglich?“ sinnierte er, „ich dachte, dass ich um die Zeit schon halbtot im Frost liege, und stattdessen gehe ich noch zur Party. Der Jeremenkow scheint tatsächlich nichts mehr von gestern zu wissen. Hab ich ein Schwein! Oder hat vielleicht doch dieser Jesus, ich mein', ich hab ihn ja schließlich um Hilfe gebeten. Ich werde das mal beobachten. Auf jeden Fall geh ich morgen wieder rein, in dieses Zelt, und ich glaube, da muss ich schon ein bisschen besser aufpassen. Oder ich frag wirklich mal den Homo-Raik, der wird sowieso wieder dort rumhängen. Am besten wäre es natürlich, wenn mir das die kleine Sängerin erklären würde. Die kann ja bei mir übernachten, da haben wir genug Zeit, darüber zu reden, nach dem schönen Teil natürlich, hehe.“

Beschwingten Schrittes eilte er die Treppe hinauf, bis in den ersten Stock, vor die eingeschlagenen Wohnungstüren. An den Geräuschen im Treppenhaus hätte er inzwischen auch ohne Jeremenkow gewusst, dass hier etwas passierte. Laute, knüppelhart gespielte Musik, mit Gesängen, die aus seiner Sicht eher dem heiseren Gekreische irgendwelcher Verrückten ähnelten, drang aus diesen zerlegten Türen und erfüllte das gesamte Treppenhaus. Schnell sprang er die notwendigen Stufen hinauf und trat gutgelaunt in die eigentlich leerstehende Wohnung ein. Ihm bot sich ein bekannter Anblick. Im Flur lag, als großer Haufen, die Winterbekleidung der Gäste auf dem Fußboden, die ein jeder von ihnen nach seiner Ankunft achtlos eben dahin geworfen hatte, um dann in dem Raum, der früher einmal die Wohnstube gewesen war, nicht zu schwitzen. Dort lag auch der Ursprungsort der lauten Musik. Sie kam aus einer wirklich guten Anlage mit kraftvollen Boxen. Keiner von ihnen besaß jemals soviel Geld, um sie sich leisten können, aber das war auch nicht notwendig gewesen. Eines Nachts war Jeremenkow mit ihr hereingekommen, um sie, unter dem lauten Gejohle der anderen, mit Gönnermiene aufzustellen.

Und niemand interessierte sich jemals dafür, wo er sie geklaut hatte. Überhaupt gab es wohl nichts in dieser Wohnung, wofür sie Geld ausgegeben hätten. Aber das war ja auch nicht viel. Die uralten, zerschlagenen Möbel, deren Türen abgerissen auf dem Fußboden lagen, waren wohl vom letzten Besitzer der Wohnung zurückgelassen worden. Die zwei Matratzen, die hintereinander an eine der Wände lagen, befanden sich, bevor sie hierher gebracht wurden, bereits auf dem Sperrmüll. Eine von ihnen war pitschnass, da man das Erbrochene eines Gastes mit zu viel Wasser zu beseitigen versucht hatte. Das Skurillste allerdings war ein ungefähr zwei Meter großer Teddybär, der an der linken Stirnseite des Wohnzimmers saß. Auch für dessen Anwesenheit war Jeremenkow zuständig. Eigentlich war der Bär der Hauptpreis einer Losbude auf einem Volksfest gewesen. Jeremenkow, dem er gleich gefiel, nahm ihn mit sich, ohne auch nur ein einziges Los bezahlt zu haben, und als der Losbudenbesitzer hinter ihm her rannte, um seinen Bären zurückzubekommen, schlug er ihn einfach nieder. Nun saß der Bär schon ziemlich lange Zeit hier herum, sein Fell war staubig, und ein wenig klebrig von verschüttetem Bier. Auf der anderen Seite befand sich eine von den Jugendlichen selbst gebaute Bar, die sie aus alten Brettern zwar stümperhaft, aber mit Hingabe gezimmert hatten. Unzählige Male war sie schon zertrümmert worden, wenn sie im fortgeschrittenem Rausch wie wild zu tanzen und um sich zu schlagen begannen. Denn es hatte sich zu einem Ritual für sie entwickelt, gerade an dieser Bar ihren Aggressionen freien Lauf zu lassen. An einem der nächsten Tage trafen sie sich dann, um sie wieder aufzurichten. Ein willkommener Anlass, sich wieder ordentlich zu betrinken. Vor der Bar standen fünf alte, verformte und vom Rost angefressene hochbeinige Hocker, auf denen Jeremenkow und vier weitere Jugendliche Platz genommen hatten. Der Rest von ihnen saß im Schneidersitz auf der trocken gebliebenen Matratze herum. Da der Strom abgestellt war, leuchteten zahlreiche Teelichter auf dem sandigen und klebrigen Fußboden. Sie erhellten leicht die tapetenlosen Wände der Wohnung, welche mit zahlreichen Namen von Bands beschrieben waren. Sie benutzten dazu Feuerzeuge und den Ruß, der sich entwickelte, wenn die Flamme der kalten Wand nur recht nahe kam. In einer Ecke des Raumes stand ein Eimer, randvoll mit aufgefegten Zigarettenstummeln. Das Schlimmste, das wusste Sobowsky, war das ehemalige Badezimmer. Aus unerklärlichen

Gründen befand sich, seit er hier einkehrte, immer dasselbe Wasser in der braun gestrichenen Badewanne, in dem zudem noch zahlreiche Exkremente von den Gästen schwammen, die früher nicht gewusst hatten, wo sie sonst ihre Notdurft verrichten sollten. Keiner fühlte sich verantwortlich, diese stinkende Kloake zu leeren. Sobowsky mied diesen Raum, seit er einmal, ganz am Anfang, ahnungslos hineingetreten war, und sich ob des Gestankes beinahe übergeben hätte. Die Jugendlichen schienen sich über seinen Besuch zu freuen.

„Eh Jochen, alte Pissrille, komm rein!"

Einer der Jungs auf den Barhockern machte bereitwillig seinen Platz frei, den Sobowsky wie selbstverständlich einnahm, ein anderer reichte ihm eine Flasche Bier. Sobowsky fühlte sich wohl. Was für ein anderer Empfang als bei seiner Verwandtschaft! Von wegen, die Jugend von heute hätte keine Manieren mehr. Sie wollen eben auch nur vernünftig behandelt werden. Wer mit ihnen Probleme hatte, war doch selber schuld. Außer Jeremenkow natürlich, der war wirklich nicht ganz dicht. Schnell lehrte er seine Flasche und griff nach einer neuen. An eine Unterhaltung war bei der lauten Musik kaum zu denken, aber sie wirkte auf Sobowsky nur am Anfang störend, dann gewöhnte er sich daran. Die Jugendlichen wippten mit ihren Köpfen auf und ab, tranken Bier und Wodka und rauchten geradezu ununterbrochen grauenhafte Kippen namens Belomorkanal. Tatsächlich hatte er sie alle schon mehrmals gesehen, bis auf zwei waren sie alle Aussiedlerkinder, aber ihre Namen waren ihm nicht geläufig. Gelegentlich verschwand einer von ihnen, um im Keller pinkeln zu gehen. Sobowsky genoss die entspannte Atmosphäre und hing seinen Gedanken nach. Fast wie früher war es, fand er, als er selbst noch so jung wie sie gewesen, und mit seinen Kumpels einen ähnlichen Clubraum in einem Keller besessen hatte. Allerdings waren die Eingänge damals noch allesamt vollständig bewohnt, und die Mieter äußerst unduldsam ihnen gegenüber, wenn sie einmal zu laut waren. Und so wie heute, den Meckerern einfach eine auf's Maul zu hauen, das hätten sie sich nicht getraut. Folgerichtig bekamen sie es nach zwei Jahren in ihrem Blueskeller von der Stadtverwaltung schriftlich, dass sie aufgrund zahlreicher Beschwerden aus der Bevölkerung ihr Domizil unverzüglich zu räumen hätten. Aller Protest half ihnen nichts, sie mussten raus. An ihrem letzten Abend ließen sie es noch einmal so richtig krachen. Die

Musik, so laut wie möglich aufgedreht und gesoffen, was reinging. Als die Polizei kam, war schlagartig Schluss. Sie fanden sich im Freien wieder, und in ihrer Wut begannen sie, zu randalieren, Papierkörbe umzuwerfen und Verkehrsschilder zu verbiegen. Jeder von ihnen hatte eine Flasche Schnaps in der Hand, und irgendwie landeten diese, als sie nach und nach leer wurden, immer wieder in den Schaufenstern irgendwelcher Geschäfte. Als sie die blauen Lichter der Polizeifahrzeuge sahen und die Sirenen hörten, erfasste sie Panik. Nach allen Seiten stürmten sie auseinander. Sobowsky erinnerte sich lebhaft an seine Angst. Wenn sie ihn erwischten, das war ihm klargewesen, würden sie ihn nicht nur herzhaft vermöbeln, nein sie würden ihn auch jahrelang wegsperren, wegen der Zerstörung sozialistischen Eigentums. Was sollte er tun? Wohin rennen, dass sie ihn nicht entdecken würden? Am besten in den erstbesten Hauseingang, was damals kein Problem darstellte, da es nicht üblich war, die Türen abzuschließen. Dann könnte er sich im Keller verstecken, bis die Gefahr vorbei war. Gedacht, getan, doch kaum hatte er die Tür hinter sich wieder geschlossen, spürte er eine starke Hand an seinem Nacken, und eine andere, die ihm den rechten Arm nach hinten drehte.

„Halt, Bürschchen, das würde dir so passen, erst randalieren, und dann abhauen. Nee, nee, so geht das nicht."

„Was wollen Sie von mir? Lassen Sie mich los! Ich habe damit nichts zu tun. Ganz zufällig bin ich hier langgekommen, als ich gesehen habe, was passiert. Da kommt natürlich auch schon die Polizei. Klar wollte ich mich verstecken, würde mir doch sowieso keiner glauben, dass ich damit nichts zu tun habe. Sie doch auch nicht, oder?"

„Nein, Freundchen. Wir gehen jetzt beide zur Polizei, der kannst du dann alles in Ruhe erzählen."

„Was geht sie denn das an?" schrie Sobowsky verzweifelt und versuchte sich loszureißen.

„Staatssicherheit, mein Lieber, wir sind immer im Dienst, auch nach Feierabend, und solche kleinen Schädlinge, wie dich, fangen wir ganz nebenbei."

Als Reaktion auf Sobowskys Versuch, sich von ihm zu lösen, verdrehte er ihm dermaßen den Arm, dass ihm vor Schmerzen schlecht wurde und er zu wimmern anfing. Die Übergabe an die Polizisten erfolgte reibungslos. Sie dankten dem Stasi-Fritzen und Sobowsky fand sich in einem ihrer

Funkstreifenwagen wieder. Immer auf's Neue wiederholte er seine Version, dass er rein zufällig zur falschem Zeit am falschen Ort gewesen sei. Die Nacht verbrachte er in einer kahlen, kalten Einzelzelle. Sie hatten das Licht, das schrecklich grell war, angelassen und ihn die ganze Zeit hinweg mit lauter Musik beschallt. An Schlaf war nicht zu denken gewesen und als sie ihn früh aus der Zelle holten, war er völlig fertig.
„Na, wie geht's Freundchen?" fragte ihn ein Bulle.
Sobowsky fing an zu heulen, wie ein kleines Kind. Er machte sich keine Hoffnung mehr, hier mit heiler Haut davonzukommen. Wahrscheinlich hatten sie auch die anderen geschnappt und ausgequetscht. Er fragte sich, ob er seine Lehre, die er eben erst begonnen hatte, im Knast fortführen könnte. Bei diesem Gedanken schluchzte er noch hemmungsloser drauflos. Er war doch kein Verbrecher, er wollte nicht in den Bau!
„Nun sammle dich mal!" sagte der Bulle, „Wer Scheiße baut, muss auch die Konsequenzen tragen. Jetzt fährst du erstmal nach Hause, deine Eltern warten draußen auf dich. Und Montagabend achtzehn Uhr meldest du dich wieder bei uns. Klar? "
Sobowsky schaute ihn ungläubig an. Er wusste nicht, was er davon halten sollte. Einerseits war er ja heilfroh, hier heraus zu kommen, andererseits fürchtete er sich vor den Vorwürfen seiner Eltern. Und es war klar, dass es sich nur um eine Gnadenfrist handelte. Heute war Samstag, morgen Sonntag, wahrscheinlich der letzte in Freiheit, und Montag hatte er wieder hier zu sein. Wenigstens konnte er versuchen, sich bis dahin eine Strategie auszudenken, um ihnen doch noch seine Unschuld zu beweisen. Als ob der Bulle Gedanken lesen könnte, sagte er:
„Mach dir nichts vor, du bist geliefert. Oder was glaubst du, wie viele solcher Nächte du durchhalten kannst, bis du uns freiwillig alles erzählst?"
„Warum lassen Sie mich dann nicht gleich hier, wenn Sie sich so sicher sind?"
„Weil wir keine Unmenschen sind. Ruh dich erstmal aus und Montag, wenn du dich beruhigt hast, reden wir nochmal ganz offen und ehrlich miteinander. Einverstanden?"
„Hm."
Auch wenn er völlig durcheinander war, schien ihm die Sache sehr merkwürdig. Irgendetwas hatten die mit ihm vor. Aber scheißegal jetzt, erstmal nach Hause und ordentlich ausschlafen.

Wortlos lief er vor die Tür der Polizeiwache, wo er erst einmal vergeblich nach seinen Eltern Ausschau hielt. Doch dann sah er seine Mutter von weitem an der nächsten Straßenkreuzung stehen. Sie winkte ihm vorsichtig zu. Matt trottete er ihr entgegen. Ihm war ihr Verhalten sofort klar. Natürlich sollte keiner sehen, von welchem peinlichen Ort sie ihren Sohn abholten. Im Wartburg schlief er ein, noch bevor sie ihn etwas fragen konnten. Vor ihrem Block angekommen, rüttelten sie ihn ein letztes Mal wach. Mühsam taumelte er die Treppen bis zum fünften Stock hoch, und fiel dann zum Entsetzen seines Bruders, so wie er war, in sein Bett, um erst Sonntagmittag wieder aufzuwachen. Das gemeinsame Essen wurde anfangs schweigend eingenommen, bis dem Vater der Kragen platzte:
„Was hast du dir nun dabei wieder gedacht?" brüllte er unvermittelt los.
Sobowsky zuckte mit den Achseln. Er wusste ja selbst nicht, wie das passieren konnte.
„Die können dich einbuchten, ist dir das überhaupt klar?"
Sobowsky nickte.
„Wisst ihr, ob sie noch jemanden außer mir gekriegt haben?"
„Nein, du warst mal wieder der einzige Idiot, der sich erwischen lassen hat."
Erleichtert atmete Sobowsky auf. Nun konnten sie wenigstens nicht gegen einander ausgespielt werden. Andererseits würden sie ihn sicherlich so lange schikanieren, bis er die anderen verpfiff. Er glaubte selber nicht, dass er so heldenhaft sein könnte, ewig an seiner Version vom unbeteiligten Dritten festzuhalten. Am meisten stank ihm das herablassende und arrogante Gesicht seines Bruders an, das ihm auch ohne Worte klar machte, für was für einen Abschaum er ihn hielt.
An diesem Abend verließ Sobowsky den Block nicht mehr, um sich wie gewohnt mit seinen Kumpels zu treffen. Zu sehr fürchtete er sich vor ihren Fragen, und seiner Verantwortung ihnen gegenüber, am Montag nicht schwach zu werden, und sie nicht zu verraten. Die Nacht verbrachte er sehr unruhig. Zum einen hatte er noch vor kurzem fast sechsundzwanzig Stunden am Stück geschlafen, zum anderen ließen ihn seine aufgescheuchten Gedanken so schnell nicht mehr zur Ruhe kommen, wenn er erstmal aufgewacht war. Würden sie ihn einlochen, und wenn ja, wie lange? Würde er vielleicht mit Jugendwerkhof davonkommen, aber was sollte er da? Das war möglicherweise noch schlimmer als Knast. Dort

würden sie noch versuchen, ihn zu erziehen, statt ihn nur in Ruhe seine Strafe absitzen zu lassen. Er hatte unheimliche Dinge von diesem Ort gehört, von zwanzig Stunden langer Arbeit, Essensentzug, eiskalten Einzelzellen, schlagenden Erziehern, endlosen Besuchsverboten. Er kannte ein Mädchen, das dort gewesen war. Sie war schwanger eingeliefert worden, und hatte ihr Kind dort entbunden. Gleich nach der Geburt wurde es ihr weggenommen, sie musste sich wieder anziehen, und gleich anschließend die endlosen Gänge des Gebäudes schrubben. Ihr Kind sah sie nie wieder, das Schmerzen ihrer Brüste, die sie nicht abstillen konnte, hatte sie fast wahnsinnig gemacht. Nein, er wollte, wenn es schon sein musste, ins Gefängnis. Dort wäre er wenigstens weitestgehend sich selbst überlassen. Vielleicht würde er aber auch Bewährung bekommen, schließlich war es ja das erste Mal, dass er sich etwas zu Schulden hat kommen lassen. Aber dafür erwarteten sie sie bestimmt auch Kooperationsbereitschaft seinerseits. Scheiß Zwickmühle! Was bloß tun? Montag früh um vier erlöste ihn der Wecker. Er stand stöhnend auf, neidisch auf seinen Bruder schauend, der noch zweieinhalb Stunden weiterschlafen konnte, machte sich im Bad frisch, schmierte seine Frühstücksschnitten und lief zum Bus. Der kam eigentlich gegen dreiviertel fünf, aber es war besser, zehn Minuten früher da zu sein. Denn es gab auch Tage, wo er eben eher als geplant erschien, und nicht im Mindesten gewillt war, auf die zu warten, die den Fahrplan für bare Münze nahmen. Eine Stunde Fahrt war es in der Regel bis zu dem Tagebau, in dem Sobowsky lernte. Alle Nase lang hielt der Bus, um Wartende an den vorgesehenen Haltestellen aufzunehmen. Je näher die Arbeiter dem eigentlichen Ziel zustiegen, umso unwahrscheinlicher wurde es, dass sie einen Sitzplatz ergattern konnten. Am Anfang hatte sich Sobowsky gegrämt, dass er so zeitig aufstehen musste, da er doch so weit von seiner Lehrstelle entfernt wohnte. Doch schnell hatte er begriffen, dass im Bus noch Gelegenheit für eine Stunde Schlaf war. Es bereitete ihm keine Mühe, sogleich wieder einzuschlummern, sobald er sich gesetzt hatte. Natürlich kam es ihm zugute, dass seine Nächte, durch tägliche Trinkgelage in ihrem Club, ohnehin recht kurz waren, und er seine Müdigkeit kaum bändigen konnte. Aber heut war alles anders. Ruhelos blickte er aus dem großen Fenster des Busses, wenige Minuten nach Abfahrt sah er über den weiten Wiesen die Sonne rötlich aufgehen. Er saugte diesen Anblick in sich auf, vielleicht war es

seine letzte Fahrt in Freiheit. Er erinnerte sich an seinen Musikunterricht. Dort hatten sie ein schreckliches Stück kennen lernen müssen, von einer Kommunistin namens Lilo Herrmann, die in einem Zug zu ihrer Hinrichtung gefahren wurde, und noch ein letztes Mal die Bilder ihrer Heimat aus ihrem vergitterten Abteilfenster sah. Die Instrumentierung des Stückes war einfach nur grässlich gewesen, aber die Geschichte als solche hatte ihn berührt. Und nun kam er sich selber wie Lilo Herrmann vor, ein letztes Mal der Weg zur Arbeit, bevor sie ihn wegsperren würden.
„Lilo - denn sie wusste um unsere Sache!“ war der immer wiederkehrende Refrain des Stückes gewesen und Sobowsky sprach es nun zu sich selbst:
„Jochen - denn er wusste um unsere Sache!“
Natürlich war seine Sache eine ganz andere, sie hatten Widerstand geleistet gegen eben solche Kommunisten wie die Herrmann, sie hatten ihren Clubraum verteidigen wollen gegen die ungerechte Zwangsräumung durch Menschen, die sie nicht verstehen konnten. Sie hatten nicht gegen den Staat rebelliert, in dem sie aufgewachsen waren, nur eben gegen diese eine Sache. Und dafür sollte er nun in den Bau. Hatten sie nicht in der Schule solche Rebellen immer gut gefunden? Timur, Gavroche, Marx, die schlesischen Weber, den jungen Napoleon? Pech bloß, dass die irgendwie alle gegen den Kapitalismus waren, und er gegen die Institutionen des siegreichen Sozialismus angekämpft hatte.
„Jochen - denn du wusstest um unsere Sache.“
Jawohl, sie waren im Recht gewesen, es war schließlich ihr Club, warum hätten sie ihn widerstandslos räumen sollen? Das blöde Stasischwein, warum musste er ausgerechnet dort stehen, wo er hin flüchten wollte. Warum überhaupt er, wieso hatten die anderen wieder so ein Glück? Na ja, zu wissen, dass er das moralische Recht auf seiner Seite hatte, machte ihn schon zuversichtlicher.
„Jochen, du weißt um unsere Sache!“ sagte er sich, „ Sei stark und wehre dich bei den Bullen. Verteidige unsere Ideale und gib nicht klein bei. Wir sind im Recht! Sollen sie uns einen anderen Raum geben, dann schließen wir Frieden mit ihnen, wenn nicht, muss ich eben zum Märtyrer werden.“
Trotzdem war ihm die ganze Zeit schwer ums Herz, unentwegt starrte

er aus dem Fenster und trauerte schon im Voraus um seine verflossene Freiheit. Und dann lehnte er sich wieder dagegen auf:
„Diese Arschlöcher, ich bin doch erst siebzehn, warum lassen die mich nicht einfach in Ruhe? Ja, wir haben was kaputt gemacht, aber wir waren sauer und besoffen, da kann das doch schließlich mal passieren."
Er schöpfte neue Hoffnung, dass das auch die Bullen verstehen und ihn begnadigen würden.
Der Arbeitstag verflog regelrecht, auch wenn er versuchte, die Zeit durch besonders langsame Bewegungen aufzuhalten. Um sechzehn Uhr stieg er wieder an seiner heimatlichen Haltestelle aus dem Bus - zwei Stunden noch, bis sich sein Schicksal erfüllen musste. Seine Unruhe war nun kaum noch zu bändigen. Aufgeregt lief er in der Wohnung, in der sich außer ihm niemand befand, da seine Eltern mit seinem Bruder unterwegs waren, auf und ab, schaute gelegentlich vom Balkon, und da ihm schrecklich flau im Magen war, setzte er sich immer wieder auf die Kloschüssel, um feuchte Furze in dieselbe hineinzujagen. Da er glaubte, dem Magen helfen zu müssen, schaute er mal im Kühlschrank nach, ob sein Vater vielleicht irgendwelchen Schnaps da hätte, der ihm nützen könnte. Und tatsächlich, er fand eine angefangene Flasche Doppelkorn.
„Der merkt das doch gar nicht, wenn ich mir mal ein Schlückchen nehme." sagte er zu sich und goss sich ein Gläschen voll ein. Obgleich er ihm nicht schmeckte, empfand er die wärmende Wirkung des Fusels im Bauch als sehr angenehm, und schenkte sich noch zwei weitere Gläser nach. Minuten später erkannte er die Richtigkeit seiner Entscheidung, nicht nur die Magenprobleme, sondern auch seine gesamte Aufregung war wie weggeblasen. Stattdessen machte sich Kampfeslust in ihm breit.
„Ich geh jetzt los, von denen lass ich mich nicht unter kriegen. Scheiß Bullen!"
Kurz vor sechs trat er ins Polizeirevier und meldete sich am Einlass, worauf man ihn aufforderte, sich auf einen der sich im Flur befindlichen Stühle zu setzen. Auf die Minute pünktlich holten sie ihn in eines der vielen Zimmer, die vom Flur aus zu erreichen waren. Es war derselbe Bulle, wie am Samstag, der ihn einzutreten aufforderte.
„Kommen Sie rein, Herr Sobowsky!"
Der freundliche Ton gefiel Jochen, und sein Mut wurde noch größer. Im Zimmer, das recht kahl wirkte, standen hinter einem Schreibtisch zwei

weitere Männer, die ihn ebenfalls freundlich grüßten. Der Bulle setzte sich auf seinen Stuhl hinter dem Schreibtisch, und Sobowsky durfte ebenfalls Platz nehmen.

„Ich darf Ihnen erst einmal diese zwei Herren vorstellen, Herr Sobowsky, Leutnant Friebe und Leutnant Grätz. Sie arbeiten für die Staatssicherheit unseres Landes. Sind sie vertraut mit den Aufgaben der Staatssicherheit?"

„Ich weiß nicht genau."

„Sie sorgen dafür, dass unserer sozialistischen Heimat kein Schaden durch in- oder ausländische Saboteure entsteht, damit wir unbeirrt unseren Weg zum Kommunismus fortsetzen können, damit junge Menschen, wie Sie, in Frieden und sozialer Sicherheit aufwachsen können."

„Aha."

„Finden Sie das gut, dass es solche Männer und Frauen gibt?"

„Ähm."

„Herr Sobowsky, Sie sind ein solcher Saboteur! Sie haben mutwillig sozialistisches Eigentum beschädigt."

„Nein, nein!"

„Hören Sie auf, es gibt genug Zeugen dafür. Sie kommen vor Gericht. Ich denke, drei Jahre werden Sie einsitzen, nur drei Jahre, weil Sie noch so jung sind und weil Sie jetzt ein Geständnis unterschreiben werden."

„Was werde ich? Ich gestehe überhaupt nichts. Das ist ein Missverständnis."

„Wieviele solcher Nächte, wie diejenige, in der wie Sie verhaftet haben, glauben Sie durchstehen zu können?

Nun mischte sich einer der Leutnants ins Gespräch ein:

„Herr Sobowsky, Sie haben einen Fehler gemacht, aber wir glauben, dass Sie kein schlechter Mensch sind und eher aus Unüberlegtheit und nicht aus Hass auf die DDR gehandelt haben."

„Ja, ja!"

„Na sehen Sie, da haben wir ja schon unser Geständnis."

Sobowsky hätte sich in den Arsch beißen können, für seine Blödheit. Jetzt hatte er verloren, das war ihm klar.

„Wir waren doch bloß wütend, dass wir aus unserem Club raus mussten, und besoffen waren wir auch. Das war doch nicht gegen den Sozialismus

gemeint. Können wir den Schaden nicht bezahlen, und alles ist wieder gut?"
„Wieso wir, waren Sie nicht alleine? Sagen Sie uns ruhig alles, wir kriegen es sowieso raus!"
Sobowsky sah ein, das er keine Chance hatte, die waren viel zu gewieft für ihn. Also suchte er sein Heil im Angriff nach vorn, und erzählte ihnen die ganze, aus seiner Sicht so ungerechte Geschichte, in der Hoffnung, dass sie ihn verstehen würden. Die Leutnants wiegten bedächtig ihre Köpfe hin und her, und als Sobowsky fertig war, ergriff wieder der, der bisher gesprochen hatte, das Wort.
„Hm, das klingt ehrlich. Ich glaube, dass Sie kein Feind des Sozialismus sind. Trotzdem bleibt Ihre Verfehlung bestehen. Der Schaden ist angerichtet. Wir können Sie nicht einfach so laufen lassen."
„Ach bitte, was soll ich denn tun, damit Sie mir vergeben?"
„Was tun? Wollen Sie denn etwas tun? Falls wir Gnade vor Recht ergehen lassen, wären Sie dann bereit, etwas für Ihr Vaterland zu tun?"
„Ja, ja, natürlich, alles!"
„Na dann hören Sie mal zu. Eigentlich ist die Sache ganz einfach. Wir beide, Sie und ich, treffen uns zukünftig gelegentlich, und Sie erzählen mir dann, was so bei Ihnen in Ihrer Clique passiert. Und auf Ihrer Arbeit. Sie halten dort für uns Ihre Augen offen, und wenn Sie glauben, dass dort gegen die DDR geredet oder gearbeitet wird, sagen Sie es mir. Wenn Sie achtzehn sind, machen wir dann einen Vertrag drüber. Einverstanden?"
„Mehr nicht?"
„Mehr nicht. Betrachten Sie es als Auszeichnung, so etwas bieten wir nicht jedem an, nur denen, von denen wir glauben, dass sie es verdient haben, von denen wir glauben, dass sie treu zu unserem sozialistischen Vaterland stehen. Dass das Ganze streng geheim ist und unter uns bleibt, muss ich wohl nicht extra betonen? Sonst müssen Sie womöglich doch noch ins Gefängnis, und das wollen Sie doch nun wirklich nicht, oder?"
„Nein, nein, danke, danke!"
Der Bulle erhob sich und reichte ihm die Hand.
„Herzlichen Glückwunsch, Herr Sobowsky. Sie haben heute einen für Sie entscheidenden Schritt getan. Als Krebsgeschwür unserer Gesellschaft sind Sie durch diese Tür gekommen, und als wichtiger sozialistischer

Bürger verlassen Sie uns nun. Seien Sie sich Ihrer neuen Verantwortung stets bewusst und handeln Sie danach!“
Auch die beiden Leutnants beglückwünschten ihn. Derjenige, der die ganze Zeit gesprochen hatte, sagte: „Sie hören bald von mir.“

Sobowsky ließ sich von einem der jungen Russen ein weiteres Bier öffnen, und schmunzelte in sich hinein. Da war er noch einmal mit einem blauen Auge davongekommen. Seinen Eltern erzählte er, dass sie ihn zu Unrecht verdächtigt und dies nun eingesehen hatten. Während seine Mutter vor Freude weinte, schien sein Bruder recht verdrossen. Er hatte wohl gehofft, das Kinderzimmer recht bald für sich allein haben zu können. Von nun an traf er sich gelegentlich mit seinem Führungsoffizier, dem Leutnant, der ihn immer wieder mit Fragen über seine Kumpels löcherte, und behauptete, in der Bluesszene würden sich besonders viele konterrevolutionäre Elemente herumtreiben. Sobowsky konnte ihn jedoch immer wieder beruhigen. Keiner von ihnen hatte je etwas anderes als die normalen Hobbys von Jugendlichen, Musik, Saufen und Weiber im Sinn gehabt. Für Politik interessierten sie sich nicht die Bohne. Höchstens, dass sie sich gewünscht hätten, mehr Musik ihrer Lieblingsbands kaufen zu können, oder eine von ihnen mal live auf der Bühne zu erleben. Das erschien ihnen jedoch derartig unerreichbar, dass sie sich darüber nicht wirklich den Kopf zermarterten. Der Leutnant, der sich wohl ganz andere Erfolge durch ihre Zusammenarbeit erhofft hatte, wurde mit der Zeit ungeduldig, und begann, ihn über Vorgänge während seiner Lehrzeit, später dann über seine Heizerkollegen auszuhorchen, aber immer mit demselben Misserfolg.
„Der Arsch“ dachte Sobowsky, „der glaubte wirklich, dass ich jemanden verpetzen würde.“
Irgendwann wurden ihre Treffen seltener, und hörten kurz vor der Wende ganz auf. Der Leutnant hatte resigniert, und wahrscheinlich schon jemanden auf Sobowsky selber angesetzt.

„Eh, Jochen willst du einen Schnaps?“ riss ihn Jeremenkow aus seinen Gedanken.
„Nee, weißt du doch.“ Und in seinem Innern befürchtete er schon, dass er den verrückten Russen schon wieder nicht mehr los werden würde.

Doch den störte Sobowskys Ablehnung diesmal nicht, er wandte sich einfach einem anderen Besucher zu, von dem kein Widerstand zu erwarten war, um mit diesem eine neue Flasche Wodka zu öffnen. Beide nahmen einen ordentlichen Schluck, dann wurde die Flasche weitergereicht, und als sie einmal die komplette Runde gemacht hatte, kam sie leer zu Jeremenkow zurück. Sobowsky machte sich inzwischen ein neues Bier auf, und seine Gedanken wanderten zurück ins Zelt, auf die Bühne, zu dem wunderbaren Mädchen. Erstaunt stellte er fest, dass er schon gar nicht mehr so genau wusste, wie sie eigentlich ausgesehen hatte. Aber dass sie wunderschön war, da war er sich noch ganz sicher. Und dass sie irgendetwas von ihm wollte. Doch so aus der Ferne betrachtet kehrte er zu alter Sachlichkeit zurück. Dass sie in ihn verliebt war, da war er sich sicher, aber warum sollte er sich dann für sie verbiegen? Schließlich war er ja der Ältere und Erfahrenere, und würde sie erst an die wirklich wichtigen Dinge des Lebens heranführen müssen.
„Solange sie verliebt sind, lassen sie sich noch formen, diese Zeit muss ich nutzen. Sie muss gleich bei mir einziehen, und den Haushalt schmeißen. Da darf ich nicht nachsichtig sein. Das muss klappen. Wenn sie nichts trinken will, okay, aber mein Bierchen kann sie mir ruhig vom Balkon holen. Ob sie schon raucht, frag ich mich, ist ja noch ziemlich jung, aber das lernt man schließlich schnell. Hat bei mir auch bloß ein paar Tage gedauert, mit Beate damals. Ach, was ist aus dem Mädel bloß geworden. Auf die Kleine jetzt muss ich besser aufpassen, sonst kommt die auch noch unter die Räder. Wer weiß, was die für Eltern hat, so wie die sie angezogen haben. Na ja, umsonst will die nicht mit mir anbändeln, die will noch was aus ihrem Leben machen."
Nun kam er in richtige Philosophierlaune und brüllte dem Jugendlichen neben sich ins Ohr:
„Hast du schon mal `ne Freundin gehabt?"
„Nee."
„Da kannst du auf eine Art froh sein, andererseits ist es auch nicht schlecht, wenn man eine hat."
„Ah?"
„Na ja, es ist am Anfang ganz praktisch, wenn du Lust hast, kannst du ran, und sie kochen für dich. Aber wiege dich nicht in Sicherheit, wenn du nicht aufpasst, ändert sich das ganz schnell. Sie werden faul und frigide,

sobald sie denken, dass sie dich sicher haben. Du darfst die Zügel nicht zu locker lassen, verstehst du. Du musst sie jeden Tag rannehmen, auch wenn du mal selber keine Lust hast. Sie dürfen nicht aus dem Rhythmus kommen, keine Atempause, ich weiß, wovon ich rede. Bei euch Russen ist die Welt ja noch in Ordnung, da haben die Weiber doch nichts zu sagen. Oder?"

„Nein."

Sobowsky hielt inne. Jetzt redete er ja schon wie Siegfried. Er schüttelte den Kopf und wandte sich wieder dem Jugendlichen zu.

„Hör mal, das ist aber Scheiße, die Weiber sind auch Menschen. Die muss man wenigstens ein bisschen gut behandeln. Brauchen die auch. Ich weiß, manchmal fällt das ein bisschen schwer, aber es muss sein. Weißt du, ich hab jetzt `ne Neue, die ist echt klasse. Die kann alles, die heirate ich vielleicht sogar. Bei der fällt es mir ganz leicht, nett zu sein. Weil die so prima ist."

„Hat sie große Titten?"

„Wie, was hat sie? Na hör mal, das ist doch völlig unwichtig, wenn alles andere stimmt."

„Weiber sind alle gleich, da müssen zumindest große Titten sein."

„Ich denke, du hattest noch nie `ne Freundin, woher willst du dann wissen, das sie alle gleich sind?"

„Das sagen alle Männer die ich kenne."

„Das stimmt doch nicht. Weißt du es gibt schlimme und ganz schlimme Frauen. Du musst zusehen, dass du eine schlimme erwischt, dann geht das schon."

„Und deine Neue ist `ne Schlimme?"

„Ja, bestimmt, so lange kenn ich sie ja noch nicht. Aber Carola ist `ne ganz Schlimme, das weiß ich genau, und deshalb kommt sie jetzt endgültig fort."

„Ich will gar keine Freundin, den Stress brauch ich nicht. Wenn ich ficken will, geh ich irgendwohin, wo es geht und ich es mir leisten kann."

„Das ist doch Quatsch, der Mensch braucht doch ein bisschen was Familiäres."

„Ich nicht, ich will saufen und ficken, das reicht mir. Prost!"

Sie schlugen zwei frisch geöffnete Bierflaschen aneinander und tranken daraus. Dann nahm Sobowsky einen neuen Anlauf:

„Warst du denn noch nie verliebt?“
„Nein, das ist was für Weicheier.“
„Na hör mal, ich bin doch kein Weichei. Du weißt ja gar nicht, was du verpasst, ohne Liebe. Das ist was Großartiges, sag ich dir.“
„Pah, ficken reicht.“
„Wo nimmst du denn das Mädchen dafür her, he?“
„Ist doch kein Problem, kostet ja nicht viel. Ich brauch doch bloß Oleg fragen, der treibt immer was auf.“
„Ah, wohl seine kleine Schwester was?“
„Ach die, die heult doch bloß rum, nee der besorgt auch was Besseres, wenn du willst.“
Sobowsky erkannte, das es sinnlos war, mit dem Russen weiter über seine Gefühle zu sprechen.
„Aha, na vielleicht merkst du es ja später noch einmal, dass bumsen nicht das Wichtigste ist.“
Er wandte sich entrüstete von dem Jugendlichen ab und ein wenig Traurigkeit überkam ihn, wenn er an die innere Verrohung dieser jungen Menschen dachte, die ihn hier umgaben.
„Nein, wir waren ganz anders damals, wir hatten noch Ideale. Ficken, Ficken, fast ins Hemd gemacht hab ich mir beim ersten Mal. Das war doch was Besonders damals mit Ute, obwohl es auch keine Liebe war.“
Sie war eine Küchenfrau in der Betriebskantine gewesen, und sie hatten sich ein bisschen angefreundet, weil er einer der wenigen war, denen es immer schmeckte und er sich auch gern einen Nachschlag holte. Sie war geschieden und hatte schon eine zwölfjährige Tochter. Ihre Figur war üppig, und als Frau hatte er sie eigentlich nie wahrgenommen. Aber während einer sommerlichen Betriebsfeier saßen sie den ganzen Abend nebeneinander und unterhielten sich nett. Die Zeit verging, Jochen und Ute tranken um die Wette, und in vorgerückter Stunde bemerkten sie, dass sie die letzten zwei Besucher der Veranstaltung waren. Sie schauten sich an und lachten. Und da ritt Sobowsky auf einmal der Teufel. Er langte erregt nach Utes großen Brüsten und knetete sie kurz. Erschreckt über sein plötzliches Draufgängertum zuckte er jedoch sogleich wieder zurück, in der sicheren Erwartung, von Ute eine gescheuert zu bekommen. Stattdessen saß sie mit einem Male auf seinem Schoß und begann, ihn wild zu knutschen. Schnell hatte er ihre Dinger freigelegt, und lebhaft

erinnerte er sich, wie beeindruckend weiß und mächtig sie in der dunklen Nacht auf ihn wirkten. Beglückt ließ er seinen Kopf in ihnen versinken.
„Darf ich sie küssen?" fragte er.
„Natürlich, du Dummerchen. Nimm dir alles von mir, was du willst!"
„Alles?"
„Ja."
Doch schnell ergriff Ute die Initiative, sie hatte ja im Gegensatz zu ihm reichlich Erfahrung auf diesem Gebiet. Irgendwann lagen sie auf der Wiese, sie unten und er oben. Er hatte gehört, dass man beim ersten Mal leicht versagen und viel zu früh abgehen könnte. Doch zu seiner Erleichterung stellte er fest, dass diese Gefahr bei ihm nicht bestand. Ausgiebig trieben sie es miteinander, und erst viel später begriff er, dass er nicht der Supermann war, für den er sich lange Zeit hielt, sondern, dass es ihm immer schwerer fiel, überhaupt einen Abgang zu erleben, je mehr er getrunken hatte. Glücklich radelte er an diesem Morgen nach Hause.
„Jochen, jetzt bist du ein richtiger Mann." sagte er immer wieder zu sich und schlief selig ein.
Es war das einzige Mal, dass sie Sex miteinander hatten. Auch wenn sie ihn beim Essen ausgeben freundlich ansah, machte sie doch keinerlei Anstalten mehr, sich ihm zu nähern. Sobowsky verstand sie, er war ja noch Lehrling, und sie schon sechsunddreißig, wie hätte sie das ihrer Tochter und allen anderen erklären sollen? Nach Ende der Lehrzeit verlor er sie völlig aus den Augen, aber in seiner Erinnerung lebte sie fort.
„Was sie wohl jetzt machen wird?" fragte er sich, „Bestimmt ist sie auch arbeitslos, im Tagebau ist ja kaum einer mehr."
Dann rechnete er hin und her, und stellte fest, dass sie möglicherweise auch schon Rentnerin sein könnte.
„Ist schließlich schon fast dreißig Jahre her. Man, die Zeit vergeht, aber trotzdem, wiedersehen würde ich sie gern einmal."
Wieder kreiste eine Wodkaflasche durch den Raum, und kam auch bei Sobowsky vorbei. Diesmal überlegte er nicht lange, und gönnte sich auch einen Schluck.
„Auf die Erinnerung!" dachte er und setzte noch einmal an. Gedankenverloren saß er da, bis ihn ein Russe anstieß.
„Eh, Flasche weitergeben!"

„Ja, natürlich." Er nahm noch einen kleinen Hieb und gab dem Russen dann das Gewünschte. Die Zeit verstrich, und Sobowsky bemerkte, wie der verflossene Tag seinen Tribut forderte. Sein Verstand geriet etwas in Unordnung, seine Gedanken irrten ziellos zwischen seiner Jugend, Ute und Beate, zwischen Carola und dem feenhaften Wesen im Zelt hin und her. Er grübelte über Jeremenkow und die anderen Russen, und fragte sich, ob wohl Hamster noch leben würde. Er wurde so sentimental, dass ihm die Augen feucht wurden, als er an das Schicksal von Jeremenkows Schwester dachte. Wahrscheinlich hatte sie schon allen hier Anwesenden zu Diensten sein müssen. Er schämte sich auf einmal zwischen diesen gefühllosen Menschen zu sitzen, ihr Gast zu sein, und ihren geklauten Alkohol zu trinken. Und doch ließ er sich widerstandslos ein neues Bier von ihnen reichen und verschmähte auch nicht die immer aufs Neue kreisende Wodkaflasche. Kurz vor Mitternacht sank sein Kopf auf den Tresen und er schlief ein.
Drei Stunden später schubsten ihn die grölenden, und offensichtlich auf äußerste erheiterten Jugendlichen wach. Mühsam versuchte er zu sich zu kommen. Instinktiv suchte seine Hand nach Carola, da er sich zu Hause in seinem Bett wähnte. Stattdessen bekam er das Knie eines Russen zu fassen, der ihn seinerseits unsanft zurückstieß. Als er wieder klar sehen konnte, erblickte er vor sich vier der jungen Menschen, die mit ihren Fingern auf ihn zeigten, und sich offenbar köstlich über ihn amüsierten. Schnell wurde ihm der Grund ihrer Fröhlichkeit klar. Zwischen seinen Oberschenkeln hatte sich ein nasser, stinkender Fleck gebildet, der die Hose unangenehm an den Beinen festkleben ließ.
„Arschlöcher, was gibt's denn da zu lachen? Würden die mal ihr Klo in Ordnung halten, wäre ich schon längst mal pissen gegangen. Mach ich eben Feierabend und geh nach Hause."
Er stand auf. In der einen Ecke des Raumes kniete Jeremenkow, wohl nicht mehr ganz Herr seiner Sinne, und versuchte, für sich und drei weitere Kameraden, noch brauchbare Reste aus dem Eimer mit den Zigarettenstummeln zu angeln. Scheinbar hatten sie nichts mehr zu rauchen, und wussten sich nun nicht mehr anders zu helfen, ihre Sucht zu befriedigen. Überlegen grinsend griff Sobowsky in seine Westentasche, um seine noch nicht ganz geleerte Zigarettenschachtel daraus hervorzuziehen.

„Ha, über mich lachen, aber wie die Tiere im Dreck wühlen. Schöne Idioten!“

Doch sein Grinsen erstarb, als er bemerkte, dass sich die Schachtel keineswegs mehr dort befand, wo er sie erwartet hatte.

„Die Schweine, die haben mir meine Kippen geklaut.“ grollte er.

Währenddessen hielt Jeremenkow triumphierend zwei Stummel hoch, an denen sich noch relativ viel unverbrannter Tabak befand. Eine steckte er sich gierig selbst in den Mund und zündete sie sich an. Die zweite gab er jedoch für eine merkwürdige Versteigerung frei. Sie festhaltend wartete er, wie viel Geld er für sie herausschlagen konnte. Die Jungs, scheinbar ganz närrisch nach dem Nikotin, überboten sich gegenseitig in Zehn- Cent- Schritten. Es war ihnen wohl klar, das Jeremenkow, der nun wie ein König, freudig erregt über seine plötzliche Machtfülle über ihre süchtigen Körper, auf dem Eimer thronte, nicht ohne Gegenleistung mit ihnen teilen würde. Nachdem der Stummel für einen Euro einen Besitzer gefunden hatte, begann Jeremenkow aufs Neue im Eimer zu wühlen, und die Auktion begann von vorn. Anfangs belustigt empfand es Sobowsky mit einem Male selbst sehr schwer, ohne etwas zu rauchen auskommen zu müssen. Er beneidete ein wenig die zwei Gestalten, die wie ohnmächtig auf den Matratzen lagen, und mit Sicherheit nichts vermissten. Oben in seiner Wohnung hatte er noch eine Schachtel liegen, das wusste er, und dieses Wissen bestärkte ihn in seinem Entschluss, die Party zu verlassen. Aber irgendwie fühlte er sich zu kraftlos, die zwei Stockwerke bis in seine Wohnung zu bewältigen. Er sank auf den Barhocker zurück. Inzwischen war er unbeobachtet, da auch diejenigen, die sich eben noch über ihn lustig gemacht hatten, inzwischen bei Jeremenkow standen.

„Eine kleine Wegzehrung nehme ich noch.“ dachte er und hielt nach etwas Trinkbaren Ausschau. Da er auf dem Tresen nichts mehr fand, rutschte er von seinem Hocker, und kroch eine Weile auf allen Vieren über den dunklen, dreckigen Fußboden, in der Hoffnung, noch eine sich möglicherweise dort befindliche Flasche zu ergattern. Als sich kein Erfolg einstellten wollte, fluchte er laut über seine miserablen Gastgeber und verließ grußlos die Wohnung. Zu Hause nahm er sich eine Flasche Schnaps aus dem Kühlschrank, und trank gierig daraus, woraufhin er sich sofort besser fühlte. Dann ging er mit einer Schachtel Zigaretten, die er aus der Kommode unter dem Kreuz mit den Flaschenöffnern nahm,

auf den Balkon, um sich ein Bier zu holen. Das Bier war eiskalt, und drohte zu gefrieren, woraufhin er den Kasten fluchend in die Wohnstube hievte. Die Kälte zwickte ihn unangenehm im Schritt, und erinnerte ihn unbarmherzig an sein Malheur. Trotzdem rauchte er, die Winterluft kurz genießend, eine paar Züge, bis er zu zittern begann, und in die Wärme der Wohnung zurück flüchtete. Die Kippe im Mund ging er ins Bad, zog sich Hose und Schlüpfer aus und warf sie in die Badewanne. Dann setzte er sich mit nacktem Hintern, nur noch mit Socken und Pullover bekleidet, an seinen Altar, rauchte und trank noch eine Weile, und führte ein längeres Gespräch mit seinem verstorbenen Freund. Seine Gedanken waren nicht mehr klar, vieles musste er loswerden, wirr redete er durcheinander, und wenn ihn einer so gesehen hätte, halbnackt, wild gestikulierend mit einem nicht vorhandenen Gegenüber debattierend, der hätte ihn leicht für geistesgestört halten können. Aber bei allem Chaos in seinem Kopf schien ihm eines sicher, morgen würde er ein neues Leben beginnen, ohne die rabiaten Russen, die ihn beklaut, und sich über ihn lustig gemacht hatten, ohne den drogenkranken Hamster, ohne seine scheinheilige Verwandtschaft und vor allem ohne Carola. Wie eine Heilsgestalt tauchte vor seinem geistigen Auge immer wieder das schöne Mädchen aus dem Zelt auf, die nur dafür geboren zu sein schien, ihm zur Seite zu stehen, und alle seine Wünsche in Erfüllung gehen zu lassen.
„Oh, what a beautiful girl!“ sang er immer wieder verzückt vor sich hin, nach der Melodie eines seiner Lieblingssongs. Irgendwann konnte er nicht mehr. Der Alkohol machte ihm zu schaffen, ihm wurde übel, und die Müdigkeit ergriff erneut machtvoll Besitz von ihm. Er schleppte sich ins Schlafzimmer, um sich erschöpft auf die Matratze fallen zu lassen. Doch im letzten Augenblick zuckte er zurück. Was war das? Tatsächlich - dort lag sie, offensichtlich von ihrem Ausflug zurückgekehrt, im festen Schlaf leicht grunzende Geräusche von sich gebend, als unförmiger Haufen Fleisch, dem Speichel aus einem der Mundwinkel lief. Angewidert griff sich Sobowsky seine Decke, und legte sich auf der Couch im Wohnzimmer nieder.

Die nächsten vier Abende verbrachte Sobowsky im Zelt. Mit Carola, die noch mürrischer war als sonst, redete er nicht darüber. Er verschwand einfach und fertig. Was ging sie auch sein Anliegen an, in diesem Zelt ihre Nachfolgerin zu erobern? Natürlich schlug er nicht mehr so unvorbereitet auf, wie beim ersten Mal, sondern bereitete sich gründlich vor. Er zog sich saubere Sachen an, badete ausgiebig, und kämmte sich sein Haar. Um nicht wieder so dringend pinkeln zu müssen, hörte er zwei Stunden vor Veranstaltungsbeginn damit auf, Bier zu trinken, und steckte sich stattdessen einen Flachmann in seine Westentasche. Er ließ sich am Zelteingang ein neues Testament schenken, und tat so, als ob er sich für dessen Inhalt interessierte. Die Vorträge des Bruders Grünberger hörte er sich geduldig und ohne Widerrede an, ja, er versuchte sogar, ihren Inhalt zu verstehen und gut zu finden. Immer wieder hörte er die tollsten Geschichten von Jesus und seinen Jüngern, von der Vergebung der Sünden, der notwendigen Entscheidung, vom neuem und vom alten Bund, vom Gesetz der Juden und der Rettung allein durch den Glauben. Am Ausgang des Zeltes ließ er sich freiwillig in Gespräche verwickeln, und versuchte sogar den Eindruck zu erwecken, dass ihm der dort dargereichte Tee schmecken würde. Doch sein eigentliches Ziel, wieder die Blicke der zauberhaften Sängerin auf sich zu ziehen, erreichte er zu seiner immer größer werdenden Enttäuschung nicht. Zwar stand sie jeden Abend mit Ihresgleichen auf der Bühne, doch ihre Augen fanden Sobowsky nicht, im Gegenteil sie suchten ihn nicht einmal. Selbst als er am vorletzten Abend als einer der ersten das Zelt betrat, und sich direkt vor der Bühne postierte, so, dass sie ihn unmöglich übersehen konnte, schien er Luft für sie zu sein. Wohl lächelte sie wieder irgendwo hin, doch wohin, das blieb ihm rätselhaft. An diesem Abend suchte er das Gespräch mit Homo-Raik. Auch wenn es ihm denkbar schwer fiel, versuchte er freundlich zu sein.

„Eh, Raik, hab mich ja echt gefreut, dich mal wieder zu sehen."

„Ja, Jochen, ich mich auch, am meisten freue ich mich, dass du heute schon zum vierten Mal hier bist. Und dein Auftreten hat sich ja auch schon deutlich gebessert, ich meine am ersten Abend warst du wahrscheinlich nicht ganz nüchtern, oder?"

„Äh, leider nein."

„Gibt es dir etwas, hier zu sein, das würde mich echt freuen."

„Klar, echt toll hier, mit Jesus und so. Aber sag mal, du weißt ja, dass ich mich für Musik interessiere, und ich find den Chor so klasse. Wie kann man sich denn da anmelden?"

Raik schaute ihn nun doch etwas misstrauisch an. So recht schien er Sobowsky das nicht abnehmen zu wollen.
„Meinst du das ernst? Das ist doch gar nicht dein Musikstil, oder?"
„Gefällt mir halt, verstehst du?"
„Schon gut, ich sag es dir ja, das ist der Jugendchor, direkt hier aus der Stadt. Der Leiter gehört hier zur Gemeinde, er heißt Titus Lorenz, falls er schon weg ist, musst du es morgen mal versuchen."
„Und wo ist diese Gemeinde?"
„In der Bahnhofstraße 12, gleich neben der alten Bäckerei."
„Aha, gehen die alle dorthin?"
„Na ja, die meisten, manche kommen auch von den Dörfern."
„Und die kleine dunkelhaarige, die immer ganz vorn steht?"
„Die ist auch von hier."
„Aus der Bahnhofstraße?"
„Ja, wieso?"
„Bloß so, willst du ´nen Schnaps?"
Sobowsky, der glücklich war, herausgefunden zu haben, wo er das Mädchen finden konnte, falls es hier im Zelt noch nicht endgültig funken sollte, hielt Raik dankbar den Flachmann entgegen. Doch der lehnte bestürzt ab:
„Jochen, wenn du nicht aufhörst zu trinken, wirst du das Himmelreich niemals sehen."
„Ach hör doch auf, so ein kleiner Schluck!"
„Du bist ein Trinker, Jochen, du brauchst ärztliche Hilfe, glaub es mir, ich weiß, wovon ich rede. Allein schaffst du es nicht."
„Ich denke, Jesus macht das schon für mich? Außerdem bin ich kein Trinker, verstehst du, Manni ist einer, das sehe ich auch, aber ich kann aufhören, wenn ich will, ich will bloß nicht. Wozu denn? Schmeckt doch und verboten ist es auch nicht."
„Versuch es doch einmal einen Tag lang! Komm morgen wieder her, und trink bis dahin nichts. Ist doch nicht schwer, abgemacht?"
„Pah, das ist doch kein Problem!"
„Na, dann ist ja gut, im Chor kannst du besoffen sowieso nicht mitsingen."
„Logisch, das weiß ich selbst. Na ich muss dann mal los. Bis morgen!"
Sobowsky steckte den Flachmann wieder ein und trat den Heimweg an.

„So ein Arsch," dachte er, „spielt hier den Moralapostel, nur weil er selber nichts mehr trinkt, die Pfeife. Aber dem werd ich´s zeigen, ein einziger Tag, das werde ich ja wohl schaffen."
Die letzten zwei Abende war er, um nicht mit Carola in Kontakt zu kommen, anschließend ins Landskroneck geradelt. Er brauchte das, um seine Gedanken zu ordnen, und Carola hätte ihn dabei bloß gestört. Aber im Kreise seiner Freunde ließ sich alles herrlich besprechen. Besonders mit Ronny konnte man wunderbar debattieren, auch wenn der immer eine andere Auffassung als Sobowsky zu haben schien. Jochen hatte ihm alles erzählt, von seinem unverhofften Besuch im Zelt, von ihren aufreizenden Blicken, seiner inneren Erregung, wenn er an sie dachte, und seiner unendlichen Enttäuschung über ihre plötzliche Gefühlskälte.
„Weißt du Ronny, ich verstehe das nicht. Warum macht sie mich erst an, wenn sie mich dann so eiskalt fallen lässt? Da steckt doch jemand dahinter, vielleicht ihr Vater."
„Mensch Jochen, krieg dich wieder ein. Du hattest doch Halluzinationen vom Saufen. Schau dich mal an, du glaubst doch nicht im Ernst, dass sich eine achtzehnjährige Jungfer, die in irgendeiner Sekte im Chor singt, für dich interessiert."
„Ich hab´s doch gesehen. Verstanden hab ich´s ja auch nicht, aber es war so, das kannst du mir glauben. Was meinst du, ob es diesen Jesus wirklich gibt?"
„Ach hör doch auf mit diesem Scheiß, wo soll denn der auf einmal herkommen? Wir sind doch nicht mehr im Mittelalter, wo die Leute noch solchen Quatsch geglaubt haben."
„Aber das Zelt steht doch mitten in der Stadt, und es ist voll mit Menschen, die das glauben, auch ohne Mittelalter."
„Alles Verrückte, kannst du mir glauben. Geh lieber nicht mehr hin, die machen dich sonst noch völlig kaputt, du tickst ja schon nach drei Abenden nicht mehr richtig."
„Zwei Chancen gebe ich ihr noch, übermorgen ist der letzte Abend, wenn ich sie bis dahin nicht rumgekriegt habe, gebe ich auf."
„Die Zeit kannst du dir sparen, das kann nichts werden. Was willst du denn mit so einer überhaupt anfangen? Willst du anständig werden, Familie gründen, nichts mehr saufen, Sonntag in die Kirche rennen und

fromme Lieder singen? Du tust mir echt leid Sobowsky, wenn du dein Gerede selber Ernst nimmst."
„Ich muss es ja nicht übertreiben."
„Weißt du wenigstens, dass die vor der Hochzeit keinen Sex haben dürfen?"
„Unsinn, so etwas gibt es überhaupt nicht mehr. Aber die können gut kochen, und sind reinlich, das ist ja auch was wert. Außerdem hast du selbst zu mir gesagt, dass es vernünftige Weiber höchstens noch in der Kirche gibt."
„Ja, aber doch nicht für uns. Die nehmen sich nur Ihresgleichen, kannst du mir glauben. Außerdem hast du doch deine Carola."
„Du willst mich wohl verarschen? Die schmeiß ich jetzt endgültig raus."
„Das hör ich schon ein halbes Jahr, aber du traust du dich ja doch nicht. Lieber gehst du nicht mehr nach Hause, statt mal Klartext mit ihr zu reden. Na ich hab dich ja gleich gewarnt, für so was habe ich einen Riecher."
„Ja, ja, das weiß ich selbst, ich wollte sie ja auch nicht, aber sie war einfach nicht loszukriegen. Verdammte Scheiße, sogar meine Mutter ärgert sich schon über sie. Ich würde sie halt so gerne gegen die Kleine vom Zelt eintauschen."
„Vergiss es, schmeiß Carola raus, aber schlag dir die Kleine aus dem Kopf!"
Ihre Gespräche dauerten bis in die frühen Morgenstunden, sie tranken und rauchten und spielten Billard. Sobowsky fühlte sich geborgen, bis er wieder nach Hause kam, und Carola grunzen sah, und sich dann wieder auf die Couch flüchtete.
Nach dem Gespräch mit Homo-Raik fühlte er sich beschwingt, und ärgerlich zugleich. Zum einen schöpfte er neue Hoffnung, schließlich hatte er ja mit ihr persönlich überhaupt noch nicht sprechen können, und die Tatsache, dass er nun wusste, wo er sie sie auch nach dem Abbau des Zeltes finden konnte, stimmte ihn froh. Andererseits hatte ihn Raik an seinem wunden Punkt erwischt, seiner Freude am Alkohol. Er spürte, dass es Raik gelungen war, ihm den Abend zu verderben. Schließlich hatte er sich bereits aufs Landskroneck gefreut, doch seine Zusage, bis morgen Abend nichts mehr zu trinken, machte dieses Vorhaben unmöglich, und zwang ihn, vom Zelt direkt nach Hause zu fahren.

„Diesem Pisser werd ich´s zeigen." sprach er zu sich, „Das wäre doch gelacht, trink ich eben mal Wasser und geh zeitig ins Bett. Ein bisschen muss ich mich eh einschränken, wenn ich mit ihr zusammen leben will." Trotzdem er sich so zu trösten versuchte, spürte er, wie er von einem inneren Groll, der immer mehr anzuwachsen schien, erfüllt wurde, und als er endlich seine Wohnungstür aufschloss, tobte dieser Groll bereits in ihm wie ein wütendes, ihm allerdings unbekanntes Tier. In der Wohnstube saß Carola und schaute fern. Sie war sichtlich überrascht, ihn zu sehen.

„Jochen, schon zurück? Setz dich doch mal wieder ein bisschen zu mir!"

Sobowsky spürte, dass ein Gespräch mit ihr heute nicht gut ausgehen würde und wich aus.

„Keine Lust, ich geh lieber schlafen."

„Quatsch, komm her, wir machen es uns mal wieder zusammen gemütlich."

„Das fehlt mir grade noch." dachte er, „jetzt will die mich wirklich noch vollquatschen."

„Wo treibst du dich denn die ganze Zeit rum, hast wohl `ne Neue, was?"

„Äh, nein, wieso?"

„Weil du so geheimnisvoll tust, und zu mir so kalt bist. Frauen spüren so etwas."

„Na ja, vielleicht hast du ja Recht."

Die Heftigkeit ihrer Reaktion überraschte ihn. Völlig unverhofft sprang sie auf. Ihr Gesicht hatte sich in eine wutverzerrte Fratze verwandelt.

„Also doch, du Schwein, wie willst du mir das erklären?" schrie sie.

Sobowsky, selbst schon auf das Höchste gereizt, spürte, wie auch in ihm die Wut hochkochte.

„Was bildest du dir denn ein, so rumzupläken? Ich bin dir doch keine Rechenschaft schuldig."

„Ah, bist du nicht? Sind wir etwa nicht mehr zusammen? Sag was, du Drecksack!"

Sobowsky hielt ihr Verhalten für völlig übertrieben. Er sah überhaupt nicht ein, dass er sich so beschimpfen lassen sollte. Sich nur noch müh-

sam beherrschend, empfand er doch eine gehässige Freude daran, ihr endlich reinen Wein einzuschenken:
„Nein, wir sind nicht mehr zusammen, heute Nacht kannst du noch hier bleiben, morgen packst du deinen Krempel und verschwindest. Ich kann dich einfach nicht mehr sehen!"
Nun kreischte sie, ohne Worte zu artikulieren mehrere Sekunden lang einfach in den Raum hinein, um dann in hemmungsloses Schluchzen auszubrechen. Sobowsky, der heulende Weiber ohnehin nicht ausstehen konnte, fand sie, wie sie so vor ihm stand, einfach nur widerlich.
„Halt doch endlich deine Fresse!" sagte er ungerührt, "Sonst kannst du dich gleich verpissen!"
Sie hielt tatsächlich inne, und schaute ihn ungläubig an.
„Das ist doch nicht dein Ernst, oder? Du willst mich verarschen, Jochen, wir lieben uns doch! Keiner kann uns auseinander bringen. Wer soll sie denn sein, was kann sie besser, als ich, sag´s mir!"
Wieder fing sie an zu heulen, und versuchte Sobowsky um den Hals zu fallen. Doch der stieß sie angeekelt mit einer dermaßen unbeherrschten Kraft zurück, dass sie auf den Boden krachte. Er wunderte sich selbst darüber, aber der Anblick, wie sie unsanft zuerst mit ihrem fetten Hintern und dann mit dem Hinterkopf aufschlug, bereitete ihm Freude und Genugtuung.
„Was sie besser kann als du, fragst du? Ich sag es dir - alles! Wirklich alles, sie ist jung, sie ist hübsch, sie ist fleißig, aber am besten ist sie im Bett, verstehst du, im Bett, sie ist unersättlich, stundenlang will sie rangenommen werden, sie kriegt nie genug. Nicht so wie du, du stinkendes, fettes Monster, das vor Faulheit bald umkommt! Ich werde sie heiraten, und dich werde ich für immer vergessen!"
Es sprudelte nur so aus ihm heraus, der ganze angestaute Frust des vergangenen Jahres, das er mit ihr verlebt hatte, brach sich nun Bahn, und je mehr er sie beschimpfte, je mehr sie unter seinen Worten zu leiden schien, umso großartiger fühlte er sich.
„Du hast wohl gedacht, das du mich für immer drangsalieren kannst, du Miststück? Hast dich ungefragt bei mir eingeschlichen, mir ein Jahr meines Lebens geklaut, und jetzt quatscht du von Liebe. Ich muss gleich kotzen. Du ekelst mich an, verstehst du?"

Heulend, aber offensichtlich dabei, ihre Fassung wieder zu erlangen, versuchte sie aufzustehen.
„Ah, ich ekle dich an, sagst du? Du bist doch nur ein schwanzgesteuerter Versager! Wenn ich mich jetzt breitbeinig vor dich hinlegen würde, möchte ich mal sehen, ob du dich ekelst."
„Ja, ich ekle mich, schon von Anfang an, mit deiner dreckigen Pflaume kannst du mich nicht mehr locken." schrie er aufgebracht und unterband ihren Aufstehversuch mit einem Fußtritt in ihr Gesicht. Sie fiel wieder zurück, und aus ihrer Nase begann Blut zu laufen.
„Du Schwein, ich zeig dich an, jetzt bist du zu weit gegangen!" schrie sie und mit einer Behändigkeit, die ihr Sobowsky niemals zugetraut hätte, und die sich nur mit ihrer unbändigen Wut erklären ließ, sprang sie auf, und begann blindwütig auf Sobowsky einzuschlagen. Der packte sie und schleuderte sie durchs Zimmer, wo sie wieder stöhnend zu Boden ging.
„Es ist aus, begreif es endlich!" sagte er.
„Ich zeig dich an, ich zeig dich an!" schrie sie hysterisch.
„Hau einfach ab, und lass mich in Ruhe!"
Sobowsky spürte, dass er wohl ein wenig überreagiert hatte, und wünschte sich, wieder ein bisschen Ruhe in ihr Gespräch zu bringen. Gleichwohl merkte er, dass sein Zorn nur schlummerte und jederzeit aufs Neue unkontrolliert auszubrechen drohte. Er ließ sich auf die Couch fallen, und wartete, was passieren würde. Auch Carola schien sich langsam zu beruhigen, nach ein paar Minuten hörte ihr Gewinsel auf, und sie versuchte aufzustehen.
„War das dein letztes Wort, Jochen?"
„Ja, es ist vorbei, endgültig."
Seine Hoffnung, dass sie es endlich akzeptieren würde, zerstob eben so schnell, wie sie ein neuer Wutausbruch heimsuchte. Mit raschen Handbewegungen riss sie so viele sie nur greifen konnte, von Sobowskys Kunstwerken von den Wänden und begann wie eine Besessene auf ihnen herum zu trampeln. Sie wusste, wie sehr sie ihn damit verletzen konnte, und genau darauf hatte sie es vermutlich abgesehen. Doch wie stark es ihn tatsächlich erregte, hatte sie unterschätzt. Er wusste nicht, was er tat, und dass er es tat, aber so wie sie ihr zerstörerisches Werk begann, so schnell war er auch schon bei ihr, und schlug ihr zweimal seine Faust mit solcher Wucht ins Gesicht, das er ihre Kieferknochen krachen zu hören meinte.

Sie ging abermals zu Boden, wo sie als wimmerndes Häufchen Elend liegen blieb.
„Ich hab´s im Guten versucht, beschwer dich nicht!" sagte Sobowsky und hob liebevoll seine Kunstwerke auf. Diejenigen, die ihren Angriff überlebt hatte, hängte er wieder an ihren Platz, die anderen brachte er in die Küche, um sie an irgend einem anderen Tag neu zu gestalten.
Danach kehrte er in die Wohnstube zurück, um nach Carola zu sehen. Nicht das er ihr helfen wollte, oh nein, er wollte nur wissen, ob sie schon im Aufbruch sei, um seine Wohnung für immer zu verlassen.
„Hau endlich ab, du siehst ja, es bringt nichts mehr!" sagte er zu ihr, als er sah, dass sie immer noch auf allen Vieren über den Fußboden kroch.
„Ja, Jochen, ich geh ja schon."
Mühsam erhob sie sich, und verließ wankend das Zimmer. Als sie am aufgebauten Damespiel vorbei kam, ließ sie sich auf dasselbe fallen, einen plötzlichen Schwächeanfall vortäuschend. Der Tisch fiel um, die Steine kullerten auf den Boden.
„Oh, entschuldige bitte, Jochen." hauchte sie, "ich bin so schwach, ich kann mich kaum noch auf den Beinen halten. Mir ist, als ob mich jemand zusammengeschlagen hat."
Sobowsky durchschaute sie, natürlich hatte sie sich mit voller Absicht auf das Spiel geworfen, um ihn weiter zu reizen. Und obwohl es ihr gelang, und es ihm schon wieder in den Fingern juckte, ihr erneut ein paar ins aufgedunsene Gesicht zu schlagen, beherrschte er sich.
„Bleib ruhig." mahnte er sich, "mach jetzt keine Scheiße mehr. Die Figuren stell ich mir nachher wieder auf, es ist ja nichts kaputt gegangen. Gleich ist sie weg, nur ruhig!"
Schon stand sie an der Wohnungstür.
„Und das war´s jetzt, Jochen?"
„Ja, ich stell dir deine Klamotten morgen alle raus, kannst du dir holen kommen. Klingele nicht erst, ich mache sowieso nicht auf!"
„Nein, das war es noch nicht!" schrie sie mit einem Male auf. "Das würde dir so passen, du Scheißkerl. Du wirst noch lange an mich denken, das versprech ich dir!"
So wie sie es ausrief, sprang sie auf die nackten Damen an den Wänden zu, und begann sie mit ungeahnter Geschwindigkeit herunterzureißen.

„Das wollte ich ja schon immer tun, weißt du noch? Die Schlampen hier fandest du ja schon immer besser als mich."

„Hör auf!" brüllte Sobowsky und umschlang ihren massigen Leib von hinten mit seinen Armen. Alle Kraft, die ihm zur Verfügung stand, musste er aufwenden, um die Rasende zu halten. Sie war unglaublich stark in ihrer Wut, drehte sich blitzschnell hin und her, um Sobowsky von sich zu schleudern. Doch er hielt dagegen. Bald eine Minute zog sich ihr von starkem Keuchen begleitetes Ringen hin, bis sie erschöpft zu Boden sank und Sobowsky mit sich riss. Der nutzte seine Chance, behände öffnete er die Wohnungstür, griff sich die am Boden liegende Frau, und schleifte sie am Hals nach draußen. Er begnügte sich nicht damit, sie vor der Tür liegen zu lassen, sondern um sicher zu gehen, dass sie nicht wiederkommen würde, zog er sie wieder hoch, um sie dann in einem letzten Wutanfall die Treppe hinunterzustoßen. Auf dem Absatz zwischen den Etagen blieb sie, an der rechten Schläfe blutend, liegen. Ihre Augen blickten Sobowsky vorwurfsvoll an, aber ihre irrsinnige Wut schien gewichen zu sein.

„Sind wir jetzt fertig miteinander oder nicht?" fragte Sobowsky, sich in Siegerpose werfend, von der Brüstung des Geländers auf sie herabblickend.

„Scheint so, Jochen, ich hoffe nur, dass unserem gemeinsamen Kind in meinem Bauch nichts dabei passiert ist."

Mit einem Sprung war Sobowsky bei ihr.

„Was redest du da? Spinnst du"

„Nein, es ist wie ich es sage, ich bin schwanger."

„Aber nicht von mir."

„Von wem denn sonst? Ich war dir immer treu, du Schuft!"

Sobowsky war wie erstarrt. Was für eine plötzliche Wendung! Aber nein, sie schwindelte ihn sicher nur an, suchte irgendeinen Vorwand, sich wieder bei ihm einzuschleichen. Darauf würde er aber nicht reinfallen.

„Vergiss es, ich glaube dir kein Wort. Wir hatten schon ewig keinen Sex mehr."

„Doch, du hast es bloß vergessen, vor fünf Wochen, als du dir diesen scheiß Porno reingezogen hast. Danach warst du ja nicht mehr zu bändigen."

„Hm, das stimmt, und da hast du nicht aufgepasst, bist du nicht bei Trost?"

„Wieso ich, ich habe mich genug gewehrt, du Esel mit deinen scheiß Trieben!“
„Hör mal, ich glaub dir trotzdem nicht. Du bleibst jetzt schön da liegen, und ich hol dir deine dicke Jacke, damit du auf dem Nachhauseweg nicht frierst. In die Wohnung kommst du mir auf keinen Fall mehr. Falls das mit dem Kind stimmt, lässt du es wegmachen, klar?“
„Das kann ich nicht, es ist doch ein kleiner Mensch.“
Sie fing hemmungslos zu flennen an, und da tat sie Sobowsky schon fast wieder ein bisschen leid, wie sie so blutend und traurig auf dem kalten Boden saß. Doch er riss sich zusammen und ging die versprochene Jacke holen. Nun war er endlich so weit gekommen, dass er sie fast sicher los war, da durfte er keine Schwäche zeigen. Sie folgte ihm nicht, und wartete auf ihn. Er näherte sich ihr nur so weit, dass er ihr die Jacke zuwerfen konnte.
„Ich geh jetzt schlafen.“ sagte er und ohne sich weiter um sie zu bekümmern, kehrte er in seine Wohnung zurück. Er nahm sich eine Flasche Schnaps und ein Bier aus dem Kühlschrank und setzte sich zu Günthi. Genüsslich an einer Kippe ziehend, in wilder Gier die Flasche Bier, und gleich danach einen ordentlichen Schluck Schnaps trinkend, fing er an zu sprechen:
„Ja, ja, ich weiß ich wollte heute nichts trinken, aber dass ich Carola los bin, das muss ich einfach feiern. Da kann mich der Raik mal, das muss er verstehen. Aber dankbar muss ich ihm sein, ohne seinen albernen Vorschlag wäre ich wieder im Landskroneck bei Ronny gelandet, und hätte sie immer noch nicht rausgeschmissen. Puh, war ja auch ein ordentliches Stück Arbeit! Mann, hat die sich geziert!“
Minuten später begann sich Nachdenklichkeit in seine Freude zu mischen.
„Ob sie wirklich ein Kind von mir kriegt? Das wäre ja ne schöne Scheiße. Na und wenn schon, was geht's mich an, wenn sie nicht aufpasst? Aber komisch ist das schon, da lässt sie mich einmal im halben Jahr ran, und schon ist sie schwanger. Geld kriegt sie aber keins von mir, ich hab ja selber nichts. Meine Mutter würde sich natürlich freuen, aber der werd ich das erst gar nicht auf die Nase binden, sonst geht sie mir wieder ewig auf den Geist von wegen Verantwortung und so. Andererseits kann man doch so ein Kind nicht einer solchen Mutter allein überlassen. Da steck

ich ja in einer schönen Klemme. Zumindest versteh ich jetzt, warum sie gleich so durchgedreht ist, als ich ihr gesagt hab, dass Schluss ist. Wahrscheinlich wollte sie einen auf Familie machen. Man, hab ich ein Schwein, dass ich vorhin noch nichts davon wusste, sonst hätte ich mich doch gar nicht getraut, sie rauszuschmeißen. Aber jetzt ist sie weg - endlich, und eins schwör ich dir Günthi, ich lass sie hier nie wieder rein, auch nicht wenn sie irgendwann mit dem Balg vor der Tür steht. Ich bin jetzt frei, und muss mich konzentriert um die kleine Chortussi kümmern. Ich glaube, da muss ich alle Register ziehen, wenn ich sie erobern will. Die ist ein harter Brocken und will mich ganz schön zappeln lassen. Ist ja auch ne blöde Masche von ihr, mich einen Abend pausenlos anzumachen, und schon am nächsten Abend so zu tun, als ob sie mich nicht kennt. Aber ich krieg sie, wirst du sehen, ich lass nicht locker, bis sie hier mit mir im Bett liegt. Hoho, die ist ne ganz andere Liga als Carola. Morgen bauen sie das Zelt ab, bis dahin muss mir unbedingt was einfallen. Aber weißt du was, ich geh noch mal rüber ins Landskroneck, dass ich Carola rausgeworfen habe, das muss ich unbedingt Ronny erzählen“

In Wirklichkeit fühlte er sich mit einem Male etwas einsam so allein vor seinem Altar. Solange er ständig befürchten musste, dass Carola auftauchen würde, hatte er die friedliche Stille seines Alleinseins genossen, aber jetzt schien ihm seine Wohnung mit einem Male viel zu groß und dunkel, und er fühlte sich schrecklich unbehaglich. Geschwind lief er durch das Wäldchen und atmete erleichtert auf, als er noch Licht durch die Fenster der Kneipe schimmern sah. Immerhin war schon gleich Mitternacht und mitunter hatte sie, wenn zu wenige Gäste da waren, um diese Zeit schon geschlossen. Auch Ronny saß noch am Tresen, dem Ort, wo er sich seit seiner Scheidung bevorzugt aufzuhalten pflegte. Sobowsky stürzte auf ihn zu, setzte sich neben ihn und rief der langhaarigen, blonden und schon etwas verwelkt aussehenden Bedienung zu, dass sie rasch zwei Schnaps auf seine Rechnung bereitstellen solle. Ronny schaute ihn ein wenig misstrauisch an:

„Was ist denn mit dir los? Wo kommst du denn so spät her? Von deiner neuen Flamme?“

„Ha, ha, da kommst du nie drauf!“

„Von Zuhause?“

„Äh, ja, aber was ich dort gemacht habe, das meine ich.“

„Carola gepimpert, da beneide ich dich aber nicht."
„Falsch. Die pimpere ich nie wieder, ich hab sie nämlich endgültig rausgeschmissen, für immer."
„Quatsch morgen klingelt sie bei dir, und du lässt sie brav wieder rein, ich kenn dich doch."
„Nein, nein, diesmal ist es anders. Und deshalb geb ich einen aus."
Er erzählte Ronny den Verlauf ihrer Trennungsdiskussion.
„Du hast sie wirklich zusammengeschlagen? Mensch Jochen, das hätte ich nicht von dir gedacht. Meinen Glückwunsch, dieses Weib hat es wirklich verdient."
Sie prosteten sich zu, immer wieder, schwelgten in gemeinsamer Genugtuung, und feierten Sobowskys neue Freiheit.
„Jochen, ich versteh bloß nicht, warum du dich schon wieder mit einem Weib einlassen willst. Hast du immer noch nicht die Nase voll? Mein einziger Trost ist, dass das mit deiner Frommen sowieso nichts wird."
„Hör mal Ronny, wenn das wirklich nicht klappen sollte, geb ich es ein für alle mal auf, versprochen."
Zwei Stunden später scheuchte sie die Bedienung vor die Tür. Sie wollte endlich Feierabend machen, und auch der Zustand ihrer Gäste war nicht mehr so, dass man noch großen Umsatz von ihnen erwarten durfte. Ronny und Sobowsky hatten ohnehin Mühe sich noch auf den Beinen zu halten und ihre Aussprache war undeutlich geworden. Sie hatten sich wohl ein wenig zu oft zugeprostet. Vor der Kneipe trennten sich ihre Wege, und Sobowsky stolperte nach Hause. Im Flur stieß er auf die heruntergerissenen Bilder seiner geliebten nackten Freundinnen, und es brach ihm bei diesem Anblick fast das Herz. Noch einmal griff er nach seiner Flasche Schnaps und setzte sich zu ihnen auf den Fußboden. Jede von ihnen nahm er einzeln hoch, streichelte sie und bedachte sie mit liebevollen Worten. Doch mit einem Male übermannte ihn die Müdigkeit, er sank zusammen, und schlief inmitten seiner Gefährtinnen ein. Erst als er, schon im Morgengrauen, fröstelnd erwachte, schleppte er sich in sein Bett, um noch bis in die frühen Nachmittagsstunden weiter zu schlafen.

Nach dem Aufstehen machte er sich sogleich an die Arbeit. Er befestigte die Mädchen wieder an der Wand, dort wo sie eingerissen waren, reparierte er die Bilder mit Klebestreifen. Er fluchte auf Carola, und als

er fertig war, gönnte er sich ein Bierchen. Dann zog er sich seine Jacke über, ging im Landkroneck eine Bockwurst essen, und schlenderte noch zu den Müllcontainern des Blockes. Er hatte Glück, und fand zwei alte Farbbüchsen in ihnen. Gutgelaunt brachte er sie nach Hause, um mit ihrem Inhalt auch seinen demolierten Kunstwerken zu neuer Pracht zu verhelfen. Es gelang. Nun wartete er nur noch sehnsüchtig, die Zeit mit seinem Fernseher totschlagend, dass es halb acht werden würde. Als es endlich soweit war, holte er Rosinante aus dem Keller und machte sich zum letzten Mal auf, die Missionsveranstaltung im Zelt zu besuchen. Obwohl er im Laufe des Tages schon wieder sechs Flaschen Bier getrunken hatte, trat er Homo-Raik selbstbewusst entgegen.
„Brauchst gar nicht so zu gucken!“ sagte er zu ihm, „Es gab gestern eben was zu feiern.“
„Und heute, ich meine, du hast eine mächtige Fahne, die wird doch nicht mehr von gestern sein, oder?“
„Wahrscheinlich doch, heut hab ich ja bloß ein paar Bier getrunken.“
Er ließ Raik einfach stehen, und suchte sich einen Platz im Zelt, von dem er glaubte, dass er sie von dort aus besonders gut sehen könnte. Er war jetzt fürchterlich aufgeregt, und es dämmerte ihm, dass es wohl auch an diesem Abend nichts aus dem erhofften Treffen mit ihr werden sollte, dem Treffen, bei dem sie sich gegenseitig ihre Liebe gestehen und sich hemmungslos küssend um den Hals fallen würden. Um sich ein wenig zu beruhigen nahm er einen Schluck aus seinem Flachmann. Schnell nahm er ihn, damit ihn niemand dabei beobachten konnte. Schon fühlte er sich etwas besser, doch die Minuten bis zum Beginn zogen sich noch schrecklich lange hin. Fieberhaft kreisten seine Gedanken um das eine Thema: Was wäre, wenn es heute tatsächlich nicht klappen sollte? Verlöre er sie dann für immer aus den Augen? Könnte er ohne sie weiterleben? Wie sollte er weiter verfahren? Ob es was nützen würde, ihr einmal aufzulauern, um sie zur Rede stellen, oder sie zu sich nach Hause einzuladen? Welche Antwort hätte er, wenn sie sein Angebot ablehnte? Oder, ob er heute aufgeben und lieber ein Einsiedlerleben beginnen sollte? Scheiße, er konnte sich doch unmöglich so getäuscht haben! Irgendwann, das Zelt war wieder brechend voll, ging es los. Es war der selbe Ablauf wie an den anderen Abenden, erst ein bisschen klassische Musik, dann der kleine bebrillte Mann, der alle fröhlich begrüßte, und es sich nicht nehmen

ließ, die Gäste darauf hinzuweisen, dass heute ihre vorerst letzte Chance gekommen sei, sich zu bekehren. Denn dann würde Bruder Grünberger weiterziehen, in eine andere Stadt, um die frohe Botschaft den dortigen Bewohnern zu verkünden. Dann wäre wieder Alltag, und das Fest des Glaubens vorbei. Wer heute den Schritt auf die Bühne wagen würde, könne sich einer Gemeinde anschließen, und in ihr die weiteren Glaubensschritte gehen. Sobowsky hörte nur mit einem Ohr hin, voller gespannter Erwartung fieberte er dem Auftritt des Chores entgegen. Als die Sänger dann die Bühne betraten, schlug ihm das Herz fast bis zum Hals. Da war sie wieder, genauso jung und anmutig wie an jenem Abend, an dem er das Zelt zum ersten Mal betreten hatte. Da er sich recht nahe an der Bühne befand, konnte er ihre glockenklare Stimme deutlich aus denen der anderen heraushören. Der Wunsch, sie zu besitzen wurde jetzt fast übermächtig und die Angst, dass es ihm nicht gelingen könnte, schien ihm das Herz abzuschnüren. Tief holte er Luft und stöhnte so laut, dass sie es hörte, und irritiert zu ihm herab blickte. Doch ihre Augen schauten keinesfalls freundlich, nicht einmal besorgt, sondern lediglich angewidert zu ihm herab. Trotzdem winkte er ihr ein wenig verlegen zu, worauf sie ihren Kopf wieder nach oben nahm, und weiter sang, als ob es dieses kleine Zwischenspiel nie gegeben hätte. Sobowsky wurde vor Kummer ganz schlecht. Hoffentlich hatte er es sich dadurch nicht mit ihr verdorben. Er überlegte, wie er diesen Fehler wieder gut machen könnte, aber ihm fiel nichts ein. Erregt sprang er auf, und wollte ihr zuschreien, wie sehr er sie liebe, doch nur eine Sekunde später ließ er sich resigniert auf seinen Stuhl zurück fallen. Er hatte gerade noch rechtzeitig erkannt, dass ihm das wohl eher schaden als nützen würde.

„Ich muss sie am Ende hinter der Bühne besuchen, das hilft ja alles nichts.“ beschloss er, und dieser Beschluss ließ ihn etwas ruhiger werden. Als der Chor verschwunden war, übernahm ein junges Ehepaar für ein paar Minuten die Unterhaltung der Anwesenden. Ähnlich wie Homo-Raik erzählten auch sie ihre persönliche Geschichte, von einem bewegten Jugendleben voller wechselnder Partnerschaften, und wie ihre Bekehrung zum Herrn den Schlusspunkt unter ihr Lodderleben setzte. Nun hatten sie geheiratet und wollten ein gottgefälliges Leben gemeinsam mit ihren zwei kleinen Kindern führen. Sobowsky, der ihren Auftritt nur deshalb gut gefunden hatte, weil alle Aufmerksamkeit von ihm abgelenkt wurde,

und er unbeobachtet noch einen Schluck aus seinem Flachmann nehmen konnte, schreckte auf. Zwei Kinder! Noch gestern hätte ihn das völlig kalt gelassen, aber heute, wo er selber bald Vater werden sollte? Ihre Worte trafen ihn tiefer, als er es je für möglich gehalten hatte. Ja, er würde Vater werden, aber was für einer? Ob es ein Junge wird? Ganz plötzlich spürte er das Verlangen, seinen Sohn im Arm zu halten. Er merkte, wie sehr er das ungeborene Ding schon jetzt liebte. Aber verdammt, hatte er nicht erst gestern die Mutter des Kleinen die Treppe herunter geprügelt? Was sollte er jetzt tun, Carola um Verzeihung bitten, und sie wieder aufnehmen? Oder weiter dieser unnahbaren Sängerin hinterher hecheln?
„Jochen, beruhige dich, bau jetzt mal keine Scheiße und warte in Ruhe ab!“ sagte er zu sich und stellte sich gedanklich schon auf Grünberger ein, der in der Tat nicht lange auf sich warten ließ. Der Prediger zog noch einmal alle Register. Heute Abend sollte allen endgültig klar werden, was ihnen blühte, wenn sie das Angebot des Herrn Jesus verschmähten.
„Liebe Anwesende!“ sprach er, „Lasst es mich euch heute noch einmal in abschließender Deutlichkeit sagen: Wenn ihr eure Chance nicht nutzt, wenn ihr nicht Buße tut, und euer Leben nicht unserem Herrn übergebt, werdet ihr für ewige Zeiten in der Feuerhölle schmoren. Und das ist kein Ammenmärchen, sondern die ganze harte Wahrheit, die zu verkünden wir auch hierher gekommen sind. Lassen sie sich nicht von ihren Mitbürgern täuschen, die ihnen etwas von einem lieben Gott erzählen wollen, der schon alle Menschen, die sich nichts zu Schulden kommen lassen haben, in den Himmel aufnehmen wird. Nein, die Wahrheit steht in der Heiligen Schrift und unser Herr selbst sagt uns dort in aller Klarheit, wie es denen ergehen wird, die ihn zu Lebzeiten nicht kennen wollen. Sie werden an einem Ort landen, der ein nie ausgehender Feuerofen ist, wo das Feuer nie erlischt und die Qual nie endet. Dort wird ein Heulen und Zähneklappern sein. Keiner von diesen wird jemals dieser ewigen Pein entkommen. Allen, ausnahmslos allen Menschen ist dieser Weg vorbestimmt, und es gibt nur eine Möglichkeit, diesem Unheil zu entkommen - Jesus. Und nur wenigen Menschen ist es bestimmt, statt in der Hölle zu vergehen, die Ewigkeit in nicht enden wollender Herrlichkeit zu verbringen. Sie müssen sich selbst entscheiden, welchen Weg sie gehen möchten, den breiten, bequemen Weg ohne Jesus, der direkt ins Verderben führt, oder den schmalen, beschwerlichen Weg in der Nachfolge unseres

Herrn, der die Rettung verheißt. Und es ist wahrhaftig ein langer und beschwerlicher Weg. Nicht umsonst hat der Apostel Paulus das Leben eines gläubigen Christen mit einem Marathonlauf verglichen. Die Bekehrung ist erst der Startschuss, der Tod das Ziel. Dazwischen kann so unendlich viel passieren, was uns aus dem Rennen wirft. Seien sie auf der Hut, es gibt unglaublich viele Versuchungen, die uns straucheln lassen können. Jede noch so kleine Sünde entfernt uns aber ein Stück weiter von Gott, und irgendwann, ohne es selbst zu bemerken, haben wir den Herrn Jesus wieder verloren. Und deshalb sagt es die Heilige Schrift so deutlich:"
Grünberger, der bis hierhin ruhig und sachlich gesprochen hatte, machte nun eine kleine Kunstpause, fing an mit den Armen zu fuchteln, und fuhr dann mit lauter, beinahe kreischender Stimme fort:
„Wenn du durch dein rechtes Auge verführt wirst, dann reiß es aus und wirf es weg! Und wenn dich deine rechte Hand zur Sünde verführt, dann hau sie ab, und wirft sie weg. Denn es ist besser, du verlierst eines deiner Glieder, als dass du mit unversehrtem Körper in die Hölle kommst. Und wer seinen Bruder im Herrn einen Idioten nennt, gehört ins Feuer der Hölle! Und wer Ehebruch betreibt, oder eine geschiedene Frau heiratet, kommt in die Hölle! Täuscht euch nicht, Menschen, die in Unzucht leben, Götzen anbeten, oder die Ehe brechen, Lustknaben oder Knabenschänder, Diebe oder Habsüchtige, Säufer, Lästerer oder Räuber werden keinen Platz im Reich Gottes haben. Alles was uns wichtiger ist als der Herr, trennt uns von ihm und macht uns unwürdig, mit ihm gemeinsam in der Ewigkeit zu leben. Er will uns ganz oder gar nicht!"
„Aha." dachte Sobowsky, „Säufer haben also keine Chance. Wäre blöd für Manni, falls es stimmen würde."
Grünberger wurde wieder still und mit leiser, verheißungsvoller Stimme, die Sobowsky an den Weihnachtsmann erinnerte, der bei ihnen aufgetreten war, als er noch ein Kindergartenkind gewesen, sprach er weiter:
„Und nicht wenige von euch, die heute hier sind, gehörten zu denen, denen das Himmelreich verschlossen war, und die Hölle dafür weit aufstand:"
Doch dann jubilierte er in einer Lautstärke, die den erschreckten Sobowsky sich instinktiv die Ohren zuhalten ließ.
„Aber durch den Namen des Herrn Jesus Christus und durch den Geist

unseres Gottes seid ihr reingewaschen, seid ihr geheiligt, seid ihr gerecht gesprochen worden. Halleluja, Halleluja, Halleluja!“
Minuten später kam es zum großen Finale. Wie an jedem Abend rief Grünberger die offensichtlich durch seine kraftvolle Predigt neu bekehrten Gläubigen zu sich auf die Bühne, damit alle Besucher den ersten Schritt ihres nun geretteten Lebens mit verfolgen könnten. Waren es an den vergangenen Abenden nie mehr als sieben oder acht Menschen gewesen, die den Weg zu ihm auf die Bühne gefunden hatten, schien heute ihr Strom nicht abreißen zu wollen. Sobowsky war verwirrt. Zahlreiche, einander widerstrebende Gedanken wälzten sich in seinem Kopf. Er spürte, dass er an einem Wendepunkt in seinem Leben angekommen sein müsse. Mit Ekel vor sich selbst erinnerte er sich an den gestrigen Abend. Was war bloß mit ihm los gewesen, dass er so ausgerastet war? Bei all ihrer Boshaftigkeit hatte es Carola nicht verdient gehabt, dass er sie so misshandelte. Er suchte eine Erklärung für seine unmäßige Reaktion auf ihren Wutausbruch. Ja, sicher, lange genug schon fraß er seinen Ärger über sie in sich hinein, aber nie hätte er es für möglich gehalten, das sie einmal so auseinander gehen würden. Er hatte doch immer nachgegeben, sich ein Bierchen genommen, und sie keifen lassen, so lange sie wollte. Was war denn gestern anders gelaufen als sonst? Und da dämmerte ihm plötzlich eine schreckliche Erkenntnis. Er erinnerte sich an sein Gespräch mit Homo-Raik, und sein Versprechen, einen Tag lang nichts zu trinken. Geradezu körperlich spürte er, wie sehr ihm dieser Vorschlag zuwider gewesen, wie gereizt er schon nach Hause gekommen, und wie sehr seine Kehle ausgedörrt gewesen war. Er wusste schließlich sofort, dass es ihm schwer fallen würde, und dass seine einzige Chance, es zu schaffen, in sofortigem Schlaf bestanden hätte. Doch davon konnte Carola natürlich nichts wissen. Ahnungslos hatte sie ihn in ein Gespräch verwickeln, vermutlich mit ihm über das Kind in ihrem Bauch reden wollen.
„Und ich blödes Schwein hab sie zusammengeschlagen, die schwangere Frau.“ grämte er sich.
„Schwanger mit meinem Kind. Hoffentlich ist dem Kleinen nichts passiert. Homo-Raik, dieser Arsch! Konnte der mich nicht in Ruhe lassen, mit dieser Scheiße? Verdammt, dass ich aber auch gleich so ausgeflippt bin, nur weil ich´s mal ohne Brühe versucht habe. Langsam glaub ich, es geht wahrscheinlich wirklich nicht mehr ohne. Scheiße, scheiße, scheiße,

bin ich vielleicht wirklich schon ein Spriti, und hab´s bis jetzt nur nicht gewusst? Der Homo-Raik, der hat´s mir ja gesagt, der muss das irgendwie gesehen haben. Und meine Mutter hat auch schon so ein komisches Zeug geredet. Was mach ich jetzt nur? Na, erstmal ruhig bleiben, und gucken, was passiert. Ob ich Carola mal anrufe, und mich entschuldige? Aber dann will sie bestimmt gleich wieder zu mir zurück. Das geht doch nicht, mit dem Kind, das halt ich doch gar nicht aus. Ich bin nun mal kein Vater, und will auch keiner sein. Wäre auch nicht gut für das Kind. Basta, aus. Außerdem, was wird dann aus der kleinen Sängerin? Die müsste ich ja gleich abschreiben. Die wird ja wohl nicht bei mir einziehen, wenn ich schon mit Carola und dem Kleinen lebe."

Als seine Gedanken wieder bei ihr angekommen waren, krampfte sich sein Herz zusammen. Er fühlte sich von ihr gedemütigt, da sie ihn nun schon den vierten Tag ignorierte. Gleichzeitig wollte er sich auf keinen Fall von der Vorstellung verabschieden, dass sie sich hoffnungslos in ihn verliebt habe, und nur sehen wollte, wie er um sie kämpfen würde. Angst, sie zu verlieren, bevor er sie gewonnen hatte, ergriff ihn, als ihm einkam, dass ihm nur noch wenige Minuten verblieben, bis sie das Zelt wohl für immer in dieser Stadt abbauten. Gut, er wusste schon, wo er sie finden könnte, aber ob das genug für sie wäre? Nein, er brauchte eine Idee, irgendetwas Spektakuläres, was ihre Aufmerksamkeit und ihr Wohlwollen auf ihn lenken musste. Und auch das Gerede Grünbergers, das er sich nun schon seit fünf Abenden anhörte, begann, wenn sich auch alles in ihm dagegen sträubte, auf ihn zu wirken. Es konnte doch gar nicht sein, dass sich der Prediger das alles allein ausdachte, um die Leute zu verarschen. So viele Dinge waren neu für ihn gewesen, die er hier im Zelt erfahren hatte. Da gab es einen Jesus von Nazareth, der die Schuld von allen Menschen auf sich genommen haben sollte, da war eine wunderbare Zukunft im Jenseits, und eine schreckliche Strafe für jene, die nicht mit Jesus sein wollten. Dieser Jesus kam auch, um den Säufern zu helfen, und eben erst war Sobowsky das erste Mal in seinem Leben die Erkenntnis gekommen, dass auch er zu diesen gehören könnte. Ja, und da war auch Homo-Raik, das lebende Beispiel dafür. dass es funktionieren konnte. Und das Beste an Raiks Geschichte war die Tatsache, dass er eine gute Frau dabei gewonnen hatte. Grünberger versprach ein neues Leben, dass man führen könne, wenn man mit Jesus gehe, und mit einem Male spürte Sobowsky, das es genau das war, was er benötigte - ein neues Leben. Ein Leben, ohne Frauen zu schlagen, ein Leben, ohne saufen zu müssen. Und wieder stand ihm deutlich Manni vor Augen, wie er im Einkaufsmarkt seinen Wagen mit Schnapsflaschen zur Kasse fuhr. Nein, jetzt war endgültig Schluss. Er spürte, dass zwischen seinem und Mannis Zustand nur noch eine kleine Strecke lag. Und wie klar war es ihm mit einem Mal, dass er auch bei der Sängerin nur eine Chance haben würde, wenn er sich radikal änderte. Nun war er bereit dazu, ja das war die Tat, die sie von ihm sehen wollte. Ohne sich recht darüber klar zu werden, was er da tat, erhob er sich und reihte sich bei denen ein, die den Weg zur Bühne einschlugen. Immer wieder forderte Grünberger die Zuhörer mit eindringlichen Worten auf, zu ihm zu kommen, doch irgendwann, als wirklich keiner mehr nachrückte, gab er auf. Er drohte denen, die den Schritt heute noch nicht wagten, und gab dann den Musikanten das Zeichen, ihr Spiel zu beenden. Nicht unzufrieden überschaute er die Schar derer, die sich bei ihm eingefunden hatten. Es waren ungefähr fünfundzwanzig Leute, unter denen Sobowsky aufgrund seines Aussehens etwas hervorstach. Nach Grünbergers wieder sehr ausführlichem Gebet, welches Sobowsky diesmal kommentarlos erduldete, entließ Grünberger die neu gewonnenen Schäfchen von seiner Bühne. Als Sobowsky an ihm vorbei ging, raunte ihm Grünberger zu, dass er ihn nach Ende der Veranstaltung gern noch einmal sprechen und zu diesem Zweck hinter der Bühne auf ihn warten wollte. Sobowsky nickte und setzte sich wieder brav auf seinen Platz. Der kleine bebrillte Mann verabschiedete alle Besucher überschwänglich, und dankte Gott und Grünberger für die zwei großartigen Wochen, in denen das Zelt in der Stadt gewesen war. Er freute sich offensichtlich über den durchschlagenden Erfolg der Veranstaltungen, denn weit mehr Menschen, als man hätte erwarten können, wollten von nun an ein bekehrtes Leben führen. Und dann kam der Moment, der Sobowsky fast erstarren ließ. Zum letzten Mal erschien der Chor, ein letztes Mal sah er sie dort oben stehen, eine letzte, sogleich wieder ersterbende Hoffnung wallte in ihm auf, das sie nun ganz am Schluss ihr Spiel beenden, und sich ihm wieder so wundervoll wie an seinem ersten Abend zuwenden werde. Doch ihr Lied endete ohne das innig herbei geflehte Zeichen ihrer Zuneigung. Nachdem sie die Bühne verlassen, und die Lichter im Zelt wieder angegangen waren, gab es für Sobowsky kein Halten mehr.

„Jetzt muss sie mir Rede und Antwort stehen!“ rief er erregt, und ohne sich um die verwunderten Gesichter der neben ihm Sitzenden zu kümmern, stürmte er nach vorn, riss den Vorhang, hinter dem sie verschwunden war, beiseite und blickte sich suchend um. Aha - da war sie! Sie redete mit einem der anderen Sänger, was bildete die sich denn ein? Und diesem Kerl, na dem würde er gleich die Fresse polieren, wenn er sie nicht sofort in Ruhe ließe! Wutentbrannt, aber langsam, wie ein gereiztes Raubtier, das sich vorsichtig an sein Opfer heran schleicht, näherte er sich ihnen. Sein Blick war fest auf die beiden gerichtet, so dass er nicht bemerken konnte, wie Grünberger an ihn herantrat.

„Ah, da sind sie ja schon.“ sagte der.

Sobowsky, so plötzlich in seinem fast wahnhaften Vorwärtsdrang gebremst, blickte Grünberger erst verständnislos, dann zornig an.

„Was willst du von mir?“ fauchte er.

„Wir wollten uns doch noch einmal miteinander unterhalten. Ich glaube, in ihrem Fall ist das notwendig. So sehr ich mich gefreut habe, sie heute bei mir auf der Bühne zu sehen, glaube ich doch, dass sie noch nicht wirklich wissen, was es heißt, sein Leben Jesus ganz und gar zu übergeben.“

Immer noch aufgebracht über die Störung antwortete Sobowsky:

„Ach ja, was heißt es denn?“

Sein Blick wanderte unruhig zwischen der Sängerin und Grünberger hin und her, unentschlossen, ob er das Gespräch mit dem Prediger einfach abbrechen sollte.

„Das heißt, dass sie ihr bisheriges Leben vollständig hinter sich lassen müssen. Sie müssen sich von ihrem für sie schädlichen Bekanntenkreis radikal trennen, und sich einer gläubigen Gemeinde anschließen. Sie müssen die dortigen Versammlungen besuchen, besonders den Gottesdienst. Von mir haben Sie nur die Grundlagen des Glaubens vermittelt bekommen, erst in der Gemeinde werden sie im Glauben weiter wachsen können. Wissen Sie schon, wohin Sie gehen werden?“

„Klar, Bahnhofstraße 12, wo denn sonst?“

„Na ja, es gibt ja auch andere Gemeinden.“

„Aber nicht für mich. Hast du sonst noch was auf dem Herzen?“

Sobowsky nervte dieser Kerl, der ihn davon abhielt, mit ihr zu sprechen, die seine Gefühlswelt so unverhofft so durcheinander gewirbelt hatte. Zu seiner Erleichterung sah er, dass sie noch immer in ihre Unterhaltung vertieft war.

„Ja, ich hab noch was. Die Heilige Schrift sagt, dass Säufer nicht ins Paradies gelangen können, denn der Alkohol wird ihnen immer wichtiger sein, als der Herr selbst. Ja, der Gott des Säufers ist der Alkohol. Aber nur wer uneingeschränkt dem Herrn Jesus angehört, kann gerettet werden. Was ich sagen will ist, dass sie unbedingt aufhören müssen zu trinken. Ich habe mich mit Raik über sie unterhalten, den sie ja von früher kennen. Nehmen Sie sich ein Beispiel an ihm. Aber glauben Sie mir, sie schaffen es nicht alleine, gehen Sie zu einer Suchtberatungsstelle, die sagen Ihnen, was zu tun ist."

„Das schaff ich auch alleine, das bisschen, was ich trinke, kann ich mir schon abgewöhnen."

„Täuschen Sie sich nicht, das ist nicht so leicht wie sie denken!"

„Woher willst du denn das wissen, bist du auch schon mal auf Entzug gewesen?"

„Nein, nein, ich trinke ja nichts."

„Na also, was redest du dann von Sachen, die du nicht verstehst? Ich weiß selbst, dass ich kürzer treten muss. Ich will ja auch ein neues Leben anfangen, das muss sein, hab ich ja eingesehen. Nicht wegen deiner Predigt, vorher schon. Soll ich dir mal was sagen? Gestern hab ich meine schwangere Freundin vermöbelt. Einfach so, nur weil ich mal nichts trinken wollte, verstehst du? Das hat man nämlich davon, wenn man auf euch hört. Aber trotzdem, ihr habt schon Recht, es ist an der Zeit mal umzusteuern."

Sein Blick ging erneut zurück, um sich zu vergewissern, ob sie noch an ihrem Platz stand. Doch verdammt, das tat sie nicht. Da, wo er die beiden noch vor wenigen Sekunden gesehen hatte, befand sich jetzt niemand mehr.

„Scheiße, wo ist sie?" schrie Sobowsky und riss die Zeltplane beiseite, die er mit wenigen Schritten erreichte. Vor seinen Augen wogte ein Strom zahlreicher Menschen, doch sie war in der Menge nirgends zu entdecken. Sobowsky sah Rot. Er stürzte auf Grünberger zu, den er als den Schuldigen erkannte, dass sie ihm entkommen war.

„Du Wichser!" brüllte er, und stieß ihm mit beiden Händen so heftig vor die Brust, dass der auf seinen Rücken krachte. Dann verließ er wutschnaubend das Zelt, kämpfte sich durch die Menschen, immer in der Hoffnung, sie irgendwo zu entdecken. Doch mit der Zeit wurden es ihrer immer weniger, bis bloß noch ein paar Freiwillige zurück blieben, die bereit waren, beim Zeltabbau zu helfen. Sobowsky setze sich erschöpft und enttäuscht an eine der großen hölzernen Zeltstangen, lehnte seinen Rücken dagegen und nahm seinen Flachmann aus der Tasche.

„Aufhören kann ich ja auch morgen noch." dachte er und trank ihn aus. Eine kleine Weile hing er noch seinen Gedanken nach, dann übermannte ihn ein leichter Schlummer. Er erwachte, weil ihn einer der Helfer unsanft anstieß.

„He, Sie müssen jetzt gehen, schlafen Sie doch zu Hause weiter!"

Sobowsky wusste nicht, wie lange er so gesessen hatte, aber es musste einige Zeit vergangen sein. Schließlich fand er sich im Freien wieder, die Zeltplanen waren bereits vollständig entfernt, und nur das Gerüst des Zeltes musste noch abgebaut werden. Er sah ein, dass er dabei im Wege war, und erhob sich mühsam. Seine Beine waren ihm eingeschlafen, und er merkte, dass er jämmerlich fror. Sein Kopf tat ihm weh, und sein Hals war trocken. Trotzdem fragte er:

„Soll ich noch ein bisschen helfen?"

Die Antwort kam von unerwarteter Seite. Grünberger hatte sich zu ihnen gesellt, sein Blick war voller Herablassung und sein Ton kalt und befehlend.

„Von solchen wie Ihnen brauchen wir keine Hilfe. Verschwinden Sie sofort, sonst rufe ich die Polizei!"

„Nun sei doch nicht so nachtragend, nur weil ich dich vorhin mal umgeschubst habe. Dein Jesus hätte mir bestimmt vergeben. Schließlich ist er zu den Säufern und Huren gekommen, und nicht zu solchen Pfeifen wie dir. Vielleicht solltest du dir selbst mal ein Beispiel an Jesus nehmen, und nicht nur jeden Abend schöne Reden halten! "

„Hinfort, schnell, ich kann Sie nicht mehr sehen. Fünf Tage lang schaue ich mir nun schon das Trauerspiel mit Ihnen an, ich will das nicht mehr. Sie sind ein vollkommen hoffnungsloser Fall, Sie werden das Himmelreich niemals zu sehen bekommen!" kreischte der Prediger.

„Quatsch, das legst du doch nicht fest. Nächste Woche gehe ich in die Bahnhofstraße, dann werden wir ja sehen."

„Nein, nein, das wird nichts, glauben Sie mir! Und jetzt hauen Sie endlich ab. Sofort, sofort, sofort!"

„Ach, du kannst mich mal, man kann ja überhaupt keine vernünftige Unterhaltung mit dir führen. Du bist mir schon ein komischer Prediger, da könnt ihr mal helfen, einen wirklich bedürftigen Mann zu retten, und dann wollt ihr nicht. Ich glaub, ihr seid einfach nur ein paar blöde Arschlöcher. Aber von euch lass ich mich nicht aufhalten, ich komme schon in den Himmel, falls es ihn gibt."

Sobowsky spuckte Grünberger theatralisch vor die Füße, und war sehr mit sich zufrieden, was für eine schöne, große, grünlich schimmernde Aule er produziert hatte. Grünbergers angewidertes Gesicht verschaffte ihm Genugtuung, und stolz wie seinerzeit Don Quichotte schritt er zu seiner Rosinante, und ritt mit ihr schnurstracks, der Kälte trotzend, zu Ronny ins Landskroneck.

Sobowsky wand sich vor Schmerzen. Er lag auf seiner Matratze im Schlafzimmer und wimmerte vor sich hin. Seine Haare klebten blutverkrustet an seinem, von zahlreichen, starken Abschürfungen gezeichneten Schädel. In den offenen Stellen befand sich noch der Schmutz der winterlichen Straße. Die zwei Stellen im Mund, an welchen er Zähne verloren hatte, waren stark geschwollen. Immer wieder tastete seine fast durchgebissene Zunge diese Stellen ab, um seinem Gehirn immer wieder ein und dieselbe Botschaft zu senden, nämlich, dass sie auch nach einem Rückgang der Schwellungen nicht wieder auftauchen würden. Dann wiederum sah er sich auf der Straße knien, genau in dem Moment, als er die zerborstenen Zähne auf den frostglitzernden Asphalt spuckte. Er versuchte, sich auf die andere Seite zu drehen, doch unter einem Röcheln brach er diesen Versuch ab. Zu stark schmerzten ihn irgendwelche inneren Organe, als dass er den Ehrgeiz aufgebracht hätte, sein Vorhaben zu Ende zu führen. Dass er auch später, wenn diese verdammten Schmerzen hoffentlich mal nachließen, nicht aufstehen könnte, hatte er schon bemerkt. Etwas Wichtiges musste in seinem rechten Knie kaputt gegangen sein. Es war entsetzlich dick geschwollen, und ließ sich keinesfalls mehr bewegen. Selbst das auf dem Rückenliegen bereitete ihm Pein, denn sein Anus, an dem sich ebenfalls Blut befand, brannte unentwegt in einer Heftigkeit, dass er glaubte, verzweifeln zu müssen. Seine Klamotten waren zerrissen und stanken nach Urin. Gutgelaunt und stolz darüber, wie er es dem Grünberger gegeben hatte, war er nach Hause geradelt. Doch kurz vor seinem heimatlichen Block war ihm eine Gestalt in den Weg getreten. Er machte einen Schlenker mit Rosinante, um sie nicht anzufahren und rief ärgerlich:

„Pass doch auf!" Doch die Gestalt riss an seinem Gepäckträger, so dass er zum Halten kam, die Füße auf der Straße und die Stange zwischen seinen Beinen.

„Was willst du, du Penner?"

„Ach, lass mich los, ich habe keine Lust mich mit dir zu unterhalten."

Da gesellte sich auch schon schnellen Schrittes ein zweiter Kerl zu ihnen und stieß ihm mit so roher Gewalt gegen die linke Schulter, dass er mit Rosinante zwischen den Beinen auf die Fahrbahn krachte. Er schrie:

„Willst du meinen Kumpel anmachen?"

„Nein, nein, entschuldigt bitte, das war nicht meine Absicht." versuchte Sobowsky sie zu besänftigen, aber da wusste er eigentlich schon, dass er das Opfer eines abgekarteten Spiels werden sollte. Bei diesen Typen konnte es sich nur um einige dieser brutalen Schläger handeln, die es sich zur Aufgabe gemacht hatten, die Stadt von vermeintlich minderwertigen Menschen zu säubern. Schon waren sie zu dritt, und der Neuankömmling trat ihm, der sich in Rosinante verfangen hatte und am Boden lag, mit aller ihm zur Verfügung stehenden Heftigkeit gegen den Kopf, der daraufhin ungebremst auf dem Asphalt aufschlug. Als sie ihn hoch zerrten spürte er, wie ihm sein Blut von der Schläfe tropfte. Derjenige, dem er zuerst begegnet war, hielt ihn nun von hinten fest, während die beiden anderen mit fröhlichem Gekicher abwechselnd auf ihn einschlugen. Als ihnen das nicht mehr zu genügen schien, begannen sie wie wild mit ihren Stiefeln nach ihm zu treten. Dabei schrieen sie immer wieder:

„Du Penner, du Drecksack, dir werden wir es zeigen, wir machen dich kalt, das war heute dein letzter Tag! Das überlebst du nicht. Schmarotzer! Wichser! Kanake!"

Dann kam der Tritt, der ihm die Zähne löste. Obwohl er schon halb ohnmächtig war, spürte er den rasenden Schmerz, und fühlte, wie sich sein Mund mit warmem Blut füllte. Derjenige, der ihn bisher gehalten hatte, stieß ihn nun von sich, Sobowsky ging auf den Boden nieder und spuckte Blut und Zähne aus. Während die beiden Schläger munter weiter auf ihn eintraten, griff sich der Dritte Rosinante, und begann nun auch sie zu demolieren. Er hackte auf sie ein, als ob sie ein lebendiger Feind wäre, dann hob er sie über seinen Kopf und warf sie weit von sich. Sobowsky konnte es zwischen den Tritten, die er empfing, mit ansehen, und wenn er bisher sein Schicksal beinahe klaglos hingenommen hatte, so war dies der Moment, der ihn verzweifeln ließ, und er sich wünschte, das er diesen Anschlag tatsächlich nicht überleben würde. Er schämte sich, dass er Rosinante nicht helfen konnte, und sehnte sich unermessliche Kräfte herbei, um sie wenigstens rächen zu können, doch schon der nächste Tritt raubte ihm die Besinnung. Ein grässlicher Schmerz ließ ihn wieder zu sich kommen. Während er bewusstlos dalag, hatten sie ihm mit einer herausgetretenen Fahrradspeiche die Hose durchstochen, und die Speiche tief in seinen Hintern hineingetrieben. Sie freuten sich königlich darüber, und einer von ihnen holte derweil sein Glied aus seiner Hose und goss einen warmen, stinkenden Strahl über Sobowskys Gesicht und Körper aus. Rasend vor Schmerz und tobend über die erlittene Demütigung bäumte er sich ein letztes Mal auf. Alles schrie er ihnen entgegen, wie sehr er sie verachtete, sie hasste, wie er sich rächen wollte. Er griff nach ihnen, schlug sie mit ihren Schädeln zusammen, sprang auf, griff nach den Fahrradspeichen, und stach ihnen die Augen aus, die nun triefend aus ihren Höhlen liefen. Dann überschüttete er sie mit Benzin und brannte sie erbarmungslos an. Er sah, wie sie sich schreiend am Boden wälzten und spürte tiefe Genugtuung dabei. Ein tiefer Stich mit einer anderen Fahrradspeiche holte ihn in die Wirklichkeit zurück. Er war es, der nun wieder schrie und weinte und um sein Leben bettelte, als sich ihm eine weitere Fantasie aufdrängte. Er sah den jungen Jeremenkow mit fünf weiteren Russen, Baseballschläger in der Hand, auf sie zustürmen. Ihre Gesichter waren wutverzerrt, und noch bevor seine Peiniger so recht bemerkten, welch apokalyptisches Gericht da auf sie zukam, waren die Russen auch schon angekommen, und hieben mit ihren Keulen derart unbarmherzig auf sie ein, dass ihre Schädel krachten. Demjenigen, der Sobowsky angepisst hatte, schlugen sie die Eier zu Brei, den anderen beiden steckten sie die Speichen nun ihrerseits in den Arsch und schlugen solange mit ihren Schlägern darauf, bis sie geradezu vollständig in ihren Hintern verschwunden waren.

„Geht es, Jochen?“ fragte Jeremenkow.

Sobowsky, der noch immer glaubte, die Russen seien reine Produkte der Phantasie seiner gepeinigten Seele, stöhnte nur. Aber langsam, als es nicht mehr zu verkennen war, dass die Gewaltorgie tatsächlich aufgehört hatte, begriff er, dass er entweder tot oder gerettet sein müsse.

„Oleg?“

„Ja?“

„Lebe ich?“

„Ja, ich glaube, wir sind gerade noch rechtzeitig gekommen.“´

„Wo sind die Wichser, die das gemacht haben?“

„Die liegen hier.“

„Und leben sie noch?“

„Ja.“

„Oleg, warum? Ihr müsst sie totschlagen!“

Sobowsky versuchte sich aufzurappeln, aber es gelang nicht. Trotzdem war er glücklich. Er fühlte sich mit einem Male großartig. Auch wenn ihm alles Erdenkliche wehtat, was machte das schon, er lebte ja. Ja, und dort lagen sie, diese Wichser. Ha, ha, die wussten wohl nicht, dass Jeremenkow sein Freund war.

„Wir bringen dich jetzt nach Hause.“ sagte Oleg, dem es auffiel, dass Sobowsky alleine nicht mehr laufen konnte. Auf ein Zeichen von ihm hakten sich zwei der Russen Sobowsky geschickt unter, und brachten ihn, nachdem er seinen Wohnungsschlüssel aus der rechten Hosentasche gefingert und ihnen gegeben hatte, in seine Schlafstube. Dort ließen sie ihn auf die Matratze fallen.

„Schlaf dich erstmal aus, “ sagte Jeremenkow, „wenn du noch was brauchst, sagst du mir morgen Bescheid. Okay?“

„Okay, Oleg, ihr seid wirklich feine Kerle. Es klingt zwar blöd, aber ohne euch wäre ich jetzt wahrscheinlich schon tot. Geht ihr jetzt noch mal zu denen, und macht sie endgültig fertig?“

„Wir schauen noch mal nach, mach dir keine Sorgen. Bis später.“

„Bis später, Oleg.“

Sobowsky empfand mit einem Male eine innige Zuneigung zu dem Russen. Fast schämte er sich, ihn für einen schlechten Menschen gehalten zu haben. Wie der ihm zu Hilfe geeilt war - einfach nur ritterlich. Und echte Freundschaft! Wie hatte er nur so ungerecht sein, und Jeremenkow für einen Verbrecher halten können? Trotz aller Freude über seine Rettung konnte er lange Zeit nicht einschlafen. Zu aufgewühlt fühlte er sich, zu unbegreiflich erschien ihm der ganze Vorfall. Was mochten das bloß für Menschen sein, die so etwas taten? Und vor allem, wieso ihm, der er doch gar kein Penner war? Irgendwann schlummerte er ein, doch nach ungefähr zwei Stunden erwachte er wieder, und erst jetzt begann es, ihm richtig dreckig zu gehen. Er glaubte, dass es ihm Linderung verschaffen könnte, wenn er sich auf den Bauch wälzte, aber trotz aller Mühe gelang es ihm nicht. Ein viel zu großes, ihm irrsinnig zusetzendes Stechen im Oberleib, ließ ihn seine diesbezüglichen Versuche abbrechen. Resigniert probierte er, erneut einzuschlafen, was ihm jedoch ebenfalls nicht glückte. Die anschwellenden Glieder, und die damit proportional zunehmenden Qualen, aber auch die immer wieder vor seinem geistigen Auge auftauchenden, auf ihn einprügelnden Gestalten verscheuchten jede Möglichkeit dazu. Stunde um Stunde verging, die Schmerzen wurden immer größer und zu seinem Entsetzen stellte sich auch noch dieser schreckliche, trockene Hals ein, der ihm deutlich sagte, dass es an der Zeit sei, etwas zu trinken. Einen Moment lang vergaß er seinen erbärmlichen Zustand, und versuchte aufzuspringen, um zum Kühlschrank zu eilen. Doch die traurige Wirklichkeit wollte ihn sofort zurück. Mit einem Schmerzensschrei sank er auf sein Bett. Verzweiflung machte sich in ihm breit, da er spürte, dass er liegend gefangen war. Wieder versuchte er vergeblich, zu schlafen. Die Stunden vergingen so entsetzlich langsam, wie sehr hoffte er, dass endlich der Morgen grauen, und mit zunehmendem Tageslicht die Erlösung kommen würde. Und da – durch das Fenster konnte er einen ersten matten Schein erkennen. Glückshormone durchströmten seinen Körper, und kurz fiel er in einen matten Schlummer. Als er erwachte ging es ihm noch ärger als zuvor. Zwar schien sich sein Körper inzwischen an die Schmerzen zu gewöhnen, doch insgesamt fühlte er sich wie zerschlagen. Die wenigen Minuten des Dösens mussten seinem Körper Appetit auf einen ausgedehnten Schlaf gemacht haben, doch gelang es Sobowsky nicht, diesem Wunsch zu entsprechen. Eine ihm unbekannte innere Unruhe hatte von ihm Besitz ergriffen, und als der Morgen endgültig über die Nacht siegte, verstand er selbst nicht mehr, was er sich eigentlich von dem neuen Tag erhoffte. Von Zeit zu Zeit versuchte er, sich zu bewegen, brach diese Versuche aber jedes Mal vor Schmerzen winselnd ab. Als er glaubte, dass es Mittag sein müsste, kam ihm eine Idee. Er würde solange schreien, bis es die Jeremenkows unter ihm hören würden. Dann käme Oleg bestimmt mal nachschauen, wie es ihm ginge. Doch schon der erste Anlauf schlug fehl. Unter schmerzendem Husten, der ihm Blut in den Mund beförderte, wand er sich gekrümmt im Bett. Bereits das Luftholen, das zum Rufen erforderlich gewesen war, zeigte ihm deutlich seine Grenzen auf.

„Scheiße," dachte er, „alleine komme ich hier nie mehr weg. Wenn mich nicht bald jemand findet, bin ich in zwei Tagen tot."

Dieser Gedanke ließ ihn in Tränen ausbrechen, worüber er sich selbst ein wenig wunderte. Seine Unruhe steigerte sich ebenso wie sein Durst und sein Bedürfnis nach etwas zu rauchen. Die Zeit verrann, ohne dass irgendetwas geschah. Sobowsky lag auf seiner Matratze, und kein Mensch schien ihn zu vermissen. Gegen Abend verschlimmerte sich sein Zustand. Die Zimmerwände um ihn herum schwankten, und ihm kam es vor, als ob er, in einem Karussell sitzend, durch das Zimmer flöge. In den wenigen Momenten, in denen dieses Gefühl ausblieb, verfluchte er sich in einem fort, dass er Carola hinausgeworfen hatte. Schließlich hielt er sie für die einzig mögliche Person, die ihn hier rechtzeitig finden könnte. Doch ihm war klar, dass dies nach dem gestrigen Abend nur eine Illusion sein konnte. Mit der Zeit jedoch verdrängte er diesen unangenehmen Gedanken, und entwickelte einen immer größer werdenden Optimismus, dass sie jeden Moment durch die Tür ins Schlafzimmer treten müsse, um ihm etwas zu trinken zu reichen. Und dann würde sie liebevoll seine Wunden versorgen. Aber seine Hoffnungen blieben unerfüllt. Stattdessen veränderten sich seine Empfindungen. Aus der Drehbewegung, mit der er durch das Zimmer sauste, wurde ein heftiges Auf und Ab, wie bei einem sich viel zu schnell bewegenden Fahrstuhl.

„Anhalten, anhalten!" schrie es in seinem Innern, doch das Tempo nahm noch zu. Als er schon glaubte, daran zu Grunde zu gehen, stellte sich eine plötzliche Benommenheit ein, die in eine erlösende Ohnmacht überging.

Das Erwachen war schrecklich. Er hatte zu frieren begonnen. So sehr er sich auch in seine Decke presste, es half ihm nichts. Heftige Schüttelfröste plagten ihn die ganze Nacht hindurch, und ließen ihn nicht an Schlaf denken. Angst überkam ihn, wie er sie noch nie zuvor gekannt, panische Angst vor dem Tod, Angst vor seinem jämmerlichen Ende, hier in diesem finsteren Raum. Sein Herz begann zu rasen, und als erneut der Morgen graute, spürte Sobowsky keine Hoffnung mehr. Heute, oder spätestens morgen würde er sterben, ja inzwischen sehnte er sogar den Tod herbei. Alles, was ihn von seinen Qualen befreite, wäre ihm willkommen. Doch der Tod tat ihm, zumindest jetzt, diesen Gefallen noch nicht. Langsam bemerkte Sobowsky, dass sich seine Hände selbstständig machten und unkontrolliert zu zittern begannen. Zuerst schob er es auf seinen starken Schüttelfrost, doch als dieser vorübergehend nachließ, blieben die Arme davon unberührt, und zappelten unentwegt weiter fort. Ihm dämmerte plötzlich, dass all sein Leiden weniger von seinen Verletzungen, als vielmehr von seinem ungestillten Durst her rührten.

„Homo - Raik hat Recht gehabt." flüsterte er, „Ich brauche das Zeug, sonst sterbe ich. Verdammt, ich brauche es, ich brauche es!"

Verzweifelt unternahm er einen neuen Aufstehversuch, der aber genau wie all die anderen vor ihm, scheiterte. Tränen traten ihm in die Augen, vor Schmerz, aber auch vor Traurigkeit. Ihm war jetzt klar, dass die Stunde der Abrechnung gekommen, die Quittung für sein Leben ausgestellt worden war. Doch gleich darauf wurde er trotzig. Na und, würde er eben krepieren - was sind schon zwei oder drei Tage Todesqual im Vergleich zu dreißig Jahren Glück und Spaß? Seine Gedanken flogen bald hier hin, bald dorthin, und immer wieder taten sich ihm Bilder seines Lebens auf, und nicht eines war dabei, das ihn nüchtern gesehen hätte. Und was war das für ein großartiges Leben! Wie viele Partys und Konzerte mochte er besucht, wie viele Stunden im Landskroneck und anderen Kneipen verbracht haben. Jawohl, seine Vorbilder, die großen Bluesmusiker, hielten es früher schließlich genauso. Wann immer sich ihnen Gelegenheit geboten hatte, zierten sie sich nicht lange, sondern griffen zu, und betranken sich, so schnell sie nur konnten. Klar, auch sie waren alle nicht alt geworden, doch bei ihrem Leben war das auch nicht erstrebenswert gewesen, genau wie bei ihm. Was würde er denn noch verpassen, wenn er jetzt abschmieren würde? Nichts - alles, was dieses Leben für ihn bereithielt, hatte er schon durchlebt. Was jetzt käme, würden nur noch müde Wiederholungen ein und desselben Vorgangs sein. Aufstehen, fressen, saufen, und wenn es sich ergeben würde, auch mal ficken. Dann Schlafen. Den nächsten Tag alles von Vorn. Wozu noch? Doch konnte er jetzt schon gehen, was hatte er denn vorzuweisen, was würden sie an seinem Grab über ihn sagen? Okay, er hatte jahrelang seinen Beitrag geleistet, dass das Krankenhaus schön warm blieb, aber was war das schon? Eine andere Leistung war da schon bedeutsamer. Er begann nachzurechnen, wie viele Biere er wohl in seinem Leben schon vernichtet haben mochte.

„Mit sechzehn hab ich angefangen, jetzt bin ich fünfundvierzig, das sind, na sagen wir mal achtundzwanzig Jahre. Ein Jahr hat 365 Tage, hm, das mal achtundzwanzig. Was kommt denn da raus? Ach, was weiß ich, es kommt ja auf den Tag nicht an. Sagen wir mal rund neuntausend Tage. Tja, und wie viele Biere hab ich denn im Durchschnitt getrunken? Oho, zu DDR- Zeiten, als das Bier noch nicht so viele Umdrehungen hatte, hab ich manchmal einen ganzen Kasten alleine geschafft. Da war ich ja auch noch richtig gut im Training. Heute ist es ja nicht mehr ganz so toll, obwohl, wenn ich früh anfange und mit Ronny lange sitze, da kommt auch ganz schön was zusammen. Na, rechnen wir mal vorsichtig, zwölf Flaschen pro Tag, mal neuntausend, bah, das sind ja locker über ein hunderttausend Flaschen. Das Ganze durch zwei, ist ja schließlich bloß ein halber Liter drin, macht mindestens fünfzigtausend Liter Bier in meinem Leben. Fünfzig Kubikmeter! Bah, was bin ich für ein prima Kerl, fünfzig Kubikmeter, ich hab fünfzig Kubikmeter ausgesoffen! Mindestens, wahrscheinlich noch mehr! Oder ist das zu wenig? Ich mein, wie viel ist das eigentlich? Egal, klingt viel, ist es auch. Hunderttausend Flaschen! Das muss mir erst einmal jemand nachmachen! Hunderttausend, da kann ich doch beruhigt sterben. Hunderttausend! Hunderttausend! Hunderttausend!“

Irgendwie beruhigte ihn die Vorstellung, dass er ganz offensichtlich doch etwas in seinem Leben geleistet hatte. Er verfiel wieder in einen Dämmerzustand, aus den ihn nur kurze Zeit später ein heftiger Krampf in seiner Wade riss. Zudem bemerkte er, das seine Klamotten klitschnass waren, sein Körper triefte geradezu vor Schweiß, und nichts schien die unaufhörlich an ihm herab rinnenden kleinen Bäche aufhalten zu können. Die Krämpfe dehnten sich bald über den ganzen Körper aus und nahmen an Heftigkeit zu. Fast belustigt nahm er zur Kenntnis, dass die durch sie verursachten Schmerzen so stark waren, dass er darüber weder das Brennen seines Hinterns, noch all die anderen Verletzungen mehr wahrnehmen konnte. Beim Versuch, sich den in den Augen brennenden Schweiß wegzuwischen, stieß er auf eine neue Hürde. Seine Arme, an denen seine Hände immer noch wie der verlangsamte Flügelschlag eines Insekts vor sich hin vibrierten, gehorchten nur noch widerwillig. Es gelang ihm kaum, sie bis zum Kopf zu führen, unwillig plumpsten sie jedesmal kurz vor ihrem Ziel auf die Matratze zurück. Das Schlimmste aber war der Durst. Schon seit fast zwei Tagen hatte er nun nichts mehr getrunken. Während er sich gestern noch nach kaltem Bier sehnte, würde ihn jetzt schon Wasser aus der Leitung überglücklich machen. Sein Hals war ausgedörrt, die Zunge lag schwer im Mund und klebte am Gaumen fest. Durch seine häufigen Versuche, sie von dort zu lösen, hatte sie sich entzündet und lag nun geschwollen wie ein vollgesogener Blutegel in seinem Rachen. Seine Kraft war inzwischen so weit geschwunden, dass er es aufgab, sie noch weiter zu bewegen. Allerdings hing sie nun dermaßen unvorteilhaft vor seiner Luftröhre, dass sie ihm das Atmen ungemein erschwerte, und er mehr und mehr das Gefühl bekam, sogleich ersticken zu müssen. Da machte sich wieder Panik in ihm breit, und die Todesangst setzte noch einmal die erforderliche Kräfte frei, die Zunge ein letztes Mal um wenige Millimeter zu verrücken, so dass in seine Lunge frischer Sauerstoff einströmen konnte. Als der Schweiß begann, auch in seinen Mund zu laufen, begrüßte er ihn wie einen lieben Freund. Für einen Augenblick schien er ihm Linderung zu verschaffen, doch schnell bemerkte er, dass er ihm nichts nützen würde. Stattdessen begann ihn das endlose Laufen der Perlen, das ihm vorkam, als ob Fliegen über sein Gesicht, seinen Hals und überhaupt über seinen gesamten Körper krabbelten, in den Wahnsinn zu treiben. Seine Mundwinkel begannen einzureißen, und der Schweiß, den er jetzt zu hassen begann, lief in diese offenen Stellen hinein und verursachte an ihnen ein unaufhörliches Brennen. So verbrachte er nun diesen Tag in nicht enden wollender Pein, in vollkommener Verzweiflung und innigster Todessehnsucht. Gegen Mitternacht verfiel er in einen tranceähnlichen Zustand. Alle Schmerzen waren plötzlich wie weggeblasen und er sah sich auf einer Wiese sitzen, vor ihm ein See, dessen Horizont man nicht erkennen konnte. Er war glücklich, einfach nur so da zu sitzen, und dem Spiel der Wellen zuzuschauen. Von Ferne hörte er Chormusik, und als er sich umschaute, sah er sie auf sich zukommen, die Sänger und Sängerinnen, die er aus dem Zelt kannte. Als sie schon recht nah waren, blieben sie stehen, und nur sie allein ging weiter, sie, die sein Herz gewonnen hatte, sie die so jung und blütenrein war, dass er sich nicht vorstellen konnte, dass sie jemals etwas Unrechtes gedacht oder getan haben könnte. Sie nahm ihn bei der Hand und gemeinsam tauchten sie ein, in das Wasser des Sees. Sie schwammen gemeinsam ein Stück, und lachten sich dabei an. Er näherte sich ihr und umschlang sie zärtlich, ihre Münder berührten sich behutsam, um sich kurz darauf in wilder Leidenschaft ineinander zu verbeißen. Unter dem Wasserspiegel griff er nach ihrem kleinen, festen Hintern, und er spürte, wie sie sich ihm entgegenwarf. Der Hintern schien indessen unter seinen Händen zu wachsen, er wurde größer und größer, fett und unförmig, und begann wie der süße Brei im Märchen, unaufhaltsam aus der Bikinihose zu quellen.

„Halt, halt, aufhören!" schrie er, „Fettarsch steh!"

Und der Arsch stand. Doch auch in ihrem Gesicht hatte sich eine unheilvolle Wandlung vollzogen. Die samtigen, schwarzen und bis zu ihrem Po reichenden Haare schrumpften auf ein erbärmliches Maß zusammen und nahmen eine rotblonde Färbung an. Die Rehaugen wurden glubbschig, die Zähne gelb, und ihrem Mund entstieg gar plötzlich ein übler Geruch. Entsetzt stieß er sie von sich. „Carola, was machst du denn hier?"

„Ich bade. Schön hier, oder?"

„Bist du allein?"

„Nein, unser Kleiner steht dort am Ufer. Siehst du ihn?"

Sobowsky schaute dorthin, wo ihr Arm hinzeigte. Tatsächlich - da stand ein kleiner Junge am Strand, vielleicht fünf Jahre alt, und winkte ihm zu.

„Papa, Papa, hallo!"

„Ich muss los!" sagte er zu Carola, und schwamm so schnell er konnte ein Stück in den See hinein. Dann holte er tief Luft und tauchte bis auf den Grund. Hier würde er bleiben, bis sie weg waren. Erst machte er sich Sorgen, dass ihm die Luft ausgehen könnte, doch sie war unbegründet. Wie ein Wassermann kam er dort unten prächtig zurecht, und um sich nicht zu langweilen, schwamm er am Grunde des Sees noch einige Kilometer weiter. Als er endlich auftauchte, war er allein. Kein Mensch, aber auch kein Ufer war weit und breit zu sehen. Da packte ihn Angst. Wenn er in die falsche Richtung schwimmen würde, geriete er ins offene Meer und müsste irgendwann ertrinken. Ratlos blickte er sich um. Was sollte er tun? Zum Glück näherte sich ihm bald ein Schiff. Als es nahe genug herangekommen war, erkannte er Homo-Raik und Grünberger, die an der Reling standen und auf ihn herabblickten. „Du musst umkehren, Sobowsky!" rief ihm Grünberger zu.

„Das weiß ich, aber in welche Richtung?"

„Du musst Jesus folgen!"

„Ja, aber wo ist der? Ich kann ihn nicht sehen."

„Wenn du falsch schwimmst, landest du in der Hölle:

„Nehmt mich doch mit!"

„Das geht nicht, du hast deine Sünden noch nicht bereut."

Fassungslos musste er mit ansehen, wie die beiden samt ihrem Schiff wieder verschwanden, und er weiter orientierungslos im offenen Meer umher trieb. Die Zeit verging und nichts geschah. Sobowsky hatte sich seinem Schicksal ergeben, und wurde immer weiter vom rettenden Ufer fortgespült. Gelassen erwartete er seinen Tod, von dem er wusste, dass er ihm nicht entgehen könnte, und obwohl er keinerlei Ermüdungserscheinungen verspürte, war ihm klar, dass er bald unweigerlich verdursten würde. Doch da schwappte ihm eine Welle ins Gesicht, und erstaunt stellte er fest, dass das Wasser nach Bier schmeckte. Nach Bier? Seine Lebensgeister erwachten aus Neue. Das musste er prüfen! Gierig riss er seinen Mund auf, und verschlang die als nächste anrollende Welle. Tatsächlich - Bier! Glücklich tauchte und tobte er durchs Wasser, so wie er es als kleiner Junge in seinem heimischen Badeteich getan hatte. Und immer wieder nahm er einen großen Schluck. Doch so viel er auch trank, sein Durst konnte nicht gestillt werden. Er fragte sich, was das wohl für ein eigenartiges Meer war, in dem er sich befand, und plötzlich dämmerte es ihm. Das war ja sein eigenes Meer, das Bier, in dem er schwamm, war das Bier, welches er in seinem bisherigen Leben ausgetrunken hatte. Das Meer der einhunderttausend Flaschen! Stolz kam bei ihm auf, ein eigenes Meer, wer hatte das schon? Wer konnte sich in dieser Hinsicht mit ihm messen? Was war er doch für ein großartiger Bursche, dass er so ein endloses Meer hatte zusammen saufen können? Er schwamm der Sonne entgegen, bis der Abend dämmerte, und die Dämmerung erst eine empfindliche Kühle, die ihn stark frieren ließ, dann einen heftigen Sturm mit sich brachte. Das Meer wurde zornig, hohe Wellen warfen ihn hin und

her, so dass ihm schwindlig wurde. Als ihn wieder Todesangst packte, und er zu ersaufen drohte, tauchte erneut das Schiff mit Grünberger und Homo-Raik auf. Sie fuhren dicht an ihn heran, und Sobowsky sah, dass ihre Gesichter ganz grün waren, und sie über die Reling kotzten. Als sie ihn sahen riefen sie:
„Du musst uns helfen, Sobowsky. Es ist doch dein Meer, es will uns umbringen!"
Doch bevor er antworten konnte, ergriff ein riesiger Strudel das Schiff und zog es unwiderstehlich auf den Grund des Ozeans. Er hörte ihr verzweifeltes Schreien und empfand große Genugtuung dabei. Als das Schiff verschwunden war, entstieg dem Meer an dieser Stelle Blut. Immer mehr und immer mehr und bald war das ganze wunderschöne Bier gewichen und hatte dem Blute Platz gemacht. Das Schwimmen wurde nun sehr schwer, das Blut war sehr dick, und kaum konnte er seine Arme bewegen. Da nahte von Ferne ein weiterer Schwimmer. Er kam näher und näher, und bald konnten sie einander deutlich sehen. Es war Hamster, der, als er ihn erkannte, rief: „Eh, Jochen, was machst du in meinem „Ah, dein Blut ist das! Nimm es sofort zurück und gib mir mein Bier wieder her!"
„Auf keinen Fall!"
„Doch, sofort!"
„Nein!"
Sie zankten sich noch eine Weile, und begannen dann miteinander zu kämpfen. Hamster drückte Sobowskys Kopf unter die rote Brühe, er drohte zu ersticken. Unter Aufbietung aller Kräfte kam er noch einmal an die Oberfläche, riss seinen Mund weit auf, um nach Luft zu schnappen, und verschluckte sich, da er dabei Blut in die Luftröhre bekam. Er empfand darüber schrecklichen Ekel und musste sich übergeben.
Doch das Übergeben war schon wieder Realität. Der Tod schien Sobowsky noch nicht haben zu wollen. Es war wohl die starke Übelkeit, die ihn aus seinem Traum gerissen hatte, Erbrochenes stieg ihm aus dem Mund wie ein kleiner Springbrunnen. Er wusste, dass er ersticken könnte, wenn er die Kotze in die Luftröhre bekam, und instinktiv warf er seinen Kopf auf die Seite, um eben dies zu verhindern. Dann dämmerte er wieder vor sich hin, mal schwitzend, mal frierend, von Krämpfen geschüttelt und mit rasendem Herzschlag. Immer wieder überkam ihn Brechreiz, unter

Schmerzen würgte er, doch der Magen war leer, so dass ihm keinerlei Erleichterung, sondern nur Schmerzen dadurch zuteil wurden. Unter solcherlei Umständen verging auch diese Nacht, und in den wenigen klaren Momenten, die ihm noch verblieben waren, wusste er, das der heraufziehende Morgen sein letzter sein würde. Er verfluchte sich immer wieder, dass er Carola gerade jetzt hinausgeworfen hatte, er verfluchte sie, dass sie nicht trotzdem mal vorbeikam, und er verfluchte die Russen, die ihn einfach so abgelegt hatten. Dann verlor er endgültig das Bewusstsein. Er bemerkte nicht mehr, wie sein Schließmuskel nachgab, und sich ein warmer, dünner Brei an seinen Beinen herab einen Weg suchte, er spürte nicht mehr, wie stark die Schmerzen in seinem Hintern eigentlich waren, als der Brei den zerstochenen Teil des Darmes passierte. Als das Ende da war, schien er dem Paradies entgegen zu streben. Ein Engel saß bei ihm, streichelte seinen Kopf und flößte ihm Wasser ein. Wie wunderbar gut ihm das tat, gierig trank er mehr und immer mehr. Eigenartig, dass die im Himmel dieselben Gläser benutzten, wie er zu Hause. Und warum weinte der Engel pausenlos, wo es doch da oben so schön sein sollte? Und warum ähnelte der Engel eigentlich so sehr seiner Mutter? Doch wozu jetzt daran Gedanken verschwenden, er würde schon noch alles erfahren. Jetzt ging es einfach nur darum, zu trinken, zu trinken, zu trinken. Dann wurden es noch mehr Engel, alle schön weiß gewandet, wie es sich für Ihresgleichen gehörte. Sie beugten sich über ihn, redeten irgendetwas. Bald spürte er, wie sie ihn anhoben, und gemeinsam mit ihnen schwebte er die Treppen des Blockes herunter. Warum denn bloß herunter, war denn der Himmel nicht mehr oben? Und was war das für ein Geräusch, gab es im Himmel auch diese schrecklichen Signalhörner, wie sie Krankenautos und Bullen benutzten?

2. Teil

Sobowsky saß auf seinem Balkon in einem alten Campingstuhl und blies Trübsal. Sein Aussehen hatte sich verändert. Die langen Haare waren gestutzt und frisch gewaschen, und statt seiner Jeansweste trug er ein Baumwollhemd auf dem Körper. Die Musik, die aus einem Kassettenrecorder an sein Ohr drang, schien seinen Gefühlszustand genau zu kennen. Auch wenn er den englischen Text nicht verstehen konnte, wusste er, dass der Sänger mindestens genau so traurig war, wie er selbst. Sie beide hatten den Blues, jene schwer zu beschreibende Schwermut der Seele, die man empfindet, wenn man eine gute alte Zeit, die unwiederbringlich vorüber ist, schmerzhaft vermisst. Da half es ihm auch nichts, dass ihm die warme Junisonne in der Nase kitzelte, und dass er in dem Wäldchen vorm Balkon zwei Eichhörnchen beobachten konnte, die dort fröhlich herumtollten. Das, was hinter dem Wäldchen lag, interessierte ihn viel mehr. Wie eine unerreichbare Fata Morgana sah er die Umrisse des Landskronecks hinter den dürren Stämmen der Kiefern hervor lugen. Seit jenem fröhlichen Besäufnis, als sie den Rausschmiss Carolas aus seiner Wohnung begießen mussten, war er nicht mehr in dem Lokal gewesen. Denn der verhängnisvolle Abend, an dessen Folgen er beinahe gestorben wäre, hatte sein Leben vollkommen verändert.

Seine Mutter fand ihn damals gerade noch rechtzeitig und alarmierte den Rettungsdienst. Ein paar Tage dauerte es, bis sie ihn soweit hergestellt hatten, dass er die Intensivstation verlassen und in ein normales Krankenbett übersiedeln konnte. Es gab ja auch noch einiges an ihm zu reparieren. Ein paar Rippen waren gebrochen, und steckten in dem ein oder anderen Organ, das Knie war nur noch ein Haufen loser Einzelteile und irreparabel zerstört. Es blieb seit diesem Tage steif und er hatte sich damit abgefunden, sein linkes Bein fortan ein wenig hinter sich her zu ziehen. Der zerstochene Hintern heilte am schnellsten, und die Zähne, nun ja, ohne die ging es schließlich auch weiter. Er hatte immerhin noch genügend zurückbehalten, um sein Essen herunter zu bekommen. Trotz aller Fortschritte, die er in medizinischer Hinsicht machte, fielen ihm die ersten Tage im Krankenhaus sehr schwer. Immer wieder wurde er von starken Krämpfen geschüttelt, und ständig wiederkehrende Schweißausbrüche plagten ihn. Der Arzt sagte, dass sei bei einem Entzug ganz normal und würde schon nach ein paar Wochen vollständig verschwinden.

Als die Zeit nahte, in der er glaubte, entlassen zu werden, traten seine Mutter und der Arzt an ihn heran, und redeten ihm so lange zu, bis er einwilligte, eine gewisse Zeit in einer Klinik zu verbringen, in der er lernen sollte, seinen Alltag künftig ohne Alkohol zu meistern. Er glaubte ja nicht, dass er das nötig hätte, aber sie bestanden darauf, und behaupteten, dass er es ohne professionelle Hilfe unmöglich schaffen könnte, trocken zu bleiben. Und da er ohnehin nichts Besonderes vorhatte, willigte er schließlich um des lieben Friedens willen ein. Eigentlich hätte er nach drei Monaten, die er dort verbrachte, nach Hause fahren dürfen, aber kurz vor seiner Abreise bekam er sich mit einem anderen Insassen in die Haare. Er wusste gar nicht mehr, worum es eigentlich ging, aber seit er nichts mehr trank, war er nun mal sehr oft gereizt. Auf jeden Fall hatte er dem anderen nach einem kurzen, aber heftigem Wortwechsel einfach ein paar aufs freche Maul gehauen. Und obwohl er keinerlei schlimme Verletzungen davontrug, machte der andere ein Riesenfass auf, in dessen Folge Sobowsky noch acht Wochen Anti-Gewalt-Training aufgebrummt bekam.

„Als ich noch gesoffen habe, war ich immer friedlich, meistens zumindest.“ brummte Jochen, als er daran dachte. Seit zwei Monaten war er jetzt wieder zu Hause, und er war mit seinem neuen Leben keinesfalls zufrieden. Fast immer hatte er miserable Laune, verspürte zu nichts die richtige Lust, und verbrachte die meiste Zeit des Tages vor dem Fernseher. Zwar zwang er sich von Zeit zu Zeit einen kleinen Spaziergang zu machen, in der Regel vormittags, da er sich dann sicher sein konnte, keinen von den Aussiedlern zu treffen, die um diese Zeit noch ihren Rausch ausschlafen mussten, aber er konnte in diesem Herumgelatsche eigentlich keinen Sinn entdecken. Das er es dennoch tat, lag daran, dass ihm in seiner Therapie eingebläut worden war, wie wichtig Bewegung an der frischen Luft für seine Psyche sei. Allerdings verfluchte er die Therapeuten, da ihre Anweisungen ihn schrecklich einsam machten. Schließlich hatte er sich von allen Menschen fern zu halten, die ihn wieder zum Trinken verleiten könnten. Und er kannte doch niemanden, der nicht trank. Sein einziger menschlicher Kontakt war seine Mutter, die ihn regelmäßig besuchte, und ihm Essen mitbrachte. Er selbst war erst einmal bei ihr gewesen, denn mit seinem steifen Bein fiel ihm der lange Weg zu ihr recht schwer. Wenn wenigstens noch Rosinante da gewesen wäre. Immer wieder tauchten Bilder vor seinem geistigen Auge auf. Er sah, wie diese Schlägertypen sein geliebtes Fahrrad zerschmetterten, und so manche Träne war bei diesen Erinnerungen schon über seine Wange gekullert. Dass sie ihn dermaßen misshandeln mussten, na gut, das war nicht nett gewesen. Aber das, was sie der unschuldigen Rosinante antaten, nein, das konnte er einfach nicht verwinden. Die gesamte Zeit in der Klinik tröstete er sich mit dem Gedanken, dass die Russen, die ihn gerettet hatten, sich auch um das Rad gekümmert, und zumindest seine Reste für ihn in den Keller gebracht haben würden. Immerhin wussten sie ja, wie wichtig ihm Rosinante war. Er seufzte schwer, als er an den Tag seiner Rückkehr dachte. Ein Taxi hatte ihn vor der Tür seines Blockes abgesetzt, und als es entschwand, eilte er so schnell es ging, in den Keller seines Einganges hinab, um zu sehen, wie stark Rosinante beschädigt sei, und welche Ersatzteile er besorgen müsste, um sie sie wieder einsatzfähig zu machen. Er war so vollkommen davon überzeugt, sie dort zu sehen, dass es ihn wie ein Keulenschlag traf, als er sie nirgends entdecken konnte. Wie besessen rannte er durch den Keller, und lukte durch die Latten aller Verschläge, in der irrigen Hoffnung, sie dort irgendwo stehen zu sehen. Er rief sie sogar beim Namen, aber irgendwann dämmerte ihm die Erkenntnis, dass er die Russen wohl überschätzt hatte, als er glaubte, sie hätten sich auch um das Rad gekümmert. Die Vorstellung, dass es bis zu seiner Entsorgung wie ein Gefallener unbeachtet auf dem Schlachtfeld zurück geblieben sein musste, schmerzte ihn. Weinend ging er in die Knie, saß dann eine geraume Weile an die Wand gelehnt auf dem Fußboden, und gab sich seinem Kummer hin. So hatte er sich seine Rückkehr nicht vorgestellt. Gleich bei der Ankunft das Liebste zu verlieren, was er noch besaß, erschütterte ihn tief. Minutenlang liefen kleine Filme an ihm vorbei, und alle zeigten ihn auf seinem Rad, all die Jahre lang, in denen es ihn treu und ohne zu murren überall hin begleitet hatte. Dreißig Jahre lang! Und nun: ohne Abschied alles vorbei, weg, einfach weg, von Vandalen zerschlagen und zertreten, von den Russen übersehen und von irgendeinem wildfremden Menschen wahrscheinlich in einen der Müllcontainer gestopft! Er sprang auf, ganz genau wusste er, was es jetzt zu tun gab. Auf all ihre gemeinsamen Jahre musste er zum Abschied einen trinken. Einige Zeit lang suchte er vergeblich wie besessen nach dem alten Grubenschnaps in seinem Keller. Zumindest bis ihm einfiel, dass der ja wahrscheinlich schon vor Jahren von Jeremenkow geklaut worden war. Doch das sollte ihn nicht aufhalten. Schließlich wusste er ganz genau, dass sich oben, in seiner Wohnung noch genügend Schnaps befand. Und ein angefangener Kasten Bier musste auch noch da sein! So schnell es ihm mit seinem lädierten Knie möglich war, bezwang er die Stufen, die ihn von seiner Wohnung trennten. Erregt schloss er die Tür auf, und ohne sich die Zeit zu nehmen, die Damen im Flur zu begrüßen, stürmte er zum Kühlschrank, riss ihn auf, und wich entsetzt zurück. Zwar sah er zahlreiche leckere Sachen darin, frische Butter, Wurst und Käse, Milch und Mineralwasser, aber von seinem Schnaps fand sich weit und breit keine Spur.

„Mutter!“ entfuhr es ihm, „Du hast es wirklich gut gemeint.“

Er ließ sich im Wohnzimmer auf die Couch fallen. Langsam beruhigte er sich, und je länger er dort lag, umso deutlicher wurde ihm bewusst, wie gefährdet er noch war, in seine alten Verhaltensmuster zurückzufallen. Wie oft hatten die Therapeuten ihn davor gewarnt, und er hatte sie dafür belächelt. Jetzt wurde er ein wenig reumütig, und schwor sich, in Zukunft besser aufzupassen. Irgendwann ging er zum Telefon und rief seine Mutter an, um ihr zu sagen, dass er wieder zu Hause sei. Kein Wort verlor er über seinen Fast-Rückfall und bedankte sich artig für den gut gefüllten Kühlschrank.

Seit jenem Tag kümmerte sie sich so gut sie konnte um ihn. Sie kaufte für ihn ein und leistete ihm häufig Gesellschaft. Nur ihr Gesicht war nicht so fröhlich, wie er es eigentlich erwarten konnte, wenn er bedachte, wie sehr sie es sich sicher gewünscht hatte, dass er mit dem Trinken aufhöre. Aber auch sein Gemütszustand hatte sich im Laufe der Zeit nicht verbessert. Irgendwie war er nicht mehr der Alte. Die einzige Freude, die er sich nicht hatte nehmen lassen, waren seine Zigaretten, aber ohne ein Bierchen dazu, war ihm auch dieser Genuss nur noch die Hälfte wert. Alle anderen Dinge, die ihm bisher wichtig gewesen waren, besaßen nun keinen Zauber mehr für ihn. In seiner Wohnung sammelten sich alte Farbbüchsen. In der Klinik hatte er geglaubt, dass er, wenn er keine Zeit mehr mit Trinken verplempern würde, die gewonnenen Stunden zur Schaffung neuer Kunstwerke nutzen könnte, und dass damit automatisch die Zeit käme, die ihm die gebührende Anerkennung als Künstler bringen musste. Stattdessen saß er nun mitunter stundenlang in seiner Küche und stocherte lustlos mit einem Holzlöffel in den alten Farbresten herum. Kein einziges neues Werk war ihm bisher gelungen, jegliche Kreativität war ihm abhanden gekommen. Und schlimmer noch, er begann auch daran zu zweifeln, dass seine bisherigen Produkte irgendetwas taugten. Um seine Zeit tot zu schlagen, spielte er anfangs gegen sich selbst eine Partie Dame nach der anderen, aber schon nach einer Woche hatte er davon restlos die Schnauze voll. Er packte das Spiel zusammen und räumte es in einen Schrank. Seine Einsamkeit nahm zu, da selbst seine Mitbewohner, die nackten Damen im Flur und auch Günthi zu leb- und seelenlosen Bildern mutiert waren. Es gelang ihm einfach nicht mehr, ein Gespräch mit ihnen anzuknüpfen. Zwar versuchte er es gelegentlich, doch es war, als ob sie von ihm nichts mehr wissen wollten. Tot und unbeweglich hingen sie an ihrer Wand, und schienen arrogant an ihm vorbei zu blicken. Alle Unbeschwertheit seines bisherigen Lebens war von ihm gewichen, und seine ihm neu erwachsene Nachdenklichkeit wurde schnell zu Schwermut. Die Vorstellung, dass dies nun sein Leben sein sollte, begann ihm Angst zu machen. Wo lag denn in diesem trüben Dasein der Sinn? Wie viele Jahre sollte er das denn aushalten können? Von Zeit zu Zeit, besonders wenn er an diese, seine Zukunft dachte, ergriff ihn Panik, die sich mitunter zu entsetzlicher Todesangst steigerte. Dann wünschte er sich sehnlichst, sich einfach ein Bier aufmachen zu können, und sein altes Leben zurück zu erhalten. Doch er hielt durch, er war sich sicher, dass ihm noch eine zündende Idee kommen würde, wie er sein Leben neu ordnen könnte. Immer häufiger kam ihm das Zelt in den Sinn, die Worte des Predigers, und wie eine ferne Lichtgestalt tauchte auch immer wieder die kleine Sängerin auf. Was hinderte ihn eigentlich, mal in der Bahnhofstraße vorbei zu schauen? Eine Grundvoraussetzung dafür hatte er ja schon erfüllt. Er war kein Trinker mehr, und wenn er nicht bald mit anderen Menschen in Kontakt käme, könnte ihn nichts mehr davon abhalten, mit fliegenden Fahnen ins Landskroneck zu stürmen.

Sobowsky, der immer noch auf seinem Balkon saß, war es nicht möglich das Klingeln an seiner Wohnungstür zu hören. Doch da seine Mutter den Wohnungsschlüssel besaß, war sie trotzdem eingetreten, und stand nun, für ihn unverhofft, hinter ihm. Sie sprach ihn leise an, um ihn nicht zu erschrecken.

„Hallo Jochen, geht's dir gut?“
Ohne sich nach ihr umzudrehen antwortete er: „Alles Scheiße.“
„Ich hab dir Eisbein mitgebracht, das magst du doch, oder?“
„Hm.“
„Herrliches Wetter, meinst du nicht auch?“
„Hm.“
Dann drehte er ihr seinen Kopf entgegen.
„Besser wäre es gewesen, du hättest mich damals nicht gefunden, ich hatte es schon fast hinter mir. Wozu bin ich denn noch da, kannst du mir das sagen?“
„Ach Jochen, Kopf hoch, das wird schon alles wieder, du wirst sehen. Es ist nur die erste Zeit, die dir so schwer fällt.“
„Warum bist du überhaupt an diesem Abend gekommen, du hast dich doch sonst kaum blicken lassen? Das war doch kein Zufall, du hast doch irgendwas von mir gewollt, oder?“
„Ach, lass mal Jochen, ich war halt da, okay?“
Sie schauten eine Weile gemeinsam den Eichhörnchen zu, dann nahm Sobowsky das Gespräch wieder auf.
„Was guckst du eigentlich immer so traurig in die Welt? Ist es wegen dem Vater? Wie geht's ihm eigentlich, ist er im Heim?“
Sie antwortete nicht, aber Tränen liefen ihre Wangen herab. Unvermittelt, erbost über ihr Geheule, brüllte Sobowsky sie an:
„Was ist los mit ihm? Sag´s mir doch!“
Sie schluckte und mit leiser Stimme antwortete sie:
„Er ist tot.“
Fast automatisch, noch hatte er die Bedeutung ihrer Antwort gar nicht recht erfasst, fragte er:
„Wann?“
„An dem Tag, an dem ich dich fand. Nach dem Frühstück, hat er ein wenig Fernsehen geguckt, das machte er ja am liebsten, und als ich nach dem Abwaschen aus der Küche kam, saß er tot in seinem Sessel, Herzinfarkt sagen die Ärzte. Ich wusste ja noch nicht, dass alles bereits zu spät war und rief den Notarzt. Sie haben ihn mitgenommen, auf einer Bahre, vollständig abgedeckt. Ich wollte dich anrufen, immer wieder, aber du bist ja nicht ans Telefon gegangen. Da bin ich halt losgefahren, zu dir. Zu Hause ist mir sowieso die Decke auf den Kopf gefallen. Und dann

hab ich dich gefunden. Erst dachte ich, ich müsste auch sterben, du sahst so schrecklich zugerichtet aus, alles voller Blut und dem ganzen anderen Zeug. Aber du hast noch geatmet, da hab ich dir Wasser eingeflößt, solange bis die Ärzte kamen. Jochen, an diesem einen Tag hätte ich beinahe euch beide verloren. Das hätte ich nicht verkraftet!"
Sie heulte jetzt hemmungslos, und Sobowsky, der Mühe hatte, all ihre Worte zu erfassen, ließ sie nachdenklich gewähren. Dann fragte er:
„Heißt das, ich lebe nur, weil er gestorben ist?"
„Ach, Jochen, ich weiß es nicht, vielleicht musste es so sein."
„Glaubst du, dass es einen Gott gibt?"
„Nein, wieso?"
„Na ja, wenn es einen gäbe, hat der es vielleicht so eingerichtet, das der Vater genau an diesem Tag gestorben ist, um mich zu retten."
„Weißt du, wenn es so wäre, dann wäre dieser Gott ein ganz schön armer Gott. Ein Leben einfach gegen ein anderes zu tauschen, nein, das könnte er auch anders machen."
„Ach, und wenn er dir damit helfen wollte? Ich meine, der Vater war doch sowieso fertig mit der Welt. Wenn du mal ganz ehrlich bist, kannst du doch froh sein, dass du ihn los bist. Immerhin wolltest du ihn ohnehin in die Klapse abschieben. Du hast ihn doch fünfzig Jahre lang gehabt, was willst du mehr?"
„Jochen, so redet man nicht, und außerdem wollte ich ihn nicht abschieben, du selbst und auch dein Bruder, ihr habt mir dazu geraten. Ich hätte ihn jeden Tag besucht, verstehst du?"
Sie heulte wieder und Sobowsky verspürte den dringenden Wunsch wieder allein zu sein. Allerdings wusste er, dass sie so schnell nicht gehen würde, denn in der Regel blieb sie mindestens zwei Stunden. Ihm war klar, dass seine einzige Chance darin bestand, richtig gemein zu ihr zu sein. Und dazu musste er sich nicht einmal anstrengen. Wenn er in ihr verflenntes, um Mitleid und Verständnis bettelndes Gesicht sah, wurde ihm regelrecht übel. Er konnte nichts dafür, schon immer erregte es in ihm einen starken Widerwillen, wenn er bei Frauen Tränen fließen sah. Es rührte wohl bereits aus seiner Kindheit her, als ihm dieses Heulen die Illusion nahm, dass erwachsene Menschen alles im Griff haben müssten. Und später, in seiner Jugendzeit, musste er viel zu oft erleben, wie schamlos die Mädchen ihre Fähigkeit, wie auf Knopfdruck loszuheulen,

ausnutzten, um ihren Willen durchzusetzen. Wie sehr hatte er schon immer jene Männer verachtet, die sich durch diese billige Nummer um den Finger wickeln ließen. Einmal allerdings war auch er auf diese Strategie hereingefallen. Es war nach einem Konzert gewesen, als er vor dem Saal ein niedliches, offensichtlich hilfsbedürftiges Mädchen sitzen sah, dem die Tränen nur so die Bäckchen herunter kullerten. Sofort erwachte der Ritter in ihm, wer konnte diesem kleinen, unschuldigen Wesen etwas so Böses angetan haben, dass es nun so verzweifelt hier herumsaß? Behutsam gesellte er sich zu ihr und fragte vorsichtig, ob er ihr helfen könnte. Sie schüttelte nur heftig den Kopf und schluchzte umso heftiger. Als er sich darauf hin dezent entfernen wollte, hielt sie ihn fest.
„Hast du was zu rauchen?"
„Natürlich." Er hielt ihr seine gerade erst angefangene Schachtel hin. Sie nahm sich eine heraus.
„Feuer?"
„Klar."
Sie zog an der Kippe und ihre Laune schien sich sogleich zu bessern.
„Hast du noch eine für meine Freundin?"
„Ähm."
„Ach, nun hab dich doch nicht so."
Sie griff nach der Schachtel und eh es sich Sobowsky versehen hatte, sprang sie mit ihr triumphierend davon. Er eilte ihr wutentbrannt hinterher, doch als er sie beinahe erreicht hatte, baute sich ein riesiger Kerl vor ihm auf. Er packte ihn bei seiner Weste und fragte ihn, ob er was von der Kleinen wolle. Natürlich verneinte er, und der Riese schubste ihn grob von sich.
„Das will ich auch nicht hoffen, klar?"
Sobowsky konnte beobachten, wie sie sich über ihn lustig machten und sich seine Kippen teilten.

Natürlich wusste er, dass seine Mutter wirklich traurig war und dennoch war es ihm zuwider. „Ja, ja, du hättest ihn jeden Tag besucht. Eine Woche lang vielleicht, dann noch alle drei Tage und dann gar nicht mehr. Wozu auch, er hätte dich doch sowieso nicht mehr erkannt? Ich denke mal, du hättest dich schon beizeiten nach einem Neuen umgesehen. Das versteh ich ja auch, wir wollen ja alle mal ´ne schöne Nummer schieben, oder?

Mit Vater ging ja im Bett wahrscheinlich nicht mehr viel ab, oder liege ich da falsch?“
Sie hielt kurz inne, ungläubig schaute sie ihn an.
„Jochen, denkst du wirklich so etwas von deiner Mutter?“
„Ja, klar, wir sind doch alle Menschen und haben unsere Bedürfnisse. Weißt du, ich hab mich auch manchmal gefragt, warum Silke bei Siegfried geblieben ist, wegen der Kloppe, die sie ständig gekriegt hat, wird es wohl nicht gewesen sein. Aber wahrscheinlich war er im Bett echt gut. Was meinst du? Übrigens, was macht die Silke jetzt eigentlich, hat sie auch schon wieder jemanden gefunden, der es ihr vernünftig besorgt?“
Die Mutter nahm jetzt ihr Weinen wieder auf, fassungslos riss sie immer wieder ihren Mund auf, als ob sie ersticken wollte und schüttelte unentwegt ihren Kopf. Dann rannte sie, mit den Armen fuchtelnd, in den Flur.
„Jochen, ich bin so enttäuscht von dir, du wirst mich noch ins Grab bringen!“ rief sie und plautzte, die Wohnung verlassend, die Tür hinter sich zu. Sobowsky schmunzelte. Obwohl er sie ja eigentlich mochte, freute er sich diebisch, wie leicht sie sich immer noch von ihm manipulieren ließ, und er verspürte sogar eine gewisse Befriedigung dabei, sie verletzt zu haben. Er sorgte sich auch nicht im Geringsten um sie, und wusste, sie würde bald wiederkommen. Schließlich war er ihr Sohn, und auf ihre Muttergefühle war Verlass. Doch seine Freude verflog schnell, und als er sich von neuem seiner Einsamkeit bewusst wurde, wünschte er sie sich sogleich zurück. Erst jetzt wurde ihm die Tragweite ihrer Worte bewusst - sein Vater war tot. Er begann zu grübeln. Schon viele Jahre hatte er keinen innigen Kontakt mehr zu diesem Mann gepflegt, und umso mehr war er überrascht, wie sich mit jeder Minute mehr und mehr Trauer in sein Herz schlich. Bilder zogen vorbei. Sie zeigten ihn, Jochen, als kleinen Buben mit der Schultüte in der Hand, aber deutlicher war sein Vater zu sehen, im Anzug, das Gesicht stolz und glücklich seinem Jungen zugewandt. Er sah sich gemeinsam mit ihm im Ostseesand Kleckerburgen bauen und im Harz den Brocken besteigen, er sah, wie er sich mühte, ihm das Fahrradfahren beizubringen und wie sie im Winter auf uralten Brettern durch den verschneiten Wald fuhren und riesengroße Schneemänner bauten. Er sah ihn, wie er abends immer noch mal an sein Bett kam und ihm zärtlich übers Haar streichelte und wie er ihm geduldig bei

seinen Schulaufgaben half, wenn er mal allein nicht weiter wusste. Er sah, wie ihm sein Vater bei seiner Jugendweihe sein erstes Glas Bier reichte und es ihm komischerweise überhaupt nicht schmeckte. Sein Vater neckte ihn daraufhin und meinte, dass er sich schon noch daran gewöhnen werde. Wie Recht er dabei haben sollte, hatte er sich wohl selbst nicht träumen lassen! Ungetrübt waren diese Jahre vergangen, stets konnte er vertrauensvoll zu seinem Vater aufsehen und so recht wusste er eigentlich selbst keinen Grund, warum er irgendwann anfing, gegen ihn zu opponieren. Es waren wohl mehr seine Kumpels gewesen, die ihm einredeten, dass die Alten alle Scheiße seien. Dabei konnte er sich gar nicht beschweren, im Großen und Ganzen akzeptierten sie ja seinen Lebensstil. Natürlich hatten sie gehofft, dass es nur eine jugendbedingte Phase in seinem Leben sein würde, die ihn so offensichtlich aus der normalen spießbürgerlichen Bahn warf, aber sie machten ihm auch keine großen Vorhaltungen, als die Jahre vergingen, und er keinerlei Anstalten machte, in den Kreis der Normalbürger zurückzukehren. Nun begann er es plötzlich zu bereuen, nicht mehr Kontakt zu ihnen gepflegt zu haben. Die Trauer, die ihn beschlich, bezog sich weniger auf den Tod des Vaters an sich, als vielmehr auf die, in den letzten Jahren verpassten, gemeinsamen Stunden. Jetzt, wo er trocken war, hätte er, wäre der Vater noch bei Geist gewesen, gern wieder das alte, innige Verhältnis zu ihm hergestellt. Schließlich wusste er, dass ihm sein Vater im Innern seines Herzens trotz all seiner Eskapaden immer lieb gehabt hatte und es tat ihm mit einem Male schrecklich leid, dass er ihm während der ganzen Zeit so wenig Freude machen konnte. Gern hätte er nun die Zeit zurückgedreht, und wenn er damals gewusst hätte, wie stark sich sein Leben nach seinem ersten, zufällig erlebten Konzert verändern sollte, wie sich aus einem eigentlich lieben Jungen und gutem Schüler in kürzester Zeit ein stets besoffener, Kette rauchender Freak entwickeln würde, so wäre er nur zu gern an jenem Nachmittag zügig an der großen Wiese vorbei geradelt. Komischerweise kamen ihm diese Gedanken heute zum ersten Mal, niemals zuvor hatte er auch nur annäherungsweise etwas Ähnliches gedacht. Immer war er stolz darauf gewesen, sich nicht in die Stromlinienförmigkeit der Gesellschaft pressen zu lassen, und Rücksicht auf die Gefühle seiner Eltern war für ihn nie ein Thema gewesen. Je mehr er darüber nachdachte, umso trauriger wurde er, Tränen liefen über seine Wangen, und er ließ ihnen freien Lauf. Lange Zeit weinte er enthemmt, er bemitleidete seinen armen Vater, und verfluchte sich, dass er zu seiner Mutter stets so unfreundlich gewesen war. Gern hätte er sie jetzt zurückgeholt, um sie um Verzeihung zu bitten, und schwor sich, ab sofort immer gut zu ihr zu sein. Aber auch sein eigenes Leben erschien ihm nun rückwirkend schrecklich sinnlos. Er bereute es, nicht, wie sein Bruder, studiert und eine Familie gegründet zu haben. Immerhin schrieb er doch in der Schule mindestens genauso gute Zensuren wie der! Was war nur mit ihm passiert, dass alles so anders gekommen war? Und - musste er denn nicht inzwischen auch selbst Vater geworden sein? Ja, natürlich, es ging ja gar nicht anders, das Kleine war mit Sicherheit schon längst auf dieser Welt! Nur, was für einen miserablen Kerl gab er im Gegensatz zu seinem Vater ab! Er hatte die Mutter des Kleinen verstoßen, und beschlossen, sie mit dem Kind allein zu lassen. Wie konnte das nur sein, nachdem er selbst eine so liebevolle Kindheit erleben durfte? Selbstmitleid erfasste ihn und ließ ihn in einem Meer aus Schwermut und Tränen versinken. Die Stunden vergingen und aus dem Recorder erklangen stets aufs Neue die gleichen Songs, von verloren gegangener Liebe und Seelenschmerz, denn immer, wenn die Kassette zu Ende war, drehte sie Sobowsky wieder um, um sie erneut abzuspielen. Und immer wieder ergriff ihn der Gedanke, dass er sein Leben nur dem Tode seines Vaters zu verdanken habe und mehr und mehr nistete sich in seinem Kopf die Vorstellung ein, dass es vielleicht doch schon wieder dieser Jesus gewesen sein könnte, der es so gefügt hatte. Doch wozu? Hatte er noch etwas Besonderes mit ihm vor? Musste er tatsächlich in diese Gemeinschaft eintreten, um den Sinn seines neuen Lebens zu entdecken? Wartete dort nicht die für ihn bestimmte Frau in der Hoffnung, dass er endlich kommen würde? War er nicht vor seinem Unfall wild entschlossen gewesen, sie zu erobern? War es jetzt nicht endlich an der Zeit, sich aufzuraffen und Nägel mit Köpfen zu machen? Was hatte er denn zu verlieren? Im besten Fall würde es ihm wie Homo-Raik ergehen, und im Falle eines Anschisses würde er halt wieder allein hier herum sitzen. Doch er spürte, dass es ihm im Moment noch an Entschlossenheit mangelte, diesen Schritt zu wagen. Zu tief saß sein ihm anerzogenes Misstrauen gegen alles, was mit Religion zu tun hatte. Seine Unsicherheit ließ ihn unruhig auf seinem Campingstuhl hin und her rutschen, und der Wunsch, einfach aufzustehen und rüber zu Ronny zu gehen, um mit ihm seine Sorgen bei einem Glas Bier zu besprechen, wurde fast übermächtig. Nur der Gedanke an das Entsetzen seiner Mutter hielt ihn davon ab, schließlich hatte er doch gerade noch beschlossen, ihr keinen Kummer mehr bereiten zu wollen. Als ihn die Abendkühle zu stören begann, kehrte er in die Wohnung zurück, wärmte das von der Mutter in den Kühlschrank gelegte Eisbein auf, und aß. Den Rest des Abends lag er vor dem Fernseher, jedoch ohne wirklich mitzubekommen, welche Sendung dort eigentlich lief. Immer wieder drehten sich seine Gedanken um all den Kummer, den er verursacht hatte, um sein Versagen als Mensch und die entsetzliche Einsamkeit, die er empfand, wenn er an seine Zukunft dachte. Zum ersten Mal, verspürte er den Wunsch, dass auch sein Leben bald zu Ende sein möge.

„Vater ist tot!" Gleich nach dem Aufwachen waren die quälenden Gedanken wieder da. „Warum, warum?" Immer mehr setzte sich in seinem Kopf die Gewissheit fest, dass der Tod des Vaters einen Sinn gehabt haben müsse, und zwar den, ihm das Leben zu retten. „Jesus, das muss dieser Jesus gewesen sein, der Grünberger hat doch gesagt, dass er uns ein neues Leben schenkt. Ich wollte es ja nicht glauben, aber nun ist es halt wirklich passiert. Aber wozu, frag ich mich, wozu? Besser wäre es doch gewesen, ich wäre verreckt. Wen, außer der Mutter, hätte es denn gejuckt? Ich hab doch niemanden, nicht einmal Ronny kommt zu mir rüber, den kriegt von seinem Tresen keiner weg. Schöner Freund, scheint mich nicht mal zu vermissen. Arschloch. Und Oleg, na ja, da bin ich eigentlich ganz froh, dass der nicht kommt. Sonst sind ja alle weg."
Er versank in Erinnerungen und die verflossene Zeit, als sie noch alle beisammen waren, wurde wieder lebendig, Rudi und Ghünthi, Willi und Wurzel, Manni und Pitti, Thilo und Frankie, Henry und Schmittl. Alle weg, tot oder weggezogen, oder wie Manni wohl kaum noch zu retten. Was waren das noch für Zeiten, echte Freunde waren sie damals, eine eingeschworene Truppe, nichts schien sie jemals auseinander bringen zu können. Na ja, es schien halt bloß so. Das Leben hatte es eben anders beschlossen und nun saß er hier, einsam und verlassen, und wusste nicht recht, worum er mehr trauern sollte, um seinen Vater, oder um seine verloren gegangenen Freunde. Um seine für immer vergangene große Zeit, der Zeit der Ideale, der Begeisterung und der Unbeschwertheit. Wo war

sie hin? Unmerklich war sie verstrichen, plötzlich fand er sich in einem schrecklichen, grauen Jetzt wieder, ohne Hoffnung, ohne Zukunft, voller Leere. Seine Mutter, die er vor dreißig Jahren verlassen hatte, um auf eigenen Beinen zu stehen, war sein einziger menschlicher Kontakt geworden. Verzweifelt schüttelte er den Kopf.

„Also, Jesus, warum hast du mich am Leben gelassen? Willst du mich quälen?"

In seinen Erinnerungen verklärte sich nun der Vater zu einer wahren Heilsgestalt, nichts fand er, was er an ihm auszusetzen gehabt hätte, ein wunderbares, warmes Gefühl schlich sich in sein Herz, als er so an ihn dachte, keinen besseren Vater hätte er sich jemals vorstellen können. Wie geborgen waren sie aufgewachsen, wie liebevoll hatte er sich stets gezeigt! Wenn er mit ihnen geschimpft hatte, dann doch nur, um sie vor Schaden zu bewahren. Was für ein Mann, was für ein Vater! Ja, so ein Vater würde er auch werden wollen! Aber wie denn bloß? Angestrengt dachte er nach, bis es ihn plötzlich mit einer derartigen Heftigkeit traf, dass ihm geradezu schwindelig wurde. Dort draußen, nicht weit weg von hier, musste ein kleiner Mensch leben, der gerade erst das Licht dieser Welt erblickt haben konnte, und der sein Kind war. Sein Kind! Und er der Vater! Mit Entsetzen sah er auf einmal Carola blutend auf dem Treppenabsatz sitzen, auf den er sie rücksichtslos herabgestoßen hatte. Er sah es vor sich, wie er immer wieder auf sie einschlug und er sah es wieder, wie sie ihm sagte, dass sie schwanger sei. Und er sah, wie er sie dennoch davonjagte, ohne Herz und ohne Reue, ja, und er sah, wie sie seine Schandtat sogar noch feierten. Und in diesem Moment wusste er plötzlich, warum er am Leben geblieben war. Ganz offensichtlich galt es, in die würdige Nachfolge seines Vaters zu treten, und selbst ein guter Papa zu werden. Es galt, alles wieder gut zu machen, was er angerichtet hatte, es galt, Carola um Verzeihung zu bitten, und sein kleines Kind in den Arm zu nehmen. Wie sehr würde sich seine Mutter freuen, wenn sie von ihrem Enkel erfahren würde! Erregt sprang er auf. Sein Körper straffte sich, er spürte, wie ihn neue Energie durchströmte. Endlich wusste er, was zu tun ist, endlich bekam sein Leben wieder einen Sinn. Seine Trauer wich den überbordenden Glücksgefühlen, aufgeregt lief er hin und her. Sollte er sofort aufbrechen, oder die Sache etwas vorbereiten? Ja, natürlich, ein Geschenk musste her, ach was, zwei, eins für Carola und eins für das Kind. Nichts hielt ihn mehr, zügig verließ er die Wohnung, keine Minute durfte er versäumen. Mit einem Male verspürte er ein gerade zu übermächtiges Verlangen, sein Kind zu sehen, und er verstand sich selbst nicht mehr, wieso ihm dieser Wunsch erst jetzt so heftig erfasste.

„Danke, Herr Jesus!“ rief er erregt und schlug die Tür hinter sich zu.

Er wusste, dass sich auf dem Weg zu Carolas Wohnung ein Blumengeschäft befand, und dieses steuerte er jetzt an. Er erwarb einen Strauß Nelken, weil dieser nicht so teuer wie die anderen war und leierte der Verkäuferin auch noch einen dieser Lutscher aus dem Kreuz, die eigentlich für die mit ihren Eltern hereinkommenden Kinder gedacht waren. Dann eilte er weiter, und schon eine halbe Stunde später stand er vor dem Block, von dem er glaubte, dass dort sein Baby wohnen würde. Doch vergeblich suchte er Carolas Namen auf dem Klingelschild.

„Verdammt, die wird doch nicht weggezogen sein.“ jammerte Sobowsky, und ein Unwohlsein ergriff ihn, eine panikartige Erregung, die in jäher Verzweiflung mündete. Was wäre, wenn sie die Stadt ganz verlassen hätte? Wie sollten sie sich dann jemals wiederfinden, und wie eine richtige Familie werden? Was sollte er machen, wenn sie nicht wieder bei ihm einziehen mochte? Wie wild betätigte er alle Klingeln, und kurz darauf schauten tatsächlich drei Frauen aus ihren Fenstern misstrauisch auf ihn herab.

„Was wollen Sie?“ fragte die eine.

„Ich suche Frau Großmann, die hat doch früher hier gewohnt. Wissen Sie vielleicht, wo sie hin ist?“

„Was wollen Sie denn von der?“

„Ach, ich muss halt mal dringend mit ihr sprechen.“

„Die hat wohl Schulden bei Ihnen, was?“

„Nein, das ist es nicht. Sie wissen doch wo sie steckt, oder nicht?“

„Natürlich, das ist ja nicht schwer. Sie ist bloß ein Stück weiter gezogen, in die Friedrich-Engels-Straße, ziemlich weit hinten. Die Nummer kann ich ihnen auch nicht sagen, da müssen Sie selbst mal gucken. Klar?“

„Klar! Vielen Dank!“

Eine Spur! Hurra! Seine Unruhe nahm merklich ab, ganz wollte sie ihn jedoch nicht verlassen. Sie war also noch in der Stadt. Aber warum bloß war sie von hier weggegangen? Er versuchte eine Erklärung dafür zu finden, was ihm allerdings nicht gelang. Zu groß war die Anzahl der Möglichkeiten, ihr Verhalten zu deuten. Wozu auch, gleich würde er ihren neuen Eingang finden, und dann könnte sie ihm persönlich Rede und Antwort stehen. Trotzdem blieb ein ungutes Gefühl, ein unbestimmtes Kribbeln in der Magengegend. Dann erreichte er die Engels-Straße. So schnell er mit seinem steifen Bein konnte, schritt er die ersten Eingänge ab, doch nachdem er das letzte Drittel erreicht hatte, hielt er inne und begann, an jeder Tür die Namensschilder zu studieren. Schon bei der zweiten glaubte er kurz, fündig geworden zu sein. Auf dem Namensschild, das der rechten Wohnung im ersten Stock zugeordnet war, konnte er den Namen Großmann lesen. Doch sogleich erkannte er seinen Irrtum, denn hinter „Großmann“ sah er einen Schrägstrich und dahinter das Wort „Braun“.

„Großmann / Braun, blöder Zufall.“ grummelte er und suchte weiter.

Doch die Mühe war umsonst. Am Ende seiner Untersuchung aller Türen mit ihren dazugehörigen Namen, stellte er fest, dass sich die Dame, die ihn hierher verwiesen hatte, wohl getäuscht haben musste. Enttäuscht spürte er, wie sehr er durch das schnelle Laufen außer Atem geraten war. Er entdeckte eine Bank und ließ sich leicht resigniert auf ihr nieder. Doch aufgeben kam jetzt noch nicht in Frage. Nach einer Pause würde er noch einmal zu den Frauen zurückkehren, und sie erneut herausklingeln. Irgendetwas musste doch noch aus ihnen heraus zu bekommen sein, irgendeine Spur mussten sie ihm noch zeigen. Während er so saß und spürte, wie sein Herz langsam immer ruhiger schlug, öffnete sich die Tür des Einganges, an welchem er vorhin am längsten verweilt hatte, um über die Namenskombination Großmann / Braun nach zu sinnieren. Zuerst kam nur der Hintern eines Mannes zum Vorschein, dann der Rest seines Körpers. Seine Haltung war leicht gebeugt und seine Arme gestreckt. Nur wenige Augenblicke später erkannte Sobowsky den Sinn dieser ungewöhnlichen Art, ins Freie zu treten, denn in den Händen des Mannes erkannte er nun einen Kinderwagen, welchen er half, über die Schwelle zu heben. „Aha, der hilft einer Mutti dabei, ihr Kind raus zu bringen. Na, das gehört sich ja auch so.“ sagte sich Sobowsky. Doch als auch noch die Mutti selbst in sein Blickfeld geriet, begann sein Herz aufs Neue, von äußerster Unruhe erfasst, in seiner Brust zügig auf und ab zu hüpfen. Denn es konnte keinen Zweifel geben - das war die von ihm gesuchte Carola! Zwar hatte sie ein wenig abgenommen und trug ihre Haare jetzt frisch gewaschen und etwas länger, aber ganz unverkennbar, sie war es! Und in dem Wagen, das musste sein Kind sein! Wie gelähmt starrte er die drei an, unfähig sich zu bewegen. In seinen Beinen schien sich keine Kraft zu befinden, die ihn dazu befähigt hätte, hinter ihnen herzulaufen. Doch dann war es Carolas Blick, der flüchtig auf ihn fiel. Zuerst schien sie ihn gar nicht wahrzunehmen, denn ohne sichtbare Erregung wanderten ihre Augen zurück zu ihrem Kinderwagen. Aber nur Momente später stutzte sie und schaute noch einmal zu ihm herüber. Jetzt trafen sich ihre Blicke, und Sobowsky winkte ihr scheu mit seinem Blumenstrauß zu. Als sie sich sicher geworden zu sein schien, wer da vor ihr saß, beantwortete sie seine Geste. allerdings nicht so, wie er es sich erträumt hatte. Statt des erhofften Freudenschreis bekam er nämlich nur ihren Stinkefinger zu sehen und ihr Gesicht drückte ekelerfüllte Ablehnung aus, bevor sie sich wieder von ihm abwandte. Provokant hakte sie sich bei dem fremden Mann ein, der den Kinderwagen schob, und gemeinsam stolzierten sie auf dem gepflasterten Gehweg davon. Das war zu viel für Sobowsky. Er sprang auf und humpelte ihnen aufgewühlt hinterher. Kurze Zeit später hatte er sie eingeholt.

„Carola!“ rief er, „Bleib stehen, ich muss mit dir reden!“

Offensichtlich alles Andere als erfreut, hielt sie an und drehte sich nach ihm um. „Was willst du noch von mir?“ fragte sie zurück.

„Carola, wer ist dieser Mann? Können wir nicht ohne ihn sprechen?“

„Ich wüsste nicht, was wir überhaupt zu sprechen hätten. Hau einfach wieder ab!“

„Na hör mal, ich weiß ja selbst, dass ich Scheiße gebaut habe, aber jetzt könnten wir doch von vorn anfangen, wir drei. Ich bin trocken, verstehst du? Ich trinke nichts mehr, ich will mich um das Kleine kümmern, ein guter Vater sein. Ihr könnt doch wieder bei mir einziehen. Was meinst du dazu?“

„Was ich dazu meine? Dass du wahrscheinlich endgültig durchgedreht bist!“

Der fremde Mann mischte sich ins Gespräch:

„Wer ist das, Carola?“

„Ach, nur ein Idiot, den ich von früher kenne.“

„Möchtest du, dass er dich in Ruhe lässt?“

„Ja, natürlich.“

Mit ernstem Gesicht wandte sich der Mann nun an Sobowsky:
„Sie haben gehört, was Frau Großmann gesagt hat. Hören Sie auf, sie zu belästigen, sonst rufe ich die Polizei!"
Sobowsky, der sich vorgestellt hatte, dass Carola ihn mit offenen Armen willkommen heißen würde, war frustriert. Auf eine solche Situation war er überhaupt nicht vorbereitet. Und nun mischte sich auch noch dieser Kerl ungefragt in ihre Unterhaltung ein und begann zudem, Drohungen gegen ihn auszustoßen. Das weckte in ihm eine gewisse Kampfeslust. So geringschätzig, wie nur möglich, schaute er den Mann an.
„Wer bist du denn?"
„Ich weiß zwar nicht, was Sie das angeht, aber bitteschön, ich sage es Ihnen. Ich bin der Verlobte von Frau Großmann und Weihnachten werden wir heiraten. Genügt Ihnen das?"
„Ah! Und weißt du, wer ich bin? Ich bin der Vater des Kindes, das da in dem Wagen liegt! Und ich will Carola und das Kind zurück. Ist das klar?"
Fragend schaute der Mann Carola an, die ihn sofort beruhigte.
„Der ist verrückt, mach dir keine Sorgen."
„Wieso behauptet er, das wäre sein Kind?"
„Dass weiß ich nicht. Der ist nicht ganz dicht, glaub es mir!"
„Na, ich hab das Gefühl, Carola hat dir noch nicht all zu viel von sich erzählt." sprach Sobowsky wieder auf Herrn Braun ein. „Du weißt wahrscheinlich noch nicht einmal, dass wir ein Jahr lang zusammen gewohnt haben, oder?"
„Nein, stimmt das, Carola?"
„Ach, und wenn schon, was tut das zur Sache? Er kann dir ja mal erzählen, wie er mich behandelt hat. Zusammengeschlagen hat er mich, mehr als einmal, ganz ehrlich!"
„Und das Kind?"
„Das ist natürlich von dir. Der war doch immer viel zu besoffen, um einen hoch zu kriegen. Außerdem war da schon lange Schluss mit ihm."
„Hoho, Lüge!" rief Sobowsky, „Als ich dich rausgeschmissen habe, warst du schon schwanger!"
„Wir müssen jetzt los." sagte Carola und zog an ihrem Verlobten, der sich willig darauf einließ und ihr widerspruchslos folgte.
„Was ist mit meinem Kind?" schrie Sobowsky, „Ich will es wenigstens

mal sehen!“ Er drängte sich an ihnen vorbei und schaute in den Wagen. Dort lag er, der kleine Mensch, friedlich schlummernd, und von den Fallstricken dieser Welt nichts ahnend. Sobowsky konnte nicht erkennen, ob es sich um einen Jungen oder um ein Mädchen handelte, aber fast erschreckt war er, wie winzig klein dieses Wesen noch war. Gern hätte er es mal berührt, doch er traute sich nicht, aus Angst, ihm durch seine ungeschickten Hände weh zu tun. Er legte den Lutscher in den Wagen und fragte verzweifelt:

„Was wird denn nun?“

„Was soll denn werden“ fragte Carola ungeduldig zurück, „Du haust jetzt endlich ab und lässt uns in Ruhe. Ich hab lange genug meine Zeit mit dir vertrödelt und du kannst froh sein, dass ich dich damals nicht angezeigt habe. Du weißt, wovon ich rede. Dieses Kind ist nicht von dir, basta, aus, fertig. Herr Braun ist der Vater, der freut sich über das Kind, und ich verbiete dir, mich noch einmal zu belästigen. Ich hab jetzt eine Familie, da kann ich solche Arschlöcher wie dich nicht gebrauchen. Verstehst du das?“

„Ich habe mich doch geändert, ich trinke nichts mehr.“

„Hören Sie jetzt endlich auf! Sie sind ja ein unmöglicher Mensch.“ blaffte ihn Herr Braun an.

Sobowsky sah sich um all seine Hoffnungen betrogen. Wie euphorisch war er hierher aufgebrochen und wie hundeelend war ihm jetzt zumute! Zu der ihn erfassenden Verzweiflung gesellte sich eine unbeschreibliche Wut auf diesen Mann, der ihm seine Frau und vor allem sein Kind geraubt hatte. Er warf den Nelkenstrauß weit von sich, griff nach Brauns Hals und brüllte:

„Was willst du, du Wichser, dir stehen wohl die Zähne zu eng?“

Doch Herr Braun war ein unerwartet starker Gegner. Er verbog Sobowskys Handgelenke so heftig, dass er dessen Hals sogleich wieder loslassen musste. Dann warf ihn Braun mit derart ungestümer Kraft von sich, dass er sich überschlug und unsanft mit seinem Kopf auf den Gehweg krachte.

„Mach das nicht noch mal!“ sagte Braun, „Und gnade dir Gott, wenn ich dich noch einmal hier sehe.“

Sobowsky blieb am Boden liegen. Wimmernd und mit dröhnendem Schädel sah er ihnen nach, wie sie sich, erneut eingehakt, den Wagen mit seinem Kind fortschiebend, langsam entfernten. Ja, da ging sie hin, seine wundervolle Hoffnung. Der eben erst erkannte Sinn seines Lebens entschwand und zurück blieb eine schmerzende Leere, die kalt sein Herz umkrampfte und ihn frieren ließ. Was blieb ihm jetzt noch? Sollte er um Carola und das Kind kämpfen? Kopfschüttelnd verwarf er diesen Gedanken. Nein, der Fall war klar, sie wollte ihn nie wiedersehen, und vielleicht war es auch besser so. Und das Kind? Es blieb ja nicht allein, es gab einen neuen Vater, und es würde ihn, Sobowsky, nie vermissen, so ganz anders herum, als es ihm jetzt ging, dem ständig das kleine Gesicht im Wagen vor den Augen stand. Ja, wahrscheinlich würde Braun dem Kind ohnehin ein viel besserer Vater sein, als er es hätte jemals werden können. Wenn er es recht bedachte, wusste er schon selbst nicht mehr, wie er sich sein Familienleben überhaupt vorgestellt hatte. Er konnte sich doch noch nicht einmal vorstellen, was so ein kleines Wesen zum Leben benötigte. Und was hätte er dem Kleinen mit auf den Weg geben können? Wie man trinkt und raucht und sich bei Konzerten verhält? Ihm wurde noch erbärmlicher zumute, als er erkannte, dass er seit fünfzehn Jahren, als er arbeitslos wurde, ein Leben führte, dass sich völlig außerhalb des normalen Alltags der anderen Menschen abspielte, ja, dass er verlernt hatte, ein anderes Leben zu führen. Jetzt, wo er versuchte, ohne Alkohol und ohne seinen angeblich so schlechten Umgang auszukommen, war er der unglücklichste Mensch der Welt. Aber war es denn seine Schuld? Er hätte doch gern noch weitergearbeitet, damals, als Heizer. Vielleicht würde es ihm helfen, sich wieder Arbeit zu suchen, doch schon der Gedanke, sein freies Leben aufzugeben, ließ ihn schaudern. Doch er beruhigte sich sogleich wieder, als er sich erinnerte, dass ihn ohnehin niemand mehr benötigte. Dann wieder ließ ihn die offensichtliche Sinnlosigkeit seines Daseins die Tränen in die Augen steigen. Niemand brauchte ihn, niemand vermisste ihn, weder Carola, noch sein Kind, nicht seine Verwandten, weder Ronny, noch Manni, noch all die anderen Freunde, mit denen er einen Teil seines Lebens verbracht hatte, und die nicht ganz schuldlos daran waren, dass er jetzt hier auf dem Asphalt saß, ohne jede Hoffnung und voller Verzweiflung. Aber was haderte er eigentlich, er wusste doch, wie im Leben gespielt wird. Nur solange man mithalten kann, ist man dabei und gern gesehen. Vielleicht sogar beliebt, besonders dann, wenn man es noch ein wenig verrückter treibt, als die anderen. Und wenn man

mal denkt, dass man ein bisschen ruhiger treten könnte, der Gesundheit zu liebe, dann sorgen schon die anderen dafür, dass man nicht nachlässt. Aber ist man erst im Arsch und auf der Strecke geblieben, dann lassen sie einen gnadenlos zurück, wie ein Stück Dreck. Er war ja selbst nicht besser gewesen, oder hatte er sich vielleicht um Manni gekümmert, nachdem der die Kontrolle über seine Sauferei verloren hatte? Nein, natürlich nicht, aber er hatte ja auch nie geglaubt, dass er selbst einmal an der Reihe sein könnte. Ha, und letztendlich lag es doch nur an ihm, wie lange er noch das Leben eines Ausgestoßenen führen würde! Er brauchte ja nur ins Landskroneck zu gehen, um sein altes Leben zurück zu gewinnen. Sollte er sich denn ewig weiter kasteien, nur seiner Mutter zu liebe? So saß er da, die Hände stützten seinen schmerzenden Kopf, als ihn ein Mann ansprach: „Wenn sie besoffen sind, gehen Sie nach Hause, sonst rufe ich die Polizei, die wird schon dafür sorgen, dass sie mit Ihrem Anblick nicht die Gegend verschandeln."
Diese Worte wirkten wie ein weiterer Stich in sein Herz. Konnten es die anderen wirklich nicht sehen, dass er seit Monaten nichts mehr trank? Hatte ihm sein Lebensstil für immer das Aussehen eines Alkoholikers verliehen?
„Hau ab!" sagte er. „Ich bin nicht besoffen, ich denke nach."
„Ich gebe Ihnen fünf Minuten, dann sind Sie weg hier, klar?" sagte der andere und zog sich zurück. Sobowsky, der sich schrecklich matt fühlte, verspürte keine Lust auf eine weitere Kraftprobe. Mühsam erhob er sich und jeder Schritt, der ihn seinem heimatlichen Block näher brachte, fiel ihm unsagbar schwer. Seine Energiereserven schienen vollständig aufgebraucht zu sein und der Kopf drohte, vor Schmerzen auseinander zu platzen. Das lag jedoch weniger an dem Aufprall, den er erleiden musste, als viel mehr an den in ihm, wie ein alles verzehrender Bandwurm, wütenden Gedanken. Wie euphorisiert war er aufgebrochen und wie unendlich kaputt kehrte er nun heim. Alle Hoffnungen zerstört, ein einziger Irrtum war es gewesen, dass er in ein normales Leben zurück finden könnte.
„Jesus? - Was war das für eine Scheiße? Wolltest du mich verarschen? An mir lag es nicht, du hast es gesehen. Wieso hat das bei Homo-Raik geklappt? Warum nicht bei mir? Was soll ich jetzt tun?"
Als er endlich in seiner Wohnung auf die Couch fiel, war er sich sicher,

dass er sofort einschlafen würde. Doch die in seinem Kopf tobenden Gedanken ließen ihn nicht wie erhofft zur Ruhe kommen.

Es folgten Tage der Depression. Nichts, außer dem notwendigen Gang auf die Toilette konnte Sobowsky dazu bewegen, sich von seiner Couch zu erheben. Nicht einmal der Fernseher lief, die Gardinen waren zugezogen. Er wünschte sich den Tod herbei, von der Sinnlosigkeit seines Lebens ganz und gar durchdrungen. Was für ein Irrtum, als er glaubte, überlebt zu haben, um ein guter Vater zu werden. Mit aller Wucht hatte ihn nun die Erkenntnis getroffen, dass er zu nichts nütze sei, ein überflüssiges Gebilde ohne jede Existenzberechtigung war. Seiner Mutter, die ihn nach wie vor täglich besuchte, gelang es nicht, ihn aufzuheitern. Sie konnte ja auch nicht ahnen, woher die plötzliche, so starke Verschlimmerung seines Seelenzustandes herrührte. Doch dann riss ihn ein unverhofftes Ereignis aus seiner Lethargie. Es begann damit, dass es an seiner Wohnungstür klingelte. Erst wollte er nicht öffnen, doch da es nicht nachließ, erhob er sich schließlich, und schaute aus dem Schlafzimmerfenster nach unten, um zu sehen, wer da was von ihm wollte. Dort stand ein Mann, im Anzug und einer dunklen Krawatte über dem weißen Hemd. In der einen Hand hielt er einen Aktenkoffer.
„Was wollen Sie?“ fragte Sobowsky.
„Eh, Jochen, erkennst du mich nicht mehr?“
„Nein, wer sind Sie?“
„Mensch, Jochen, jetzt bin ich aber ein bisschen enttäuscht, ich bin’s doch, Pitti.“ „Pitti? Was zum Teufel willst du hier?“
„Deine Mutter hat mir erzählt, dass du zur Kur warst, und jetzt ein neues Leben führen willst. Na ja, und das du vielleicht ein bisschen Aufmunterung vertragen könntest. Da dachte ich halt, ich schau mal bei meinem alten Kumpel vorbei. Kann ich hoch kommen?“
Sobowsky war sprachlos. Mit allen möglichen Besuchern hätte er ja gerechnet, aber niemals mit diesem Pitti, jenem Menschen, der seit Jahren so tat, als ob er ihn nicht kennen würde. Er schwankte kurz, wie er sich verhalten sollte. Eigentlich hatte er sich vorgenommen, auch seinerseits nie mehr ein Wort mit diesem arroganten Verräter zu wechseln, andererseits war er ein wenig gerührt, dass Pitti gerade jetzt, wo er sich so einsam fühlte, an ihn dachte.

„Ich hab wohl zu schlecht über ihn geurteilt. Erst in der Not zeigt sich, wer die wahren Freunde sind.“ überlegte er. Dann fällte er seine Entscheidung.

„Klar, komm hoch!“

Sie begrüßten sich herzlich, in dem sie sich gegenseitig mit beiden Händen auf die Oberarme klopften. Sobowsky bot Pitti Tee an, den dieser nicht zurückwies. Dann begannen sie zu plaudern, über die alten Zeiten, und was die gemeinsamen Bekannten denn jetzt so machten. Sie schwelgten in ihren Erinnerungen und irgendwie umwehte sie dabei der alte kameradschaftliche Geist, so als ob nicht Jahrzehnte, sondern höchstens wenige Tage zwischen damals und heute vergangen wären. Sobowsky blühte förmlich auf und seit wirklich langer Zeit fühlte er sich wieder richtig gut. Schnell verging eine Stunde und Pitti erwähnte, dass seine Besuchszeit nun bald zu Ende gehe.

„Jochen, ich muss gleich wieder los. Es war richtig toll, mal wieder mit dir zu reden. Aber weißt du, wenn du jetzt wieder ein normales Leben führen willst, brauchst du Hilfe, besonders bei dem ganzen Bürokratiekram. Das wollte ich dir eigentlich noch sagen. Ich kenn mich da nämlich ganz gut aus. Du hast doch bestimmt irgendwo deine ganzen Unterlagen, wenn du willst, können wir die mal zusammen durchgehen, ob du auch alles hast, was du in diesem Land hier dringend benötigst.“

„Na, wenn du meinst, such ich das Zeug irgendwann mal raus.“

„Nicht irgendwann, das machen wir am besten gleich.“

„Ach, warum denn gleich, du wirst doch wieder mal vorbei kommen.“

„Auf jeden Fall, aber ich hab immer so viel zu tun, da weiß ich noch gar nicht genau, wann. Deshalb ist es besser, jetzt gleich mal zu gucken, bevor noch etwas passiert.“

„Ich denk, du musst gleich los.“

„Ja, schon, aber für dich mach ich das schon noch.“

Sobowsky kam die Sache etwas merkwürdig vor. Was sollte denn passieren, wegen irgendwelcher Papierfetzen, die er nun hatte, oder auch nicht? Und wieso hatte Pitti auf einmal doch noch Zeit? Was gingen den überhaupt seine Unterlagen an? Während er, der alten Freundschaft zu liebe, seinen Ordner mit allen Papieren, die er besaß, aus seinem Wohnzimmerschrank holte, wuchs sein Misstrauen. Hier galt es, wachsam zu sein, dass war ihm klar. Andererseits hatte er ja nichts so Weltbewegendes in seinem Besitz, dass er es hätte niemanden zeigen können. Nachdem Pitti den Ordner in Empfang genommen hatte, begann er konzentriert darin zu blättern.

„Ist das wirklich alles, was du hast?“ fragte er besorgt, als er damit fertig war.

„Ja, wieso?“

„Ich kann deine Unfallversicherung nicht finden.“

„Ja, und?“

„Hast du etwa keine?“

„Wahrscheinlich nicht.“

Pitti sah ihn streng an. „Ich glaube, du weißt gar nicht, welches Risiko du da eingehst.“

„Wieso?“

„Was ist denn, wenn du mal nicht aufpasst, vor ein Auto rennst, zum Beispiel? Dann bekommst du keinen einzigen Cent von irgendjemanden.“

„Na und? Das was ich jetzt kriege, reicht mir doch, mehr brauch ich überhaupt nicht.“

„Da denkst du zu kurz. Wenn du ein Krüppel bist, muss deine ganze Wohnung umgebaut werden, das kostet richtig viel Geld.“

Sobowsky wurde ärgerlich. Was schwatzte der Pitti denn da? In ihm keimte der Verdacht, dass dieser Kerl vielleicht doch nicht nur aus alter Freundschaft vorbei gekommen war.

„Na hör mal, erstens mach ich mir über so etwas überhaupt keine Gedanken und zweitens hab ich gar kein Geld dafür.“

„Ach Jochen, für so etwas muss einfach Geld da sein. Jetzt, wo du nicht mehr alles versäufst, musst du doch was drüber haben. Ich bin richtig froh, dass ich gekommen bin. Überleg doch mal, wie viel du im Monat zahlen könntest!“

„Wofür?“

„Na, für deine Unfallversicherung. Muss doch nicht viel sein, was weiß ich, zehn oder zwanzig Euro im Monat. Na, bloß gut, dass ich meinen Aktenkoffer dabei habe, ich glaub, da ist sogar noch ein Antrag drin. Den füllen wir am besten gleich zusammen aus, sonst vergisst du es wieder.“

Er bückte sich, hob den Koffer auf seine Knie und schnipste ihn auf. Doch Sobowsky schlug den Koffer, sich nur noch mühsam beherrschend, wieder zu.

„Sag mal, arbeitest du für eine Versicherung?“
Pitti sah ihn mit großen, unschuldigen Augen an.
„Glücklicherweise ja, sonst könnte ich dir ja gar nicht so schnell helfen.“
Sobowsky glaubte, vor Wut platzen zu müssen. Wie hatte er nur nach all den Jahren, in denen er Luft für Pitti gewesen war, glauben können, dass der ihn nun auf einmal, um seiner selbst willen, besuchen würde? Wie leichtgläubig hatte er sich von ihm eine Stunde lang einwickeln lassen, bevor er endlich die Katze aus dem Sack ließ! Glaubte dieser Arsch etwa, dass er vollkommen verblödet war, und ihn nicht durchschauen würde? Das ärgerte ihn am meisten.
„Lass den Koffer ruhig zu, Pitti, ich glaube, du musst jetzt ganz schnell gehen.“
„Warum denn, ich habe genug Zeit für dich.“
„Weil ich dir sonst die Fresse poliere. Du hälst mich wohl für total bescheuert, oder was? Hör zu, ich zähl jetzt bis drei, dann bist du draußen, oder es geschieht ein Unglück. Klar?“
Pitti tat, als ob er zu Tode beleidigt wäre.
„Was sagst du da? Willst du mir etwas Böses unterstellen? Ist das der Dank, dass ich dir helfen will?“
„Eins!“
„Ja, ja, ich geh ja schon. Aber das eine sage ich dir, Jochen, du wirst es noch bereuen, dass du den einzigen Menschen rausschmeißen willst, der sich überhaupt noch mit dir abgibt.“
„Zwei!“
Pitti wollte offensichtlich nicht ausprobieren, was bei Sobowsky „Drei!“ bedeutete, und verließ eilig die Wohnung. Doch auf der Treppe schöpfte er neuen Mut und schrie seinem, ihm hinterher schauenden, alten Kumpel seine wahre Meinung entgegen: „Du bist doch vollkommen bescheuert, Sobowsky. Du hast wohl einen Höhenflug, nur weil du gerade mal trocken bist? Das hältst du doch sowieso nicht durch. Ich schwöre dir, in einem halben Jahr, bist du wieder restlos im Arsch. In dieser Welt hast du keine Chance mehr!“
„Verpiss dich!“ sagte Sobowsky und schloss die Tür.
Er ließ sich auf seine Couch fallen und schüttelte immer wieder den Kopf. Was hatte dieser Mensch da eben gesagt? Er hätte keine Chance mehr?

Keiner würde sich mehr mit ihm abgeben? Von wegen! Es gab sehr wohl Menschen, die auf ihn warteten und es lag nur an ihm, dass er noch nicht bei ihnen gewesen war. Das waren Menschen, die er noch nicht kannte, von denen er aber wusste, dass sie ihn willkommen heißen würden. Menschen, die ehemaligen Säufern eine Chance gaben, Menschen, unter denen sogar seine große Liebe lebte, deren liebliches Aussehen ihn seit jenen fernen Tagen im Zelt so faszinierte, und die ihn schon viel zu lange entbehren musste. Er sprang auf und lief immer wieder dieselbe Strecke in seiner Wohnstube auf und ab. Seine Depressionen, deren Gefangener er so viele Tage lang gewesen war, schienen für immer verschwunden. Er spürte, wie in diesen Momenten die Würfel für ein neues Leben fielen, ein Leben, dass ihn in die Bahnhofstraße führen wollte, zu denen, die diesem Jesus Christus folgten, der auch ihm inzwischen nicht mehr unbekannt war. Egal, wenn sie sich mitunter missverstanden hatten.

Sobowsky hielt sich nicht mehr länger mit unnützen Überlegungen auf. Na, dem würde er es schon zeigen! Bis zur Bahnhofstraße war es recht weit, doch schließlich drängte ihn nichts, und so humpelte er gelassen, aber entschlossen jenem Ort entgegen, von dem er sich so sehr einen neuen Lebenssinn erhoffte. Er verdrängte die Sorge, dass er auch hier scheitern könnte und erging sich in allerlei frohen Vorstellungen über seine Zukunft. Noch so ein Reinfall, wie der mit Carola, nein, dass konnte einfach nicht sein! Sein Ziel war gar nicht so einfach zu finden, schließlich hatte er sich den Versammlungsort dieser gläubigen Menschen groß und eindrucksvoll, ähnlich der erhabenen Wucht einer Kirche vorgestellt. Stattdessen stand er nach längerem Herumirren und einigen Zweifeln an der Richtigkeit des Ortes seiner Suche, vor einer mit Ornamenten verzierten, hölzernen Eingangstür inmitten einer aus alten Bürgerhäusern bestehenden Gebäudefront. Man hätte durchaus denken können, dass sich hinter dieser Tür zahlreiche Wohnungen verbergen würden, wäre nicht ein schlichtes Schild an ihr angebracht gewesen, auf dem man die wahre Bestimmung des Ortes erfahren konnte. Sobowsky las:

Gemeinschaft bibeltreuer Christen
Wortbetrachtung: jeden Dienstag, 19.00 Uhr
Gottesdienst: jeden Sonntag, 10.00 Uhr
Jedermann herzlich eingeladen!

Er war erleichtert. Jetzt hatte er es! Entschlossen drückte er die große, schmiedeeiserne Klinke nach unten, bereit einzutreten. Doch die Tür ließ sich nicht öffnen. Wieso denn das? Ach ja, da stand es ja, nur Dienstag oder Sonntag war hier jemand anzutreffen! Aber welcher Tag war heute eigentlich? Scheiße, woher sollte er denn das nun wieder wissen, nach all den sinnlosen Wochen, die er auf der Couch und dem Balkon verbracht hatte? Sonnabend oder Sonntag auf keinen Fall, sonst wäre doch der Pitti, der sicher nur unter der Woche arbeitete, nicht bei ihm vorbei gekommen. Also irgendein Wochentag, aber welcher? Na gut, das musste er eben herausfinden und zum richtigen Zeitpunkt wiederkommen. Ein wenig missgestimmt, aber doch nicht gänzlich unzufrieden, machte er sich auf den Nachhauseweg. Immerhin hatte er einen Teilerfolg errungen, und wusste nun genug, um seinen nächsten Ausflug hierher erfolgreich ablaufen zu lassen. Schon einen Tag später startete er einen neuen Versuch. Von seiner Mutter wusste er, dass es Dienstag sei. Allerdings hatte seine Entschlusskraft seit gestern deutlich abgenommen, und er fragte sich schon den ganzen Tag, ob seine Entscheidung wirklich die richtige sei. Doch gegen achtzehn Uhr siegte sein Wille, seinem Leben eine neue Richtung zu geben und er hinkte los. Sein Ziel erreichte er pünktlich, doch er hielt sich abseits, als er die zahlreichen Menschen sah, die in dem Eingang verschwanden. Er wusste nicht genau, was es eigentlich war, was ihn abhielt, zu ihnen zu treten, gleichwohl fehlte ihm plötzlich der Mut dazu. Erst als er sich sicher war, dass niemand mehr eintreten wollte, kam er näher. Unschlüssig stand er vor der Tür, und beinahe wäre er mutlos wieder umgekehrt, als die brüchige Stimme einer vermutlich sehr alten Frau an sein Ohr drang.

„Guten Abend! Kommen Sie ruhig mit rein, das Wort unseres Herrn ist für uns alle da."

Er drehte sich um. Vor ihm stand tatsächlich eine sehr betagte und sehr kleine Frau, deren freundliches Gesicht von zahllosen Falten durchfurcht war. Sie trug einen langen grauen Rock und eine blaue Rüschenbluse. Ihre weißen Haare waren zu einem Dutt gebunden.

„Ach, ich weiß nicht, ob das das Richtige für mich ist." antwortete Sobowsky.

Da wurde das freundliche Gesicht der alten Dame streng.

„Na, ich bitte Sie, wie können Sie nur so etwas sagen! Gott ist für jeden

das Richtige. Und jetzt los, kommen Sie, und keine Ausflüchte mehr!"
Eigentlich war Sobowsky ganz froh über ihre resoluten Worte und gern ließ er sich von ihr in das Gebäude treiben. Fast glaubte er schon wieder, dass ihm jemand genau im Moment seines Zweifelns diese notwendige Hilfe geschickt habe.
„Ich habe das Gefühl, dass ich Sie schon mal irgendwo gesehen habe." bemerkte die Alte, während sie einen kühlen Flur durchschritten, an den sich, hinter einer Glastür, ein größerer Saal anschloss. Durch das Glas konnte Sobowsky ungefähr fünfundzwanzig Menschen erkennen, die sich in einem Stuhlkreis zusammengesetzt hatten. Es schien, als ob sich diese Menschen nur flüchtig kennen würden, denn sie sprachen, wenn überhaupt, nur sehr kurz miteinander. Auch ihre Aufteilung verwunderte Sobowsky, denn während sich auf der linken Seite des Stuhlkreises nur Männer befanden, saßen ihnen gegenüber ausschließlich Frauen. Doch noch bevor er sich entscheiden konnte, ob er diese Aufteilung gut finden sollte, oder nicht, schob ihn die Alte auch schon sanft durch die Tür, drückte ihm ein Liederbuch in die Hand und ohne ein weiteres Wort geleitete sie ihn zu einem der wenigen noch freien Stühle auf der Herrenseite, und befahl ihm dort, sich zu setzen. Die Blicke aller Anwesenden waren nun auf ihn gerichtet, und während sich die Alte jedem einzelnen zuwandte, um ihn persönlich mit Handschlag zu begrüßen, versuchte Sobowsky wenigstens, freundlich zu lächeln. Vorsichtig ließ er seinen Blick über die anderen Besucher gleiten, in der Hoffnung vielleicht irgendein ihm bekanntes Gesicht zu entdecken, dass ihm sein Fremdsein etwas erleichtern könnte. Und obwohl ihm diese Hoffnung selbst völlig unsinnig erschien, trat das Unerwartete ein. Vielleicht hatte sie sich ja ein wenig verändert, und sein Blick war heute nicht vom Alkohol getrübt, aber es war unzweifelhaft ihr Gesicht mit den mandelplätzchenförmigen Augen, dem kleinen Mund mit den schmalen Lippen und dem spitzen Näschen, umrahmt von ihren langen, dunklen Haaren. Als wäre seit ihrem letzten Aufeinandertreffen nicht ein halbes Jahr vergangen, schien sein Herz einen Luftsprung zu machen. Erneut trafen sich ihre Blicke, und aus Sobowskys unsicherem Lächeln wurde ein frohes Grinsen. Sie errötete und senkte ihren Blick, doch auch er erschreckte sich ein wenig, als ihm bewusst wurde, dass sie bei diesem Grinsen nur all zu deutlich seine nicht besonders vorteilhaft aussehenden Zahnlücken bemerken musste.

Schnell schloss er seinen Mund und presste zur Sicherheit auch noch seine rechte Handoberfläche auf die Lippen. Trotzdem jubilierte alles in ihm. Ja, hier war er richtig! Das konnte alles kein Zufall sein. Hier würde er sein Glück finden, das war jetzt ganz klar. Nur ein wenig Geduld, dann musste sich alles von selbst ergeben. Endlich war er auf dem richtigen Weg. Inzwischen hatte sich einer der Männer erhoben und sprach: „Lasst uns nun die Stunde im Namen des Herrn beginnen mit dem Lied 223“ Alle schlugen ihre Liederbüchlein auf, und der Mann, der zu einem nahe stehenden Klavier gelaufen war, begann zu spielen. Im richtigen Moment setzte der etwas müde klingende Gesang aus den Kehlen der Gläubigen ein. Nur Sobowsky blätterte unschlüssig in dem Büchlein herum und konnte keinen rechten Gefallen daran finden. Doch das Lied war schnell zu Ende, und ein anderer Mann sagte: „Wir wollen beten!“ und alle, auch Sobowsky, standen auf und falteten ihre Hände. Der Mann, der diese Aufforderung ausgesprochen hatte, übernahm diese Aufgabe auch sogleich für alle und dankte dem unsichtbaren Gott zuerst laut und mit geschlossenen Augen für die Tatsache ihres Beisammenseins, um sich dann in Segensbitten für die nun folgende Stunde der Wortbetrachtung zu ergehen. Sobowsky kam das alles nicht sehr fremd vor, schließlich ähnelte es den Gebeten Grünbergers im Zelt. Allerdings ohne dabei so ausufernd zu werden, wie er es anfangs befürchtet hatte. Dann setzten sich alle wieder auf ihre Stühle und fingen an, in ihren mitgebrachten Bibeln zu blättern. Minutenlang tat sich gar nichts, es herrschte Stille und nur das Rascheln der Bibelseiten und ein gelegentliches Hüsteln von irgendeinem der Anwesenden waren zu hören. Sobowsky, der nicht verstehen konnte, warum es nun nicht mehr weiterging, war kurz davor, seinem Unmut kund zu tun, als wieder einer der Männer aufstand und sprach:

„Wir fahren heute fort mit der Betrachtung des Buches Daniel, Kapitel 7.“

Und dann las der Mann dieses Kapitel der Bibel in seiner Gesamtheit vor. Da er jedoch nicht all zu laut sprach, und sich auch gelegentlich in den Zeilen zu verirren schien, fiel es Sobowsky, der den Text im Gegensatz zu den anderen nicht mit lesen konnte, schwer, den Inhalt richtig zu erfassen. Aber das, was er hörte, interessierte ihn schon. Da hatte ein Mann einen Traum von einem stürmischen Meer, dem vier große Tiere mit eigenartigem Aussehen entstiegen. Das erste war ein Löwe mit Adlerflügeln, dem diese Flügel später ausgerissen wurden, das zweite war ein Bär mit drei Rippenknochen im Maul, das dritte ein Panther mit vier Flügeln und vier Köpfen und das vierte Tier war eigentlich gar keins. Es war fürchterlich und schrecklich und sehr hart, hatte Zähne aus Eisen, fraß und zermalmte, und was übrig blieb, zertrat es mit seinen Füßen. Erst hatte es zehn Hörner, dann wuchs noch ein elftes, an dem sich Menschenaugen und ein unablässig prahlendes Maul befanden. Dann wurde ein Thronsessel aufgestellt, auf den sich ein uralter Mann in schneeweißen Kleidern und mit ebenso weißem Bart setzte. Der Thron bestand aus lodernden Flammen und ein Strom, dem Flusse der Lava eines Vulkanes gleich, ergoss sich aus ihm. Tausende Diener umgaben den alten Mann, aber auch vor ihm stand noch eine riesige Menschenmenge. Jetzt wurden Bücher aufgeschlagen und Gericht gehalten. Das vierte Tier wurde getötet und in das brennende Feuer geworfen, die übrigen entmachtete man und legte fest, wie lange sie noch zu leben hätten. Mit den Wolken des Himmels kam nun jemand herbei, der aussah, wie ein Mensch. Er gelangte zu dem uralten Mann, der ihm für immer alle erdenkliche Macht verlieh. Der Mann aber, der all dies träumte, konnte sich damit noch nicht zufrieden geben. Erst wollte er noch ergründen, wer jenes schreckliche, vierte Tier sei. Er erfuhr es von einem der um den alten Mann herumstehenden Diener. Wie alle anderen Tiere stellte es ein Weltreich dar, aber ein ganz besonders Schlimmes, die ganze Erde vernichtendes, sich gegen Gott und sein Volk auflehnendes Reich, das nach einiger Zeit gerichtet und vernichtet werden wird. Danach wird dieses Reich dem heiligen Volk Gottes übertragen, alle übrigen Reiche werden in ihm aufgehen und Gott selbst erhält die Oberherrschaft über alle Mächtigen dieser Welt, die ihm dann dienen müssen. Über diese Erkenntnisse war der Träumer sehr erschreckt, und auch Sobowsky fühlte sich ob dieser Geschichte etwas irritiert. Er begann vergeblich über ihren Sinn nachzudenken, während sich der Vorleser wieder setzte und erneut längeres Schweigen im Saal eintrat. Doch dann begann derselbe Mann, den Text mit seinen eigenen Worten zu erklären. Das freie Reden schien ihm noch schwerer zu fallen, als das Lesen, und Sobowsky lobte im Stillen Grünberger, dem doch eine viel bessere Beredsamkeit zu Eigen gewesen war. Nichtsdestotrotz wuchs seine Spannung, was der Mann wohl zu dieser Geschichte herausfinden würde. Schließlich war sie so ganz anders, als diejenigen, die der Prediger im Zelt zum Besten gegeben hatte und die ihm gleich einleuchten konnten, da sie von ganz normalen Menschen handelten. Bis jetzt erinnerte ihn das Ganze eher an die grotesken Phantasien, denen sich Hamster hinzugeben pflegte, wenn er über seine Deathmetal-Musik philosophierte. Und er glaubte auch, eben solche Tiere, von denen hier die Rede gewesen war, schon auf dessen T-Shirts gesehen zu haben. Doch dann staunte er umso mehr, als er erfuhr, dass er soeben von einer gewaltigen, inzwischen sogar schon erfüllten, Prophetie, in Kenntnis gesetzt wurde. Er hörte, dass die drei ersten Weltreiche bereits Geschichte waren, und man genau nachweisen könne, um welche Reiche es sich gehandelt habe. Der Vorleser schien historisch sehr bewandert zu sein und kein Zweifel am Wahrheitsgehalt des Gesagten kam bei Sobowsky auf, als der Redner über Nebukadnezars Babylonien, das persische Reich und Alexander dem Großen und dessen Griechenland referierte. Die Jahreszahlen saßen, genau wurde dargelegt, wie diese Reiche einander ablösten, wie sie an Macht gewannen und verloren und sich in Teilreiche spalteten. Jedes Symbol des Traumes, ob Flügel oder Rippen, ob Löwe, Bär oder Panther, wurde gedeutet, und der Mann, der all dies so gewissenhaft vortrug, erwarb sich mit jedem gesprochenen Wort mehr und mehr Sobowskys Anerkennung. Nun brach der Redner ab und wieder zog Schweigen in die Runde ein. Aber ein wenig später fand sich ein weiterer Mann, der sich berufen fühlte, etwas zu diesem Thema zu sagen. Er knöpfte sich das vierte Tier vor, in welchem er das Römische Reich erkannte. Zurück ging es in die Zeit der Christenverfolgungen, zu Nero, Domitian und den anderen Cesaren, bis hin zum Zusammenbruch ihrer kaiserlichen Macht. Doch – hoppala - im Gegensatz zu seinen Vorgängern ist dieses Tier noch nicht besiegt. Ganz im Gegenteil - bis auf den heutigen Tag hält es sich an der Macht. Denn wenn auch das große Rom am Ende gewesen und in zahllose Einzelstaaten zerfallen war, so gelang es ihm doch, in Gestalt der katholischen Kirche und ihrer Päpste kraftvoll wieder aufzuerstehen und weiterhin die Welt regieren. Und jetzt, wo man auch die Päpste samt ihrem Kirchenstaat nur noch als Schatten ihrer selbst erleben könne, entsteht aufs Neue ein mächtiges politisches Rom, diesmal als die sich ständig erweiternde Europäische Union. Sobowsky erschauerte ein wenig. Von all diesen Dingen wusste er ja noch gar nichts. Bloß gut, dass er nun hier, zwischen diesen gut informierten Leuten saß. Ein weiterer Mann ergriff das Wort. Er hatte es auf das elfte Horn dieses Tieres abgesehen. Dieses Horn war der Antichrist! Noch nie hatte Sobowsky etwas von dieser schrecklichen Erscheinung gehört. Zu Jesus Christus gab es einen „Anti-Christus" - das war unfassbar! Zum Glück war der bisher noch nicht gekommen. Das war erst, wenn auch nicht mehr allzu ferne, Zukunft. Vom Satan selbst bekäme er dann die Macht, um über die ganze Welt zu herrschen, und die Gläubigen würden sich in Scharen zum Abfall von dem eigentlichen und wahren Christus überreden lassen. Gesetzlosigkeit und Verderben kämen über die Erde, und der Antichrist erhöbe sich nicht nur über Gott, sondern riefe sich auch noch selbst zum Gotte aus. Die zehn anderen Hörner wären seine Vorläufer und allesamt schon durch, nur wisse man nicht ganz genau, wer wirklich dazu gehört habe. Hitler, der die Juden beinahe ausgerottet hatte, auf jeden Fall! Doch danach, wenn der Antichrist besiegt sei, breche das herrliche tausendjährige Reich an, in welchem der wirkliche Christus König ist. Dann trat wieder Stille im Saal ein, bis sich ein weiterer Mann der Erscheinung annahm, die mit den Wolken heran getrieben kam und vor den Thron des alten Mannes geführt wurde. Sobowsky hatte es schon geahnt - ja, das war Jesus Christus höchstpersönlich! Von Gott selbst, denn niemand anderes war jener uralte Mann, erhielt er alle Macht auf der Erde und im Himmel. Eine Macht, die nicht, wie die der Tiere vergänglich, sondern ewig war. Und das Schönste - dieses Reich war auch schon angebrochen. Seit zweitausend Jahren, seit jenem Tag, an dem Jesus Christus zur Rettung der Menschheit das Licht dieser Welt erblicken durfte. Und alle, die sich im Laufe der Jahrhunderte zu ihm bekannten, waren schon jetzt Angehörige dieses Reiches, auch wenn sie ihre vollen Bürgerrechte erst in der Zukunft ausleben würden können. Auf einmal, und für Sobowsky, der sich derartig in das geschilderte Geschehen hinein versetzt hatte, dass er nicht einmal mehr einen Gedanken an die niedliche Sängerin erübrigen konnte, völlig überraschend, endete das Gespräch.

„Lasst uns Lied 115 singen." sagte einer von ihnen, worauf alle ihre Bibeln beiseite legten und erneut die Liederbüchlein aufschlugen. Nun ähnelte alles dem Anfang der Stunde: Klavier – Gesang - Gebet. Danach machte ein älterer Herr noch ein paar Ansagen, bestellte irgendwelche

Grüße und lud zum nächsten Gottesdienst ein. Erst dann war endgültig Schluss. Ein paar Besucher unterhielten sich noch miteinander, die anderen standen auf und verließen, größtenteils nun wieder als Mann und Frau vereint, nach und nach den Saal. Sobowsky wusste nicht recht, wie er sich verhalten sollte. Niemand schien von ihm Notiz zu nehmen. Doch als auch er gehen wollte, bat ihn der ältere Mann, von dem vorhin die Abschiedsworte gekommen waren, noch zu bleiben. Er würde gleich Zeit für ihn haben, wenn er sein momentanes Gespräch beendet hätte. Also setzte sich Sobowsky wieder hin und wartete. Er sah, wie sich seine Sängerin zu einem älteren Ehepaar gesellte und schlussfolgerte daraus, dass dies seine zukünftigen Schwiegereltern sein mussten. Am liebsten wäre er sogleich zu ihnen geeilt, um sich vorzustellen, beschloss dann aber, nicht schon am ersten Abend mit der Tür ins Haus zu fallen. Schließlich würde er sie von nun an regelmäßig zu Gesicht bekommen. Daran gab es nach diesem Abend keinen Zweifel mehr. Zu gut hatte es ihm gefallen, als dass er sich vorstellen konnte, nicht mehr wieder zu kommen. Er schüttelte den Kopf. Wenn er gewusst hätte, wie spannend es hier zuging, wäre er doch schon längst hier gewesen. Aber besser spät, als nie! Der Auftakt seines neuen Lebens war diesmal zumindest gelungen!

Nun setzte sich der ältere Mann zu ihm und reichte ihm die Hand.

„Herzlich willkommen bei uns! Ich kann mich noch ganz gut an sie erinnern. Sie waren doch damals im Zelt dabei, oder nicht?"

„Ja, ich war ein paar Mal dort, das hat mir ganz gut gefallen. Deshalb bin ich ja nun auch endlich mal her gekommen."

„Das ist aber schon ein halbes Jahr her. Waren Sie inzwischen in einer anderen Gemeinde?"

„Nein."

„Warum haben Sie dann solange gewartet? Wenn ich mich recht erinnere, haben Sie sich doch damals schon bekehrt."

„Na ja, ich hatte ein paar gesundheitliche Probleme."

„Verzeihen Sie, wenn ich so direkt frage, aber was genau waren denn das für Probleme? Wollen Sie es mir ehrlich sagen? Ehrlichkeit ist hier sehr wichtig, wissen Sie?"

„Natürlich, ich bin überfallen und beinahe ermordet worden. Ich war schon im Jenseits bei den Engeln, aber wie durch ein Wunder hat mich im letzten Augenblick meine Mutter gefunden. An dem Tag starb auch mein Vater, deshalb suchte sie mich."

Der Mann schaute ihn fragend an. Die Antwort schien ihn nicht zu befriedigen.

„Okay, wollen Sie mir Ihren Namen sagen?"

„Jochen Sobowsky."

„Ich bin Titus Lorenz. Ich kann mich täuschen, aber damals hätte ich gedacht, dass ihre Probleme eher vom Alkohol herrührten."

„Nein, nein, das war nie ein Problem. Klar hab ich hier und da mal ein Bierchen getrunken, aber nie zu viel. Jetzt trinke ich schon ewig gar nichts mehr."

„Haben Sie eine Kur gemacht?"

„Hm."

„Gut, Jochen, bleiben Sie standhaft. Wie hat Ihnen denn Ihr erster Besuch bei uns gefallen?"

„Ach, prima, es war richtig spannend."

„Kommen Sie wieder?"

„Auf jeden Fall. Sonntag schon, denke ich."

„Haben Sie es weit?"

„Es geht, eine Stunde zu Fuß."

„Sie haben kein Auto oder Fahrrad?"

„Nicht mehr, leider."

„Wenn Sie wollen, bringe ich Sie nach Hause und hole Sie Sonntag wieder ab."

„Na ja, wenigstens nach Hause, das würde ich schon annehmen. Seit dem Überfall ist nämlich mein Knie ziemlich kaputt."

„Na, dann kommen Sie!"

Auf dem Weg zu Sobowskys Block, den sie in Titus Lorenz' Auto zurücklegten, plauderten sie weiter und auch nach dem sie gehalten hatten, riss ihr Gespräch nicht ab. Stattdessen entwickelte sich ein munteres Frage- und Antwortspiel, in dem sich die beiden Männer gegenseitig aushorchten. Als Lorenz eine halbe Stunde später losfuhr, wusste Sobowsky bereits die wichtigsten Dinge, die er benötigte, um das Wesen dieser Gemeinde zu verstehen. Und komisch, wenn es vor einem Jahr zu dieser Unterhaltung gekommen wäre, hätte sich Sobowsky über diesen Mann nur lustig gemacht, während er heute dessen Worte aufsog, als ob sie das Großartigste seien, was er jemals in seinem Leben gehört hatte. Beschwingt und voller Fröhlichkeit betrat er seine Wohnung. Er trank ein Glas Wasser und setzte sich auf den Balkon. Er genoss das schöne Wetter und erst die heraufziehende Nachtkühle vertrieb ihn eine Stunde später. Seit dem Überfall war er das erste Mal wieder richtig glücklich. Die Depressionen schienen wie ein längst vergangener Spuk, er fühlte sich stark und voller Tatendrang. Heute nun hatte sein neues Leben tatsächlich begonnen, die Einsamkeit hatte ein Ende!

Sobowsky schlug fröstelnd die Wohnungstür hinter sich zu. Draußen wehte ein kühler Herbstwind und seine dünne Jeansjacke bot ihm nicht ausreichend Schutz. Doch das war es nicht, was ihn so zittern ließ. Schließlich war er Kälte gewöhnt, und wenn er gewollt hätte, würde er sich einen dicken Pullover unter die Jacke gezogen haben. Vielmehr war es eine Begegnung beim morgendlichen Einkauf gewesen, die ihm eine bleibende Gänsehaut auf den Leib gezaubert hatte. Wie immer, wenn er in den Supermarkt ging, war er recht früh aufgebrochen, um niemanden, aus seinem alten Bekanntenkreis zu treffen. Schon hatte er beinahe alles, was er benötigte, in seinen Wagen gelegt, als er noch in die Getränkeabteilung einbog, um sich zwei Flaschen derjenigen roten Himbeerlimonade zu seinen restlichen Einkäufen zu stellen, die er am liebsten mochte. Da wankte ihm von vorn eine eigenartige Gestalt entgegen, die ganz offensichtlich gar nicht mehr in diese Welt passte. Entgegen allen modischen Gepflogenheiten schien sie, vom Aussehen her, in einer längst vergangenen Zeit zu verharren. Auf den spindeldürren Beinen trug sie eine knallenge Röhrenjeans, die Füße steckten in weißen Knöchelturnschuhen. Über einem bedruckten T-Shirt, das der Mann an seinem abgehärmten Körper trug, hing, genau wie bei Sobowsky, eine Jacke, die ebenfalls aus Jeansstoff bestand. Das unrasierte, eingefallene und von schulterlangen, blonden und entsetzlich dünnen Haaren umrahmte gelbe Gesicht dieses Mannes, dessen Alter sich schlecht schätzen ließ, kam Sobowsky fremd vor. Und doch wusste er sofort, wen er da vor sich hatte. Denn auf dem Kopf des Mannes thronte eine uralte Schirmmütze aus Leder, und außer Manni gab es niemanden mehr in dieser Stadt, der sich auch nur annähernd so kleiden würde. Während sich Sobowsky noch unsicher zurückhielt, unwissend, wie er Manni gegenübertreten sollte,

ohne sich ob des seit ihrer letzten Begegnung doch sehr veränderten Gesichtes seines Freundes zu erschreckt zu zeigen, kannte Mannis Freude keinen Aufschub . Mit ausgebreiteten Armen lief er auf ihn zu und umarmte ihn.
„Mensch Jochen, alter Bruder, schön dich endlich mal wieder zu sehen.“
„Manni! Wie geht es dir?“
Irritiert bemerkte Sobowsky, dass nicht nur das Gesicht seines Gesprächspartners, sondern auch dessen Augen und Hände in auffälliger Weise eine Farbe angenommen hatten, die der einer Zitrone nicht unähnlich war. Manni, der ihn noch immer nicht loslassen wollte, sah ihm in die Augen.
„Ach, geht schon.“
„Du hast dich verändert, seit wir uns das letzte Mal gesehen haben.“
„Wir werden halt alle nicht jünger.“
„Quatsch, das meine ich nicht. Warum bist du überall so gelb?“
„Wie überall?“
„Na überall, du willst mir doch nicht erzählen, dass du das selbst noch nicht gesehen hast.“
„Ach, du meinst das bisschen Gelb an meinem Körper?“
„Ja. Was sagt denn der Arzt dazu?“
„Was denn für'n Arzt?“
„Na der Arzt.“
„Ich geh zu keinem Arzt.“
„Warum denn nicht? Wenn man so aussieht, wie du, dann muss man doch zum Arzt gehen!“
„Ach, wozu denn?“
Manni ließ nun von Sobowsky ab und schaute ihn traurig an.
„Weißt du Jochen, wenn man so aussieht wie ich, braucht man keinen Arzt mehr. Dann ist bald Schicht im Schacht, verstehst du?“
„Was willst du damit sagen?“
„Meine Leber ist im Arsch, das ist doch klar. Na und, ist doch kein Wunder, oder? He, nun guck doch nicht so bedeppert! Theoretisch werde ich bald fünfzig, das reicht doch, findest du nicht?“
„Du bist doch noch keine Fünfzig, höchstens sechsundvierzig!“
„Sei doch nicht so pingelig! Auf ein paar Jahre mehr oder weniger kommt

es ja wohl nicht an. Was will ich denn noch hier? Die guten Jahre sind schließlich längst vorbei. Ich hab schon lange keine Freunde mehr, ich bin einsam, verstehst du? Ich will hier überhaupt nicht mehr ewig rumrennen. Du etwa?“
Mannis Blick fiel in Sobowskys Einkaufswagen.
„Was hast du denn da drin?“
„Was meinst du?“
„Jochen, stell dich nicht so doof, was macht die Brause in deinem Wagen?“
„Wieso?“
„Wieso? So etwas hab ich bei dir noch nie gesehen, und wir kennen uns schon ein ganz paar Jährchen.“
„Na und, ich trinke halt nichts mehr.“
Erst schaute ihn Manni misstrauisch an, dann brach er in schallendes Gelächter aus. „Das ist nicht dein Ernst, oder?“
„Warum denn nicht? Ich war zum Entzug, hab schon fast ein Jahr geschafft.“
„Das versteh ich nicht, wozu denn? Warst du unglücklich beim Saufen?“
„Nein, das ist eher aus Versehen passiert.“
„Aus Versehen! Du erzählst mir hier vielleicht eine Scheiße. Wie kann man denn aus Versehen zum Entzug gehen? Jochen, Jochen, jetzt mal ehrlich, stimmt das?“
„Ja.“
„Weißt du, für mich ist es ja nun einmal zu spät, aber mal so rein interessehalber, geht es dir jetzt wirklich besser als vorher? Ich meine, wir haben doch ein schönes Leben gehabt, oder nicht? Erzähl mal, wie ist es denn, wenn man immer nüchtern sein muss? Total beschissen, schätz ich mal.“
„Ach, ich weiß auch nicht so richtig, aber langsam geht es schon besser.“
„Mensch Jochen! Für so bescheuert habe ich dich gar nicht gehalten. Ein Jahr schon ohne Sauferei, das ist doch völlig sinnlos. Kein Mensch hält das ewig durch, warum probierst du es denn erst aus?“
In einer plötzlichen Gefühlsaufwallung umarmte er Sobowsky aufs Neue.

„Ach Jochen, vielleicht machst du es auch richtig. Kommst du mich mal besuchen?"
„Auf jeden Fall."
Manni stieß ihn von sich.
„Du schwindelst Jochen, du kommst nicht. Du hast deinen alten Kumpel Manni längst abgeschrieben, sonst wärst du schon lange mal bei mir gewesen. Weißt du noch, damals, als wir jung waren, alles haben wir zusammen gemacht, alles. Goldene Jahre! Ich hab dich damals in die Szene gebracht, weißt du das überhaupt noch?"
„Na klar."
„Dann ist ja gut. Kannst du mir wenigstens eines versprechen?"
„Was denn?"
Manni kam ihm wieder näher und flüsterte ihm ins Ohr: „Ich mach nicht mehr lange. Das siehst du ja selbst. Komm wenigstens zu meiner Beerdigung, okay? Versprichst du mir das?"
„Manni, du stirbst doch noch nicht!"
„Versprichst du mir das?"
„Falls du wirklich stirbst, komme ich. Versprochen!"
„Okay. Dauert nicht mehr lange, glaub ich. Ich mach jetzt weiter, ich kann nicht mehr anders."
Wieder umarmte er Sobowsky.
„Mach's gut Jochen."
Dann ging er weiter, in seinem Wagen vier Flaschen Weißen, doch bevor er um die Ecke des Einkaufsregales bog, blickte er sich noch einmal zu Sobowsky um.
„Du hältst das auch nicht durch Jochen, glaub's mir. Das schafft keiner von uns. Hör einfach auf mit dem Quatsch, quäl dich nicht, okay? Und du kommst wirklich zu meiner Beerdigung? Du warst mein bester Freund, weißt du?"
„Du meiner auch, Manni. Wir sehen uns, ich komme wirklich mal vorbei, nächste Woche schon. Wann bist du denn mal zu Hause?"
Doch da war Manni schon zur Kasse weitergegangen und der erschütterte Sobowsky blieb allein zurück. Auch wenn er eben noch seinem Freund Mut zusprechen wollte, glaubte er seinen eigenen Worten selber nicht. Nein, der war nicht mehr zu retten, das konnte jeder sehen. Der Tod schaute schon viel zu gebieterisch aus seinen Augen, als dass

er noch besiegt werden könnte und eine Trauer überkam Sobowsky, so, als ob der Tag der Beerdigung schon heute wäre. Am liebsten würde er sich irgendwohin gesetzt haben, doch das war im Supermarkt nicht möglich, ohne unangenehm aufzufallen. Ja früher hätte er sich darum nicht geschert, aber inzwischen wollte er sich den angewiderten Blicken der anderen Einkäufer nicht mehr aussetzen. Warum eigentlich nicht? Sein Manni ging in den Tod, bewusst und mit Würde! Er war bereit, den Preis für ein wildes, freies Leben zu zahlen, so wie sie es früher bei ihren Idolen bewunderten, die ebenfalls, ohne jede Rücksicht auf ihre Gesundheit, einen frühen Tod in Kauf nahmen, wenn nur die Jahre davor umso großartiger abgelaufen waren. Sein Blick fiel auf die Brauseflaschen in seinem Wagen und obwohl er es nicht wollte, schämte er sich mit einem Mal vor Manni, der gerade an der Kasse seinen Schnaps bezahlte. Er kam sich plötzlich wie ein Verräter an ihren eigenen Idealen vor. Völlig sinnlos sei es, nicht zu saufen, hatte sein Freund gesagt und dass es nichts für ihn wäre. Und schon überkamen ihn erneut seine Zweifel, die ihn, seit er wieder zu Hause war, immer wieder plagten. War es wirklich gut für ihn gewesen, mit dem Trinken aufzuhören? War er nicht seitdem ein trauriger und einsamer Mann geworden? War er überhaupt noch Sobowsky? Der Sobowsky, der, seit er sechzehn war, nur für seinen Spaß gelebt, nur Musik und Alkohol gekannt hatte? Der immer fröhlich und unbeschwert in den Tag hinein lebte und das Wort Zukunftsangst gar nicht kannte? Den immer genug Freunde umgaben und der niemals einsam war? Bei dem meistens eine zum Vögeln wohnte, wenn es ihm auch nie gelungen war, eine Schönheit zu erobern? Sobowsky, der Künstler, voller Kreativität und Schaffenskraft? Der niemals aggressiv, sondern immer geduldig gewesen? Nein, diesen Sobowsky gab es nicht mehr, wie ein Transvestit steckte er in einem fremden Leib, in dem er sich einfach nicht wohl fühlen konnte. Mit dem Alkohol hatten sie ihm sein Wesen, seine Seele geraubt. Ein neuer Mensch wohnte jetzt in seinem Körper, ein unglücklicher, ängstlicher und all zu oft zu seinen Mitmenschen bösartiger Mensch. Hatte Manni nicht Recht, dass es eine völlig unnötige Quälerei sei? Wie gelassen war der doch im Angesicht des Todes! Und er? Hatte er sich nicht oft genug selbst den Tod herbei gesehnt, in letzter Zeit? Warum sollte er denn nun eigentlich nicht mehr trinken, sterben

würde er doch so oder so, und wenn schon, warum dann nicht als ein glücklicher Mann?
Inzwischen war Manni verschwunden. Beschämt steckte Sobowsky die Brauseflaschen wieder in ihren Kasten zurück. Stattdessen griff er sich fünf Flaschen Landskronbier und mit stolz geschwellter Brust machte er sich nun ebenfalls ans Bezahlen.

Nun war er jedenfalls zu Hause angekommen. Frierend hatte er den Beutel mit seinen Einkäufen in die Küche getragen und dort abgestellt. Und jetzt lag er in eine Decke gewickelt auf seiner Couch. Er war sehr aufgewühlt, zum ersten Mal befand sich wieder Alkohol in seiner unmittelbaren Reichweite. Aber er konnte sich nicht dazu entschließen, eine der Flaschen auch wirklich zu öffnen. Eines jedoch wurde ihm, wie er so da lag, ganz deutlich bewusst. Es war nur noch eine Frage der Zeit, bis er dieses unglückselige Experiment abbrechen würde, und die Tatsache, dass es in seiner eigenen Hand lag, den geeigneten Zeitpunkt dafür zu bestimmen, machte ihn zufrieden. Er stand wieder auf und packte die gekauften Lebensmittel in den Kühlschrank. Das Bier jedoch brachte er in den Keller, wo er sich sicher war, dass es von seiner Mutter nicht entdeckt werden konnte. Zurückgekehrt, versuchte er zu lesen, Er empfand keine Freude dabei, doch seit ihn Titus Lorenz an jenem Abend nach Hause gefahren hatte, sammelte sich ein ständig wachsendes Arsenal von Büchern bei ihm an, die ihm von Lorenz selbst oder anderen Mitgliedern der Gemeinde geborgt oder gar geschenkt worden waren. Viel zu viele, als dass es ihm möglich gewesen wäre, sie alle vollständig zu bewältigen, und so griff er sich von Zeit zu Zeit wahllos eines von ihnen heraus, um darin zu blättern und zu hoffen, auf irgendetwas zu stoßen, was ihn interessieren könnte. Natürlich besaß er inzwischen auch eine Bibel. Schon am zweiten Abend, den er in der Gemeinde beim Gesprächskreis verbrachte, wurde sie ihm von Titus Lorenz überreicht.
„Jochen," hatte er feierlich gesagt, „die Bibel ist das heilige Wort Gottes für uns Menschen. Es muss uns tägliche Speise sein, denn nur aus ihr können wir seinen Willen für uns Menschen erfahren. Als wahrer Christ trägt man seine Bibel immer bei sich. Sie ist das Schwert, das stets griffbereit in der Scheide stecken muss."

„Und was soll ich damit? Ich meine, kannst du mir das mal auf Deutsch erklären?“

Erst schaute ihn Lorenz misstrauisch an, dann lächelte er.

„Natürlich, entschuldige bitte. Wir vergessen manchmal, dass nicht alle Menschen dieselbe Sprache sprechen wie wir. Das ist so eine Art Fachsprache, weißt du? Wenn du erst eine Weile bei uns bist, werden dir unsere Begriffe schnell geläufig werden. Also, was ich sagen wollte ist, dass du jeden Tag in der Bibel lesen musst. Am besten soviel, dass du sie jedes Jahr einmal vollständig schaffst. Du wirst staunen, was uns der Herr dort alles sagen will. Und je öfter du sie liest, umso mehr Wunderbares wirst du in ihr entdecken.“

Sobowsky bedankte sich artig und ließ sich von Lorenz nach Hause fahren. Dort angekommen, begann er sogleich mit der Lektüre. Schließlich war er voller Euphorie und willens, sich in diese Gemeinde zu integrieren. Doch seine Begeisterung verflog rasch. Nicht nur, dass ihm das Lesen des Textes, der in einem offensichtlich nicht mehr zeitgemäßen Deutsch abgefasst war, schrecklich anstrengte, nein auch der Inhalt ließ ihn schnell die Lust am Weiterlesen verlieren. Zu unwahrscheinlich erschien ihm, was dort geschrieben stand. Schöpfung, Adam und Eva, Paradies, Kain und Abel, Männer, die über neunhundert Jahre alt wurden und unverdrossen bis zu ihrem Tode weiter Kinder zeugten und dann auch noch die alles Leben vernichtende Sintflut. Natürlich hatte er von all diesen Dingen schon einmal etwas gehört, aber dass es sich dabei nur um fromme Märchen handelte, wusste schließlich jedes Kind. Das konnte doch unmöglich das heilige Wort Gottes sein, von dem Lorenz gesprochen hatte!

„Jafets Söhne sind: Gomer, Magog, Madai, Jawan, Tubal, Meschech und Tiras. Von Gomer stammen Aschkenas, Rifat und Torgama, von Jawan Elischa, Tarschisch, die Kittäer und die Rodaniter. Hams Söhne sind: Kusch, Mizrajim, Put und Kanaan. Von Kusch stammen Seba, Hawila, Sabta, Ragma und Sabtecha, von Ragma Scheba und Dedan. Von Mizrajim stammen die Luditer, Anamiter, Lehabiter, Naftuhiter, Patrositer und Kasluhiter sowie die Kaftoriter. Kanaans Söhne sind Sidon und Het, außerdem stammen von ihm die Jebusiter, Amoriter, Girgaschiter, Hiwiter, Arkiter, Siniter, Arwaditer, Zemariter und Hamatiter. Auch Sem hatte Söhne…“

Mit Entsetzen sah Sobowsky, dass sich diese Namenungetüme noch weiter fortzusetzen drohten und schlug die Bibel wieder zu. Täglich sollte er von nun an darin lesen? Unmöglich, gerade fünf von über eintausend Seiten hatte er mühsam bewältigt und er empfand Enttäuschung darüber, dass das Buch seinen hohen Erwartungen nicht gerecht werden konnte. Er teilte seine Erfahrung Titus Lorenz mit, der ihn daraufhin mit einem weiteren Buch beglückte. Es hieß „Wie man die Bibel richtig liest" und war tatsächlich ein wenig interessanter für ihn, da es am Anfang ein bisschen die Entstehungsgeschichte dieses Werkes beleuchtete. Als es aber es dazu überging, einen Plan aufzustellen, welche Kapitel man an welchem Tage lesen sollte, um es tatsächlich zu schaffen, sie in dreihundertfünfundsechzig Tagen durchzuschmökern, legte Sobowsky auch dieses Buch beiseite. In der Folgezeit nahm er die Bibel nur noch zur Hand, wenn er zum dienstäglichen Abendgespräch erschien. Dort gefiel es ihm nach wie vor gut, und wenn die Teilnehmer die Texte zu ergründen suchten, war er immer noch beeindruckt, was sie ihnen zu entnehmen in der Lage waren. Er fragte sich gelegentlich, ob er jemals schaffen würde, auch einen Beitrag zu so einem Gespräch beizusteuern. Die anderen Bücher, die er im Laufe der Zeit erhalten hatte, beschäftigten sich mit Darwin und der gar nicht stattgefundenen Evolution, mit dem alten Israel, der Entstehungsgeschichte der heiligen Schriften, dem Propheten Jona, und mit Fragen, die von Neubekehrten immer wieder gern gestellt werden. Und genau dieses Buch nahm Sobowsky jetzt zur Hand. Er blätterte unkonzentriert in ihm herum, bis er nach ein paar Minuten bemerkte, dass es ihm überhaupt nicht möglich war, sich mit dessen Inhalt zu beschäftigen. Wut erfasste ihn und beinahe hätte er das Buch gegen eine seiner Wände geschleudert. Doch in letzter Sekunde zügelte er sich und schlug es nur krachend auf den Tisch.

„So eine Scheiße!" fluchte er. „Manni verreckt gerade und ich sitze hier und lese. Mensch, was ist denn aus mir geworden? Das bin ich doch gar nicht! Seit vier Monaten versuche ich mich für diesen Verein zu verbiegen. Ich sitze hier und glotze in diese Bücher, obwohl es mich ankotzt und renne zweimal die Woche da hin, um mir diese Kacke anzuhören. Bin ich denn restlos bescheuert? Sogar meine Mutter denkt schon, ich bin bekloppt. Bin ich ja auch. Wieso hab ich eigentlich gedacht, dass ich dort irgendetwas verloren haben könnte? Die und ich - wir sind doch aus

verschiedenen Welten, das passt einfach nicht zusammen. Hat außer dem Lorenz überhaupt schon mal jemand von denen mit mir gesprochen, außer Guten Tag und Auf Wiedersehen? Klar grinsen sie mich immer freundlich an, aber was hilft mir das? Habe ich vielleicht einen Freund bei ihnen gefunden? Einen wie Manni? Nein! Alles Arschlöcher sind das, in Wirklichkeit wären sie froh, wenn ich nicht mehr kommen würde. Sagen sie natürlich nicht so, aber denken tun sie das bestimmt. Vor allem die Kleine, süß ist sie ja immer noch, aber vollkommen bescheuert. Mit meiner Beate damals, hat die nicht das Geringste gemeinsam. Das ist wahrscheinlich das einzig Positive daran, dass ich zur Zeit nichts saufe, dass ich das wenigstens gemerkt habe."
Am Anfang war er ja noch optimistisch gewesen, dass es ihm schon irgendwann gelingen musste, sie rumzukriegen. Schließlich war er ja mit Sicherheit kein üblerer Bursche als Raik, höchstens ein paar Jährchen älter, als der damals und naja, ein paar Haare und Zähne weniger hatte er auch, das musste er schon zugeben. Aber das war ja nicht seine Schuld. Und bei der Liebe spielt das Aussehen bekanntlich ohnehin keine Rolle, tröstete er sich. Allerdings stellten sich schon sehr bald Zweifel bei ihm ein, ob sie ihm tatsächlich so zugetan war, wie er es sich seit damals einbildete. Obwohl er sie während der Bibelgespräche ununterbrochen beobachtete, immer auf den Moment lauernd, da sie zu ihm herüber schauen würde, um sie dann mit seinem gewinnendsten Lächeln zu einer Reaktion zu bewegen, konnte er mit dieser Strategie keinerlei Erfolg erzielen. Ganz im Gegenteil schien sie sich darüber eher gestört zu fühlen, und nachdem sie sich ein paar Mal von ihm hatte direkt in die Augen gucken lassen, vermied sie es von nun an, ihm auch nur die geringste Möglichkeit zu bieten, mit ihr in Blickkontakt zu treten. Aber auch seine Hoffnungen, sie nach eine dieser Stunden oder nach einem Gottesdienstbesuch in ein Gespräch zu verwickeln, erfüllten sich nicht. Geradezu unmöglich schien es ihm, an sie heranzukommen, stets war sie von gleichaltrigen Mädchen umgeben, mit denen sie unentwegt herum palaverte. Er getraute sich nicht, einfach mal dazwischen zu gehen, aus Angst, sie möglicherweise zu verprellen. Was hätte er ihr auch sagen sollen, vor all den anderen? Dass er sie heiraten wollte? Oder, dass er in sie verliebt war? Wenn die anderen Mädchen ihn dann auslachten, sanken seine Chancen bei ihr

dann nicht noch mehr? Sein einziger Erfolg bestand darin, ihren Namen erfahren zu haben - Salome.

So kam es, dass er jedes Mal nach dem Ende der Veranstaltungen mutterseelenallein auf seinem Stuhl sitzen blieb, auf eine Chance fiebernd, und von niemandem gestört. Wie auch - jeder schien seinen festen Kreis zu haben, in dem man sich traf und offensichtlich angeregte Gespräche führte. Keiner dieser Kreise schien das Gefühl zu haben, dass Sobowsky zu ihnen gehören könnte, und nie lud ihn jemand ein, sich zu ihnen zu gesellen. Und immer wieder konnte Sobowsky völlig unbelästigt beobachten, wie sich der Saal nach und nach leerte. Ein bisschen komisch und wie ein Fremdkörper kam er sich schon dabei vor, aber er tröstete sich bei dem Gedanken, dass aller Anfang schwer, und es nur eine Frage der Zeit sei, bis er wirklichen Zugang zu diesen Menschen finden würde. Mit Bedauern stellte er fest, dass es ihm früher viel leichter gefallen war, Kontakt zu Fremden zu knüpfen. Man trank einfach einen zusammen und schon nach zwei Schnaps oder Bier verstand man einander. Aber hier schien keiner das Wort Alkohol überhaupt zu kennen. Immerhin vergaß ihn Titus Lorenz nicht und schaffte ihn, wie versprochen jedesmal am Ende der Veranstaltungen nach Hause. Für Sobowskys Gefühlslage schien er sich allerdings auch nicht sonderlich zu interessieren, er forschte nur nach, ob er alles verstanden hatte, was besprochen worden war, und versuchte Sobowskys Bibelkenntnis noch zu vertiefen.

„Ist dir heute alles klar gewesen, Jochen?“

„Ich weiß nicht.“

„Was weißt du nicht?“

„Wozu das gut sein soll.“

„Was denn?“

„Dass ich weiß, wie die früher alle geheißen haben, das kann sich doch sowieso keine Sau merken. Ich komm damit nicht klar, eigentlich komm ich mit der ganzen Bibel nicht klar. Wie soll ich die denn lesen, da steht doch nur irgendwelcher Schwachsinn drin? Das kann ich einfach nicht glauben und es interessiert mich auch nicht mehr.“

Titus Lorenz blickte ihn gekränkt an.

„Aber Jochen, die Heilige Schrift ist doch kein Schwachsinn. Du musst das Wort des Herrn im Glauben annehmen, Zweifel stehen dir nicht zu, denn Gott ist doch viel größer als wir. Und das, was er geschrieben hat ist die Wahrheit, so unwahrscheinlich es uns mitunter erscheinen mag. Das beweist aber nur, wie unvollkommen wir sind. Du musst dich zwingen, gehorsam zu sein und einfach weiterlesen. Und je weiter du kommst, umso mehr wirst du verstehen."

„Ich begreife aber nichts von dem, was ich da lese. Es langweilt mich nur. Die Bibelgespräche, die sind nicht schlecht, da erklärt ja auch mal jemand was."

„Gut, pass auf, du liest trotzdem weiter, und ich bringe dir Sonntag ein paar gute Kassetten mit Predigten mit, die kannst du dann in aller Ruhe zu Hause hören."

So sammelten sich zu den Büchern auch noch diese Kassetten an, auf denen Leute wie Grünberger ihre Auffassungen zu verschiedenen Themen der Bibel darlegten. Allerdings interessierten sie Sobowsky ebenso wenig, wie die geschriebenen Darlegungen, die er bisher erhalten hatte. Denn die Frage, wie er Sie erobern konnte, wurde dort mit Sicherheit nicht gelöst. Allmählich begrub er seine Hoffnungen. Zu offensichtlich war ihr Desinteresse an ihm, als dass er es sich nicht irgendwann eingestehen musste, und ein bisschen wurde er sogar wütend darüber.

„Jochen." sagte er sich, „Vergiss es einfach. Die wird dich niemals heiraten. Sie guckt dich ja nicht einmal an. Und so schön, wie sie damals im Zelt aussah, ist sie in Wirklichkeit auch nicht. Richtig eklig sieht sie sogar manchmal aus, wenn sie so blöde mit den anderen Weibern rumkichert. Und die Klamotten! Kann die sich nicht wenigstens einmal eine schöne, knackige Jeans anziehen und nicht immer diesen schlabbrigen, elend langen Rock? Und ihre Schuhe - die sehen aus, wie aus dem Mittelalter. Und die Strumpfhosen, die man überhaupt nur die paar Zentimeter sieht - so was zieht ja nicht mal meine Tante Heide an! Ich glaub, die hat überhaupt nichts in der Birne. Na gut, das hatten meine anderen Weiber auch nicht, aber mit denen konnte man doch immerhin irgendetwas anfangen. Ich wüsste gar nicht, wie ich mit der zusammenleben sollte. Wahrscheinlich müsste ich den ganzen Tag mit ihr beten und Bibel lesen und albern sein. Pah, darauf habe ich bestimmt keine Lust. Und Jungfrau ist sie auch noch, sind die ja alle hier, die jungen Dinger. Hat mir ja Ronny damals schon gesagt, aber ich Dussel wollte es ihm ja nicht glauben. Kann ja eigentlich auch gar nicht sein - mitten in Deutschland, und die wollen keinen Sex vor der Ehe. So bekloppt muss man erstmal sein! Die Weiber dürfen ja nicht mal bei den Männern sitzen, und sagen dürfen sie auch nichts. Hm, das ist eigentlich gar nicht mal so schlecht. Wenn Carola nicht ihre Klappe immer so weit aufgerissen hätte, wären wir vielleicht sogar noch zusammen und ich hätte mich nicht in diese Schnepfe verguckt. Wieso habe ich das überhaupt? Klar, die hat mich immer so komisch angeguckt. Aber eigentlich nur den ersten Abend, glaub ich. Scheiße, ich war doch immer besoffen, wer weiß, was ich in Wirklichkeit gesehen habe? Langsam glaube ich, dass ich Halluzinationen hatte. Ich werde es wohl niemals rauskriegen. Ist ja auch egal, wir passen ohnehin nicht zueinander, das steht mit Sicherheit fest. Ich passe, glaube ich, überhaupt nicht zu denen. Das ganze Theater geht mir langsam auf die Eier. Zweimal die Woche renne ich wie ein Bescheuerter dort hin, lasse mir irgendwelches Zeug erzählen, von dem keiner weiß, ob es überhaupt stimmt, keine Sau gibt sich mit mir ab und am Ende bin ich dort einsamer, als wenn ich zuhause geblieben wäre. Und der Lorenz, der begreift das einfach nicht. Ist ja schön für ihn, dass er das ganze Zeug so gefressen hat, aber mir hilft das nicht weiter. Jesus, Gott, Heiliger Geist, was soll denn der ganze Pfeffer? Ich zumindest kann mit dem ganzen Mist nichts anfangen. Beten soll ich, am besten jeden Tag sieben Mal, ich weiß gar nicht mehr warum, aus Liebe zu Gott oder nur aus Gehorsam? Egal, mach ich ja sowieso nicht. Irgendwann schmeiß ich den ganzen Krempel, der hier rumliegt, vom Balkon, wenn ich die Schnauze voll habe. Aber was habe ich denn dann überhaupt noch, wenn ich jetzt aufgebe? Ich muss es irgendwie schaffen, sonst kann ich mich gleich aufhängen. Das hier ist doch meine letzte Chance, alles andere ist doch auch schon schief gegangen."

Und so machte er halt weiter, aus Angst vor der totalen Vereinsamung, besuchte Bibelgespräch und Gottesdienst, beobachtete Sie und fühlte sich weiterhin fremd und ungeliebt. Sein einziger wirklicher Gesprächspartner blieb seine Mutter, und die Tage zwischen den Gemeindeveranstaltungen zogen sich wie klebriger Brei dahin, von tödlicher Langeweile und dem Gefühl der Sinnlosigkeit des Lebens geprägt. Und nun das Treffen mit Manni. Er spürte, wie die Depressionen wieder nach ihm griffen. Zurück war plötzlich auch das Gespenst des Todes, den er sich wünschte, und je länger er darüber nachgrübelte, umso erstrebenswerter schien es ihm, das Schicksal Mannis teilen zu dürfen. Ja, er würde es wahr machen und zu ihm gehen, so wie er es ihm versprochen hatte. Und wenn

Manni ihm was zu trinken anbieten würde, wie glücklich nähme er dieses Angebot an. Ja, tot saufen wollte er sich, was konnte es Schöneres geben? Gemeinsam mit Manni sterben, Arm in Arm, wie zwei gute Freunde eben, die sich schon ewig kannten. Keiner von ihnen hatte schließlich noch irgendetwas von diesem Leben zu erwarten. Ihre Zeit war halt um - na und? Doch ihm fehlte die Kraft, sein Vorhaben wahr zu machen, eine ihn völlig überwältigende Schwäche zwang ihn, die nächsten Tage auf der Couch zu verbringen. Seine Mutter saß mitunter stundenlang bei ihm, wirkte ausgelaugt und ratlos und klagte leise vor sich hin.

„Was für ein Unglück, was für ein Unglück." jammerte sie immer wieder. „Was soll ich denn nur machen, wie kann ich dir nur helfen, Jochen?"

Aber Sobowsky hatte keine Kraft, zu antworten. Selbst wenn es ihm möglich gewesen wäre, was hätte er ihr denn sagen sollen? Dass ihn die Mutter seines Kindes mitsamt dem Kleinen verlassen hatte und zu einem anderen gezogen war? Dass sein Versuch, sich ein neues Leben in einer christlichen Gemeinschaft aufzubauen, kurz vor dem Scheitern stand? Dass das Weib, wegen dem er Carola verließ, sich überhaupt nicht für ihn interessierte? Dass über seinem ehemals besten Freund schon der Sargdeckel schwebte? Dass Pitti ein Arschloch ist? Dass ihn die Schläger besser erledigt hätten? Dass er keinerlei Kreativität mehr für seine Kunst besaß? Dass er sich nicht mehr mit Günthi und den Mädchen unterhalten konnte? Dass er sich trotz ihrer Anwesenheit schrecklich einsam fühlte? Dass er einfach nur wieder anfangen wollte zu saufen, um sein altes, glückliches Leben zurück zu erlangen? Dass er keine Lust mehr verspürte, sich vor Jeremenkow zu verstecken und sich wünschte von diesem in den Partyraum verschleppt zu werden? Ach, viel zu lange lebten sie beide schon getrennt, als dass sie ihn hätte verstehen können!

„Hast du Hunger, Jochen?"

„Nein."

„Aber du musst was essen."

„Warum?"

„Weil jeder Mensch was essen muss."

„Ich nicht."

„Willst du was trinken."

„Ja."

„Gott sei Dank! Was denn?"

„Gib mir Schnaps, viel.“
„Jochen! Du hast schon so lange durchgehalten, mach doch jetzt keinen Mist! Willst du Tee?“
„Ich will wieder normal sein, verstehst du? Ich war glücklich damals, als ich noch getrunken habe. Warum verstümmelt ihr mich so? Was hab ich euch denn getan? Woher wollt ihr denn wissen, dass Alkohol nicht gut ist? Wo steht denn das? Das habt ihr euch ausgedacht, um uns zu quälen. Ich weiß es jetzt besser: das ist kein Leben, wenn man nicht trinkt. Und ich schwöre Dir, wenn du mir nichts gibst, bring ich mich um.“
„Halt durch Jochen, ich bitte dich. Ich soll dich auch schön grüßen, von deinem Bruder und seiner Frau und von Tante Heide, die sind alle sehr stolz auf dich.“
„Die können mich mal. Weißt du, auf wen ich stolz bin - auf Manni. Du kennst ihn doch noch?“
„Ja, er hat dich damals auf die schiefe Bahn gebracht. Du erwartest doch nicht, dass ich ihn mag?“
„Er liegt im Sterben.“
„Aha, da siehst du es wieder, wohin die Sauferei führt. Sei froh, dass du den Absprung gerade noch mal geschafft hast!“
„Ich will auch sterben.“
„Hör auf, so zu reden, Jochen! Das gehört sich nicht!“
Dann ging sie ihm Tee bereiten und Sobowsky trank ihn widerspruchslos aus. Er hatte es doch gewusst, dass sie ihn nicht verstehen würde.

Am nächsten Morgen stand Sobowsky zeitig auf. Er hatte ohnehin schlecht geschlafen, und während er sich so hin und her wälzte, beschloss er, Manni zu treffen. Zwar wusste er, wo dieser eigentlich wohnte, doch die Wahrscheinlichkeit, ihn dort anzutreffen war denkbar gering. Schließlich war Manni Frühaufsteher und ging schon beizeiten zur Tankstelle, um einen Schnaps und ein Bier zu trinken. Doch das war ja nur der Anfang einer langen Runde, die ihn anschließend in den Supermarkt, dann in verschiedene Bistros und Kneipen führte, bis er gegen Abend wieder zu Hause ankam, um, voll wie tausend Ritter, ins Bett zu fallen. Sobowsky wusste, dass er ihn dann nicht mehr besuchen konnte, falls er noch irgendein normales Wort mit ihm reden wollte. Darum hatte er beschlossen, ihn schon gleich an der Tankstelle abzufassen, um ihn dann den ganzen Tag zu begleiten. Zum einen war Manni dann nicht so allein, und zum anderen ergab sich dadurch reichlich Zeit, um ausgiebig miteinander zu plaudern. Sobowskys Herz schlug schneller als gewohnt. Heute war der Tag, an dem er sein unverschuldetes Elend beenden und reumütig die Fehler der letzten Monate rückgängig machen würde. Jawohl, sollten doch alle reden und ihn für verrückt erklären, er wollte es. Heute würde sein Glück zurückkehren! Mit Kämmen und Zähneputzen hielt er sich gar nicht erst auf. Stattdessen holte er seine seit seiner Wiederkehr nicht mehr getragene Jeansweste aus dem Schrank und zog sie sich über einen alten Pullover. Er kokettierte ein wenig vor dem Spiegel und fand, dass er dem wirklichen Sobowsky schon wieder recht ähnlich sehe. Zufrieden griff er sich noch seinen betagten NVA - Rucksack und lief geschwind die Treppen seines Aufganges bis in den Keller hinunter. Im ersten Stockwerk hörte er trotz der frühen Morgenstunde noch ein paar Stimmen aus dem Partyraum. Kurz blieb er stehen, um zu lauschen, ob er erkennen könnte, wer denn dort noch drin sei. Obwohl es ihm nicht gelang, regte sich in ihm ein Gefühl, welches wohl jemand empfinden muss, der nach einer langen Reise wieder an den Grenzen seines Heimatlandes angelangt ist. Fast wäre er eingetreten, doch dann riss er sich zusammen. Schließlich wollte er ja zu Manni, auf die Tankstelle. Und da war jetzt Eile geboten, wenn er ihn noch dort finden wollte. Er tröstete sich mit dem Gedanken, von nun an ja wieder jederzeit hineingehen zu können und stieg in den Keller hinab. Dort legte er seine fünf Flaschen Bier in den Rucksack und marschierte los. Das Bier würde er brüderlich mit Manni teilen und feierlich mit ihm zusammen öffnen. Schlimm genug, dass er seinen Freund so lange vernachlässigt hatte, aber nun würde er es wieder gutmachen. Zumindest solange bis Manni tot war, wollte er ihn von nun an täglich begleiten. Das war er ihm einfach schuldig. Kurz vor sechs kam er an der Tankstelle an. Trotzdem es schon hell war, herrschte noch vollständige Stille, weder einen Menschen, noch ein Auto konnte er erblicken. War Manni schon weg, oder kam er erst noch? Vielleicht hatte er ja auch seine Route geändert, immerhin war es schon eine kleine Ewigkeit her, dass er sich mit den Lebensgewohnheiten seines Freundes beschäftigt hatte. Es gab nur eine einzige vernünftige Möglichkeit, diese Fragen zu klären. Entschlossen trat Sobowsky in den Shop ein. Hinter dem Tresen stand ein dicklicher Mann mit Brille und Halbglatze in Sobowskys Alter.

„Guten Morgen.“ grüßte Sobowsky.
„Guten Morgen. Womit kann ich dienen, wenn Sie ohne Auto kommen? Zigaretten, Kaffee, Schnaps?“
„Eigentlich nichts, ich wollte Sie nur etwas fragen.“
„Na, dann fragen Sie mal!“
„Kommt hier manchmal um die Zeit ein Mann vorbei, in Jeansklamotten und Turnschuhen? Ziemlich dünn und mit langen Haaren?“
„Na ja, der kam schon immer, aber jetzt geht es ja wohl nicht mehr.“
„Wie meinen Sie das? Wegen seiner Krankheit? Und seit wann war er denn nicht mehr hier?“
„Krankheit? Sie meinen seine Gelbsucht? Nein, die hat ihn nicht abgehalten. Er ist tot.“
„Tot?“
„Ja tot. Sie scheinen ihn doch zu kennen, da staune ich ja, dass sie das nicht wissen.“
Irgendjemand schien Sobowsky die Beine wegzuziehen. Zumindest befand sich mit einem Male keine Kraft mehr in ihnen, die genügt hätte, seinen Körper aufrecht zu halten. Wenn nicht der Tresen gewesen wäre, an dem er sich festhalten konnte, hätte er sich unweigerlich auf dem Fußboden wiedergefunden. Der Verkäufer kam herbei geeilt, um ihn zu stützen.
„Na, na, was machen Sie denn da für Sachen? Kreislaufprobleme nehme ich an, oder ein bisschen unterzuckert. Nehmen Sie vielleicht doch lieber einen Schnaps? Ist doch keine Schande. Was denken Sie denn, wie viele Menschen schon früh was trinken müssen? “
„Nein, nein, lassen Sie mal, es geht schon wieder. Ich brauche nichts. Ich trinke schon lange keinen Alkohol mehr.“
„Kleiner Spaßvogel, was? Das Geklimper in ihrem Rucksack, das sind wahrscheinlich nur Mineralwasserflaschen, nehme ich an.“
„Genau, so ist es. Aber sagen Sie mal, ich habe doch noch vor ein paar Tagen mit ihm gesprochen, da kann er doch nicht tot sein. Klar war er krank, aber das es so schnell geht, konnte doch keiner ahnen.“
„War ja auch ein Unfall.“
„Was?“
„Ja, früh war er noch hier, hat seine Runde gemacht wie immer. Aber als er Abend in seine Wohnung wollte, ist er die Treppe runter gestürzt.

Gehirnbluten. Als sie ihn gefunden haben, war er schon übern Jordan. Aber machen wir uns nichts vor, er war eh durch, war doch nur noch eine Frage der Zeit. Woher kannten Sie ihn denn? Ich meine, Freunde kann er ja keine mehr gehabt haben. “

„Doch, einen hatte er noch, aber dem ist das zu spät eingefallen. Sie hätten ihn mal früher kennen lernen sollen, war ein feiner Kerl, damals. Scheiß Alkohol! Wann war denn das, ist er schon unter der Erde?“

„Das dürfen Sie mich nicht fragen, ich bin ja nicht verwandt mit ihm. Wollen Sie jetzt doch lieber einen Schnaps?“

„Nein, danke, ich muss wieder los. Wiedersehen!“

Sobowsky trat ins Freie. Da ihm die Luft weg zu bleiben schien, atmete er tief durch. Inzwischen stand ein Auto an einer der Tanksäulen, sein Fahrer führte gerade den Schlauch ein. Sobowsky fror. Er spürte deutlich das Gewicht der Flaschen auf seinem Rücken. Was sollte er jetzt tun? Trotzdem trinken, auch ohne Manni? Nein! Das Bier war für sie beide gedacht gewesen. Allein würde es ihm nicht schmecken. Nach ein paar Minuten voller Unentschlossenheit entschied er sich, nach Hause zurückzukehren. Zwei Möglichkeiten hatte er erkannt, wie es nun weitergehen könnte. Zum einen und vor allem musste er herausfinden, ob Manni schon beerdigt war. Hoffentlich nicht, schließlich hatte er ihm doch versprochen, dabei zu sein. Aber er konnte ja auch nichts dafür, wenn er zu spät kommen sollte. Und für den Fall, dass es so sein würde, blieb ihm ja immer noch ein Besuch am Grab. Und niemand konnte ihn daran hindern, dort die Flaschen zu öffnen und seinen ganz persönlichen Abschied mit seinem Freund zu feiern. Die andere Variante jedoch beunruhigte ihn ein wenig. Was war, wenn dieser Jesus dahinter steckte, dass Manni so schwer gestürzt war, nur um ihn vor einem Rückfall zu bewahren? Sah Jesus, dass es nur noch ein kleines Stück Weg war, dass er gehen musste, um auch ohne Alkohol wieder glücklich zu werden? Diese Vorstellung stimmte ihn nachdenklich, und er beschloss, es noch einmal zu versuchen. Er deponierte die Flaschen wieder in seinem Keller, huschte am Partyraum vorbei, aus dem er jetzt keine Geräusche mehr hörte, und verschwand gedankenverloren unter der Decke auf seiner Couch.

Am selben Abend, es war Dienstag, saß er wieder beim Bibelgespräch. Worum es eigentlich ging, konnte er anschließend nicht mehr sagen, zu abwesend war er die gesamte Zeit gewesen. Klar, waren die Stimmen der sprechenden Brüder an sein Ohr gedrungen, aber er hatte sie nur als Begleitgeräusch zu seinen Gedanken wahrgenommen, die irgendwo in der gemeinsamen Vergangenheit mit Manni herum kreisten. Er hatte es aufgegeben, verstehen zu wollen, worüber sie redeten, er hoffte nur noch auf ein Wunder. Es müsste „Peng" machen und dann würde er ein Bruder sein wie sie, mit Freude am Bibel lesen und ein fester, ehrenwerter Bestandteil ihrer Gemeinschaft. Ja, und dann könnte es ja doch noch etwas mit einer feinen Frau werden, es müsste ja nicht unbedingt Salome sein. Irgendeine, egal, Hauptsache nicht mehr so allein. Klar, und vögeln würde er natürlich auch gern mal wieder. Schließlich war er ein Mann, und jeder Mann braucht das von Zeit zu Zeit. Aber eins war Fakt - ewig würde er Jesus keine Zeit mehr für dieses Wunder lassen. Höchstens noch vier Wochen, dann war Schluss. Sollte er sich beeilen, wenn er ihn wirklich haben wollte. Und einverstanden, einen eigenen Schritt würde er auch noch tun. Nach dem Ende der Stunde blieb er diesmal nicht, wie sonst, sitzen, sondern gesellte sich einer Gesprächsrunde von vier Männern zu, um zu sehen, ob er nicht auch ein wenig mitreden könnte. Als sie ihn bei sich stehen sahen, lächelten sie ihn kurz freundlich an, sahen in seiner Anwesenheit jedoch keinen Grund, ihr Gespräch zu unterbrechen. Schon fühlte er sich wieder als Fremdkörper, zumal er den Sinn ihres Gesprächs nicht erfassen konnte. Was wusste er denn von Brüderfreizeiten und Gebetsallianzen? Und wer zum Teufel war Schwester Gertrud, der es in letzter Zeit nicht gut ging? Er kam nun schon monatelang hierher, und keiner von ihnen sah, wie beschissen es um i h n stand! Könnte ihn nicht wenigstens einer mal fragen, warum er die letzten zwei Wochen nicht bei ihnen gewesen war? Wie er sich fühlte? Warum er diese beschissenen Depressionen hatte? Was sie tun müssten, damit er hier heimisch werden konnte? Hatte Grünberger im Zelt nicht versprochen, dass die neuen Gläubigen in den Gemeinden alle Unterstützung finden würden, die sie benötigten? Sah diese Unterstützung so aus, wie eben jetzt, als sich die vier Herren von einander verabschiedeten und Sobowsky sich unverhofft, mutterseelenallein, stehen gelassen wiederfand. Damit es nicht ganz so dämlich aussah, gesellte er sich zu ein paar anderen Geschwistern, die sich ebenfalls unterhielten. Da er auch hier nicht in das Gespräch eingebunden wurde, wandte er sich dem Bücherschrank zu, und tat so, als ob er sich für das ein oder andere Buch interessiere. Nach und nach leerte sich der Saal und Titus Lorenz trat zu ihm.

„Schön, dass dir unsere Bücher gefallen."

„Ach was, kann ich dich mal was fragen, Titus?"

„Natürlich, immer. Das weißt du doch."

„Ihr wärt doch in Wirklichkeit froh, wenn ich nicht mehr herkäme, oder?"

„Wie meinst du das?"

„So wie ich es sage. Ich bin jetzt fast sechsundvierzig Jahre alt, aber so viele Arschlöcher auf einem Haufen, wie hier, habe ich noch nie gesehen. Da, wo ich herkomme, hatte ich Freunde, verstehst du das? Menschen, vielleicht keine Heiligen, wie ihr, aber richtige Menschen, mit denen man sich unterhalten konnte, und die auch mal gefragt haben, wie es einem geht. Als ich schon fast tot war, kam ein Russe und hat mich ohne zu fragen rausgehauen. Ich wette, ihr wärt vorbei gegangen, und hättet so getan, als ob ihr nichts sehen würdet. Ihr wollt mich ja nicht mal hier sehen. Mit einem Säufer wollt ihr einfach nichts zu tun haben. Hab ich Recht?"

„Aber Jochen, wie kannst du so etwas sagen? Jeder hier hat dich gern, das kannst du mir glauben!"

„Vielleicht habt ihr ja nur eine komische Art, das zu zeigen? Aber eines sage ich dir Titus, ich halte das hier nicht mehr lange aus."

„Du musst Vertrauen haben Jochen und beten. Betest du denn genug?"

„Ich bete überhaupt nicht."

„Na siehst du, da haben wir es. Du musst beten, dann wird dir Jesus auch helfen!"

„Wenn ich bete, dann unterhält sich hier jemand mit mir? Du willst mich wohl verarschen?"

„Nein, nein, aber du musst verstehen, dass du auch deinen Beitrag leisten musst. Erst wenn du betest, wirst du ein richtiges Kind Gottes."

„Hier weiß doch überhaupt niemand, ob ich bete oder nicht, und trotzdem unterhält sich keine Sau mit mir. Und wenn jemand ein Kind Gottes ist, dann doch wohl ich. Das hat mir der Grünberger gesagt, zu den Trinkern ist Jesus gekommen, nicht zu solchen wie euch, die kluge Reden halten, und sich was drauf einbilden, dass sie schon als Gläubige zur Welt gekommen sind. Ihr seid schuld, wenn ich wieder zu saufen anfange, das sage ich Euch. Und dann wird euch euer Gott zur Rechenschaft ziehen."

Seine Worte schienen nicht ohne Eindruck auf Lorenz zu bleiben. Er versprach ihm, sich seiner anzunehmen und schien bedrückt darüber zu sein, was für einen schlechten Eindruck sie auf ihn gemacht hatten.

Schon am nächsten Abend klingelte Sobowskys Telefon.

„Wer da?" fragte er.

„Hier ist die Karin Schober aus der Bibelgemeinde. Ich möchte Sie gern einladen, am Sonntag nach dem Gottesdienst bei uns zu Mittag zu essen. Sie kommen doch nun schon so lange in unsere Gemeinde, da würden wir uns freuen, Sie bei einem lockeren Gespräch ein bisschen näher kennenzulernen. Ach bitte, sagen sie ja!"

Sobowsky grinste. Hinter diesem Anruf musste Titus Lorenz stecken. Offensichtlich hatte diesen das schlechte Gewissen geplagt und das erheiterte ihn. Möglicherweise waren sie ja doch gar nicht so schlecht, wie er bisher glauben wollte.

„Das ist ja sehr nett von Ihnen. Aber ich muss sie warnen, ich habe keine besonders guten Manieren."

„Das macht uns nichts aus. Gott sieht das Herz an und das wollen wir auch tun. Heißt das, sie kommen?"

„Klar, warum nicht. Vielen Dank für die Einladung."

„Na dann bis Sonntag. Auf Wiedersehen!"

„Wiedersehen."

Sobowsky ließ sich auf die Couch fallen. Konnte das wahr sein? Diese Einladung war mehr, als nur die Gelegenheit, sich umsonst den Bauch vollzuschlagen. Denn diese Karin Schober war die Mutter von Ihr - Salome Schober. Jener Person, die seine Gedanken gefangen hielt, seit er sie zum ersten Mal sah, die der Grund war, warum er sich überhaupt in dieser Gemeinde befand. Ja, es war die, wenn auch in letzter Zeit immer kleiner werdende Hoffnung, sie irgendwann besitzen zu können, die ihn letztendlich davon abgehalten hatte, reumütig ins Landskroneck zurückzukehren. Und jetzt, wo er nahezu keinen Hoffnungsschimmer mehr sah, eine Möglichkeit zu finden, sich ihr irgendwie zu nähern, gerade jetzt kam diese Einladung. Das konnte kein Zufall sein! Nein, das war der Beweis, dass es einen Gott gab, der es gut mit ihm meinte. Je mehr er darüber nachdachte, umso klarer wurde ihm, wie ihn Gott - oder war es Jesus - mit sicherer Hand bis hierher geführt haben musste. Alles hatte seinen Sinn gehabt: das zufällige Auftauchen des Zeltes, der blöde Vorschlag von Homo - Raik, nichts mehr zu trinken und die daraus resultierende Vertreibung Carolas. Und auch die Schlägertypen, die ihm ungewollt zu seiner Therapie verhalfen. Selbst der rabiate Herr Braun war wichtig gewesen, damit er nicht wieder an Carola geraten konnte, die er sich in einer Schwächephase zurück gewünscht hatte. Sogar an Manni hatte Gott Hand angelegt, damit er nicht noch kurz vor dem Ziel einen großen Fehler machen würde. Danke Jesus, danke, danke! Wie wunderbar, gerade jetzt, als er am tiefsten Punkt angekommen zu sein schien, da tauchte dieser neue Hoffnungsstrahl auf. Kichernd spürte er, wie jeder Groll, den er gegen Salome hegte, verflog, und wieder den alten, verliebten Gefühlen Platz machte. Ungeduldig sehnte er den Sonntag herbei. Er wies seine Mutter an, seine Sachen zu waschen. Die Jeansweste hatte er längst wieder im Schrank verstaut und er ging noch einmal zum Friseur. Ausgiebig putzte er seine Zähne, in der Hoffnung, dass sie dann nicht mehr ganz so gelb wirken würden. Und am Sonntagmorgen stand er lange vor seinem Spiegel, zupfte an seinem Hemd herum, kämmte sich immer wieder und übte so zu sprechen, dass man seine Zahnlücken nicht gar so sehr sehen konnte. Er steckte sich sogar einen Kaugummi in den Mund, was er sonst nie tat, und zwei weitere in seine Hosentasche. Dann ging es los, heute würde er das Schicksal bei den Hörnern packen! Endgültig, nach all den Fehlschlägen hatte er sich diesmal einfach ein bisschen Glück verdient. Der Gottesdienst zog sich entsetzlich in die Länge. Im Groben verlief er ja genauso wie die Bibelgespräche, Lied, Gebet, statt der Wortbeiträge eine Predigt, dann wieder Gebet und Lied. Doch der Prediger hielt sich gerade heute nicht an die übliche Redezeit von vierzig Minuten, sondern wälzte sein Thema, die Herrenmalfeier, mit der Begeisterung eines Fanatikers unter immer neuen Aspekten aus - die Einsetzung des Abendmahls durch Jesus, die Feier nach seinem Tod bei den Jüngern und der Urgemeinde, der Zusammenhang mit dem jüdischen Passahmahl und der Schlachtung des Passahlammes. Und auf einmal war Jesus selbst dieses Passahlamm, das an einem großen Kreuz, einem Fluchholz geopfert wurde, um die gesamte Menschheit von ihren Sünden zu erlösen. Aber nein, nein, nicht alle Menschen, nur diejenigen, die dieses Opfer auch wirklich dankbar annehmen wollten. Denn ausschließlich durch das Blut Jesu hindurch führt der Weg zu Gott. Und zur Erinnerung an dieses unerhörte Geschehen fordert Jesus das wöchentliche Trinken von rotem Wein, welcher ein Symbol ist für das in Schmach und Verlassenheit vergossene Blut des Erlösers. Das Blut besiegelt Gottes neuen Bund mit den Menschen, sowie früher das Blut von Opfertieren floss, als Gott seinen ersten Bund mit dem Volke Israel am Berg Sinai schloss. Das Mahl, so hörte Sobowsky, wäre Anlass zu allergrößter Freude und Ausdruck der Gemeinschaft der Christen mit Jesus und eine ganz besondere Form der Verkündigung. Das gebrochene Brot zeige, wie der Körper des Herrn gebrochen und grausam gemartert ward. Ja, und die gesamte Engelwelt und die Dämonen schauen vom Himmel aus zu, um Anschauungsunterricht bei den Gläubigen zu nehmen, was Gottes Gnade so alles vermag. Und erst wenn Jesus wiedergekommen ist, gehen die irdischen Mahlfeiern zu Ende. Bis dahin verkündet jede einzelne dieser Feiern die Freude über die Gewissheit seiner Wiederkunft. Und danach gäbe es noch eine abschließende Feier im Himmel, die Jesus mit seinen erretteten Getreuen abhalten wird. Natürlich könnte auch hier auf Erden nicht jedermann, so wie er lustig war, am Mahl teilnehmen. Nur die wahren Christen und Menschen, die sich im Vollbesitz ihrer geistigen Kräfte befanden, als sie getauft wurden, steht das Recht zu, teilzunehmen. Wehe denen, die sich mit Schuld und Sünde beladen, dazugesellten. Diese hätten ihren Platz in der Hölle schon sicher. Und pfui Teufel, wie entsetzlich hatten die großen Kirchen diese große Mysterium entweiht, wie sehr die Bibel mit ihren eigenen Interpretationen des heiligen Sakramentes entstellt. Na, wenigstens wusste Sobowsky jetzt, warum er bisher noch niemals dazu eingeladen worden war. Als Ungetaufter besaß er einfach keine Zugangsberechtigung. Und seine Therapeuten in der Klinik würden nicht schlecht staunen, wenn sie erführen, dass er um Jesu willen wieder trinken müsste, auch wenn es nur Rotwein wäre. Endlich verließ der Prediger das Pult. Stellvertretend für alle sprach er das Gebet, in dem er noch einmal seine eigene Aussagen Revue passieren ließ und Gott immer wieder überschwänglich für das grandiose Erlösungswerk dankte, dessen sie sich gerade durch das so ausführlich beleuchtete Mahl immer wieder bewusst werden konnten. Dann sangen sie endlich. Sobowsky hatte noch immer keinen Gefallen daran gefunden.

Er fand die Melodien der meist uralten Lieder schrecklich und deren Texte unbegreiflich. Sie stellten für ihn den Tiefpunkt einer jeden Stunde dar, und er konnte einfach nicht verstehen, warum hier keiner das geringste Verständnis für gute Musik zu haben schien. Das Liederbuch, das alle in der Hand hielten, lehnte er aus Protest gegen dessen fürchterlichen Inhalt ab. Trotzdem versuchte immer wieder irgendjemand, ihm ein Exemplar davon in die Hand zu drücken, wenn er den Saal betrat. Als das Lied verklungen war, trat Titus Lorenz vor die Gemeinde. Er hatte die Aufgabe, die anstehenden Termine der nächsten Woche anzusagen. Was es da nicht alles gab: Vorträge in anderen Gemeinden, Gebetskreise, Rüstzeiten, Bibelwochen, Jugendstunden, Arbeitseinsätze, Ehekreise, Frauensport und natürlich ihr wöchentliches Bibelgespräch. War es jetzt zu Ende? Nein, ein weiterer Bruder eilte nach vorn. Sobowsky wusste schon, warum. Es war der Geburtstagsverantwortliche, der die Aufgabe erfüllte, denjenigen, die in der vergangenen Woche ihren Ehrentag feiern durften, eine Bibelstelle vorzulesen und seinerseits noch eine kleine Predigt nur für sie zu halten. Danach, und das war das Schlimmste daran, durfte sich jedes der Geburtstagskinder noch ein Lied aus dem Büchlein wünschen, dass dann auch noch gesungen werden musste. Manchmal hatte Sobowsky Glück, und niemand wurde bedacht, aber gerade heute betraf es gleich drei Schwestern auf einmal. Also noch drei dieser schrecklichen Lieder. Kopfschüttelnd ballte Sobowsky seine Fäuste. Was für ein schrecklicher Verein. Wie seelenlos und berechenbar. Wie erstarrt in Ritualen, die doch keinem wirklich gefallen konnten. Oder doch? Wenn Sobowsky in die Gesichter der Anwesenden sah, konnte er keinerlei Ablehnung erkennen. Im Gegenteil, alle wirkten zufrieden, und bei ihrem Gesang kamen sie regelrecht aus sich heraus, so, als ob sie gerade das, was ihm immer abstoßender erschien, mit ganz besonderer Freude erfüllen würde. Komisch, was erlebten sie in dieser Stunde, was ihm verborgen blieb? Würde Salome ihm dieses Geheimnis lüften helfen? Als auch dieses überstanden war, trat noch einmal Titus Lorenz nach vorn. Er beendete nun endgültig die Veranstaltung und wünschte allen Gottes Segen. Die Uhr zeigte schon halb zwölf, und Sobowsky musste sich diesmal nicht, wie sonst, ewig gedulden, bis er mit Lorenz allein zurückblieb, um von diesem nach Hause gefahren zu werden. Denn sogleich tauchte Frau Schober vor ihm auf.

„Kommen Sie, Herr Sobowsky, wir müssen uns beeilen. Es ist schon spät, und ich muss noch Kartoffeln schälen."

Sie geleitete ihn zu einem Auto, vor dem schon ihr Gatte, Salome und ein ihm bisher noch unbekannter junger Mann warteten.

„Kommen Sie, steigen Sie vorn ein!" forderte ihn Herr Schober auf.

„Äh, ja, natürlich gern." antwortete Sobowsky, was jedoch gelogen war. Viel lieber hätte er nämlich ganz dicht neben ihr auf der Rückbank Platz genommen. Doch dieses Privileg erhielt der junge Mann, der dies auch noch für ganz selbstverständlich zu halten schien. Ein wenig Groll empfand Sobowsky darüber schon, der sich noch steigerte, als er die beiden albern kichern hörte. Er musste sich schon gehörig zusammenreißen, um sich nicht einfach umzudrehen und sie zur Ruhe aufzufordern. Stattdessen beantwortete er einsilbig die Fragen, die Herr Schober wohl nur aus Höflichkeit an ihn richtete. Allerdings dauerte die Fahrt auch nur wenige Minuten, bis sie an ihrem Ziel, einer Mietswohnung aus den sechziger Jahren, hielten. Sobowsky empfand diese Art von Häusern kalt und grau, niemals würde er hier wohnen wollen und im Stillen lobte er die Gemütlichkeit seines Blockes. Während Herr Schober den Wagen in die Garage fuhr, gingen sie zu viert hinauf in den ersten Stock, wo sich die Wohnung seiner Gastgeber befand. Frau Schober verwies Sobowsky auf einen der drei Sessel im Wohnzimmer, sie selbst verschwand in der Küche. Die beiden jungen Leute ihrerseits bogen in das Kinderzimmer ab. Jetzt war Sobowsky beruhigt. Sie hatte einen Bruder, na woher hätte er das auch wissen sollen?

„Mein Mann kommt gleich zu Ihnen." rief ihm Frau Schober aus der Küche zu. „Und in einer halben Stunde können wir essen.

Tatsächlich ließ der Hausherr nicht lange auf sich warten. Er setzte sich ebenfalls in einen der Sessel und nahm sein vorhin unterbrochenes Gespräch mit Sobowsky, der sich jetzt nicht mehr so verärgert fühlte, wieder auf.

„Wir müssten ungefähr gleich alt sein." stellte Herr Schober fest.

„Möglich, ich weiß ja nicht, wann Sie geboren sind." antwortete Sobowsky.

„Ich werde dieses Jahr fünfundfünfzig."

„Ah."

„Ja, und zum sechsten Mal Opa."

„Oh, dann ist wohl Salome nicht Ihr einziges Kind."
„Nein, sie ist unsere Jüngste und die letzte, die noch hier wohnt. Sie hat noch vier Geschwister. Haben Sie auch Kinder?"
„Ähm, ja, eins."
„Das ist wohl auch schon längst auf und davon, nehme ich an."
„Nein, es ist noch ganz klein, noch nicht mal ein Jahr glaube ich."
„Wie meinen Sie das, sie glauben?"
„Ich kann es nicht sagen, weil ich nicht weiß, wann es geboren wurde."
„Das ist ja schrecklich, wo lebt denn das Kind, etwa nicht bei Ihnen?"
„Nein."
Inzwischen hatte Frau Schober begonnen, den Tisch im Wohnzimmer zu decken.
„So, gleich geht es los." freute sie sich, „Ihr könnt schon einmal Platz nehmen."
Sie klopfte auch an die Kinderzimmertür, worauf die beiden Jugendlichen heraustraten und sich ebenfalls an den Tisch begaben, während Frau Schober Schüsseln mit Kartoffeln, Soße und schönem, fettem Schweinefleisch hereinbrachte. Und Erbsen. Dann tat sie jedem eine bestimmte Menge von diesen guten Dingen auf den Teller, und als die Teller allesamt gut gefüllt waren, setzte auch sie sich zu ihnen. Sobowsky stellte fest, dass er am meisten erhalten hatte.
„Jetzt können wir anfangen." sagte Frau Schober und Sobowsky, der das als Startzeichen deutete, begann sogleich, sich ein Stück Fleisch abzuschneiden. Doch da stoppte ihn der Hausherr.
„Bitte warten Sie noch, wir wollen erst beten."
„Äh, natürlich, das habe ich nicht gewusst. Entschuldigen Sie bitte!"
Dann falteten alle ihre Hände, und Schober betete:
„Großer und gütiger Vater im Himmel. Aus deiner Hand nehmen wir dankbar die guten Gaben, die du uns schenkst und wir bitten Dich, dass du sie an uns segnest. Amen."
„Amen." sagten auch die anderen und dann ging es tatsächlich los. Sobowsky war ein bisschen überrascht, dass sie Gott dankten, wo es doch ganz eindeutig Frau Schober gewesen war, die das Essen zubereitete, und so ließ er es sich nicht nehmen, ihr seine persönliche Anerkennung auszusprechen.
„Ich finde, das schmeckt wirklich prima. Sie haben ganz schön großes

Glück gehabt, Herr Schober, dass Sie eine so wunderbare Köchin abbekommen haben. Ich für meinen Teil hatte immer Pech, egal mit welcher Frau ich gerade zusammen wohnte, kochen konnte keine von ihnen. Na und auch sonst haben sie nicht viel getaugt. Mein Kumpel Ronny hat es ja schon immer gesagt, dass es nur bei den Gläubigen gute Frauen gibt."

„Vielen Dank, Herr Sobowsky, für ihr Kompliment. Aber bei uns dürfen sie nicht ständig ihre Frauen wechseln."

„Na, das habe ich doch auch nicht vor. Im Moment bin ich außerdem solo. Aber eines sage ich Ihnen, wenn ich hier zufällig ein tolles Mädchen finde, lasse ich es bestimmt nicht mehr gehen."

Bei diesen Worten zwinkerte er Salome verschmitzt zu, deren Gesicht sich daraufhin allerdings zu einem Fragezeichen zu verformen schien.

„Sie haben in ihrem Leben wahrscheinlich schon so Einiges mitgemacht. Seien Sie Gott dankbar, dass er sie nun auf den richtigen Weg geführt hat."

„Ach, mein Leben war eigentlich immer schön. Wenn ich ehrlich bin, fühle ich mich erst so richtig beschissen, seit ich das erste Mal in diesem Zelt gewesen bin und dem Grünberger zugehört habe. Damals war ich ja immer ein bisschen betrunken und glaubte, dass es sich um ein riesengroßes Bierzelt handelt. Komisch, was, aber ich kannte doch sowas überhaupt noch nicht."

„Und nun haben sie aufgehört zu trinken? Das ist eine großartige Leistung. Wie lange denn schon?"

„Seit November. Aber Sie wissen ja nicht, was das bedeutet. Ich bin deswegen kein glücklicherer Mensch geworden, im Gegenteil. Solange man trinkt sagen alle, man soll aufhören, aber wenn man es dann getan hat, ist man völlig allein."

„Haben Sie lange getrunken?"

„Klar, seit ich sechzehn war. War aber wirklich ein gutes Leben, das kann ich Ihnen sagen."

„Aber es war nicht gottgefällig, dass wissen Sie doch."

„Ja, aber doch erst jetzt, vorher hab ich von Gott ja gar nichts gewusst. Und das war auch besser so für mich, glaube ich."

„Wie können Sie so etwas sagen? Gott hat ihnen ein neues Leben, eine neue Chance geschenkt. Das ist eine große Gnade, verstehen Sie das?"

„Ja, und ich will ja auch durchhalten. Ich habe halt gerade eine Durststrecke. Das Schlimmste ist die Einsamkeit."
„Aber Sie kommen doch regelmäßig in unsere Gemeinde."
„Ja und? Das hat mir bis jetzt noch nicht weitergeholfen. Ich habe hier keine Freunde, und das fehlt mir eben sehr. Früher war das besser."
„Das wird sicher noch. Sie müssen sich noch ein bisschen mehr bei uns eingewöhnen. Sie kommen ja aus völlig anderen Verhältnissen als wir. Es ist ein wahres Wunder Gottes, dass Sie überhaupt den Weg zu uns gefunden haben. Aber so kann Gott wirken. Sie glauben, Sie gehen in ein Bierzelt und plötzlich sind Sie ein bekehrter Christ. Obwohl Sie Gott nicht suchten, hat er Sie gefunden. Bruder Grünberger ist allerdings auch ein begnadetes Werkzeug des Herrn und seine Predigten gehen mitten ins Herz. Finden Sie nicht auch?"
„Nun, wenn ich ehrlich bin, habe ich mich bei seinem Gewäsch gelangweilt. Wahrscheinlich kennen Sie ihn nicht persönlich. Ich habe ihn privat erlebt, Sie können mir glauben, er ist ein echtes Arschloch."
„So etwas können Sie doch nicht sagen!"
„Warum nicht? Es stimmt doch. Ich hätte ihm beinahe ein paar auf´s Maul gehauen."
„Warum sind sie denn dann immer wieder gekommen, wenn es ihnen nichts gegeben hat?"
„Na, da werden Sie staunen. Fragen Sie doch mal ihre Tochter!" gab sich Sobowsky geheimnisvoll.
„Unsere Tochter?"
„Ja, wenn sie nicht gewesen wäre, säße ich heute nicht hier."
Alle Augen richteten sich nun fragend auf Salome, die allerdings ratlos mit den Achseln zuckte.
„Ich weiß nicht, was er meint."
„Na hör mal!" brauste Sobowsky auf. „Jetzt ist aber langsam Schluss mit dem Spiel. Tust du nur so, oder weißt du es wirklich nicht mehr? Vielleicht machst du ja so etwas öfter."
Salomes Miene wurde hart.
„Ich weiß wirklich nicht, wovon Sie reden."
„Soll ich es hier vor allen sagen?"
„Was denn?"
„Dass du mich pausenlos angemacht hast."

Sobowsky war über ihr Verhalten empört, und so sprach er diese Worte deutlich lauter, als er es sich selbst gewünscht hätte. Nun herrschte entsetzte Stille, bis sich erneut Salome vernehmen ließ, die mit kalter, aber höflicher Stimme sprach:
„Ich kann mich noch an ihren Anblick erinnern, als sie damals aufgetaucht sind, und der war, ehrlich gesagt, nicht so toll. Ihr Benehmen übrigens auch nicht. Ihre Fahne konnte man ja fast bis auf die Bühne riechen. Und so will ich mal annehmen, dass Sie alkoholbedingte Wahrnehmungsstörungen hatten, wenn Sie sich eingebildet haben, dass ich Sie, wie Sie es nennen, angemacht habe. Das ist nämlich völlig abwegig, das können Sie mir glauben! Und wenn Sie sich mal im Spiegel anschauen, werden Sie mir Recht geben. Sie sind immerhin so alt wie mein Vater."
„Nein, bin ich nicht, ich bin viel jünger. Aber du wirst doch nicht bestreiten, dass du mich an diesem ersten Abend ständig ganz verliebt angelächelt hast. Danach nicht mehr, das gebe ich ja zu."
„Ich glaube einfach, Sie waren nicht Herr ihrer Sinne, und umso schöner ist es, dass Sie nun nicht mehr trinken."
Ihr Gesicht zeigte an, dass dieses Thema für sie damit abschließend behandelt sei. Doch plötzlich entspannten sich ihre Züge, und sie ließ ein fröhliches Lachen hören. Dann stupste sie ihren Tischnachbarn, der mit versteinerter Miene neben ihr saß, an.
„Du warst doch auch da, an diesem Abend."
„Ja und?"
„Wo hast du denn gesessen?"
„Hm, ziemlich weit hinten, wieso?"
„Und wer saß vor dir?"
„Ah, jetzt weiß ich, was du meinst. Herr Sobowsky. Natürlich!"
Nun lachten die beiden fröhlich um die Wette, während die anderen drei noch verständnislos dreinblickten. Zumindest aber waren sie froh, dass sich die Stimmung wieder entspannte. Nach einer kleinen Weile wandte sich Salome wieder an Sobowsky:
„Ich nehme alles zurück. Sie hatten keine Halluzinationen, ich habe tatsächlich ständig verliebt in ihre Richtung geschaut. Das galt allerdings nicht Ihnen, sondern Frank, der direkt hinter Ihnen saß."
„Deinem Bruder?"

„Nein, meinem Verlobten. Obwohl, damals waren wir noch gar nicht verlobt, aber immerhin schon zusammen."

Jetzt lachte auch Sobowsky. Allerdings war es ein gequältes Lachen, dass sein Schamgefühl und seinen Schmerz überspielen sollte. Ja, vor allem seinen Schmerz, der ihm stechend in die Lunge fuhr und ihm die Luft zu nehmen drohte. Oh, diese Menschen, mit denen er hier zusammensaß, und für die die Welt so einfach zu sein schien, ahnten ja nicht, wie tief ihn diese Worte trafen. Sie hatte einen Verlobten! All seine Hoffnungen, die er in ein Zusammenleben mit ihr gesetzt und die ihm in den letzten Monaten immer wieder geholfen hatten, ja, die sein letzter Halt gewesen waren, zerstoben in diesem Moment. Was war er für ein Narr gewesen. Natürlich hätte er es wissen müssen, dass da irgendwas nicht stimmte, aber die Hoffnung, die scheiß Hoffnung, hatte immer wieder gegen seinen Verstand die Oberhand behalten. Jetzt, beim Finale, musste er endgültig anerkennen, dass der Verstand zu Recht den Sieg davon trug. Mit Grauen dachte er an den morgigen Tag, der so entsetzlich trostlos zu werden versprach, da nunmehr auch sein letzter Hoffnungsstrahl erloschen war. Kam jetzt das Ende?

„Ha, ha." lachte er derweil, seinen Kummer überspielend. „Ja, so war das damals. Weil ich mich so über Salomes nettes Gesicht freute, bin ich wiedergekommen. Sie hat das geschafft, was dem Grünberger nicht gelungen ist."

„Aber dann muss es bei Ihnen doch noch etwas gegeben haben. Schließlich sind Sie doch zu Herrn Grünberger vor auf die Bühne gegangen, und sind jetzt in unserer Gemeinde."

„Ja, da sind schon noch einige merkwürdige Dinge passiert, aber da müssen Sie ihren Gott fragen. Ich kann Ihnen das nämlich nicht erklären."

„Aber Herr Sobowsky, es ist doch auch ihr Gott."

„Ja, wahrscheinlich, so genau kenne ich ihn ja noch nicht. Kann es sein, dass er Spaß daran hat, die Leute zu verarschen?"

„Ich bitte Sie!"

„Okay, lassen wir es dabei, das Essen hat auf jeden Fall wunderbar geschmeckt. Vielen Dank."

Und zu Herrn Schober gewandt:

„Hätten Sie etwas dagegen, mich nach Hause zu bringen? Ich würde auch laufen, aber es bereitet mir Schmerzen."

„Wollen Sie nicht wenigstens zum Kaffeetrinken bleiben?“
„Nein, danke. Ich fühle mich nicht besonders gut.“

Schon eine halbe Stunde später war Sobowsky wieder allein in seiner Wohnung. Er warf sich auf die Couch und begann, wie ein kleiner Junge, hemmungslos zu weinen. Was blieb ihm jetzt bloß noch? Alles war verloren - alles! Könnte er nicht morgen aufwachen, neben Carola, ein Schwätzchen mit Günthi vor seinem Altar führen und dabei ein Bierchen trinken? Könnte nicht Rosinante noch im Keller stehen und Manni noch leben? Könnte nicht alles bloß ein schlechter Traum gewesen sein, aus dem er einfach erwachen würde? Er stand auf und ging auf seinen Balkon. Und da sah er es wieder, das Landskroneck. Er brauchte nur loszugehen, um in die Welt zurückzukehren, aus der er gekommen war. Seiner Welt! Worauf wartete er noch? Hatte er nicht schon genug Zeit verplempert, mit dem sinnlosen Versuch, nach dreißig Jahren diese Welt gegen eine andere einzutauschen? Eine neue Welt, die er doch eigentlich gar nicht haben wollte, die ihm eingeredet worden war, von Therapeuten, die überhaupt nichts von dem verstanden, was sie den Leuten da eintrichterten. Oder wusste auch nur ein einziger von denen aus eigener Erfahrung, was es bedeutete, aussteigen zu wollen? Natürlich nicht, sonst würden sie den Leuten ja nicht solchen Quatsch erzählen. Und das Gerede davon, wie ungesund der Alkohol sei! Ja, wozu sollte es denn gut sein, ewig auf dieser Welt herum zu laufen? Lieber kurz und glücklich, als lange und von Kummer verzehrt, leben. Schließlich konnte er es doch bei Manni sehen. Klar war dessen Leber im Arsch gewesen, aber war er des wegen unglücklich gestorben? Nein, war er nicht. Na also. Und wenn er wieder trinken würde, und mit sechzig gehen müsste, was störte es ihn? Gar nichts! Das reichte doch völlig aus. Am besten wie Siegfried, tot vom Tresen fallen, das wäre ein schönes Ende. Aber dieses Dahinvegetieren, so wie er es nun schon seit Monaten praktizierte, das war mit Sicherheit keine Lösung. Dann lieber sofort sterben. Was zum Teufel hatte er sich eigentlich erwartet von seinem neuen Leben? Wieso war er auf den Gedanken gekommen, dass ihn außerhalb seiner Welt irgendjemand brauchen könnte? Na gut, der Gerechtigkeit wegen musste er zugeben, dass die Geschwister in der Gemeinde nicht unfreundlich zu ihm gewesen waren. Aber er gehörte nun einmal einfach nicht dazu. Da konnte er sich anstrengen, wie er wollte. Seine und ihre Welt ließen sich nun einmal nicht vermengen. Einverstanden, dem Homo-Raik war dieses Kunststück gelungen. Allerdings war er damals noch jung gewesen und ihm stand ein Mädchen zur Seite, das half, den Weg in diese neue Welt zu finden. Sein Mädchen entpuppte sich nun endgültig als ein albernes Hirngespinst, dem er schon viel zu lange sinnlos hinterher hechelte, in der obzessiven Hoffnung, eine gute Frau zu ergattern. Einer Hoffnung, der er seit seiner frühen Jugend frönte. Aber - und das hatte er Ronny versprochen - damit war jetzt Schluss. Er musste einfach der Wahrheit ins Auge schauen, für Männer wie ihn, gab es halt nur Frauen aus der zweiten oder dritten Liga. Nicht schön, nicht intelligent, liederlich und faul. Aber was zu ficken, immerhin. Ja, ficken, das wäre überhaupt mal wieder was. War ja schon eine Ewigkeit her, das letzte Mal. Er wusste selbst nicht, warum er auf die Couch zurückkehrte und den Fernseher einschaltete, anstatt sich auf den Weg in das Landskroneck zu begeben.

Während der ersten Hälfte des neuen Tages durchschritt er seine Wohnung immer wieder ihrer ganzen Länge nach - vom Balkon auf der einen bis zu seinem Schlafzimmerfenster auf der anderen Seite, und umgekehrt. Und für jeweils ein paar Minuten verweilte er hier oder dort und dachte nach. Vom Balkon aus lockte ihn das Landskroneck, das ihn wie ein immer stärker werdender Magnet anzuziehen schien, vom Schlafzimmerfenster aus sah er versonnen auf den tristen, zubetonierten Parkplatz herab. Wie sollte er sich bloß entscheiden? War nicht der Grund, nichts mehr zu trinken und Gast in dieser Bibelgemeinde zu sein, hinfällig geworden? War jetzt der Zeitpunkt gekommen, dieses unglücksselige Experiment zu beenden? Gab es außer Salome vielleicht noch einen anderen Grund, durchzuhalten? Sollte er weiter in diese Gemeinde gehen und auf seine geistige Erleuchtung warten? Was, wenn es Gott doch gab, und er aufgrund seiner Entscheidung später in der Hölle landen würde? Aber andererseits könnte er wahrscheinlich noch zehn weitere Jahre mit ihnen zusammen sitzen, ohne etwas von dem zu kapieren, worüber die sich unterhielten. Und immer wäre er einsam bei ihnen, auch wenn sie ihn körperlich umgaben. Es fühlte sich so an, als ob sie eine Glasglocke umgäbe, durch die hindurch er sie einfach nicht erreichen konnte. Nein wirklich, es gab einfach keinen einzigen, vernünftigen Grund, seine Wohnung wegen ihnen auch nur noch ein einziges Mal zu verlassen. Dann lief er wieder zu seinem Balkon zurück, und blickte durch das Wäldchen hindurch auf die gar nicht weit entfernt stehende Kneipe. Aber auf dem Weg dorthin warf er noch einen Blick auf den Altar in Flur.

„Warte nur noch ein bisschen Günthi, bald habe ich wieder Zeit für dich, versprochen."

Bei diesen Worten wurde ihm ganz warm ums Herz. Ja, es war nur noch eine Frage von Stunden, die ihn von der Rückkehr in sein richtiges Leben trennten. Das spürte er jetzt ganz genau. Dann wog er ab, mit welchen Vor- und Nachteilen bei dieser Rückkehr zu rechnen sei. Zu allererst, und das war das Wichtigste, würde er endlich seine Freunde wiedersehen. Stundenlang, und ohne auf die Uhr zu sehen, könnte er das Zusammensein mit ihnen genießen, und mit ihnen quatschen. Und sie würden ihn verstehen, weil sie in derselben Sprache redeten wie er, weil sie ja mit ihm dasselbe Leben teilten. Ein herrliches Leben! Sorglos und zufrieden. Ohne jede Reichtümer, ohne Auto, ohne Arbeit, ohne Zeitung und ohne jeden Zwang. Gut, das hatte er jetzt auch alles nicht, aber er war nicht sorglos, nein, er war krank vor Zukunftsangst und Einsamkeit. Nein, nichts trinken ist keine Lösung, das war ihm jetzt klar. Im Gegenteil, es schafft nur eine Menge lebensbedrohlicher Probleme und raubt einem jegliche Lebensfreude. Von wegen, trinken ist ungesund, so ein Blödsinn. Er kannte genug Säufer, die schon über siebzig waren. Und das reicht ja wohl auch zu, wer älter wird, hat einfach falsch gelebt. Viel zu spießig, wie sein Bruder und seine Frau. Bah! Was haben die denn davon, wenn sie ihr tristes Leben bis neunzig fortführen müssen, um dann an irgendwelchen Apparaten zu enden? Nee, nee, früher sind die Leute auch mit sechzig gestorben, das war völlig normal und das genügte ja wohl auch. Alles, was danach kommt, ist eh bloß sinnlose Quälerei. Außerdem wäre es viel gefährlicher, wenn er trocken bliebe. Nicht einmal die Fünfzig könnte er dann erreichen, weil er sich schon längst vorher in einer depressiven Phase selbst das Leben genommen hätte. Schade, dass er keine Telefonnummer von seinem Therapeuten aus der Klinik besaß, denn er verspürte große Lust, ihn anzurufen, und ihm die Meinung zu sagen, diesem Arschloch. Fast ein Jahr seines Lebens sinnlos vergeudet, wegen solchen Vögeln. Die sollten mal nicht so viel studieren, sondern einfach die Menschen so sein lassen, wie sie nun mal waren. Warum nur hatten sie sich ungefragt in sein Leben eingemischt und es zerstört? Warum? Und warum hatte er eingewilligt und warum hatten sie immer noch so viel Macht über ihn, dass es ihm einfach an Mut mangelte, den befreienden Schritt auch wirklich zu gehen? Ja, wenn ihn jemand unterstützen würde, dann wäre er sofort dabei, so wie er bereit gewesen war, Manni auf seiner täglichen Tour zu begleiten. Aber allein? Das schaffte er einfach noch nicht. Trotz alledem- klarer Punktsieg- nein- Sieg durch K.O. für Balkon- Landskroneck gegen Schlafzimmer- Bibelgemeinde. Erschöpft, aber glücklich kehrte er auf die Couch zurück. Alle Zweifel waren verflogen, die Entscheidung gefallen. Es ging zurück, zurück zu jenen Menschen, denen er sich zugehörig fühlte, mochte es nun den anderen passen oder nicht. Zurück zum eigenen Ich, zurück zum wahren Sobowsky. Zu dem, durch sein eigenes Leben so geformten, Sobowsky, der er nun einmal war und über den sich einfach kein anderes Leben stülpen ließ, ohne seine Seele dabei völlig zu deformieren.

„Großer Gott, falls es dich wirklich gibt, dann danke ich Dir für diese Erkenntnis." sinnierte er.

Nur kurze Zeit später klingelte das Telefon. Am anderen Ende der Leitung war Titus Lorenz.

„Hallo Jochen!" sagte er. „Schön, dass ich Dich erreiche. Morgen Nachmittag kommt der Bibelbus auf den Marktplatz. Wenn Du Lust hast, hole ich Dich dreiviertel Vier ab. Es wird bestimmt interessant."

„Bibelbus, was soll denn das sein?"

„Oh, das ist ein Bus, der durch ganz Deutschland fährt, und überall, wo es gewünscht wird, Station macht. Dann können die Leute in den Bus hineinkommen und erhalten Informationen über Gott und sein heiliges Wort. Da entstehen mitunter sehr interessante Gespräche. Wir als Gemeinde unterstützen die Mitarbeiter dort und berichten von unseren Erlebnissen mit Gott. Und unsere Frauen bringen Kaffee, Tee und Kuchen mit, um die Gesprächsatmosphäre zu verbessern. Wenn du mitkommen würdest, könntest du auch von deinen Erfahrungen berichten und wie Gott dein Leben verändert hat."

„Und welchen Sinn soll das Ganze haben?"

„Wir wollen die Menschen auf Gott aufmerksam machen, sozusagen ein Samenkorn legen, das später einmal aufgehen kann und hoffentlich zu der Bekehrung des einen oder anderen beiträgt. So, wie bei dir, als du im Zelt das erste Mal von Gott gehört hast."

„Ich würde den Leuten sagen, dass sie den Bus erst gar nicht betreten sollen."

„Wie meinst du das, Jochen?"

„So wie ich es sage. Damals, als ich so völlig unverhofft in euer Zelt gestolpert bin, war ich noch ein glücklicher Mensch. Heute bin ich völlig im Arsch. Ich bin ein psychisches Wrack, verstehst du? Fast ein Jahr lang hab ich eurer Scharlatanerie mehr oder weniger geglaubt und bin immer tiefer in die Scheiße geraten. Egal, was ich versucht habe, nichts hat funktioniert. Euer Gott hat mir nicht geholfen und ihr auch nicht. Ich glaube euch ja, dass ihr es wirklich gut meint, aber bitte hört auf damit, unschuldige Menschen zu euch zu locken. Ihr könnt eure Versprechen nicht halten, ihr könnt Menschen wie mir keine Heimat bieten, ihr versucht es ja nicht einmal. Weil es euch nicht möglich ist, wir sind euch so fremd, dass ihr euch nicht im Geringsten vorstellen könnt, was in uns vorgeht. Für mich ist Schluss, Titus, ich kehre in mein altes Leben zurück. Ich bin nicht sauer auf Euch, aber ihr und ich, dass passt einfach nicht zusammen. Ich will dir sogar „Danke" sagen, schließlich hast du dir richtig Mühe mit mir gegeben. Vielleicht sehen wir uns ja irgendwann mal wieder, aber mit Sicherheit nicht in eurer Gemeinde."

„Jochen? Was redest du da? Du bist doch auf einem guten Weg, da darfst du jetzt nicht aufgeben! Du hast doch den Herrn schon kennengelernt. Wenn du dich jetzt wieder von ihm lossagst, bist du verloren! Lass uns doch noch einmal in Ruhe miteinander reden, ich komme auch zu dir. Halte noch so lange durch, bitte! Wann kann ich kommen? Wenn du willst, heute schon. Sagen wir um sechs? "

„Nein, nein, die Mühe kannst du dir wirklich sparen. Meine Entscheidung steht fest. Ich habe einen Fehler gemacht und den werde ich jetzt korrigieren."

„Jochen, fang bitte nicht an, wieder zu trinken. Ich bin um sechs da, warte um Himmels Willen auf mich!"

„Du findest mich im Landskroneck, falls du weißt, wo das ist." sagte Sobowsky und legte auf.

3. Teil

Sobowsky war zufrieden mit sich. Ohne Wenn und Aber hatte er Titus Lorenz die Meinung gesagt. Vielleicht wäre es besser gewesen, ein bisschen weniger dick aufzutragen. Denn wenn es auch stimmte, dass er mit der Gemeinde nichts mehr zu tun haben wollte, so würde er doch heute vermutlich noch keinesfalls rüber ins Landskroneck gehen. Zu tief saß noch das schlechte Gewissen, das ihm von allen Seiten eingeredet und immer wieder genährt worden war. Es gab noch so manchen, noch nicht zu Ende gedachten, Gedanken zu wälzen, und so legte er sich wieder auf seine Couch, um zu grübeln und dabei herauszufinden, ob es vielleicht doch noch eine Alternative geben könnte. Bald darauf schlummerte er ein, bis ihn das stürmische Läuten seiner Klingel aus dem Schlaf riss.
„Scheiße, jetzt kommt der Lorenz wirklich." dachte Sobowsky, wobei sein Blick auf seine alte Uhr fiel, die gerade einmal Nachmittag um zwei anzeigte. „Und dann auch noch viel zu früh."
Unwillig trottete er zur Tür. Ob der ihn nicht richtig verstanden hatte? Ohne die Tür zu öffnen, rief er, den Mund beinahe auf das Holz pressend:
„Hau ab, Titus, es ist zu spät, ich lass dich nicht rein."
Doch die Stimme, die ihm antwortete, war eine andere, wenngleich sie ihm sonderbar bekannt vorkam:
„Was redest du da für einen Scheiß, Sobowsky, bist du besoffen?"
Er riss die Tür auf. Und da stand er vor ihm, wie immer in engen Jeans und einem ärmellosen T- Shirt mit dem kaum entzifferbaren Schriftzug irgendeiner Band darauf, mit blonden Locken und einer Kette, mit einem verkehrt herum hängenden Kreuz, um den Hals.
„Hamster!!" rief er glückselig aus. „Komm rein, du alte Fotze! Dich schickt der Himmel!"
Er zog ihn förmlich in seine Wohnung und umarmte ihn immer wieder.
„Was ist mit dir?" fragte Hamster. „Nimmst du Drogen?"
„Nein, natürlich nicht, das weißt du doch. Und du, wie ist es dir ergangen? Das letzte Mal, als wir uns gesehen haben, ging es dir, glaube ich, nicht besonders gut."
„Du sagst es, Sobowsky, Mann, damals wäre ich fast krepiert. Ohne dich gäbe es mich gar nicht mehr."
„Was ist denn danach passiert, nachdem sie dich geholt haben? Ich schätze, die haben dir irgendeine Therapie verpasst, oder?"

„Klar, logisch, ich bin erst vorige Woche wieder nach Hause gekommen. Man, bin ich froh, endlich dort weg zu sein. Einmal bin ich sogar abgehauen, aber sie haben mich gekriegt und mir gleich noch ein paar zusätzliche Wochen aufgebrummt. Ich habe ein hohes Rückfallrisiko, haben sie gesagt, na ja und bei Selbstmordversuch sind die ohnehin oberängstlich."

„Und haben sie recht mit dem Rückfall oder willst du durchhalten?"

„Ach, ich weiß nicht, von den Drogen werde ich auf jeden Fall erst mal die Finger lassen, ist ja auch wirklich Teufelszeug, zumindest die chemischen. Ein kleiner Joint kann ja nicht schaden. Außerdem muss ich aufpassen, die Bullen haben einen ziemlichen Kieker auf mich. Die waren laufend bei mir in der Klinik und wollten einen Haufen dummes Zeug wissen. Einen Prozess krieg ich auch noch, aber ich denke das wird nicht so schlimm werden. Höchstens Bewährung, wenn ich Glück habe vielleicht auch nur ein paar Stunden gemeinnützige Arbeit. Aber das Bier, das schmeckt schon wieder."

„Ja wirklich? Das ist schön, komm setz dich. Warum hast du das denn überhaupt gemacht, das mit dem Aufschneiden, meine ich."

„Ach, ich weiß auch nicht so richtig. Irgendetwas habe ich genommen, was mir nicht bekommen ist. Ich hab mich so was von Scheiße gefühlt, das kann ich dir gar nicht beschreiben. In der Klinik haben sie gesagt, das waren Depressionen. Und dann hab ich im Fernseher gesehen, wie das einer gemacht hat und ganz relaxt verblutet ist. Sah richtig gut aus und da hab ich es eben auch probiert. Aber als das Blut dann anfing so rumzuspritzen, da hab ich Panik gekriegt und bin zu dir gerannt. Zum Glück warst du ja zu Hause. Was ist überhaupt mit dir los? Jeremenkow hat erzählt, dass sie dich beinahe totgeschlagen haben und dass du dich seitdem nirgendwo mehr blicken lässt? Hast du Schiss, rauszugehen? Das musst du nicht, Jeremenkow hat mir gesagt, dass die keinem mehr was tun können."

„Ach, das ist es nicht. Mir ist es genau so gegangen wie dir. Nach dem Überfall haben sie mich in eine Entziehungsklinik gesteckt, bloß nicht ganz solange wie dich. Und seitdem ich wieder zu Hause bin, habe ich nichts mehr getrunken und bin nur am Tage rausgegangen, wenn mich die Russen nicht sehen konnten."

„Du trinkst nicht mehr? Das glaub ich nicht, du verarscht mich doch."

„Nein, wirklich, schon fast ein Jahr. Du kannst dir gar nicht vorstellen, wie schwer das ist."

„Dann höre doch auf mit dem Quatsch!"

„Will ich ja."

„Na los, dann komm mit, wir gehen rüber ins Landskroneck und saufen einen auf unser Wiedersehen."

„Meinst du?"

So sehr und lange sich Sobowsky genau diesen Moment schon herbeisehnte, so wurde ihm nun doch etwas flau in der Magengegend. Er wusste, wenn er diesen Schritt jetzt ginge, gäbe es kein Zurück mehr. Dann würde er das zweite Mal in seinem Leben die Hauptstraße des bürgerlichen Daseins verlassen und seine restliche Zeit auf den dunklen Seitenwegen verbringen. Das erste Mal war es ihm aus Unwissenheit und jugendlicher Begeisterung passiert, aber heute? Wollte er nach all den Erfahrungen seines gesamten Lebens, tatsächlich noch einmal dorthin zurück, wo er die letzten dreißig Jahre gewesen war? Oder sollte er lieber Hamster rausschmeißen, der ihn verlocken wollte, das Verbotene zu tun?

Seine Entscheidung fiel in wenigen Momenten. Jawohl - er wollte zurück, ohne jeden Kompromiss und mit allen Konsequenzen. Das letzte Jahr hatte ihm allzu deutlich aufgezeigt, wo er hingehörte - zu den Verlierern und Säufern, dorthin, wo er sich geborgen fühlte, dahin, wo er die Regeln kannte, nach denen gespielt wurde. Unmöglich war ihm der Übergang in ein anderes Leben, zu einer anderen menschlichen Kaste geworden. Viel zu sehr war er geprägt von seiner Geschichte, als dass er irgendwo anders hätte Fuß fassen können. Und die Grauzone dazwischen, in der er sich seit seiner Heimkehr aus der Klinik befand, die war erst recht unerträglich gewesen.

„Na los, worauf warten wir?" fragte er.

Der Weg durch das Wäldchen war schnell durchschritten. Sobowsky war aufgeregt wie ein kleines Kind an seinem ersten Schultag. Würde die Kneipe noch dieselbe sein wie damals? Würde Ronny in ihr sitzen und auch die anderen? Würden sie ihn überhaupt noch kennen, und wenn ja, wie würden sie ihn aufnehmen, nach der ganzen langen Zeit?

Er öffnete als erster die Tür. Was er dort sah, ließ sein Herz vor Freude schneller schlagen. Es schien, als ob die Zeit hier stehen geblieben sei.

Durch einen dichten Schleier aus Zigarettenqualm konnte man auf den Tresen schauen, hinter dem die blonde, langhaarige und schon leicht verwelkt aussehende, Bedienung gerade ein Bier zapfte. Vor ihr, auf den Barhockern saßen vier Männer, von denen er nur die Rücken und ihre Haare sehen konnte. Der eine von ihnen, das konnte er genau an dessen Haltung erkennen, war sein Ronny, auf den er eigentlich sauer sein müsste, weil der ihn überhaupt nicht vermisst zu haben schien. Oder hätte er nicht wenigstens einmal bei ihm vorbei kommen können, um zu sehen, wie es ihm ging? Aber das war jetzt egal und vergessen. Ein warmes Gefühl der Zuneigung für seinen Freund wallte in ihm auf und am liebsten wäre er zu ihm gerannt, um ihn genauso stürmisch zu umarmen, wie vorhin den verdutzten Hamster. An den zwei Tischen, die vor dem Tresen standen, saßen ebenfalls Leute, die er kannte und spielten Karten. Skat, wie Sobowsky aus eigener Erfahrung wusste. Der Billardtisch, direkt am Eingang, blieb wohl heute ungenutzt. Zwei Jugendliche spielten Dart. Alles zusammen befanden sich nicht mehr als zwölf Leute in dem Raum, dessen einzigen Schmuck die Poster von nackten Weibern mit verschieden großen Brüsten und drei in Rahmen aufgehängte Grand Ouverts, bildeten. Aus einem CD-Spieler erklang Rockmusik in angenehmer Lautstärke.

„Nun geh doch schon!“ drängte ihn Hamster und schob ihn durch die Tür. In diesem Moment wurden die beiden auch schon von einem der Kartenspieler entdeckt. Mit seinem ausgestreckten linken Arm zeigte er auf sie und rief, die Karten mit der rechten Hand auf den Tisch hauend:

„Männer, nun guckt doch mal zur Tür, wer da gerade reinkommt! Das glaubt ihr nicht, zwei verlorene Söhne auf einmal.“

Die Blicke der Angesprochenen folgten seinem Arm und als auch sie erkennen konnten, wer dort soeben die Tür durchschritt, trat eine plötzliche Stille ein. Lediglich die Jugendlichen, denen die beiden offensichtlich kein Begriff waren, ließen sich nicht in ihrem Spiel stören. Doch dann wurde es mit einem Male richtig laut. Alle krakeelten durcheinander, und einige sprangen auf, um die beiden herein zu geleiten. Auch Ronny hatte sich erhoben und wartete stehend auf Sobowsky, den sie an den Tresen führten. Ringo, der eben noch neben Ronny gesessen hatte, verließ ebenfalls seinen Sitz.

„Komm Jochen, das ist doch dein Platz. Setz dich!"
„Ein großes Bier?" fragte die Bedienung und Ronny strubbelte ihm durchs Haar.
„Wo warst du denn solange?"
Ein weiterer Mann drängte sich an den Tresen.
„Ich geb' einen aus, was wollt ihr trinken?" rief er. „Das muss doch gefeiert werden!"
An den Tischen saß nun niemand mehr. Alle waren nach vorn gekommen, um die Neuankömmlinge zu begrüßen. Jeder glaubte, ihnen einmal auf die Schultern klopfen zu müssen, so, als ob sie sich vergewissern wollten, dass die beiden tatsächlich und leibhaftig vor ihnen standen. Sie lachten, und ihre Wiedersehensfreude war echt und herzlich. Tausend Fragen prasselten auf die beiden ein, doch sie saßen einfach nur da, sprachlos und überwältigt von dem großartigen Empfang, den sie erlebten. Sollten Sobowsky tatsächlich noch Zweifel geplagt haben, ob es richtig war, hierher zurückzukehren, so waren die jetzt endgültig verflogen. Wie sehr hatte er sie in der Zeit seiner Einsamkeit vermisst - Menschen, die ihn verstanden, die so tickten wie er, Menschen, die ihn mochten und ihm das auch zeigten, Menschen, von denen er sagen konnte, dass er wirklich zu ihnen gehörte. Wie unendlich mehr war das hier wert, als das Geschwätz aller Therapeuten dieser Welt, die ihn um ein Jahr seines Lebens betrogen hatten!
„Prost Jochen!" sagte Ronny, der bemerkte, dass die Bedienung ein fertiges Bier vor Sobowsky abgestellt hatte. Sobowsky griff zu.
„Prost Ronny"
Dann stellte er sich auf die Mittelstreben des Barhockers, reckte sein Glas in die Höhe und brüllte so laut er konnte, vor Glück fast überschäumend:
„Prost, Ihr Säcke!"
Und die Männer, denen dieses Spiel nicht fremd war, brüllten ihrerseits fröhlich zurück:
„Prost, du Sack!"
Sobowsky blieb auf dem Barhocker stehen, als er das Glas ansetzte. Kühl lief das Bier seinen Hals hinunter. Eine Gänsehaut überkam ihn - er war wieder da. Er setzte das Glas ab und brüllte erneut:
„Prost, Ihr Säcke!", und wieder gingen sie willig auf sein Spiel ein.

„Prost, du Sack!“

Schnell war das Bier geleert und Sobowsky bemerkte, dass er wohl nicht mehr so viel wie früher vertragen konnte. Aber das war ja auch kein Wunder, nach der langen Zeit seiner Abstinenz. Schon wurde ihm ein wenig schummerig zumute. Doch das hielt ihn nicht davon ab, willig nach dem bereits bereit stehenden nächsten Glas zu greifen.

Dann fachte er mit seiner Erzählung, wo er die ganze Zeit abgeblieben war, eine wilde Diskussion an. Allerdings unterschlug er dabei wohlweislich seinen Ausflug in die Bibelgemeinde, denn, das wusste er ganz genau, dafür würde hier niemand Verständnis aufbringen. Und wozu erst unnötige Irritationen an einem so schönen Abend aufkommen lassen? Aber die Frage, ob es sich lohnen würde, mit dem Saufen aufzuhören, weckte bei allen Anwesenden großes Interesse. Immerhin war Sobowsky der erste von ihnen, der einen solchen Versuch jemals ernsthaft unternommen hatte. Hamster konnte da nicht mitreden. Seine sofortige Kapitulation nach der Rückkehr aus der Klinik, machte dies unmöglich. Vielleicht war er ja auch gar nicht so schlimm betroffen, schließlich rührten seine Probleme eher von den Drogen her. Und Drogen, nein damit wollten sie hier ohnehin nichts zu tun haben. Doch jeder von ihnen träumte wohl von Zeit zu Zeit den Traum, noch einmal aus dieser Kneipe wegzukommen und ein neues, anständiges Leben zu beginnen, so wie sie es alle noch aus früheren Zeiten kannten. Ob es nun Ronny betraf, dem seit seiner Scheidung der Boden unter den Füßen abhanden gekommen war, oder Frank, der einstmals als schneidiger Offizier in der Nationalen Volksarmee diente. Bis heute konnte er nicht verstehen, warum ihr Auftrag, den Sozialismus zu verteidigen, falsch gewesen sein sollte und empfand sich als Verlierer einer nie mit Waffen ausgetragenen Schlacht. Und da war Bernd, der immer noch nicht wusste, wie sich eine Frau anfühlte, weil er sich nicht traute, einfach mal eine anzusprechen. Dabei wünschte er sich doch nichts sehnlicher als eine Familie. Hubert hatte es früher als erfolgreicher Sportler sogar zum DDR-Meister im Turnen gebracht. Nach seiner Karriere fehlte ihm jedoch die ständige Lobhudelei, und er begann sich rum zu prügeln und zu trinken. Axel ging schon in der DDR kaputt. Als Gegner des Systems verbrachte er fast sechs Jahre im Bau, und durfte trotz Abitur immer nur als Hilfsarbeiter schindern. Nach der Wende brauchte ihn dann überhaupt keiner mehr. Der älteste von ihnen

war Gerhard, ein ehemaliger Musiklehrer, der sich nüchtern nie getraute, vor eine Klasse zu treten. Jürgen betrieb nach der Wende ein paar Jahre eine erfolgreiche Baufirma und vergaß darüber seine Familie. Dass er schon jahrelang die Steuer beschiss, wäre nie herausgekommen, wenn ihn nicht seine frustrierte Ehefrau im Trennungsjahr hätte auffliegen lassen. Der Martin konnte den Unfalltod seiner Tochter nicht verwinden, und an den folgenden psychischen Verwerfungen ging dann auch noch seine Ehe zu Bruch. Eberhard dagegen hatte sich beim Fußballspielen sein rechtes Knie so kaputt gemacht, dass er seinen gut bezahlten Job als Montageschweißer aufgeben musste. Wie Ringo, der schon seit 1990 arbeitslos war, konnte er die Sinnlosigkeit seines Daseins nicht mehr anders, als besoffen, ertragen. Und Maik hatte als Maurer eben immer mitgetrunken, bis er bemerkte, dass ihm schon früh die Hände zitterten. Der letzte in ihrem Bunde war Udo, früher selbst Inhaber einer Kneipe. Doch im Laufe der Zeit, als er verstärkt sein eigener Kunde wurde, kümmerte er sich nicht mehr um die Gäste. Sie alle schwelgten noch immer in der guten alten Zeit, als ihre Welt noch in Ordnung gewesen war. Auch wenn diese Zeit mitunter schon Jahrzehnte hinter ihnen lag, so lebte sie doch in ihren Erinnerungen derart lebhaft fort, dass man, wenn man sie davon erzählen hörte, denken musste, sie redeten von der Gegenwart. Aber keiner von ihnen hatte bisher ernsthaft irgendetwas unternommen, sein Leben auch tatsächlich noch einmal zu verändern. Außer Sobowsky, der nun berichten konnte, wie es einem bei einem solchen Versuch ergehen musste. Unbestritten war er der Star des heutigen Abends.
„Eh, Jochen, ist der Entzug wirklich so schlimm, wie sie erzählen?“ krähte Mike.
„Klar, ich wäre beinahe verreckt. Wenn sie mich nicht in letzter Sekunde gefunden hätten, würde ich schon längst Eins Achtzig tief liegen. Du wirst wahnsinnig vor Schmerzen und Durst und kriegst fürchterliche Halluzinationen. Das mach ich nie wieder, das schwöre ich euch. Lieber erschieße ich mich vorher.“
„Aber wenn man es geschafft hat, ist es dann nicht toll?“
„Nein, Frank, sondern total beschissen. Du bist nicht mehr du selbst, du sitzt zu Hause rum, und weißt vor Langeweile nicht, was du machen sollst.“

„Was ist mit Arbeit, kriegt man welche, wenn man will?" wollte Ringo wissen.

„Du machst wohl Spaß, für unser einen ist dieser Zug für immer abgefahren. Außerdem kann man vor lauter Depressionen ohnehin kaum aufstehen, da denkt man bestimmt nicht ans Arbeitengehen."

„Was ist mit Weibern? Hat man da gute Chancen, wenn man immer nüchtern ist?" fragte Bernd.

„Nein, guck uns doch mal an! Du kannst sagen, was du willst, aber die Menschen da draußen sehen es dir auch noch nach Jahren aus fünfhundert Meter Entfernung an, was du für einer bist, und machen einen riesigen Bogen um dich. Aber nur, wenn du Glück hast, wenn nicht, machen sie dich an und versuchen dich zu vertreiben. Weiber, nee, so blöd war ich auch mal. Wenn du wirklich pimpern willst, musst du dir hier irgendeine Schlampe aufreißen."

„Scheiß Standesdünkel, so etwas hätte es früher nicht gegeben!" brüllte Frank.

„Ach hör doch auf, denkst du bei den Kommunisten gab es keine Arschlöcher?" wollte Axel wissen.

„Klar, aber untergehen konnte keiner, ob Säufer oder nicht. Wenn du wolltest, haben sie dich arbeiten lassen."

„Ja, ja, ich weiß, und wenn du dreimal zu spät gekommen bist, haben sie dich früh mit dem Auto abgeholt, damit der Plan stimmt:"

„Na und, allemal besser als jetzt, wo dir keiner mehr eine Chance gibt, wenn du einmal unten bist."

„Das stimmt." sagte Sobowsky, „Sie bezahlen dir zwar die Entziehung, aber danach bist du wieder der Arsch und keine Sau kümmert sich mehr um dich. Selbst wenn du dir Mühe gibst, du kannst gar nicht anders, als rückfällig zu werden, oder dich umzubringen. Die Einsamkeit macht dich fertig. Es gibt zwar auch Leute, die mit dir reden, aber die verstehen dich nicht. Können die auch nicht, das ist, als wenn wir uns mit Negern im Urwald unterhalten würden."

„He, legt doch mal die Westernhagen - CD ein, ich glaube die passt. Vor allem das letzte Lied." schlug Jürgen vor.

Die Bedienung kramte bereitwillig im CD - Stapel und legte die gewünschte Scheibe in den Player.

„Geh gleich aufs letzte Lied!" befahl Jürgen und sie drückte die erforderlichen Tasten. Als die ersten Akkorde mit dem unmittelbar darauf einsetzenden Gesang erklangen, wussten alle sogleich, was er meinte. „Mach lauter!“ schrie Eberhard und sie gehorchte. Das Gespräch verstummte und alle lauschten andächtig, während die Bedienung erneut die Gläser der Gäste füllte.

Johnny Walker, jetzt bist du wieder da
Johnny Walker, ich zahl dich gleich in bar
Johnny Walker, du hast mich nie enttäuscht
Johnny, du bist mein bester Freund

Sie prosteten einander zu und Sobowsky, der nun schon nach seinem vierten Glas griff, bemerkte eine wunderbare Veränderung seines Gemütszustandes. Seine alte Zufriedenheit kehrte zurück, und es belustigte ihn, dass sein Gehirn begann, etwas verwirrt zu denken.

Ich hab´s versucht, ich komme ohne dich nicht aus
wozu auch, du gefällst mir ja
Kein Mensch hört mir so gut zu, wie du
Und Johnny, du lachst mich auch nie aus

Sie bildeten einen Kreis und umfassten mit nach beiden Seiten ausgestreckten Armen die jeweils äußere Schulter des gerade neben ihnen Stehenden und sangen die letzte Strophe voll Inbrunst mit:

Johnny Walker, ich glaub nicht an den Quatsch
Johnny Walker, du wärst ne Teufelsfratz
Johnny Walker, von mir aus röste mich
Johnny, ich fühl mich königlich.

„Nochmal von vorn!“ forderte Hubert und wieder gehorchte die Bedienung. Sie begannen zu tanzen und hörten nicht auf, fröhlich, laut und schief mitzusingen.
„Und nochmal!“
Sobowsky glaubte fast, dass dieses Lied ausschließlich für ihn geschrieben worden sei, so sehr fühlte er sich von dessen Verfasser verstanden.

Natürlich trank hier niemand Johnny Walker, aber was spielte das schon für eine Rolle, es ging ja ums Prinzip.
„Ja, ich fühl mich königlich, röste mich ruhig, du alte Teufelsfratze!" lachte er.
„Ja, ich hab's versucht, aber ich komme ohne dich nicht aus. Wozu auch, du gefällst mir ja? So ist es, und so wird es bleiben, bis ich sterbe. Das habe ich jetzt verstanden."
Als der Song ein weiteres Mal anlief, begannen sie eine Polonaise zu bilden. Frank, der ehemalige Offizier lief an der Spitze, und keiner war da, der sich nicht angeschlossen hätte. Lediglich die Jugendlichen blickten etwas verständnislos drein, darüber verwundert, was die alten Säufer da wohl trieben. Sobowsky bildete das Ende der Schlange, die sich immer wieder, mit steigendem Tempo, um die zwei Tische und das Billard wand. Er bemerkte, dass dies für seinen durch den ungewohnten Biergenuss nicht mehr ganz intakten Gleichgewichtssinn nicht das Richtige sein konnte und ihm zunehmend schwindelig und auch ein wenig übel wurde. Nichtsdestotrotz klammerte er sich tapfer solange an Martins Schultern fest, bis ihn die Fliehkräfte, die bei einer erneuten Umrundung des Billardtisches stark auf ihn einwirkten, von dort losrissen und unsanft gegen die Wand krachen ließen. Doch sie halfen ihm auf, reihten ihn nun gleich hinter Frank ein, und weiter ging der fröhliche Tanz.
„Nochmal, nochmal!"
Sobowsky lief nun nur noch wie ein Automat, seine Augen hatte er fest auf die Fersen seines Vordermannes gerichtet. Die Musik nahm er nur noch wie durch einen Schleier war, und seine ganze Kraft benötigte er, um nicht sogleich das gesamte bisher genossene Bier auf eben diese Fersen zu kotzen. Nachdem endlich die letzten Akkorde dieser Runde verklungen waren, riss er sich los und stürmte in den Toilettenraum. Doch vergeblich beeilte er sich. Der aus seinem Hals aufsteigende Mageninhalt füllte ihm die Backen und zwang ihn den Mund zu öffnen, noch bevor er den Deckel der Kloschüssel nach oben brachte. Zweimal ergoss sich schwallartig eine gelbliche Flüssigkeit aus ihm, und bedeckte nun den noch geschlossenen Deckel und den sich um das Klo herum befindlichen Fußboden. Er schwitzte stark, fühlte sich aber doch wieder sehr wohl. Beim Händewaschen erblickte er sein Gesicht im Spiegel. Während er

die Reste des Erbrochenen wegwusch, die noch in seinen Mundwinkeln und an seinem Kinn zu sehen waren, sprach er zu sich selbst:
„Na Jochen, alter Penner, bist du wieder hier?“
Er beobachtete sich genau, und wunderte sich, wie alt er eigentlich schon aussah. Ihm war, als sei es noch gar nicht lange her, dass er als Kind im Bad seiner elterlichen Wohnung gestanden hatte und sich beim Zähneputzen genauso beobachtete, wie gerade jetzt. Wo kamen nur die vielen kleinen und großen Falten her und wo waren bedeutende Teile seiner Haare geblieben? Wieso sah sein Gesicht so grau aus? Was war bloß mit dem kleinen, fröhlichen Jungen von damals passiert?
Noch ein paar Sekunden schaute und überlegte er, dann verscheuchte er seine Gedanken mit einem energischen Kopfschütteln und trat wieder in den Schankraum ein.
„Ich nehme noch ein Großes.“ rief er der Bedienung zu. Danach trat er nah an sie heran und beichtete ihr leise, was ihm passiert war.
„Macht nichts.“ sagte sie. „Das mach ich schon wieder weg.“
Die anderen Kameraden saßen inzwischen auch wieder auf ihren Plätzen und es war deutlich ruhiger geworden. Ihr Tanz hatte sie durstig gemacht, und so hielten sie alle wieder ein volles Glas in der Hand, aus dem sie mit Genuss tranken. Nur Gerhard, der alte Musiklehrer, war verschwunden. Warum wurde ihnen klar, als er mit einer Gitarre zurückkehrte. Er setzte sich allein an einen der Tische, und begann irgendwelche Melodien zu klimpern, von denen wohl nur er wusste, was sie ihm bedeuteten. Die Bedienung machte den CD-Spieler aus, und ihre letzten Gespräche erstarben. Andächtig lauschten sie Gerhards Spiel und schlürften ihr Bier. Es waren traurige Melodien und einmal trat Gerhard sogar eine Träne aus dem rechten Auge.
„Heh Gerhard, hör doch jetzt mal auf mit deiner Jammermusik! Spiel was Vernünftiges, schließlich gibt es heute was zu feiern.“
„Ach ja? Was wollt ihr denn hören?“
„Na Johnny Walker zum Beispiel.“
„Okay, aber nur, wenn ihr alle mitsingt.“
Sein Körper straffte sich und er begann erneut in die Saiten zu greifen. Kräftig ertönte sein tiefer Bass, als er zu singen begann:

„Johnny Walker, jetzt bist du wieder da“
Und alle fielen ein:

„Johnny Walker, ich zahl dich gleich in bar
Johnny Walker, du hast mich nie enttäuscht
Johnny, du bist mein bester Freund“

Sie sangen alle Strophen und niemanden von ihnen interessierte es, dass die Jugendlichen kopfschüttelnd die Kneipe verließen. Die Stunden vergingen wie im Fluge, Gerhard sang und spielte die verschiedensten Lieder, wer von ihnen konnte, sang mit, aber immer wieder stimmten sie ihren heutigen Lieblingssong an - Johnny Walker. Dann schlugen die Wogen der Begeisterung hoch und sie lagen sich in den Armen, voller Sentimentalität und Weltschmerz, als Schicksalsgemeinschaft der Gestrauchelten und Geächteten, die doch eigentlich auch nur eines wollten, endlich wieder dazugehören, zu den strahlenden Siegern dieser Welt. Doch gleich darauf überkam sie dann der Trotz. Nein - ihr Leben war jetzt hier und es war ein gutes Leben. Sollten die anderen doch ihr Ding alleine machen, so wie auch sie alleine zurechtkommen mussten. Irgendwann packte Gerhard seine Gitarre, bezahlte und verschwand, was auch für die meisten anderen das Signal zu sein schien, den Abend zu beenden und nach Hause zu gehen.
„Ich glaube, für den Anfang reicht es. Kommst du mit?“ fragte Sobowsky Hamster.
„Klar, hauen wir ab, es muss ja schon gleich Mitternacht sein.“
„Meinst du? Wir sind doch gerade erst angekommen. Das war ein geiler Abend, oder? “
„Das kannst du laut sagen. Der erste normale Tag nach der ganzen Therapiescheiße. Eins schwöre ich dir, Sobowsky, nochmal mach ich das nicht mit.“
„Ich auch nicht, versprochen.“
Sie lachten und traten den Rückweg durch das Wäldchen an. Genau wie damals, als er noch ganz jung gewesen war, wirkte sich die kühle Nachtluft unvorteilhaft auf Sobowskys Standfestigkeit aus. Aber auch Hamster schien es nicht anders zu ergehen und so taumelten sie, sich gegenseitig

stützend, ihrem Eingang entgegen und dann die Treppen hinauf. Aus dem Partyraum hörten sie Musik.
„Gehen wir rein?“ fragte Hamster.
Sobowsky überlegte kurz.
„Nein, lieber nicht, ich habe wirklich genug für heute. Aber morgen können wir uns ja hier treffen. Was meinst du?“
„Von mir aus, aber ich für meinen Fall mache schon jetzt mal einen kurzen Abstecher.“
Mit diesen Worten verschwand er hinter der demolierten Tür und Sobowsky blieb allein zurück, unschlüssig, ob er Hamster folgen sollte. Doch dann riss er sich zusammen.
„Mach langsam, Jochen!“ sagte er zu sich selbst. „Du bist ja jetzt schon voll wie tausend Ritter. Die Russen rennen dir doch nicht weg, und wenn du morgen zu ihnen gehst, kommt es ja wohl noch zurecht. Außerdem fehlt mir etwas das Training, und wenn ich dort wegtrete, legen die mich doch glatt in den kalten Keller auf eine ihrer vollgekotzten Matratzen. Nee, nee, lieber nicht.“
Entschlossen bewältigte er die restlichen Treppenstufen, die ihn noch von seiner Wohnung trennten. Hinter seiner Eingangstür erwartete ihn eine Überraschung. Die nackten Damen, die in den letzten Monaten so leb- und seelenlos an den Wänden des Flures herumgehangen hatten, schienen wieder lebendig geworden zu sein.
„Guten Morgen, Mädels!“ begrüßte er sie und sie lächelten ihn freundlich an.
„Hübsch seht ihr aus, ihr Luder, eine schöner als die andere. Wie wäre es, könnte ich es nicht mit einer von euch treiben? Wer will zuerst?“
Die Wände abschreitend, schaute er sich jedes Bild mit zunehmender Lust genauestens an. Er erfreute sich an ihren Brüsten und Hinterteilen und stellte fest, dass ihre Schambehaarung zusehends abnahm, je geringer das Alter des Bildes wurde.
„Ja früher, das waren noch richtige Bären, Ostbären sozusagen.“ freute er sich, und ihm war, als ob ihm der markante Geruch einer solchen Behaarung in die Nase stieg. Sein Blick verfing sich an einem alten Poster, auf dem eine junge Frau zu sehen war, die ihren Kopf seitlich und leicht gesenkt hielt. Ein Wind musste sie umwehen, denn ihre nur mittellangen, dunkelblonden Haare schienen sich zu bewegen. Wahrscheinlich fror sie

auch ein wenig, denn ihre Brustwarzen standen steil und die Haut ihrer Vorhöfe kräuselte sich. Doch das wunderbarste an ihr war das üppig zwischen ihren Schenkeln wuchernde, schwarze Kraushaar, das sich auch unter ihren Achseln fand, wie man sehr schön sehen konnte, da sie ihre Finger hinter dem Kopf zusammengesteckt hatte. Sobowsky kannte nun kein Halten mehr. Er setzte sich auf den Fußboden nieder und öffnete seine Hose. Wohl eine Viertelstunde lang versuchte er, sich zu manipulieren, doch das ersehnte, erlösende Finale wollte ihm einfach nicht gelingen. Enttäuscht stand er wieder auf.

„Scheiß Weiber, nie halten sie, was sie versprechen." schimpfte er und ging auf seine Matratze schlafen.

Ein wenig unwohl fühlte sich Sobowsky, als er am nächsten Morgen erwachte. Ein leichter Kopfschmerz und ein bisschen Übelkeit erinnerten ihn sofort daran, was am gestrigen Abend geschehen war. Aber komisch, entgegen allen, ihm bisher gemachten Prophezeiungen, verspürte er keinesfalls den unwiderstehlichen Drang, sofort wieder trinken zu müssen. Er blieb stattdessen noch ein paar Minuten liegen und dachte nach. Wie sollte es nun weitergehen? Sollte er rüber ins Landskroneck laufen, um eine Bockwurst zu essen, oder sollte er auf seine Mutter warten, die sicher wieder für ihn eingekauft hatte? Klar, warum nicht, er musste sie ja nicht unnötig beunruhigen. Und ihr von gestern zu erzählen, das war erst recht nicht sinnvoll. Sie würde sich nur aufregen und ihn sowieso nicht verstehen. Aber wenn sie wieder weg war, was dann? Nach kurzem Überlegen, war die Sache klar. Es galt, noch ein Versprechen einzulösen, auch wenn es eigentlich zu spät dafür war. Er würde Manni an seinem Grab besuchen, und sich vernünftig von ihm verabschieden, so wie es sich unter Freunden gehörte. Aber zuerst war Günthi dran. Oh, da gab es einiges, was er ihm erzählen musste. Schließlich war ihre letzte Unterhaltung schon etliche Monate her. Er holte eine Kerze und eine Streichholzschachtel aus der Küche und setzte sich vor den Altar.

„Guten Morgen, Günthi, wie geht's? Schön, dass wir mal wieder miteinander sprechen, es ist ja einiges passiert in letzter Zeit."

Fast war es wie früher, er redete sich seine Gedanken von der Seele, und da es so Vieles war, was ihn bewegte, sprudelte es nur so aus ihm heraus. Doch schon nach ein paar Minuten unterbrach er das Gespräch und stand instinktiv auf, um auf den Balkon zu gehen, um sich von dort ein Bierchen zu holen. Er musste lachen, als er bemerkte, dass dies überhaupt nicht möglich war, da er doch keinerlei Alkohol in der Wohnung hatte.

„Jochen, ich glaube, du bist wieder gesund." sagte er zu sich. „Da musst du wohl heute noch mal einkaufen gehen."

Trotzdem setzte er sich wieder zu seinem verstorbenen Kumpel und erzählte weiter. Der Bann, der die ganze Zeit auf seinen Mitbewohnern gelastet, und sie taub und stumm gemacht hatte, schien gebrochen zu sein. Allerdings kam er auch diesmal nicht weit mit seinen Ausführungen. Ein Schlüssel drehte sich im Schloss seiner Wohnungstür und nur wenige Augenblicke später stand seine Mutter bei ihm. Sie schaute ihn fragend an.

„Was machst du hier, Jochen?"

„Was meinst du? Ich sitze hier."

„Warum hast du dir Kerzen angemacht?"

„Äh, nur so. Günthi hätte heute Geburtstag gehabt, weißt du?"

„Ach, der alte Säufer, kannst du den nicht endlich mal vergessen?"

„Nein, kann ich nicht."

„Ich hab deine Post mitgebracht. Soll ich mal reingucken? Vielleicht ist etwas Wichtiges dabei."

„Ja, ja, mach nur."

Sie hielten es so, seit er aus der Klinik zurück war. Wenn sie kam, schaute sie in seinen Briefkasten und brachte dessen Inhalt mit nach oben. Dann sondierte sie in der Wohnstube, was sie für ihren Sohn als notwendig erachtete und was nicht. Sie informierte ihn über günstige Angebote aus der Werbung und über die Termine, die er beim Arbeitsamt wahrnehmen musste.

„Hier ist Post von der Stadtverwaltung." rief sie ihm zu.

„Ja und, was wollen die?"

„Weiß ich noch nicht, ich schau mal nach."

Sie riss den Brief auf und las ihn sich durch.

„Was steht denn nun drin?" wollte Sobowsky wissen.

„Sie schreiben, dass dein Block planmäßig im März abgerissen wird und dass du bis Ende des Jahres ausgezogen sein musst."

„Wie bitte? Die spinnen ja wohl. Ich zieh hier überhaupt nicht aus, wie kommen die denn da drauf?"

„Sie schreiben, dass dir das schon lange bekannt ist, und es auch Einwohnerversammlungen dazu gegeben hat."
„So ein Quatsch, das haben die sich ausgedacht. Das höre ich heute zum ersten Mal. Ich bleibe hier, das steht fest."
„Das geht doch nicht. Sie bieten dir eine Wohnung in der Brecht-Straße an."
„Nee, nee, zu denen geh ich erstmal hin. Da werde ich mal Klartext reden."
„Jochen, das nützt doch nichts. Wenn die den Block abreißen wollen, dann machen die das auch. Da werden sie dich nicht fragen. Wenn du nicht in die Brecht-Straße willst, kannst du doch auch bei mir einziehen."
„Bei dir?"
Sobowsky wollte sie nicht kränken. Er verstand sie ja, sie war genauso einsam wie er, und wenn sie ihn bei sich zu Hause hätte, müsste sie sich nicht jeden Tag auf den weiten Weg zu ihm machen, um ihn unter ihrer vermeintlichen Kontrolle zu haben. Sie würde ihn auch sicherlich gut versorgen, daran gab es keinen Zweifel. Und doch wusste er, dass es nicht gut gehen konnte. Es fiel ihm ja jetzt schon schwer, sie zu ertragen, da ihre Auffassungen doch so unendlich weit von den seinen entfernt waren. Und seinen Freiheitsdrang von ihr einschränken zu lassen, gerade jetzt, wo er wieder anfangen wollte, zu leben - nein, das kam auf gar keinen Fall in Frage.
„Nee, nee, ich werde schon in die Brecht- Straße gehen. Mach dir mal keine Sorgen!"
„Meinst du? Du kannst es dir ja noch einmal überlegen."
„Gut, mach ich, versprochen." bemühte er sich, sie zu beruhigen. Doch in Wirklichkeit war er es, der jemanden gebraucht hätte, der ihm helfen würde, seine nur mühsam versteckte Panik zu unterdrücken. Sein Block sollte abgerissen werden! Sein Block, in dem er nun schon so lange lebte. Überhaupt hatte er ja in seinem ganzen Leben niemals anders, als in einem solchen Block gelebt. Erst bei seinen Eltern, und dann, seit er zwanzig war in dieser, seiner, nur für ihn gemachten Wohnung. Eigentlich war es ja damals unmöglich gewesen, als Junggeselle eine eigene Bleibe in dieser herrlichen Gegend zu ergattern, und ohne seinen Führungsoffizier wäre es auch für immer ein Traum geblieben. Aber da dieser hoffte,

Sobowsky würde aus der Wohnung einen Szenetreffpunkt machen, aus dem heraus er unmittelbar wertvolle Informationen an ihn weitergeben könnte, wurde das Unmögliche möglich gemacht.
„Ha!“ lachte Sobowsky in Gedanken. „Den hab ich prima verarscht, und die Kumpels waren immer ganz schön neidisch auf mich. Das war ja auch was Besonderes damals, so eine Neubauwohnung. Zum Glück haben die nie rausgefunden, wie ich das gemacht habe. Sonst hätten sie mir wahrscheinlich ein paar auf die Schnauze gehauen.“
„Jochen, geht es dir nicht gut?“ fragte ihn seine Mutter besorgt, als sie bemerkte, dass Sobowsky sie nicht mehr wahrzunehmen schien. Er schüttelte kurz seinen Kopf, um wieder zu sich zu finden.
„Doch, doch, es geht schon. Wie spät ist es eigentlich, ich habe Hunger?“
„Hunger ist ein gutes Zeichen, ich decke gleich den Tisch. Kannst du schon mal Kaffee kochen?“
Und obwohl die Uhr schon zehn zeigte, frühstückten sie erst einmal. Eine komische Schicksalsgemeinschaft stellten die beiden schon dar, wie sie hier nach so langer Zeit wieder regelmäßig zusammensaßen. Die Mutter, die nach dem Tode ihres Mannes verzweifelt einen neuen Lebenssinn gesucht, und ihn nun darin gefunden zu haben glaubte, auf ihren alkoholkranken Sohn aufzupassen, und zum anderen der Sohn, der willens war, die Vorzüge, die sich daraus ergaben, zu nutzen, auch wenn es ihn manchmal nervte. Sobowsky wusste ihre Bemühungen durchaus dankbar zu schätzen und doch war er bereit, ihren stillschweigenden Deal für immer platzen zu lassen. Sekundenlang schaute er sie an, überlegend, ob sie ihm leid tun sollte. Er wusste, dass es ihr das Herz brechen könnte, wenn sie es erst bemerkte, dass er wieder trank. Aber sei’s drum, die Würfel waren schon gefallen. Er würde nicht kaputt gehen, nur damit sie ihren Frieden finden konnte. Sollte sie doch nach Berlin zu seinem Bruder ziehen, wenn es ihr nicht möglich war, ihm zu verzeihen. Auf ihr Verständnis hoffen brauchte er ohnehin nicht.
„Was machst du denn heute noch, Jochen?“ fragte sie ihn.
„Ach, ich werde ein bisschen spazieren gehen, zum Friedhof, mal gucken, wo Manni liegt.“
„Warum vergisst du diesen alten Penner denn nicht endlich, mit solchen Leuten hast du doch nichts mehr zu tun? Bist du nicht endlich mal froh,

dass du es geschafft hast? Naja, das musst du ja selber wissen, ich zumindest fahre jetzt erst einmal wieder los, ich muss noch mal einkaufen. Soll ich dir was Bestimmtes mitbringen?"
„Nein, nein, geh ruhig, ich brauche nichts."
Als sie verschwunden war, setzte er sich wieder zu Günthi. Doch ganz offensichtlich war der Alkohol, der nach dem Aufstehen noch in seinem Körper gewesen war, endgültig aus ihm entwichen, und sein toter Kumpel schien wieder nichts mehr von ihm wissen zu wollen.
„Ich muss los!" sagte er zu sich.
Nur kurze Zeit später hinkte er aus seinem Eingang hinaus, über einem dicken Pullover trug er seine Jeansweste und auf dem Rücken hing sein alter Rucksack, in dem sich fünf Flaschen Bier befanden.
„Ich muss Manni finden!" schoss es ihm immer wieder durch den Kopf. „Ich muss mich von ihm verabschieden."
Als er den Friedhof, den er sonst nie besuchte, erreichte, stand er vor einem neuen Problem. Wie sollte er herausfinden, wo Manni lag? Einige Zeit lief er vergeblich auf dem geräumigen Areal herum, jeden Grabstein, der irgendwie neu aussah, genau anschauend, um anhand der Inschrift herauszufinden, ob es sich um Mannis Stein handeln könnte. Doch schon bald bemerkte er, dass er auf diese Art nicht zu seinem Ziel gelangen würde. Da kam ihm eine Angestellte des Friedhofes gerade recht, die dabei war, die Wege von dem bereits herabgefallenen Laub zu säubern.
„Entschuldigen Sie, wissen Sie wo Manfred Scheffler begraben wurde?" fragte er sie.
„Nee, woher denn? Denken Sie, ich kann mich mit den allen hier beschäftigen? Ich habe doch bloß einen 1- Euro- Job, und der läuft Ende des Monats schon wieder aus. Am besten Sie fragen mal vorn in der Gärtnerei nach, die wissen sowas."
„Danke, das mache ich."
Der ältere Mann, den er dort traf, war sehr hilfsbereit.
„Manfred Scheffler sagen Sie? Hm, das ist gar nicht so leicht. Wann wurde der denn hergebracht?"
„Vor zwei Wochen ungefähr."
„Na, das ist doch schon was. Vor zwei Wochen gab es ja nur drei Beerdigungen. Die eine war von einem jungen Mann, der einen Unfall hatte.

Da war ganz schön was los hier. Meinen Sie den?"
„Nein, er war schon Mitte vierzig."
„Mitte Vierzig? Da bleibt eigentlich nur einer. Aber der liegt nicht hier, sondern auf der grünen Wiese."
„Wo?"
„Auf der grünen Wiese. Die ist dort hinten, und die, die dort hinkommen, kriegen keinen Grabstein. Das ist billiger für die Hinterbliebenen. Aber mal unter uns, bei dem schien es ja auch keinen groß zu stören, dass er gegangen ist. Wenn ich mich richtig erinnere, waren überhaupt nur zwei Leute zur Beerdigung da."
„Naja, es sollten eigentlich drei sein, aber ich habe es zu spät erfahren. Würden Sie so freundlich sein, mir die Stelle zu zeigen?"
„Ach die finden Sie auch ohne mich. Einfach von hier aus immer geradeaus und dann auf der linken Seite gleich das erste. Es sieht noch ganz frisch aus. Können Sie gar nicht verfehlen."
„Ich versuche es mal, vielen Dank!"
Und tatsächlich - an der angegebenen Stelle sah er einen Stein, auf dem sich ein Blumentopf mit Alpenveilchen befand. Um den Stein herum war gelber Kies in einen quadratischen Rahmen aus Rasenbordsteinen gefüllt worden. Sobowsky fiel auf die Knie.
„Mensch Manni, hier wohnst du jetzt also." stellte er fest.
Dann räumte er die Alpenveilchen beiseite, um auf dem Stein Platz nehmen zu können.
„Keine Sorge, die kriegst du wieder, wenn ich gehe."
Während er diese Worte sprach, war er auch schon dabei, eine Flasche Bier aus seinem Rucksack zu nehmen und mit einer zweiten zu öffnen.
„Manni, Manni, du machst vielleicht Sachen, fällst einfach von der Treppe und bist tot. Aber ich lebe wieder. Du hattest Recht, ohne Saufen ist es für unser einen einfach nicht auszuhalten. Ich hab uns fünf Flaschen mitgebracht, eigentlich wollte ich die ja mit dir trinken, wenn du noch lebst, aber sei es drum, jetzt musst du halt zugucken."
Sobowsky nahm einen großen Schluck, der die erste Flasche schon zur Hälfte leerte.
„Aah, wie konnte ich nur so lange darauf verzichten? Ja, ja, ich versteh mich ja schon selber nicht mehr. Das konnte nur geschehen, weil die mich so manipuliert haben - Gehirnwäsche, du weißt schon. Ich spüre

richtig, wie der leckere Gerstensaft durch meine Speiseröhre fließt. Herrlich. Prost Manni!“

Schon war die Flasche ausgetrunken und die zweite geschwind geöffnet.

„Ach Manni, das waren noch Zeiten, als wir zusammen die Gegend unsicher gemacht haben. Wir waren kein schlechtes Team, du und ich. Mann, was haben wir gesoffen und uns um nichts einen Kopf gemacht. Jedes Wochenende waren wir auf Achse, und Montag früh hat uns jedesmal der Schädel auf Arbeit gebrummt. Na und, das war der Spaß allemal wert. Unter der Woche haben wir uns ja zusammengerissen und sind meistens schon vor Mitternacht zu Hause gewesen. Aber zusammengesessen haben wir jeden Tag, in der „Schlachteplatte“, war eine geile Kneipe damals. Schade, dass die schon so lange zu hat. Los war da ja immer was. Weißt du noch, wie wir Karten und Jule gespielt haben? Ich überlege gerade, wer damals noch so dabei war. Ach ja, Gerhard, der Musiklehrer, der war sogar noch im Beruf, aber gesoffen hat der immer mit am meisten. Und einen Haufen kluge Reden gehalten, er war ja auch kein Dummer. Na, den hab ich gestern erst wiedergetroffen, schöne Musik hat er gemacht. Aber ich staune, dass der überhaupt noch lebt, schließlich muss er doch schon mindestens siebzig sein. Hin und wieder kamen auch Rudi und Günthi vorbei, aber nicht immer. Und manchmal, wenn die Kellnerin, ich weiß gar nicht mehr, wie die eigentlich aussah, schlechte Laune hatte, hat sie uns einfach rausgeschmissen, nur weil wir ein paar Bier verkippt haben. Und weißt du noch, einmal am Männertag, haben wir alle gesungen und Gerhard hat Gitarre gespielt. Irgendwelche scheiß Volkslieder, aber es war trotzdem schön. Und mitten in unserer seeligsten Stimmung kamen diese zwei Mosambikaner rein, mitten in unsere deutsche Männertagsfeier. Ich weiß noch genau, dass der eine gelbe Gummistiefel anhatte und ich sehe es auch noch genau vor mir, wie wir sie gepackt und durch das große Fenster auf die Straße zurückgeschmissen haben. Das haben sogar die Bullen verstanden, die dann gekommen sind. Eigentlich hat uns erst die scheiß Wende das Genick gebrochen, als wir alle arbeitslos geworden sind und schon früh beizeiten mit Saufen angefangen haben. Wir haben es ja gar nicht gemerkt, dass mit uns vielleicht was nicht stimmt. Jeden Tag mussten wir dich nach Hause tragen, vier Mann, vier Ecken und fanden es lustig. Hat doch keiner von uns geahnt, dass du da schon durch warst. Und als du dich von uns abgekapselt hast, sind wir über dich hergezogen, weil wir gedacht haben, dass du von uns nichts mehr wissen willst. Aber sag mal ehrlich, hätten wir dir irgendwie helfen können? Immerhin hast du noch mit am längsten durchgehalten, wenn ich so an die anderen denke, die schon lange vor dir gegangen sind. Ich weiß bloß nicht, warum ich eigentlich noch da bin. Wahrscheinlich weil ich weniger Schnaps als ihr getrunken habe.“

Sobowsky öffnete die dritte Flasche.

„Na ja, heute ist ja nicht mehr viel los. Am Wochenende war ich schon ewig zu keinem Konzert mehr. Vor der Wende haben wir uns geschworen, bis an das Ende der Welt zu reisen, wenn wir mal die Chance kriegen, irgendeinen der großen Bluesmusiker live spielen zu sehen. Und als wir dann die Möglichkeit dazu hatten, haben wir es nicht getan. BB King war sogar in Dresden, aber nicht mal dahin sind wir gefahren. Wie denn auch, unser Geld hätte ja nicht mal für die Zugfahrt gereicht. Die Kulturhäuser sind inzwischen alle zu, und überhaupt spielt kaum noch eine Sau den Blues. Ist aber auch nicht ganz so schlimm, man wird ja auch ruhiger und eigentlich reicht es mir, wenn ich den Abend gemütlich im Landskroneck verbringe. Mehr will ich gar nicht mehr vom Leben. Ich hab mich von allen Träumen verabschiedet, außer dem, dass ich einfach eines Tages vom Barhocker falle und ohne mich zu quälen tot bin. Und dass ich schnell vom Barhocker falle. Weißt du, Manni, ich habe nämlich Angst. Kannst du dir vorstellen, warum? Nein, natürlich nicht, aber ich sag es dir - die wollen meinen Block abreißen, diese Schweine, meinen Block! Bis Jahresende soll ich ausgezogen sein, das sind nur noch zehn Wochen. Wer weiß, wann die das alles ausgeheckt haben, wahrscheinlich als ich in der Klinik war. Aber ich sag dir was- ich bleibe einfach drin wohnen. Da können die gar nichts machen. Der Block bleibt stehen, das verspreche ich dir. Ich werde ihn verteidigen, wenn es sein muss bis zum letzten Blutstropfen. Ich habe doch nichts mehr zu verlieren und vor dem Tod schon lange keine Angst mehr. Lieber sterben als bei meiner Mutter einziehen. Obwohl, ein bisschen leid tut sie mir schon, die Mutti, viel Freude habe ich ihr wahrscheinlich nicht gemacht. Na, sie hält dich ja für den Schuldigen an meinem Niedergang. Wahrscheinlich hat sie ja sogar Recht. Wer weiß, wie mein Leben verlaufen wäre, wenn ich dich damals nicht getroffen hätte. Vielleicht hätte ich wie mein Bruder studiert,

ich war ja auch nicht blöder als der. Vielleicht hätte ich auch geheiratet und Kinder bekommen. Wer weiß, womöglich wäre ich jetzt schon Opa, mit einem Haus und einem Hund? Und vielleicht würde es mir besser gefallen als mein jetziges Leben? Zumindest wäre ich wahrscheinlich nicht unzufriedener als heute, ich würde es ja nicht anders kennen. Ach, herausfinden werde ich es nicht mehr und muss klarkommen mit dem, was ich habe. Ja, meine Mutter hat Recht - du bist Schuld daran, dass mein Leben so verlaufen ist, aber ich bin deswegen nicht sauer auf dich. Prost Manni, Prost auf ein schönes Leben, auch wenn es jetzt zu Ende geht!"
Als er die vierte Flasche öffnete, kam es ihm wieder so vor, als ob ein leichter Schleier vor sein Gesicht zöge.
„Weißt du Manni, es ist ja nicht so, dass ich es nicht versucht hätte. Ich habe es dir ja erzählt, auch wenn du mich nicht verstehen konntest. Warum hast du es eigentlich nie probiert, oder hast du, und ich weiß bloß nichts davon? Die letzten Jahre haben wir ja nicht mehr viel miteinander geredet. Schade eigentlich, aber es war ja auch irgendwie nicht mehr möglich. Ich dachte, du hast ein Alkoholproblem und ich nicht - lustig was? Erst als ich den scheiß Entzug hatte, da habe ich gemerkt, dass ich auch nicht besser dran bin. Ja, ein scheiß Entzug war das, er hat mein ganzes Leben kaputt gemacht. Ich habe alles verloren, was für mich noch Bedeutung hatte - Rosinante, Ronny, meine Weiber und Günthi. Na gut, das klingt nicht viel, und das Carola weg ist, kann ich verschmerzen. Aber den Kleinen, den würde ich schon gern noch mal sehen. Hätte ich gar nicht von mir gedacht, dass ich ihn so gern haben würde. Und weißt du, was mich am meisten enttäuscht hat? Die ganzen Lügengeschichten, die sie dir in der Klinik erzählen. Von wegen, alles wird besser, wenn man nichts mehr trinkt! Na, Homo-Raik ist ja auch so einer. Wenn du wüsstest, was aus dem geworden ist, du würdest dich totlachen. Das Schlimmste ist, dass ich geglaubt habe, ich könnte so werden wie er. Wie ein Idiot bin ich Salome hinterher gehechelt, und habe mir eingebildet, dass sie mich heiraten will. Bescheuert was? Ich soll mal in den Spiegel schauen, um zu sehen, wie unsinnig das ist, hat sie gesagt. Und wahrscheinlich hat sie sogar Recht. Mensch Manni, ich bin total kaputt, nicht nur körperlich, sondern auch im Kopf. Du weißt ja, wovon ich rede. Aber jetzt wird alles wieder besser, ich scheiße auf dieses Leben, das sie uns vorgaukeln und das es für uns überhaupt nicht gibt. Wie einem

Obdachlosen, der sich seine Nase am reich gefüllten Schaufenster plattdrückt und doch in den Laden nicht reinkommt, so ist es mir ergangen, mit meinem Versuch, noch einmal ein anderes Leben zu beginnen. Dabei haben wir doch schon vor dreißig Jahren die Weiche gestellt, die uns beide hierher geführt hat, auf diesen scheiß Friedhof. Du hast es wenigstens schon hinter dir, aber ich brauche auch nicht mehr lange, versprochen. Alles eine völlig sinnlose Quälerei, aber damit ist jetzt endgültig Schluss! Was gerade ich bei den Christen gesucht habe, möchte ich mal wissen. Ach ja Salome, ich Idiot."

Sobowsky spürte mit Befriedigung, wie ihm der ungewohnte Alkohol zusetzte und seine Gedanken undeutlich wurden. Immerhin hielt er jetzt schon die letzte Flasche in der Hand.

„Habe ich es dir eigentlich schon erzählt, dass die meinen Block abreißen wollen? Meinen Block! Den hab ich mir doch verdient damals, den können die mir doch nicht einfach wegnehmen. Ich frage mal Jeremenkow, ob er mir eine Knarre besorgen kann. Dann verschanze ich mich auf dem Dach und knalle jeden ab, der wie ein Bauarbeiter aussieht. Und die Bullen auch. Klar gewinnen die, das weiß ich auch, aber sie sollen nicht denken, dass sie alles mit uns machen können. Soll mich doch irgendein Scharfschütze erledigen, das ist mir egal. Lebendig kriegen die mich jedenfalls nicht. Und wenn der Jeremenkow keine Knarre hat, saufe ich mich eben vorher tot. Das ist wahrscheinlich sowieso besser, was können denn die Bauarbeiter dafür? Die armen Schweine versuchen doch auch nur, zu überleben. Oder ziehe ich lieber doch um, die bieten mir ja schließlich eine andere Wohnung an. Aber wer weiß, wo ich dann hingerate, da kenne ich ja wieder keinen. Am besten frage ich mal Ronny, was der dann macht. Ach nein, das geht auch nicht, der wohnt ja ganz woanders. Oder ich geh auf die Stadtverwaltung, aber wie komme ich eigentlich dazu? Schließlich wollen die doch was von mir. Nein, ich bleibe, etwas anderes kommt überhaupt nicht in Frage. Wir müssen uns doch nur zusammenschließen, Hamster, Jeremenkow und ich. Dann sollen die mal sehen, da können die gar nichts mehr machen. Oder die geben uns so viel Geld, dass wir anschließend ein schönes Leben haben können. Mit Puffgehen und so. Das ginge, da würde ich mitmachen. Ha, da müssen wir aber hart verhandeln, unter zehntausend spielt sich da nichts ab. Stell dir das mal vor Manni - zehntausend! In bar! Hast du schon mal so viel Geld auf einem Haufen gesehen? Ich nicht. Ich wüsste gar nicht, was ich damit anfangen sollte. Vielleicht ein eigenes Haus kaufen? Aber dafür reicht es wahrscheinlich nicht einmal ganz. Häuser sollen ja so teuer sein. Versteh ich sowieso nicht, früher wollten alle so eine schöne Wohnung wie ich haben, und heute müssen sie auf einmal ein Haus bauen. Wozu denn, kann man denn besser und bequemer leben als ich? Kannst du dich noch an Thieles und Langers erinnern, die mal in meinem Eingang gewohnt haben? Die haben auch gebaut. Und da waren ihre Kinder schon groß. Mein Vater hat immer gesagt, wer heutzutage noch ein Haus hat, ist bescheuert. Aber warum sind denn dann die Blöcke alle so leer? Gibt es denn nur noch Bescheuerte? Oder wo sind die sonst alle hin? Wenn die Russen nicht hier wären, würden ja in jedem Eingang höchstens noch zwei Familien wohnen. Oder solche einsamen Idioten wie Hamster und ich. Na, wie auch immer, ich muss jetzt wieder los. War aber schön mal wieder so von Mann zu Mann mit dir zu quatschen. Ich weiß noch nicht, ob ich wiederkomme, kann aber sein. Jetzt muss ich erstmal einkaufen, für morgen früh, da brauche ich doch was zu trinken. Das wirst du ja verstehen."

Sobowsky erhob sich von dem Stein, auf dem er saß. Sein Hintern war kalt, und als er wieder stand, begannen seine Beine, die ihm die unbequeme Haltung offenbar verübelten, fürchterlich zu kribbeln. Trotzdem fühlte er sich gut. Schließlich hatte er seine Pflicht erfüllt und sich ordentlich von Manni verabschiedet. Er stellte den Blumentopf mit den Alpenveilchen zurück auf den Stein und gruppierte die fünf leeren Bierflaschen als Kreis um den Topf herum.

„Das sieht schöner aus, als wenn ich Blumen mitgebracht hätte." befand er. „Und passt auch viel besser zu dir. Zu uns. Das wir zusammengehören, das kann ruhig jeder sehen."

Sobowsky nahm Haltung an.

„So, jetzt ist es soweit, ich gehe. Manni, mach es mal gut, und Danke für die guten Jahre mit dir. Ich glaube, wir sehen uns bald wieder. Hier oder woanders."

Das Laufen fiel ihm schwerer als gedacht, sein Gleichgewichtssinn musste wohl erst wieder daran gewöhnt werden, dass es von nun an wieder regelmäßig etwas zu trinken gab.

Der freundliche Mann aus der Gärtnerei schüttelte den Kopf, als er ihn vorbei wanken sah.
„Wollen Sie nicht wenigstens Ihre Flaschen mitnehmen, da ist doch Pfand drauf?“ fragte er.
„Nein, nein, dass ist mein Geschenk für Manni. Ich weiß nicht, ob sie das verstehen können.“ antwortete Sobowsky und kümmerte sich nicht weiter um ihn.

Nach einem Abstecher im Supermarkt kehrte Sobowsky mit einer Plastiktüte, in der sich mehrere Bier- und eine Schnapsflasche befanden, in seine Wohnung zurück. Er fühlte sich schrecklich müde und legte sich auf seine Couch, um zwei volle Stunden zu schlafen. Als er jedoch erwachte, platzte er beinahe vor Tatendrang. Er schritt die Wände seines Wohnzimmers ab, und zum ersten Mal nach so langer Zeit spürte er wieder die Faszination, die von seinen dort aufgehängten Kunstwerken ausging. Zufrieden öffnete er eines seiner eben erst gekauften Biere und zündete sich eine Zigarette an.
„Jochen.“ sprach er zu sich. „Du bist kein schlechter Künstler. Es wird Zeit, dass du mal wieder etwas Neues schaffst.“
Er beeilte sich, das Bier auszutrinken, und trat kurz darauf ins Freie, um zielsicher die Müllcontainer auf der großen, zubetonierten Parkfläche anzusteuern. Wie früher verschwendete er keinen Gedanken daran, ob es jemanden befremden könnte, wenn er ihn mit hochgekrempelten Ärmeln wie besessen im Müll herumwühlen sah. Eigentlich wäre diese Arbeit gar nicht nötig gewesen, wenn seine Mutter nicht inzwischen sämtliche Büchsen, die sich in seiner Küche befanden, weggeworfen hätte. So aber knöpfte er sich jeden einzelnen Container vor, riss die Deckel auf, und grub den Inhalt derselben förmlich mit seiner rechten Hand um. Keinen Ekel empfand er, egal was auch an seinen Fingern kleben blieb. Nur ein Gedanke beherrschte ihn- alte Farbdosen zu finden. Ja damals, als noch alle Wohnungen bezogen waren, stellte dies kein Problem dar. Schließlich musste ja jeder irgendwann mal etwas malern. Aber je weniger Menschen hier wohnten, umso seltener stellte sich das Glück ein, an dem Gesuchten fündig zu werden. Wer sollte denn auch noch renovieren, wenn ohnehin bald nichts mehr von dem übrig sein würde, was ihn heute noch an Gebäuden umgab. Er erinnerte sich, dass

er vor seinem Unfall mitunter schon große Strecken zurücklegen musste, ohne eine einzige der begehrten Büchsen zu erbeuten. Doch endlich riss seine Pechsträhne, schon nach wenigen Minuten stießen seine Finger auf etwas Hartes, Rundes, und als er es heraus gewühlt hatte, noch von Zweifeln geplagt, ob es sich nicht vielleicht doch möglicherweise um eine leere Dose Hundefutter handeln könnte, hüpfte sein Herz vor Freude. Erfolg, Erfolg! Zärtlich stellte er seinen Fund auf der Erde ab, nur um sich dann erneut in die Arbeit zu stürzen. Er wusste, wo sich eine Dose befand, waren mitunter noch weitere zu finden. Und tatsächlich - irgendjemand schien seinen gesamten Keller entrümpelt zu haben. Auch wenn Sobowsky sich jetzt fürchterlich dabei beschmutzte, gab es kein Halten mehr. Da seine Arme zu kurz waren, schwang er sich kurz entschlossen auf den Containerrand, um von dort aus mit seinem gesamten Körper im Innern des Müllschluckers zu landen. Er grub und grub und erst, als er sich sicher war, dass sich nicht mehr als die, nun immerhin auf sechs Büchsen angewachsene Ausbeute, im Bauch des Containers finden ließen, gab er glücklich und zufrieden auf. Stolz trug er das Ergebnis seiner Bemühungen in einer ebenfalls gefundenen alten Plastikeinkaufstüte in seine Wohnung hinauf, um es in der Küche abzustellen und unter dem Wasserhahn der Spüle zu reinigen. Diese Tätigkeit beruhigte ihn wieder etwas, und er bemerkte, dass auch seine Arme und Hände vor Schmutz nur so starrten und nicht sehr angenehm rochen. Als er im Badezimmer in den Spiegel schaute, stellte er fest, dass sich dieser Zustand keinesfalls auf diese Extremitäten beschränkte. Auch seine Haare und sein Gesicht waren von übel riechenden Sprenkeln übersät und seine Bekleidung befand sich in einem Zustand, der ihm nur die Möglichkeit eröffnete, sich ihrer sofort zu entledigen. Er zog sich aus, was störte es ihn - seine Mutter würde die Klamotten schon waschen - und beschloss, ein Bad zu nehmen. Während das Wasser lief, bereitete er noch Einiges vor. Sein alter Recorder, mit einer guten Kassette, ein Fläschchen Bier, welches er vorsorglich schon in der Küche öffnete, und ein Aschenbecher mit Zigaretten und Streichhölzern mussten herbeigeschafft werden. Erst dann tauchte er in das herrlich heiße Wasser ein, und als er dann so lag, der Musik lauschend, rauchend und immer wieder einen Schluck Bier zu sich nehmend, empfand er sich als den glücklichsten Menschen auf der ganzen Welt. War es jemals anders gewesen? Das ganze vergangene Jahr- hatte es überhaupt stattgefunden? Energisch schüttelte er den Kopf - nein, all diese Dinge, die er erleben musste, die waren grotesk und unwirklich gewesen. Aber jetzt war er zurück, zu Hause, und lebte wieder so, wie es ihm am besten gefiel. Gierig trank er einen Schluck. Hatte er tatsächlich Depressionen gehabt? Geradezu unvorstellbar! Er war doch auch jetzt völlig allein, aber keinerlei bedrohliche Gedanken ängstigten, keinerlei Zukunftszweifel plagten ihn. Im Gegenteil, so wie er sich gerade fühlte, könnte er auch hundert werden. Die Musik mitsummend ließ er mit seiner linken großen Zehe noch einmal heißes Wasser nach, rauchte ein zweites Kippchen, und trank die Flasche Bier aus. Dann seifte er sich ab, tauchte nochmals unter, und verließ gutgelaunt die Wanne. Gleich würde es losgehen, gleich würde in seiner Küche große Kunst entstehen. Aber auch hier waren Vorbereitungen vonnöten. Die Farbbüchsen mussten, nach Inhalt geordnet, auf die Spüle gestellt und neben sie verschiedene hölzerne Gegenstände gelegt werden. Diese Gegenstände waren unterschiedlichster Natur. Sowohl ein alter Kochlöffel und Plinsenwender als auch ungewöhnlich geformte Aststückchen aus dem Kiefernwäldchen befanden sich darunter. Er hatte sie alle unter der Spüle aufbewahrt, und sie die ganze Zeit gegen das Ansinnen seiner Mutter, auch sie wegzuwerfen, verteidigt. Zahlreiche bunte Reste, die an ihnen klebten, bewiesen, dass er sie heute nicht zum ersten Mal benutzen würde. Doch diese Utensilien allein genügten nicht, um die erforderliche kreative Stimmung zu erzeugen. Ein Stuhl, den er aus dem Wohnzimmer herbeischaffte, der Kassettenrecorder, sowie seine Zigaretten gehörten ebenso zu den für den Künstler unabdingbaren Notwendigkeiten. Das Bier befand sich praktischerweise bereits in Reichweite im Kühlschrank. Und, auch wenn er es an sich nicht mochte, die Flasche mit kristallklarem Schnaps. Seine Arbeitsbekleidung bestand aus einer alten, beinlosen, weinroten Turnhose und einem Unterhemd. Er wusste schließlich, dass es für ihn und seine Sachen keine Schonung gäbe, wenn er erst einmal in heiligen Eifer geraten war. Soweit war es allerdings noch lange nicht. Denn es galt, diesen Zustand zu erreichen, der allein es ihm ermöglichen würde, die großartigste Kunst seines bisherigen Lebens zu schaffen. Gerade hatte er sich auf dem Stuhl niedergelassen, den Recorder angeschaltet und sich ein geöffnetes Bier an den Mund geführt, als ihn ein Schreck durchfuhr. Verdammt - die Pappen fehlten noch. Wohin sollte er denn sonst die

ganze Farbe schmieren? Etwa auf den Küchentisch? Verärgert stellte er das Bier beiseite, und durchstöberte hoffnungsvoll seine gesamte Wohnung, um irgendetwas Geeignetes zu finden. Doch kein Erfolg stellte sich ein, egal, wo er auch nachschaute. Es lagen nun einmal keine Pappen in seinem Haushalt herum. Woher auch, schließlich stand ja auf seinem Briefkasten, dass er keine Werbung wünschte und irgendwelche Dinge, die in einem Karton geliefert werden könnten, erhielt er ohnehin nicht. Missvergnügt überwand er noch einmal die Treppenstufen des Hausflures, um auf den Parkplatz zurückzukehren. Denn dort befanden sich ja auch die Altpapiercontainer, in denen er nach kurzer Zeit fündig wurde. Von dicken Katalogen entfernte er die stabilen Deckblätter und warf die Reste achtlos auf den Boden. Schon bald hielt er auf diese Weise zehn für seine Zwecke brauchbare Unterlagen in den Händen.
„Jetzt kann mich nichts mehr aufhalten." brummte er und kehrte in seine Wohnung zurück. Da er sich nicht die Mühe gemacht hatte, sich für seinen Aufenthalt im Freien extra etwas Warmes überzuziehen, fröstelte ihm leicht, als er es sich wieder auf den Stuhl in der Küche setzte.
„Da muss ich wohl erst mal ein Schnäpschen trinken, wegen der Kälte." sprach er zu sich und schenkte sich ein kleines Glas ein. Dann ließ er aufs Neue, wunderbar klingende, traurige Musik aus dem Recorder ertönen. Den Geschmack des Schnapses übertünchte er sogleich mit einem Schluck aus seiner Bierflasche. Zufrieden lehnte er sich zurück und legte die Füße auf die Arbeitsfläche. Gelassen ließ er die Musik auf sich wirken und trank immer wieder, in wechselnden Abständen, mal Bier, dann wieder Schnaps. Er wusste, dass Bier allein nicht genügte, um die tiefsten Abgründe seiner Seele aufzutun, was aber höchst notwendig war, für das, was ihm vorschwebte. Die Zeit verging, nur unterbrochen von den Momenten, in denen er die Kassette wechseln oder aufs Klo gehen musste. Beschwingt wippte sein Kopf im Rhythmus der Musik, keinen Platz gab es mehr für unnütze Gedanken. Der Alkohol tat seine Pflicht und sein Gift versetzte ihn mehr und mehr in einen äußerst unwirklichen Zustand. Er nahm sich selbst und seine Küche nur noch als außenstehender Beobachter war und lediglich der Blues drang noch in seiner ganzen Echtheit an sein Ohr. Die Wirkung des Alkohols entfaltete sich schnell, da er doch schon in der Mittagsstunde an Mannis Grab zu viel für seinen ungeübten Körper zu sich genommen hatte. Die Abstände, in denen er

jetzt trank wurden länger, und seine Stimmung immer diffuser. Wohl an die zwei Stunden saß er so, doch dann erhob er sich und begann im Takt der Musik zu tanzen. Er stellte sich mit weit auseinander gespreizten Beinen auf, was verhindern sollte, dass er umfiel, und wiegte seinen Oberkörper hin und her. Mit seinen Armen führte er unbestimmte, fuchtelnde Bewegungen aus und sein Kopf schleuderte auf und ab. Aber mit einem Male gerieten die Farbbüchsen wieder in sein Blickfeld. Seine Augen leuchteten auf und wie von unsichtbarer Hand gezogen, bewegte er sich auf sie zu, griff sich den alten Kochlöffel und steckte ihn lustvoll in eine der Büchsen hinein. Er musste kräftig rühren, damit überhaupt etwas an ihm hängenblieb, doch als es gelang, triumphierte er, und schmierte ihn auf einer der Pappen ab. Sogleich verschwand der Löffel in einer anderen Büchse, die es ihm allerdings auch nicht leichter machte. Trotzdem geriet Sobowsky schon bald in Rage, mit immer schneller werdenden Bewegungen versuchte er, den Büchsen ihren Inhalt zu entreißen. Alle bereit liegenden Werkzeuge nutzte er und schichtete alle Brocken und Krümel, deren er habhaft werden konnte, übereinander, sich an ihren verschiedenen Farben und Formen ergötzend. Als er auf diese Weise nicht mehr weiterkam, füllte er Wasser in die Dosen. Wieder rührte er, und alles, was sich löste, trug er auf den bereits vorhandenen Haufen auf, der sich nun schon mehrerer Zentimeter über der Pappe erhob. Teilweise weichte die Feuchtigkeit die bisher fest gefügten Farbklumpen auf, und mit Verzückung beobachtete Sobowsky, wie sich die bis dahin starren Konturen aufzulösen begannen. Sein Eifer wurde dadurch aufs Neue entfacht und er ließ nicht nach, bis sich auch tatsächlich kein Rest mehr in einer der Büchsen befand. Alles hatte er auf die erste Pappe aufgebracht, ein kurioser, formloser, bald dreißig Zentimeter hoher Turm hatte sich vor ihm erhoben. Er spürte, dass er am Ende seiner Kräfte angelangt war, und dennoch begann er, mit den Aststückchen die Form des Turmes zu verändern. Er schliff die aus seiner Sicht unsymmetrischen Ecken ab und bohrte an verschiedenen Stellen Löcher in den Haufen hinein. Doch endlich verbot ihm ein heftiger Schwindel seine Arbeit fortzuführen. Mit letzter Kraft schleppte er sich auf seine Couch, um dort beinahe sofort einzuschlafen. Nur ganz kurz war ihm zumute, als ob er sich übergeben müsste, dann fielen ihm die Augen zu.

Ohne zu wissen, wie lange er gelegen hatte, stand er irgendwann wieder auf, weil er pinkeln musste. Es war noch tiefschwarze Nacht, und nach der Erleichterung seiner Blase, kehrte er auf die Couch zurück, um seine Nachtruhe fortzusetzen. Doch da begannen in seinem Kopf Gedanken zu kreisen, die ihn einfach nicht mehr loslassen wollten. Mit schrecklicher Gewissheit stand wieder vor ihm, dass es seinen Block bald nicht mehr geben würde. Und so sehr er sich auch sein Hirn zermarterte, es wollte sich ihm kein gangbarer Weg aufzeigen, wie er dieses apokalyptische Ereignis verhindern könnte. Sollte er sich wirklich eine Knarre besorgen? Nein, natürlich nicht, dass war doch überhaupt nicht seine Art. Aber was dann? Er wusste es einfach nicht. Wut über seine Hilflosigkeit überkam ihn, und an Schlaf war überhaupt nicht mehr zu denken. Wenn man ihm wenigstens rechtzeitig Bescheid gesagt hätte! Aber so, erst drei Monate vorher etwas davon zu erfahren, das war einfach zu wenig! Doch seine Mutter, die musste es eigentlich schon lange wissen. Schließlich war sie es, die seit dem Überfall seine Post aus dem Kasten nahm und las. Oh dieses Biest, hatte sie es ihm etwa verschwiegen, um ihn dann umso sicherer in ihre Arme treiben zu können? Oder wollte sie ihn die ganze Zeit über nur nicht unnötig beunruhigen, weil sie wusste, wie sensibel er darauf reagieren würde? Befürchtete sie, einen Rückfall bei ihm zu provozieren? Ach was - sie wollte ihn sich an seines Vaters statt krallen, und volle Absicht steckte dahinter, ihn so spät wie möglich darüber zu informieren, um ihm alle Möglichkeiten zu nehmen, sich selbst um eine andere Lösung zu kümmern. Ha - er kannte sie lange genug, um zu wissen, dass es nur so gewesen sein konnte. Da er sich sicher war, dass bei seiner inneren Aufgewühltheit der Schlaf so schnell keine neue Chance bekäme, machte er das Licht an, und schaute auf die alte Uhr, die gerade eins zeigte. Dann setzte er sich zu Günthi und rauchte.

„Scheiße, scheiße, scheiße!“ sagte er. „Was soll denn hier bloß werden? Hast du vielleicht eine Idee? Nein, natürlich nicht, dich interessiert das alles ja schon lange nicht mehr. Und weißt du was, dafür beneide ich dich. Jawohl. Ich beneide euch alle, dich, Manni, Willi, Rudi, Wurzel. Warum habt ihr mich eigentlich so alleine hier zurückgelassen? Aber was soll die Jammerei, das letzte Jahr war halt nicht mein bestes. So Vieles auf einmal kann ja eigentlich gar nicht schief gehen. Wer weiß, am Ende muss ich wirklich nur umziehen, um die Pechsträhne hier zu beenden? Na,

jetzt trinke ich erstmal noch ein Bier, und dann gehe ich wieder auf die Couch. Das hat ja bisher immer geholfen."
In der Küche erblickte er sogleich sein vor wenigen Stunden geschaffenes Werk. Fast ein wenig verliebt schaute er es an, sekundenlang konnte er seine Augen nicht davon wenden. Doch dann übersah er den Rest des Raumes. Hui, da hatte er ja eine schöne Schweinerei angerichtet! Erstaunt, aber irgendwie auch ein bisschen stolz sah er auf einen völlig verschmierten Fußboden herab. Doch auch seine Schränke hatten ihren Teil abbekommen. Überall befanden sich farbige Spritzer, und als er seine Hände betrachtete, konnte er auch an ihnen nur noch wenige Stellen erkennen, an denen die Haut in ihrer ursprünglichen Farbe zu sehen war. Es verblüffte ihn, dass der auf dem Boden stehende Recorder überhaupt noch bis zuletzt Musik spielen konnte, so sehr war auch er in Mitleidenschaft gezogen worden.
„Bah, nur in Extase entsteht große Kunst, und wenn ich mich hier so umsehe, kann ich eigentlich nur große Kunst geschaffen haben."
Sobowsky war gerührt, und wäre nicht sein Durst gewesen, hätte er wohl noch länger so gestanden, um sich dabei für den bedeutsamsten Künstler des Universums zu halten. Aber durch den Durst getrieben bückte er sich, um den Kühlschrank zu öffnen und sich ein Bier aus ihm herauszunehmen. Allerdings befand sich nur noch eine letzte Flasche darin, und nachdem er sie in die Hand genommen und eine Weile betrachtet hatte, legte er sie wieder an ihren alten Platz zurück. Er wusste nicht, was ihn mehr stören würde, jetzt nichts zu trinken oder morgen nach dem Aufstehen ohne dazustehen. Für heute gab es immerhin einen Ausweg und dieser Ausweg befand sich zwei Etagen unter ihm. Er zog sich eine lange Hose und ein T-Shirt an, und über dieses, um sich nicht zu nackt zu fühlen, seine Jeansweste. Als er die Treppen abwärts stieg, kannte er nur eine Sorge, nämlich die, dass die Russen eventuell nicht da sein könnten. Doch schon sehr bald hörte er die typischen Geräusche ihrer martialischen Musik und sein Herz hüpfte voller Vorfreude, bei dem Gedanken an ihr Wiedersehen.
Geschwind überwand er die eingeschlagene Tür und durchschritt den Flur, um in das ehemalige Wohnzimmer einzutreten. Dort schien die Zeit stehen geblieben zu sein. Die auf dem Fußboden stehenden Kerzen beleuchteten eine eigentümliche Szenerie. Vier Russen saßen sich, jeweils

zu zweit, im Schneidersitz gegenüber und spielten mit einem Würfelbecher. Als Unterlage für ihre Hintern dienten ihnen zwei der alten, noch niemals gewaschenen Matratzen. Der überlebensgroße Teddybär schien sie dabei zu beobachten und die Fragmente der alten Möbel umrahmten sie. Vor dem Tresen saß Jeremenkow auf einem der rostigen Barhocker und beobachtete sie mit Gönnermiene. Neben ihm, Sobowsky schaute sicherheitshalber zweimal hin, hockte dessen Schwester Inga. Ihr Blick war nach unten gerichtet, und Sobowsky meinte zu erkennen, dass sie sich seit ihrem letzten Treffen nicht zu ihrem Vorteil entwickelt hatte. Noch immer war sie spindeldürr und unfraulich, ihre Schultern hingen herab und die Haare schienen förmlich auf ihrem Kopf zu verkümmern.

Jeremenkow konnte ihn überhaupt nicht übersehen, wie er so im Eingang stand. Sein Gesicht verzog sich zu einer triumphierenden Fratze. Er sprang von seinem Sitz und ging langsamen Schrittes auf Sobowsky zu.

„Jochen, ich glaub, ich seh nicht richtig. Bist du von den Toten auferstanden? Wo warst du denn solange? Komm, trink erst mal was mit mir. Du bist mein Gast."

Er fasste ihn an den Schultern und schüttelte ihn ordentlich durch. Dabei blickte er äußerst eigentümlich drein, was bei Sobowsky unangenehme Erinnerungen wachrief.

„Oder willst nicht? Überleg dir gut, ob du mich beleidigen willst!"

„Mensch, Oleg, wäre ich sonst hier, wenn ich keinen Durst hätte?"

„Quatsche nicht und komm mit!"

Jochen wünschte sich, er hätte die letzte Flasche Bier aus dem Kühlschrank genommen, anstatt sich hierher zu begeben. Er fürchtete sich vor Jeremenkow, der sich ganz offensichtlich wieder in einem Zustand befand, in dem er selbst für seine Freunde gefährlich werden konnte. Natürlich nur, falls diese sich trauen würden, ihm zu widersprechen. Es beruhigte ihn ein wenig, dass ihn auch die vier anderen Russen freundlich begrüßten, und er hoffte darauf, dass sich Jeremenkow bald wieder ihnen zuwenden würde. Als er auch Inga begrüßen wollte, stieß ihn der Russe unsanft an.

„Die kannst du in Ruhe lassen, und dich später um sie kümmern."

Bei diesen Worten steckte er seinen Daumen zwischen Mittel- und Zeigefinger und fuchtelte mit der Hand vor Jochens Gesicht herum.

„Du weißt doch, was ich meine, hä,hä?"

Auch wenn es Sobowsky ahnte, stellte er sich unwissend.
„Äh, nein, was denn?"
„Mann, bist du behämmert, mein Freund. Aber ich erklär es dir dann schon. Jetzt trinken wir erst mal einen Schnaps."
Aus einer Wodkaflasche, die Jeremenkow hinter dem Tresen hervorholte, nahmen sie beide einen Schluck. Sobowsky, dessen Hoffnungen auf ein unauffälliges Verschwinden stark gesunken waren, beschloss, mit dem Russen mitzuhalten, um zu sehen, wer von ihnen beiden zuerst schlapp machen würde. Schließlich hatte er einen solchen Wettkampf durch viel Geschick schon einmal für sich entschieden. Doch schon nach dem zweiten Ansetzen der Flasche, musste er sich seine Chancenlosigkeit eingestehen. Viel zu wenig Übung besaß er noch, und vom verflossenen Tag steckte ihm noch jede Menge Alkohol im Blut. Und schließlich war er ja auch nicht zum Schnapstrinken hergekommen. Er taumelte, und obwohl ihn Jeremenkow halten wollte, sackte er in sich zusammen.
„Hoffentlich bringen die mich nicht in den Keller und pissen mich voll." waren seine letzten Gedanken, bevor er das Bewusstsein verlor. Als er erwachte, war immer noch stockfinstere Nacht. Zu seiner großen Erleichterung stellte er fest, dass er sich glücklicherweise noch immer im Partyraum befand. Er lag auf einer der Matratzen, und als er sich aufsetzte bemerkte er, dass sie nur noch zu dritt waren. Jeremenkow und ein anderer Russe saßen auf den Barhockern und schauten unverwandt in Richtung des großen Teddybären. Ihrem Beispiel folgend, lenkte nun auch Sobowsky seine Blicke dorthin. Was dort auf dem Boden passierte, verschlug ihm fast den Atem. Während er schlief, mussten sie die zweite Matratze vor die Füße des Bären gezogen haben, und auf dieser machte sich nun ein weiterer Russe auf der unter ihm liegenden Inga zu schaffen. Deutlich konnte er ihre weißen, gespreizten Schenkel im dumpfen Licht der Kerzen erkennen. Und obwohl es ihn empörte, empfand er doch eine gewisse Erregung bei diesem Anblick. Sobowsky wusste nicht, wie lange der Russe schon mit ihr beschäftigt war, aber ganz offensichtlich schien er nun fertig werden zu wollen. Ein paar Mal bewegte er seinen Hintern zügig auf und ab, und zog dann seinen Penis aus ihr heraus, ihn mit einer Hand zuhaltend. Er wollte wohl verhindern, sie unnötig zu beschmutzen. Dann verschwand er. Sobowsky nahm an im Bad, um sein Ejakulat loszuwerden.

„Jetzt du, Schlegel!“ sagte Jeremenkow zu dem Kerl, der neben ihm saß, und vor Ungeduld beinah zu platzen schien. Ohne Umschweife begab er sich zu der immer noch auf der Matratze liegenden Inga, entledigte sich seiner Hose und begann nun ebenfalls, mehr oder weniger rhythmisch in ihr herum zu stoßen. Während Sobowsky wie gebannt in die Richtung der beiden Kopulierenden starrte, bemerkte Jeremenkow, dass er sein Bewusstsein wiedererlangt hatte.
„Ah, Jochen, wieder unter den Lebenden? Das scheint dir ja zu gefallen was du hier siehst. Nur noch ein bisschen Geduld, du bist gleich dran. Normalerweise braucht der da nicht lange. Und ziere dich nicht, für dich ist es umsonst. Ich habe dir ja gesagt, dass du mein Gast bist.“
„Aber das geht doch nicht.“ protestierte Sobowsky.
Allerdings spürte er, dass sein Widerstandswille heute nicht besonders ausgeprägt war. Zum einen fühlte er sich noch zu matt, um sich ernsthaft mit Jeremenkow anzulegen, und zum anderen stellte er fest, dass er es kaum erwarten konnte, auch in das Geschehen einzugreifen.
„Willst du mich beleidigen?“ fragte Jeremenkow drohend.
„Nein, nein, natürlich nicht.“ beeilte sich Sobowsky zu versichern. „Gefällt der Inga das?“
„Ach, die ist völlig mit Drogen zu, da brauchst du dir keinen Kopf zu machen. Die merkt nicht einmal, wenn du sie in den Arsch fickst.“
„Na, dann ist ja gut.“
Sobowsky fand, dass sich Schlegel, der sich auf Inga abmühte, ruhig ein bisschen beeilen könnte.
„Weißt du, Oleg.“ sagte er, „Ich freue mich wirklich über dein Angebot, ich hab ja schon ewig keine mehr gevögelt.“
Zu dritt schauten sie den beiden noch ein paar Minuten zu, denn inzwischen hatte sich der ins Bad verschwundene Russe zu ihnen gesellt, und sich ein Bier genommen. Und endlich kam auch für Schlegel das Ende. Er knurrte plötzlich wie ein Hund, und verschwand, sich genau wie sein Vorgänger den Pimmel zuhaltend, ebenfalls in Richtung Bad.
„Los Jochen, viel Spaß! Als letzter kannst du sie ruhig vollmachen.“ lachte Jeremenkow und Sobowsky taumelte los, bis zur Matratze, auf der Inga lag und ließ seine Hosen herunter. Er kniete vor ihr nieder, und staunte, welch mächtige Schambehaarung zwischen ihren dürren Schenkeln wucherte. Das hätte er bei einer so zierlichen Person gar nicht erwartet.

Es bereitete ihm keine Mühe, in sie einzudringen, sie war feucht und warm. Er versuchte ihre Brüste zu fassen, die sich als kaum sichtbare, weiße Hügel unter ihm erhoben. Er keuchte und sabberte erregt auf ihre Warzen, als sie plötzlich ihre bis dahin geschlossenen Augen öffnete. Erstaunt sah sie ihn an.
„Auch Sie, Herr Sobowsky, das hätte ich gar nicht von Ihnen gedacht."
„Äh, ich auch nicht, entschuldige bitte. Das ist eigentlich nicht meine Art, kannst du mir glauben."
„Beeilen Sie sich bitte, ja?"
„Ja, natürlich."
Und tatsächlich begann er, seine Bewegungen zu beschleunigen. Doch vergeblich mühte er sich, eine unangenehme Stimmung hatte seine Lust verdrängt.
„Auch Sie, Herr Sobowsky?" tönte es in seinen Ohren, und er verspürte tiefe Scham über das, was er hier gerade tat. Er vögelte ein sechzehnjähriges, drogenkrankes Mädchen, das von ihrem Bruder gezwungen wurde, sich zu prostituieren. Sein Glied wurde weich, er zog es aus ihr heraus, und unter dem Gelächter der Russen, die ihn einen Schlappschwanz nannten, zog er sich die Hose wieder an.
Jeremenkow hinderte ihn nicht, als er den Partyraum verließ. Ihr schallendes Lachen verfolgte ihn, noch ein Stockwerk höher konnte er sie hören.

Ein lautes Schreien ließ ihn aufschrecken. Was war los? Irritiert blickte er auf seine Uhr, die schon wieder zehn zeigte. Das Schreien, das erkannte er jetzt, kam aus dem Mund seiner Mutter, die ihren täglichen Besuch bei ihm abstatten wollte.
„Jocheeeen!" kreischte sie. „Warum hast du das getan?"
Beschämt schaute er an sich herunter. Okay, er hatte eingepinkelt, aber war das ein Grund, hier so herumzukrakeelen?
„Was ist denn?" wollte er wissen.
„Wie kannst du mir das antun, warum hast du nicht durchgehalten?"
„Wie kommst du denn darauf?"
„So eine blöde Frage. Weißt du, wie deine Küche aussieht? Und deine Fahne rieche ich bis hierher."
Sie setzte sich auf einen der Stühle und heulte. Sobowsky stand auf und

ging ins Bad. Ihren Anblick wollte er sich ersparen. Er ließ sich viel Zeit, wechselte seine Unterwäsche, wusch sich ein bisschen und versuchte, seine Gedanken zu ordnen. Ihm war klar, dass sie ihm nun nicht mehr von der Pelle gehen würde und ihn den ganzen Tag zu kontrollieren gedachte, um zu verhindern, dass er etwas trinken könnte. Diese Vorstellung ärgerte ihn, zumal er ständig an sein letztes Bier im Kühlschrank denken musste, und sich nichts sehnlicher wünschte, als sich mit diesem zu Günthi zu setzen. Warum konnte sie ihn nicht einfach in Ruhe lassen? Er brauchte sie doch gar nicht, um glücklich zu sein! Nun, ewig konnte er ja auch nicht im Bad verweilen, und so ging er in die Küche, um zu sehen, ob es dort etwas zu frühstücken gäbe. Doch hier befand sie sich bereits, und nicht, wie er gehofft hatte, im Wohnzimmer. Mit einem Scheuerlappen in der Hand versuchte sie, die Spuren seiner künstlerischen Aktivitäten zu beseitigen.

„Du musst wieder in die Klinik, Jochen." sagte sie. „So ein Ausrutscher kann schon mal passieren. Die kriegen dich wieder hin."

Sobowsky öffnete den Kühlschrank.

„Ich habe Hunger." sagte er, was aber nur die halbe Wahrheit war. Viel wichtiger erschien es ihm, mal nach seinem letzten Bier zu sehen. Doch von diesem war nicht das Geringste zu erkennen. Ein böser Verdacht kam in ihm auf, und drohend wandte er sich an seine Mutter.

„Wo ist es?"

Diesmal stellte sich die Mutter unwissend.

„Was denn?"

„Frag nicht so dämlich, du weißt ganz genau, wovon ich rede." brauste Sobowsky auf.

„Nein, wirklich nicht." Sie schaute so arglos drein, dass er ihr fast geglaubt hätte. Doch dann wurde er wieder böse.

„Ist ja auch egal." sagte er. „Ich muss eh noch mal los, was besorgen."

Er verließ die Küche und zog sich im Flur eine Jacke über. Allerdings war es ihm nicht möglich, die Wohnung zu verlassen, denn seine Mutter war ihm gefolgt und baute sich nun zwischen ihm und der Wohnungstür auf.

„Nein, Jochen." sagte sie bestimmt. „Du bleibst hier. Wenn du etwas brauchst, bringe ich es dir mit."

„Na schön, umso besser, bring mir zehn Flaschen Bier, aber beeil dich, ich habe Durst!"
„Keinen Alkohol, das ist doch wohl klar?"
„Nein, ist es nicht. Ihr habt mich lange genug gefoltert, jetzt ist endgültig Schluss damit, ist d a s klar?"
„Solange ich hier bin kommst du nicht raus. Oder willst du Gewalt gegen deine Mutter anwenden? Begreif es doch Jochen, ich meine es nur gut mit dir."
Nein, wehtun wollte Sobowsky ihr wirklich nicht, aber er spürte, dass er leicht die Kontrolle verlieren könnte, wenn er noch längere Zeit hier mit ihr verbringen musste. Er erinnerte sich, wie unbeherrscht er sich gegenüber Carola verhalten hatte und fürchtete sich davor, mit seiner Mutter ebenso zu verfahren. Im Gegensatz zu dieser Person verdiente sie eine solche Behandlung nämlich nicht. Aber wenn sie ihn jetzt nicht in Ruhe ziehen lassen würde, gäbe es für ihre Unversehrtheit möglicherweise keine Garantie. Sie war ja selber schuld, wenn sie sein Bier wegschüttete. Hätte sie es ihm gelassen, säßen sie jetzt beide in aller Ruhe beisammen, um sich über alles zu unterhalten. Aber so ließ sie ihm ja keine andere Wahl, er musste einfach gehen, sein Durst war einfach mal zu stark.
„Hör mal Mutter, wenn du es wirklich gut mit mir meinst, lässt du mich jetzt in Ruhe. Gestern, das war kein Unfall, sondern ich wollte es, ganz bewusst, verstehst du? Dieses andere Leben ist nichts für mich, es bringt mich um. Du musst es akzeptieren, ich musste es ja auch. Du hast doch gesehen, wie sehr ich mich gequält habe, hat dir das gefallen? Mir nicht! Ich bin ein Trinker, das habe ich im letzten Jahr gelernt, und ich werde nie etwas anderes sein. Auch für die anderen nicht, glaub es mir. Es gibt keinen anderen Weg für mich, und wenn du mich gern hast, lässt du mich so sein, wie ich nun mal bin. So und nicht anders, fertig. Auch wenn ich dran verrecke. Okay?"
Er schob sie beiseite, und sprang die Treppen im Hausflur herunter. Hinter sich hörte er das erneut einsetzende Weinen seiner Mutter, doch es bewegte ihn nicht.
Im Supermarkt kaufte er sich eine Semmel und ein Paar Wiener. Er setzte sich auf einen der Blumenkästen, die davor herumstanden und frühstückte erst einmal. Er langweilte sich ein bisschen, doch in seine Wohnung wollte er noch nicht zurückkehren. Schließlich befürchtete er,

dass dort noch immer seine Mutter auf ihn warten und ihn mit Vorwürfen überschütten könnte. Um sich die Zeit zu vertreiben, trank er gemütlich zwei Flaschen Bier. Aber dann wurde ihm allmählich kalt. Noch einmal kehrte er in den Supermarkt zurück, und kaufte sich so viele Flaschen Bier, wie er nur in die Tüte kriegen konnte, welche er sich von der Kassiererin geben ließ. Seufzend lief er los, entschlossen, sofort das Landskroneck aufzusuchen, falls sich seine Mutter tatsächlich noch in seiner Wohnung aufhalten sollte. Das Bier würde er dann im Keller einschließen, um es vor ihr zu schützen.

Doch irgendetwas stimmte zu Hause nicht. Vor seinem Eingang hatten sich eine Menge Leute angesammelt, dazu Polizei, und ein Krankenwagen mit Sanitätern. Sie umringten einen Körper, der abgedeckt auf dem Boden lag. Seine Mutter konnte Sobowsky unter den Herumstehenden nicht entdecken, dafür aber Hamster. Er stieß ihn an.

„Eh, Hamster, wer ist denn das?"

„Ah, Jochen. Da kommst du nie drauf."

„Meine Mutter? Hat sie der Schlag gerührt?"

„Nein, nein, die nicht. Jeremenkows kleine Schwester, die Inga."

„Was?"

„Ja, wenn ich es dir sage. Die ist vorhin vom Dach gesprungen."

„Wieso denn das?"

„Weiß ich doch nicht, aber ich denke mal Drogen. So wie bei mir damals. Naja, sie hatte ja auch nicht viel vom Leben, glaube ich. Mal unter uns, der Oleg war ja auch nicht immer nett zu ihr. Die musste manchmal ganz schön ran."

„Hast du sie auch gevögelt?"

„Du nicht?"

Ein Leichenwagen hielt jetzt direkt vor ihnen. Als zwei Männer eine Trage aus dem Auto zogen, verabschiedete sich Sobowsky.

„Ich geh jetzt hoch. Sehen wir uns heute Abend im Landskroneck?"

Die Antwort hörte er jedoch schon nicht mehr. Er stürmte nach oben, in seine Wohnung, und schlug die Tür hinter sich zu. Mit dem Rücken an der Wand, rutschte er auf den Fußboden nieder, bis er sitzen blieb. Dann begann er hemmungslos zu weinen. Ganz genau spürte er, dass er schuld an ihrem freiwilligen Tode war.

Sobowsky stand in seinem Wohnzimmer und blickte durch die Scheibe der geschlossenen Balkontür zum Landskroneck hinüber. Es regnete und zwischen die dicken Tropfen mischten sich gelegentlich kleine Schneeflocken. Und da der Kalender den ersten Dezember zeigte, war dies auch nicht weiter verwunderlich. Sobowsky konnte sich nicht erinnern, sich jemals so hilflos gefühlt zu haben, wie eben jetzt. Selbst damals, in den Tagen seiner Depressionen, gab ihm der Anblick seiner Kneipe Halt und die Möglichkeit, jederzeit zu ihr zurückkehren zu können, richtete ihn immer wieder auf. Und wie viel bedeutete es ihm, endlich wieder unter seinesgleichen angekommen zu sein! Doch ab heute tickten die Uhren anders. Gestern hatten sie Abschied gefeiert, mit Ronny, Frank und Mike und all den anderen. Gerhard, der Gitarre und Mundharmonika für sie spielte, während sie gemeinsam sangen, beendete den Abend Punkt Mitternacht. Dann lagen sie sich in den Armen, und jeder von ihnen wusste, dass sie von nun an getrennte Wege gehen würden. Denn mit dem anbrechenden, neuen Morgen war ihre Kneipe zu, geschlossen, ein für alle Mal. Es hieß, dass es sich nicht mehr lohne, wenn sie alle von hier wegziehen müssten. Und tatsächlich, nur der Block, in dem Ronny lebte, sollte vorerst verschont bleiben. Alle anderen Stammgäste dagegen teilten Sobowskys Schicksal, und mussten ihre Wohnungen ebenfalls bis zum Jahresende räumen. Hubert, Bernd und Ringo waren bereits umgezogen, und der Rest von ihnen hatte seine neuen Mietverträge bereits unterschrieben. Nur Jochen dachte nicht im Geringsten daran, sich um eine neue Bleibe zu kümmern. Im Gegenteil, er verstand nicht, warum sie so widerstandslos vor den Abrissbirnen kapitulieren wollten. Na, mit ihm zumindest würden sie kein so leichtes Spiel haben. Sie müssten schon Gewalt anwenden, um ihn loszuwerden. Andererseits wusste er selbst nicht mehr so richtig, wozu es noch gut sein sollte, hier zu bleiben. Schließlich wohnte inzwischen außer ihm niemand mehr in seinem Aufgang. Zuerst waren die Jeremenkows verschwunden. Nicht alle auf einmal, sondern einzeln. Kurz nach Ingas Tod, verstarb auch ihr Vater. Seit als Todesursache ein Schädelbruch durch einen schweren Gegenstand verursacht, ermittelt wurde, befand sich Oleg auf der Flucht und Frau Jeremenkow wurde in eine große Klinik gebracht, wo sie schwere Medikamente bekam, um sich nicht selbst zu gefährden. Auch der Partyraum existierte nicht mehr. Nach einem Besuch der Polizei, der dazu

diente, irgendwelche Spuren zu sichern, wurden die eingetretenen Türen mit dicken Brettern vernagelt und ein auf ihnen angebrachter Aufkleber verbot von nun an jedermann das Eintreten. Und komisch, nachdem Jeremenkow verschwunden war, ließ sich auch keiner der anderen Russen mehr blicken. Es schien, als ob es diesen Raum niemals gegeben hätte. Nur der noch immer leicht im Treppenhaus wahrnehmbare Uringeruch ließ in Sobowsky manchmal Erinnerungen an die schönen Stunden in ihm aufkommen. Doch jedesmal endeten diese Erinnerungen mit jenen schrecklichen Worten, die er Inga an ihrem letzten Abend sprechen hörte:
„Sie auch, Herr Sobowsky?"
Dann stiegen ihm Tränen in die Augen, und er glaubte, dass er durch seine widerliche Tat ihre Entscheidung ausgelöst hatte, freiwillig aus dem Leben zu scheiden. Nur durch das Trinken von Schnaps gelang es ihm, sich wieder zu beruhigen.
Hamster klingelte vorige Woche bei ihm.
„Ich wollte mich nur verabschieden." sagte er, „Ich ziehe nach Berlin, zu einem Kumpel, hier ist doch sowieso nichts mehr los. Vielleicht komme ich dich mal besuchen."
Sobowsky ahnte, dass er log, aber er tat so, als ob er ihm glaubte und sich schon auf ihr Wiedersehen freute.
Seine Mutter wollte nichts mehr von ihm wissen. Sie meinte, er müsse von nun an mit den Konsequenzen seiner Tat alleine zurechtkommen. Wenn sie ihm weiter ihre Unterstützung angedeihen ließe, verlängere dies nur unnötig seinen falschen Weg. Aber wenn er sich besonnen hätte, wäre sie natürlich sofort wieder für ihn da. Sobowsky wusste ganz genau, dass ihr nur der Therapeut diese Worte eingebläut haben konnte. Von alleine käme sie doch niemals auf einen solchen Schwachsinn! Er zog unwirsch die Gardine vor die Balkontür. Er ertrug den Anblick da draußen nicht mehr. Doch was sollte er jetzt tun? Wo sollte er hin? Zu Titus Lorenz und seiner Gemeinde? Das waren immerhin die einzigen Menschen, bei denen er sich sicher war, dass sie ihn willkommen heißen würden. Aber nein - auf keinen Fall! Erstens war er viel zu stolz, um zu denen zurück zu kriechen und zweitens hörte er sie schon an ihm rumnörgeln, weil er wieder trank. Und irgendwelche Vorhaltungen brauchte

er jetzt ganz bestimmt nicht. Also - was blieb ihm übrig, als den Tag mit Günthi zu verbringen? Nichts!
Sobowsky wachte früh auf. Es war noch dunkel, und die Uhr zeigte erst halb sieben. Sein zeitiges Erwachen verwunderte ihn nicht, war er doch gestern Abend schon um acht völlig erschöpft eingeschlafen. Den ganzen Tag hatte er mit Günthi und seinen Damen gequatscht, und dabei fünfzehn Flaschen Bier getrunken. Nur einmal musste er den Block verlassen, um im Supermarkt Nachschub zu besorgen. Besonders viele Flaschen passten halt nicht rein, in seine Plastiktüte. Ja, früher, bevor er von diesen Schlägern überfallen worden war, da konnte er noch zwei Tüten auf einmal tragen, aber jetzt war ihm das einfach zu schwer. Und früher war er ja auch mit dem Inhalt der Tüten locker drei Tage ausgekommen. Damals brauchte er nämlich nicht soviele von ihnen an einem Tag, da er ja einen großen Teil seiner Zeit im Landskroneck verbrachte. Aber jetzt, wie sollte das denn werden? Sollte er sich jeden Tag zweimal mit der Tüte abbuckeln? Schließlich müsste er ja jetzt schon wieder losziehen, denn alles, was er gestern erworben hatte, war schon wieder ausgetrunken. Ja, und Durst verspürte er eben auch schon wieder. Ärgerlich bloß, dass es noch so lange dauern würde, bis der Supermarkt öffnete. Nach einem vergeblichen Versuch, noch einmal einzuschlafen, stand er auf. Unruhig lief er hin und her, unschlüssig, was er tun sollte. Doch dann gab es kein Halten mehr, er zog sich etwas über und machte sich auf den Weg. Der einzige Ort von dem er mit Sicherheit wusste, dass man ihm helfen könnte, war die Tankstelle. Als er dort eintrat, begrüßte ihn der dickliche Mann mit der Brille und den wenigen Haaren.
„Ah, guten Morgen. Womit kann ich dienen? Oder suchen Sie wieder jemanden?"
„Äh, nein."
Auf einmal war es Sobowsky ein wenig peinlich, dem Dicken zu sagen, welche Not ihn herführte. Er erinnerte sich an seinen letzten Besuch vor ein paar Monaten. Sein Rückfall lag noch vor ihm, aber der Entschluss, die unverschuldete Phase seiner Abstinenz zu beenden, war bereits gefasst. Doch als er hier, an dieser Stelle, von Mannis Tod erfuhr, war er mit der Absicht fortgegangen, es noch einmal zu versuchen. Schließlich hatte er ja noch eine Hoffnung besessen - Salome. Er lachte bitter. Ja, das war damals. Inzwischen gab es auch diese Hoffnung nicht mehr. Überhaupt

gab es keinerlei Hoffnung mehr für ihn, außer die auf ein schnelles Ende vielleicht.

„Ich nehme mir erstmal eine Flasche Bier!“

„Ja, machen Sie ruhig. Ziemlich belastend, wenn man früh schon solchen Durst hat, oder?“

„Mmh.“

„Na, trinken Sie nur, wir haben genug davon da. Ihr Kumpel kam ja jeden Tag her. Der war schon in Ordnung, von der Sache her. Waren Sie nun eigentlich bei seiner Beerdigung?“

„Nein.“

Sobowsky gefiel dieses Geschwätz nicht. Er wusste, dass es sein Gegenüber nicht wirklich interessierte, was er hätte erzählen können, und der sich nur mir ihm unterhielt, um seine Langeweile zu bekämpfen. Er trank zügig aus, stellte noch zwei Flaschen zum Mitnehmen auf den Tresen, bezahlte und ging. Vorerst kehrte er nach Hause zurück. Wo sollte er auch hin bei dieser Kälte?

Schon nach wenigen Tagen hatte sich Sobowsky , der der Tütenschlepperei endgültig überdrüssig geworden war, eine schöne Tour durch die weihnachtlich geschmückte Stadt zusammengestellt. Es tat ihm gut, den ganzen Tag unterwegs zu sein. Zu Hause hielt er es sowieso nicht mehr aus. Viel zu viele einsame Stunden hatte er dort schon verbracht und zahlreiche Erinnerungen quälten ihn, wenn er in seinem Wohnzimmer saß. Am schlimmsten trieb es nach wie vor Inga mit ihm, die ihm immer wieder die Schuld an ihrem Tod in die Schuhe schieben wollte. Dann schlug er wie von Sinnen seinen Kopf auf den Tisch, oder schüttelte ihn so heftig, dass ihm das Genick zu brechen drohte. Aber so einfach ließ sie sich nicht vertreiben, und es schien, als ob sie ihn in den Wahnsinn treiben wollte. Doch seit er täglich seine Runde lief, ging es ihm besser. Er begann sie immer frühmorgens mit dem Besuch der Tankstelle, und inzwischen mochte er den dicklichen Mann sogar ein bisschen. Immerhin konnte er mit ihm ein paar, wenn auch belanglose, Worte wechseln. Und das war bei seiner Einsamkeit schon einiges wert für ihn. Gegen neun ging es dann in den Supermarkt und von dort in ein gar nicht so weit entferntes Bistro. Dieses war beheizt und einmal gab es sogar ein Wiedersehen mit Ringo, der dort zu Mittag aß. An einer Dönerbude erfolgte der nächste Stopp. Die Kälte erlaubte es ihm jedoch nur, schnell einen kleinen Flachmann an ihr zu trinken. Und dann gab es da ja auch noch die andere Tankstelle. Da sie von seiner Wohnung schon recht weit entfernt lag, bildete sie den täglichen Umkehrpunkt für ihn. Nun ging es wieder in Richtung Heimat. Eine letzte Station gab es allerdings noch auf diesem Weg, der ihm ansonsten wohl viel zu lang vorgekommen wäre. Es handelte sich um eine kleine Kneipe, an deren Tresen er sich nur zu gern niederließ. Wenn er hier ankam, war er natürlich schon nicht mehr in der besten Verfassung, aber keiner störte ihn, wenn er dort so saß. Ein bisschen kam es ihm vor, als wäre er im Landskroneck, nur dass er hier niemanden kannte. Da ihn niemals jemand in ein Gespräch verwickelte, hing er stets einige Zeit irgendwelchen sentimentalen Gedanken nach, bis er kaputt nach Hause wankte, um sogleich einzuschlafen. Er kannte keinen Hunger mehr, und nur in dem kleinen Bistro zwang er sich, eine Kleinigkeit zu essen. Ihm fehlte jeder Antrieb, etwas anderes zu tun, als eben diese täglichen Ausflüge. Sein Äußeres veränderte sich, der Bart wucherte, und bildete zu seinem Haupthaar, das sich auf der Mitte des Kopfes schon längst für immer zurückgezogen hatte, einen eigenartigen Kontrast. Es war ihm egal, dass seine Kleidung verschmutzte und unschön zu riechen begann. Seinen überquellenden Briefkasten ignorierte er. Alles andere, als seine Tour, erschien ihm nichtig und sinnlos. Er fühlte sich inniglich mit Manni verbunden, und erst jetzt verstand er, was es seinem Freund zu dessen Lebzeiten bedeutet haben musste, täglich seine Runde zu absolvieren. Hatte er früher Angst davor gehabt, wie Manni zu enden, so war diese Angst jetzt gänzlich verschwunden, und ganz im Gegenteil fühlte er sich so frei, wie noch nie in seinem Leben. Man musste die Dinge eben so nehmen, wie sie sich nun mal ergaben. Nur nicht nachdenken, das machte einen bloß kaputt! Selbst Günthi, die Damen und auch seine Kunst waren bedeutungslos geworden. Er blieb einfach keine Zeit mehr für sie. Laufen und trinken, trinken und laufen. Sollte doch die ganze Welt um ihn herum verrückt spielen, ihn ging das alles nichts mehr an. Er war fertig mit ihr.

Es war eine Woche vor Weihnachten. Sobowsky saß benommen am Tresen der kleinen Kneipe. Das Treiben um ihn herum nahm er wie durch

einen Schleier wahr. Zwar sah er die Menschen, die ihn umgaben, aber es war ihm, als seien sie und er in verschiedenen Welten unterwegs.
„Komisch.“ sagte er zu sich selbst, „Früher war alles besser. Da hatten die Leute wenigstens noch Gesichter. Und Stimmen. Heute rauscht bloß noch alles und man kann kein Wort mehr verstehen.“
Er rieb sich die Augen, konnte aber keine Verbesserung bemerken. Er griff nach dem Arm der Bedienung.
„Zahlen, bitte.“
„Na, besser ist es wohl für dich. Wird Zeit, dass du nach Hause kommst, du bist ja schon völlig besoffen.“
„Ach, ja? Findest du?“
„Schaffst du es alleine, oder soll ich dir lieber ein Taxi rufen?“
„Ein Taxi? Nein, ich laufe gerne noch ein bisschen, es ist doch nicht weit bis zu mir.“
„Es ist aber verdammt kalt draußen, fünf Grad minus. Nicht, dass du dir noch was wegholst, deine Jacke ist ja schließlich auch nicht besonders dick.“
„Pah, das macht mir nichts aus. Ein echter Deutscher wärmt sich am Eisberg, ha, ha.“
„Sag aber morgen nicht, ich hätte dich nicht gewarnt.“
Als Sobowsky ins Freie trat, wehte ihm ein eisiger Wind entgegen.
„Pfui Teufel, das Mädel hat Recht gehabt. Na, nun aber schnell, sonst friere ich mir wirklich noch was ab.“
Obwohl seine Beine von Zeit zu Zeit einknickten, versuchte er sich, so sehr es mit seiner Behinderung nur möglich war, zu beeilen. In Gedanken sah er schon seine warme Wohnstube vor sich, als ihm ein Missgeschick passierte. Er stolperte, und hätte schwören können, dass ihm einer von diesen Jugendlichen, die ihn so hämisch auslachten, ein Bein gestellt hatte. Erst krachte er auf seine Knie und dann der Länge nach mit dem Gesicht auf den gefrorenen Boden. Über den Schmerz, welcher in seinem linken Bein aufbrandete, bemerkte er kaum, wie sehr ihn auch die Abschürfungen in seinem Gesicht peinigten. Er heulte auf und die fröhlich grölenden Jugendlichen bildeten einen merkwürdigen Kontrast dazu.
„Eh, Alter, bist du zu besoffen, um noch vernünftig zu laufen?“ lachten sie und zogen von Dannen.

Betroffen schaute Sobowsky hinter ihnen her.
„Arschlöcher." stellte er fest und versuchte, sich zu erheben. Doch das Knie, das seit seinem Überfall, nur notdürftig wieder zusammengewachsen war, versagte seinen Dienst. Es gelang ihm nicht aufzustehen, sofort sackte er unter großen Schmerzen wieder zusammen. Er sah sich nach Hilfe um. Vielleicht würde er etwas entdecken, woran er sich aufrichten könnte. Doch was sollte das schon sein? Besser wäre es, einen der vorbeieilenden Passanten um Hilfe zu bitten.
„Entschuldigen Sie bitte…"
Doch irgendwie schien ihn keiner sehen zu können. Kein Blick wurde auf ihn gerichtet, so sehr er sich auch bemühte, ihre Aufmerksamkeit zu erregen. Seine Rufe wurden lauter und verzweifelter, schließlich war es ja keineswegs angenehm, dort unten zu liegen, und zu spüren, wie die Kälte in einem hochstieg.
„Hallo! Hilfe!"
Die Lichterketten funkelten, und die immer weniger werdenden Menschen hasteten noch immer an ihm vorbei, als ob es ihn nicht gäbe.
„Ich bin doch auch ein Mensch, warum will mir denn niemand helfen? Und gleich ist Weihnachten, da müsste doch irgendjemand Mitleid mit mir haben. Naja, es hat halt keiner Zeit, Geschenke kaufen ist ihnen eben wichtiger. Für ihre Lieben. Da ist in ihren Herzen eben kein Platz für jemanden wie mich. Könnte nicht wenigstens Titus Lorenz hier vorbei kommen? Wenn man ihn schon mal braucht, ist er nicht da."
„Helfen Sie mir doch bitte!"
Und tatsächlich, ein Mann hörte sein Rufen und drehte sich nach ihm um.
Doch sein Gesicht wirkte streng, als er sich an Sobowsky wandte:
„Hören Sie mal, wenn Sie besoffen sind, gehen Sie nach Hause und belästigen Sie nicht die Leute."
Schon ging er weiter, und Sobowskys Hoffnung auf ein gutes Ende verflog.
„Bestimmt ein Lehrer, so wie der gequatscht hat." dachte er. Seine Hände und sein Gesicht schmerzten unerträglich im Frost, und seine Zehen konnte er schon lange nicht mehr bewegen. Verzweifelt wimmerte er vor sich hin, bis ihn eine bleierne Müdigkeit überkam. Sein Kopf wurde so schwer, dass er ihn auf dem Boden ablegen musste. Aber, oh Wunder,

mit einem Male war ihm gar nicht mehr kalt. Und er war glücklich, so glücklich, wie schon seit Ewigkeiten nicht mehr. Es machte ihm Freude, zu schauen, wann der nächste Mensch an ihm vorbei hetzen würde, und er konnte überhaupt keine Veranlassung erkennen, warum er sich überhaupt noch an jemanden um Hilfe wenden sollte. Der Platz, an dem er lag, schien ihm der gemütlichste Flecken auf der ganzen Erde zu sein, und er wünschte sich, niemals wieder von hier fort zu müssen. Dann überkam ihn der Schlaf. Nur einmal wachte er noch kurz auf. Ein kurzer Film lief ab, in dem er sich an jenem Sommertag bei seinem ersten Konzert sah. Als kleiner Junge, der begeistert. den mit seiner Ledermütze vorn an der Bühne tanzenden, Manni erblickte. Als stolzer Blueser, der auf Rosinante zu allen nur denkbaren Veranstaltungen ritt. Als Heizer, der dafür sorgte, dass es im Krankenhaus immer schön warm war. Er sah noch einmal in den Kinderwagen, in dem sein Kindlein lag, von dem er bis heute nicht wusste, ob es sich um einen Jungen oder ein Mädchen handelte. Und dann kam Inga, die ihn tröstete, und ihm sagte, dass es ihr dort, wo sie jetzt sei, viel besser gehe. Ja, und dann sah er sich, wie er eben hier lag, auf dem eiskalten Boden des Fußgängerweges, von niemanden gesehen und von niemandem vermisst. Ein Lachkrampf schüttelte ihn, bevor ihm für immer das Bewusstsein schwand.